DIE BESTEN CAMPING- UND STELLPLÄTZE IN DER BRETAGNE

Stellplatz Lampaul-Plouarzel 1 59

Der Ort Lampaul-Plouarzel lockt gleich mit zwei Stellplätzen: Nummer 1 liegt direkt in den Dünen zwischen Stadt und Strand und ist teils terrassiert, Nummer 2 umfasst eine weite Wiesenfläche über dem Meer. Beide bieten eine gute Ausstattung (s. S. 107).

154br Abb.: rh

147br Abb.: rh

50 **Camping Village de Roguennic**

Ein traumhaft gelegener, weitgehend naturbelassener und sehr weitläufiger Privatcampingplatz in den Dünen mit genau dem, was jeder Camper sucht: Stellplätzen direkt oberhalb eines langen Sandstrands. Sehr gute Ausstattung (s. S. 97).

Camping Municipal du Dourlin 38

Ein eher einfacher, aber sehr schöner, ruhiger und weitgehend naturbelassener Campingplatz direkt hinter dem Sandstrand einer geschützten Bucht, in der man auch dann gut baden kann, wenn die Wellen sonst zu hoch sind (s. S. 83).

141br Abb.: rh

187br Abb.: rh

150 **Aire Municipale, Campénéac**

Auf dem wunderschön und ruhig gelegenen Wiesenplatz außerhalb des Orts direkt an einem See auf dem Gelände eines ehemaligen Campingplatzes hat man die Wahl zwischen schattigen Plätzen unter hohen Bäumen oder auf der Sonnenwiese (s. S. 198).

Aire Municipale Etang de la Folie, Mauron 152

Ein Platz wie aus dem Bilderbuch: eine ruhig und traumhaft schön am Seeufer gelegene Wiesenfläche zwischen Bäumen am Rande des Forêt de Brocéliande mit guter Ausstattung und VE-Station (s. S. 201).

190br Abb.: rh

DIE SCHÖNSTEN LANDSCHAFTEN

090br Abb.: rh

Route des Ajoncs

Die spektakuläre touristische Route zwischen Tréguier und Perros-Guirec erschließt eine der schönsten Küstenlandschaften der Bretagne mit mächtigen Granitklötzen, wilden Brandungsküsten und einsamen Buchten (s. S. 76).

219br Abb.: rh

Côte de Granit Rose

Die rosarote Granitküste westlich von Perros-Guirec ist mit ihren von Meer und Wind bizarr geformten Felsen zum Inbegriff der bretonischen Küste geworden. Um ihre Felsen wirklich rot leuchten zu sehen, muss man sie bei Sonnenauf- oder -untergang besuchen (s. S. 63).

201br Abb.: rh

Monts d'Arrée

Die Berglandschaft im Parc Naturel Régional d'Armorique erinnert mit ihren Wäldern, Heide- und Moorlandschaften an Irland oder die schottischen Highlands. Herzstück ist Huelgoat mit seinen Felslabyrinthen, Grotten und Wanderwegen (s. S. 214).

207br Abb.: rh

Guérande

Die Salzgärten von Guérande sind ein einzigartiges, vom Menschen geschaffenes Naturparadies, das jeden Fotografen begeistern wird. Hier vereinen sich Meer und Land zu einer ganz eigenen, amphibischen Welt (s. S. 178).

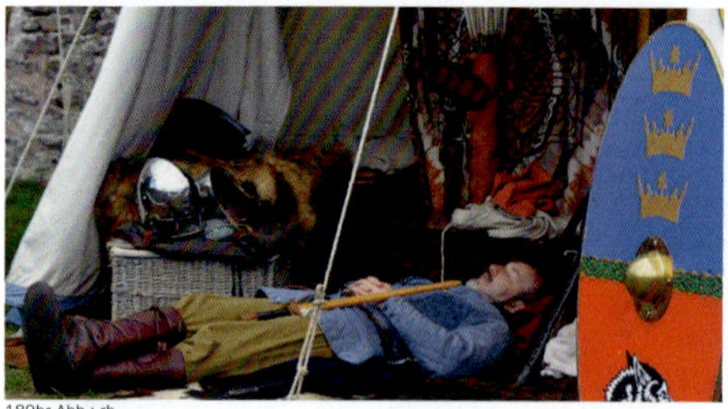

189br Abb.: rh

Wälder von Brocéliande

Die urwüchsigen Wälder mit flechtenbehangenen Bäumen, Torfmooren, Heideflächen und stillen Seen bilden eine passend märchenhafte Kulisse für die Legenden der Artussage – bevölkert von Rittern, Feen und Zauberern wie dem mächtigen Merlin (s. S. 199).

DIE SEHENSWERTESTEN ORTE

Saint-Malo

Highlight der alten Korsarenstadt ist ihre fast ganz vom Meer umgebene Altstadt Intra Muros („Zwischen den Mauern“) mit winkeligen Gassen und mächtigen Befestigungen (s. S. 51).

213br Abb.: as ©JeanMichel- stock.adobe.com

Dinan

Die einst mächtige mittelalterliche Handelsstadt mit ihrer gut erhaltenen Stadtmauer, dem stolzen Schloss und zahllosen prachtvollen Fachwerk- und Patrizierhäusern liegt hoch über dem Tal der Rance und ist eine der schönsten Städte der ganzen Bretagne (s. S. 203).

192br Abb.: as ©JFL Photography - stock.adobe.com

Tréguier

Das alte Hafenstädtchen an der Jaudy-Mündung beeindruckt besonders mit seiner imposanten Kathedrale und seinem Kloster mit sehenswertem Kreuzgang. Aber auch seine belebten Fachwerkgassen sollte man sich nicht entgehen lassen (s. S. 73).

209br Abb.: rh

Concarneau

Der bedeutende Fischereihafen ist vor allem wegen seiner „ville close“ weit über Frankreich hinaus ein Begriff. Die befestigte, im 17. Jh. von Vauban ausgebaute Altstadt wurde auf einer Insel errichtet und ist hervorragend erhalten (s. S. 139).

214br Abb.: as ©Alexi Tauzin - stock.adobe.com

Locronan

Das kleinen Städtchen nahe Douarnenez gleicht mit seinen Pflastergassen einer Filmkulisse und trägt das Prädikat „Petite Cité de Charactère“, da es sich sein historisches Stadtbild aus dem 17. und 18. Jh. hervorragend erhalten hat (s. S. 122).

210br Abb.: rh

INHALT

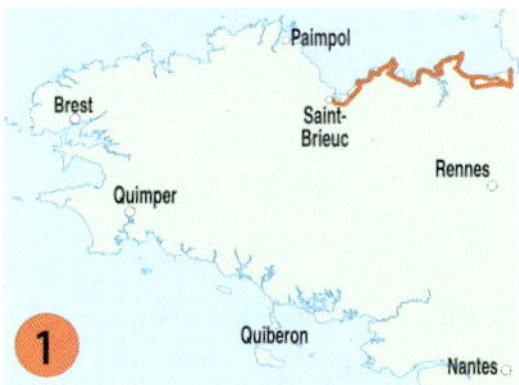

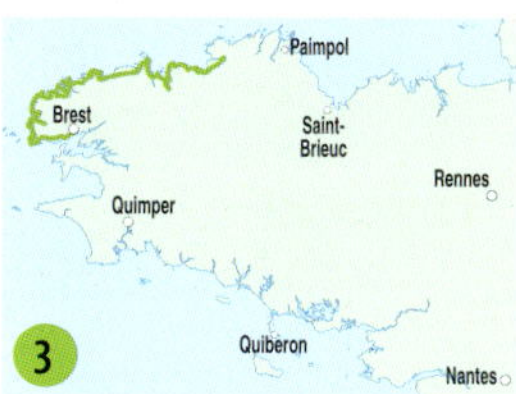

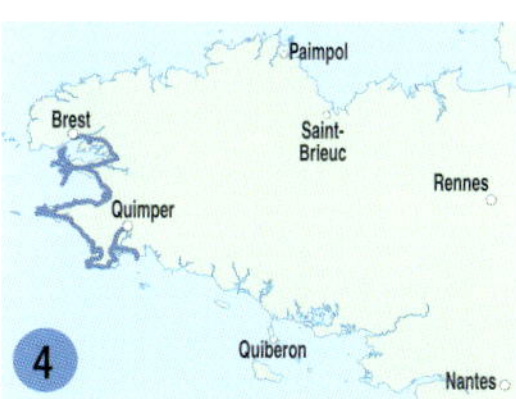

Die Côte de Granit Rose ist eine der schönsten Küsten der Bretagne (215br Abb.: as ©135pixels - stock.adobe.com)

Paimpol
Brest
Saint-
Brieuc
Rennes
Quimper
Quiberon
Nantes
6

Paimpol
Brest
Saint-
Brieuc
Rennes
Quimper
Quiberon
Nantes
7

Paimpol
Brest
Saint-
Brieuc
Rennes
Quimper
Quiberon
Nantes
8

270br Abb.: sh

089br Abb.: rh

VORWORT

Die Bretagne, der westlichste Zipfel des europäischen Kontinents (von der Iberischen Halbinsel einmal abgesehen), ist eine magische, meerumschlungene Landschaft, die auf dem Festland nicht ihresgleichen hat. Charakter und Stimmungen dieser Landschaft, aber auch Traditionen und kulturelle Einflüsse erinnern oft mehr an gälische Inseln wie zum Beispiel Irland: zerklüftete Felsküsten, gegen die die Wellen des Atlantiks branden, vom Sturm umtoste Felsklippen hoch über dem wogenden Meer und nebelverhangene Moorlandschaften. Auch viele der alten Kapellen und Steinkreuze entlang der Küste erinnern an Irland, was nicht verwunderlich ist, da sie oft von Mönchen errichtet wurden, die von dort stammten.

Aber längst nicht alles in der Bretagne ist raue Felseneinsamkeit. Kaum eine andere Küste ist so abwechslungsreich wie die bretonische: Man findet hier endlose Sandstrände mit türkisfarbenem Wasser, kilometerlange Nehrungen und kleine Buchten, aber auch wilde, ursprüngliche Dünenlandschaften, fantastische, vogelreiche Salzsümpfe und belebte Badestrände fast wie am Mittelmeer. Vielfach durchschnitten und gegliedert wird diese Küste von zahllosen Buchten und Meeresarmen, die oft viele Kilometer tief ins Land hineinreichen – wie z. B. die „Aber" im nördlichen Finistère. Diese vom Meer überschwemmten Flusstäler sind schmal und tief ins Land eingeschnitten wie Fjorde, aber ohne deren steile, kilometerhohe Felssufer. Sie wirken eher wie stille, waldgesäumte Kanäle. Und dann die bizarren Felsgebilde der Côte de Granit Rose im Norden – welch fantastische Landschaften mit rundgeschliffenen Granitskulpturen wie aus dem Märchenreich!

Die Küste der Bretagne ist ein Paradies für Badegäste, Muschelsucher und Segler

An traumhaften Parkbuchten mit weitem Blick mangelt es nicht

Zwischen haushohen Blöcken kann man hier stille, malerische Wohnmobilstellplätze am Strand finden, von denen man in anderen Regionen nicht zu träumen wagt.

Zudem ist die Bretagne wie kaum eine andere europäische Küste durch den Rhythmus von Ebbe und Flut *(marées)* geprägt. Mit Unterschieden von bis zu 12 m zwischen Höchst- und Tiefststand hat sie mit den höchsten Tidenhub des Kontinents. An flachen Sandstränden kann sich das Meer kilometerweit zurückziehen und viele Häfen fallen völlig trocken, sodass alle Boote auf dem Sand liegen. Es gibt sogar Straßen zu vorgelagerten Inseln, die nur bei Ebbe befahrbar sind, während bei Flut die Fischerboote darüber hinweg tuckern. Zwangsläufig richten sich also auch die Arbeitszeiten der Fischer und mancher Fähren nach den Gezeiten – und ebenso die Badestunden der Strandurlauber.

Doch auch kulturell hat die Bretagne einiges zu bieten: von imposanten Megalithmonumenten, die man nicht nur bei Carnac, sondern auf der ganzen Halbinsel findet, und den charakteristischen „umfriedeten Pfarrbezirken" mit ihren *calvaires* über Schlösser und Herrensitze, Kirchen und Kapellen, romantische Windmühlen und ungewöhnliche Gezeitenmühlen bis hin zu malerischen Fachwerkstädtchen mit krummen Pflastergassen. Und wer zur rechten Zeit kommt, um in einem dieser Städtchen eine typisch bretonische *fest noz* (Festnacht) zu erleben, ein traditionelles Folklorefest mit Dudelsack, Tanz und Trachten, der wird staunen, wie lebendig die keltische Tradition hier ist. Die Stimmung ist ansteckend und den überschäumenden Rhythmen wird kaum einer widerstehen können.

Abgerundet werden (nicht nur) die Feste durch zahlreiche kulinarische Genüsse. Fast überall findet man ausgezeichnete Fischgerichte und Meeresfrüchte. Die Austern von Cancale und andere Schalentiere der Region sind in ganz Frankreich berühmt – absolut frisch und gar nicht so teuer. Und wenigstens einmal während seiner Reise sollte man ein Menü aus Crêpes und Galettes probieren, zu denen der für die Bretagne typische Cidre hervorragend passt.

Für Wohnmobilisten ist die Bretagne ein wahres Paradies. Wohl keine andere Gegend Europas ist so wohnmobilfreundlich wie diese Halbinsel und nirgendwo sonst findet man so viele, meist gut ausgestattete und teils sehr schön gelegene Stellplätze und Ver- und Entsorgungseinrichtungen. Traumhafte Strandparkplätze mit Meerblick sind keine Seltenheit und wo Wohnmobile sonst eher verscheucht werden, richtet man ihnen hier ein Extraplätzchen ein und baut eine Sanitärstation dazu – manchmal auch direkt beim Campingplatz. Die Preise sind günstig und viele Plätze sind sogar kostenlos und wer einmal eine Nacht an einem reizvollen Plätzchen „frei steht", wird sicher auch nicht gestört werden.

Allerdings: Die vielfältigen Reize der Bretagne haben sich herumgesprochen. Im Sommer ziehen ganze Karawanen von Wohnmobilen durch die Lande und trotz der zahlreichen Stellplätze kann es schon am frühen Abend sehr voll werden. Wer es einrichten kann, sollte seine Reise daher auf die Vor- oder Nachsaison legen, in denen es eigentlich überall schöner ist als zur Hauptreisezeit – und in der Bretagne ganz besonders.

Jennifer und Stefan Höh

HINWEISE ZUR BENUTZUNG

GPS-KOORDINATEN

Alle GPS-Daten in diesem Buch sind als **geografische Koordinaten** (Breite/Länge; Lat./Lon.) in Dezimalgrad (hddd.dddd) angegeben, also z. B. 48.62893, -1.50748 (= 48.62893 ° N -1.50748 ° E bzw. 1.50748 ° W). Die erste Angabe zeigt den Wert für die nördliche Breite (N), die zweite den für die Länge. Achtung! Die Bretagne liegt **westlich des Nullmeridians!** Deshalb muss nicht wie gewohnt ein Ostwert (O oder E), sondern ein Westwert (W), bzw. ein negatives Vorzeichen (z. B. 1.50748 ° W = -1.50748 ° E) benutzt werden! Alle modernen GPS-Geräte akzeptieren die Schreibung als Dezimalgrad, evtl. muss das Eingabeformat in den Einstellungen des Gerätes aber erst ausgewählt werden, sonst weicht der Punkt deutlich vom erwarteten ab. Einige Geräte verlangen möglicherweise statt des Punktes ein Komma als Trennzeichen.

Kartendatum ist WGS84.

Umrechnung der Koordinaten

Wenn Sie die GPS-Angaben **von Dezimalgrad in Dezimalminuten** (dd ° mm,mmm') umrechnen müssen, so beachten Sie bitte, dass ein Grad 60 (nicht 100!) Minuten hat. Die Angaben in Dezimalgrad können daher nicht einfach durch Kommaverschiebung in Dezimalminuten umgewandelt werden! 48.62893 ° sind nicht gleich 48 ° 62,893', sondern 48 ° 37,736'. Wer dies nicht beachtet, erhält beträchtliche Fehler. Ein Datenkonverter wie z. B. unter www.geoplaner.de erleichtert die Umrechnung beträchtlich.

Nutzung der GPS-Koordinaten

Wer ein GPS-Gerät oder Navigationssystem benutzt, das Koordinaten-Eingaben akzeptiert, der kann sich direkt zu den jeweiligen Punkten führen lassen. Praktisch alle GPS-Handgeräte bieten diese Möglichkeit, während manche Navigationssysteme nur Eingaben von Adressen akzeptieren – und Park- oder Stellplätze haben nicht immer eine Adresse. Einige **Internet-Kartendienste oder Routenplaner** wie GoogleMaps™ (http://maps.google.de) zeigen nach Eingabe der geografischen Daten den gesuchten Punkt an, auf Wunsch mit Satellitenansicht und an vielen Stellen mit StreetView-Funktion.

Koordinaten zum Download

Die **GPS-Koordinaten der Stell- und Campingplätze im Buch** können auf der Verlags-Website www.reise-know-how.de von der Artikelseite dieses Buches als Waypoint-Liste heruntergeladen werden.

Benötigt Ihr Gerät ein **anderes Datenformat als kml oder gpx,** kann die Umrechnung beispielsweise unter www.routeconverter.de oder www.gpsvisualizer.com erfolgen.

SERVICE FÜR MOBILGERÄTE

Durch Einscannen des QR-Codes auf dem Umschlag bzw. die Eingabe der Internet-Adresse **www.reise-know-how.de/womo/bretagne23** wird ein für den mobilen Einsatz optimierter Internet-Dienst aufgerufen. Damit kann die Lage der Stell- und Campingplätze auf einer Karte und die Route dorthin angezeigt werden. Außerdem können darüber Updates nach Redaktionsschluss aufgerufen werden.

Voraussetzung ist eine Datenverbindung über das Mobilfunknetz oder WLAN.

STELL- UND CAMPINGPLÄTZE

In diesem Wohnmobil-Tourguide wird eine breite Auswahl der in der Region verfügbaren Stell- und Campingplätze mit allen wichtigen Angaben beschrieben. Darüber hinaus listen einschlägige Apps und Stellplatzführer weitere Übernachtungsmöglichkeiten auf. Die Nichterwähnung in unserem Buch bedeutet nicht, dass ein Platz nicht mehr existiert oder eine geringe Qualität aufweist.

ZU DEN ROUTENBESCHREIBUNGEN

Eines der größten Probleme bzw. eine der mühsamsten Arbeiten vor einer Wohnmobilreise in unbekannte Regionen ist unserer Erfahrung nach die **Routenplanung.** Wo liegen die Orte und Attraktionen, die mich interessieren und wie fahre ich am besten, um alle zu sehen bzw. welche Route erlaubt mir, sie optimal und ohne endloses Hin und Her zu verknüpfen? Man kann Tage und Wochen mit der Planung verbringen, Bücher und Karten wälzen oder auf gut Glück durch die Landschaft kreuzen – und egal wie man es macht, meist merkt man erst hinterher (oder gar erst nach einer zweiten Reise), was man unterwegs übersehen hat, woran man ahnungslos vorbeigefahren ist und wie man es hätte besser machen können.

Bei der Bretagne hat man es zwar relativ einfach, da hier die Küste als „Leitlinie" dient, doch wer glaubt, dadurch überhaupt keine Routenplanung zu brauchen, liegt falsch. Da die bretonische Küste durch **Buchten** und **Meeresarme** immer wieder durchschnitten wird, gibt es nur selten und auf kurzen Abschnitten eine durchgehende Küstenstraße. Immer wieder muss man abwägen und entscheiden, wo man einen Abstecher macht, welche Halbinsel man besucht und wo man einmal eine Schleife „abschneidet". Dieser Tourguide kann Ihnen die eigene Routenplanung zwar nicht ganz abnehmen, sie aber zumindest erheblich erleichtern, denn er bietet **vorbereitete Routen,** an denen Sie sich orientieren können.

Trotzdem können die Routen natürlich immer nur **Vorschläge** sein, denn jeder hat seine eigenen Präferenzen und setzt seine eigenen Schwerpunkte. Deshalb würden wir mit den Routenvorschlägen genauso verfahren, wie wir es auch mit Kochrezepten immer machen: Wir kochen selten ganz ohne, aber auch fast nie genau nach Rezept! Rezepte und Routenvorschläge sind Hilfen und Anleitungen, die einem viel Mühe und langes He-

101br Abb.: rh

rumprobieren ersparen und die Orientierung erleichtern können, sollten aber nicht sklavisch eingehalten werden. Wählen Sie aus, variieren und kombinieren Sie nach Herzenslust – genau wie zu Hause beim Kochen!

Das vorliegende Buch deckt die gesamte Küstenlinie ab – vom Mont-Saint-Michel in der Normandie bis zur Loire-Mündung bei St.-Nazaire. Die neue Auflage wurde zudem durch zwei weitere Routen quer durch das Landesinnere ergänzt, die ein breites Spektrum unterschiedlicher Landschaften und Sehenswürdigkeiten des Binnenlandes erschließen – und außerdem eine Fülle neuer und teils außergewöhnlich schöner Stellplätze.

Wie Sie rasch feststellen werden, haben wir uns bei der Beschreibung der Routen in erster Linie auf solche Aspekte, besondere Aktivitäten und Exkursionen, empfehlenswerte Restaurants sowie Einkaufsmöglichkeiten konzentriert, die für Reisende mit dem Wohnmobil relevant sind und die man in üblichen Reiseführern für gewöhnlich nicht findet: **Straßenzustand, Hindernisse** wie Engstellen oder Brücken, **Park-, Rast-** und **Picknickplätze, Ver- und Entsorgung, Wohnmobilstellplätze** und **Parkmöglichkeiten** für die Stadtbesichtigung. Natürlich sind auch alle wesentlichen **Sehenswürdigkeiten** und sonstigen Attraktionen entlang der Strecke beschrieben, damit Sie wissen, was es wo und wann zu sehen gibt, doch diese Beschreibungen können und sollen einen Kulturreiseführer nicht völlig ersetzen.

Wer mehr über die einzelnen Städte, ihre Geschichte, ihre Bauwerke und Baumeister etc. wissen möchte, dem empfehlen wir zusätzlich den **Bretagne-Reiseführer** von Eberhard Homann und Wilfried Krusekopf, der ebenfalls im Reise Know-How Verlag erschienen ist.

Die **Zeit** anzugeben, die man für einzelne Routen braucht, ist sehr schwierig und auch nicht unbedingt hilfreich. Wer alles nur durch die Frontscheibe besichtigt, der hat eine Route rasch abgehakt. Wer hingegen gelegentlich wandern, baden, ausgiebiger besichtigen oder einen gemütlichen Kaffee trinken will (was alles sehr zu empfehlen ist!), der kann mit einer Route mühelos einen ganzen Urlaub verbringen. Keinesfalls sollten Sie meinen, alle Routen auf einer einzigen Tour abfahren zu müssen. Lassen Sie sich lieber Zeit. Wählen Sie aus. Genießen Sie. Wer weniger besichtigt, sieht oft mehr!

◁ Gigantische Felsklötze nahe dem Phare de Pontusval

Schreiben Sie uns

Dieser Wohnmobil-Tourguide ist gespickt mit Adressen, Preisen, Tipps und Infos. Nur vor Ort kann überprüft werden, was noch stimmt, was sich verändert hat, ob Preise gestiegen oder gefallen sind, ob ein Stellplatz immer noch empfehlenswert ist oder nicht mehr usw. Unsere Autoren sind zwar stetig unterwegs und erstellen alle zwei Jahre eine komplette Aktualisierung, aber auf die Mithilfe von Reisenden können sie nicht verzichten.

Darum: Schreiben Sie uns, was sich geändert hat, was besser sein könnte, was gestrichen bzw. ergänzt werden soll. Wenn sich die Infos direkt auf das Buch beziehen, würde die Seitenangabe uns die Arbeit sehr erleichtern. Gut verwertbare Informationen belohnt der Verlag mit einem Sprachführer Ihrer Wahl aus der über 240 Bände umfassenden Reihe „Kauderwelsch".

Bitte schreiben Sie an:
Reise Know-How Verlag Peter Rump GmbH, Postfach 140666, D-33626 Bielefeld, oder per E-Mail an: info@reise-know-how.de

Danke!

ZEICHENERKLÄRUNG

STELL-/CAMPINGPLATZSYMBOLE

- 1 offizieller Stellplatz mit Services
- 1 Campingplatz

- P 123 ausgewiesener Parkplatz
- S 123 sonstiger Stellplatz
- 123 Picknickstelle

SERVICE-SYMBOLE STELL- UND CAMPINGPLÄTZE

- Stromanschluss
- Wasserversorgung
- Grauwasser-Entsorgung
- Chemie-WC-Entsorgung
- WLAN
- Haustiere erlaubt

SYMBOLE IN DEN KARTEN

- Essen und Trinken
- Einkaufen
- Fähre
- Information
- Kirche
- Museum
- Parkplatz
- Schloss
- Segelschule
- ★ Sehenswürdigkeit
- ● Sonstiges
- 999 Seitenzahl der Ortsbeschreibung im Buch

Leichte Orientierung mit dem cleveren Nummernsystem

Die offiziellen Stell- und Campingplätze sind im Text und im Kartenmaterial mit derselben magentafarbenen bzw. blauen ovalen Nummer 1 1 markiert. Eine Liste dieser Stell- und Campingplätze befindet sich auf Seite 240.

Parkplätzen, Picknickstellen und sonstigen Stellplätzen sind ein Symbol und eine fortlaufende rote Nummer vorangestellt wie z. B. P 123.

Die Lage der auf diese Weise markierten Orte kann zusätzlich mithilfe der zu diesem Buch bereitgestellten Web-App auf einer Online-Karte angezeigt werden (s. Umschlag-Rückseite).

Streckenangaben im Text (35 km – km 110)

Die erste Angabe nennt die Entfernung vom vorhergehenden Punkt in der Routenbeschreibung. Die zweite Angabe ist die Gesamtentfernung vom Beginn der Route an.

PRAKTISCHE REISETIPPS A–Z

003br Abb.: rh

ANREISE

Als Wohnmobilist hat man es doch gut: Man steigt ein, fährt los und der Urlaub beginnt – und wer in die Bretagne möchte, muss dabei noch nicht einmal Alpenpässe überqueren, eine Fähre reservieren oder zu einer festgelegten Zeit am Hafen sein. Damit man die Anreise aber wirklich als Teil des Urlaubs genießen kann, sollte man doch ein paar Dinge beachten bzw. planen. So ist es hilfreich, sich genügend Zeit für die Anreise zu lassen und sich nicht selbst unter Druck zu setzen. Bei günstigen Verkehrsbedingungen und permanenter Autobahnfahrt kann man die Strecke zwar an einem Tag bewältigen, aber das ist nicht unbedingt entspannend. Besser ist es, eine Übernachtung einzuplanen und in aller Ruhe zu reisen.

Zu beachten ist auch, dass die Benutzung von Autobahnen in Frankreich gebührenpflichtig und nicht günstig ist. In der Bretagne selbst ist das Fahren auf Autobahnen wiederum kostenlos. Sie heißen dort zwar dann „Routes Nationales“ (N), sind aber ebenfalls autobahnartig ausgebaut, nur vielleicht etwas weniger gut instand gehalten. Auch die Umfahrung von Paris (und anderer großer Städte) ist mautfrei.

Im Folgenden werden die direkten An- bzw. Abreiserouten beschrieben. Wer jedoch genug Zeit hat und besonders schöne Routen sucht, hat zwei sehr empfehlenswerte Optionen:

Das **Loire-Tal:** Ein beschauliche Route bis Nantes mit schöner Landschaft und zahlreichen Schlössern. Hierzu kann man z. B. über die A10 Orléans oder Tours ansteuern (oder je nach zur Verfügung stehender Zeit auch schon weiter am Oberlauf anfangen) und dann auf kleineren Straßen dem malerischen Flussverlauf folgen. Diese Route bietet neben den Schlossbesichtigungen und Städten besonders schöne Möglichkeiten für Exkursionen per Fahrrad, Kanu und Faltboot. Die Rundstrecke durch die Bretagne würde man dann ab Nantes entgegen der im Buch beschriebenen Richtung fahren.

Beispiele für Mautgebühren (Wohnmobil unter/über 3,5 t bzw. 3 m Höhe)

Saarbrücken – Paris: 47,20/72,20 €
Strasbourg – Paris: 60,90/92,50 €
Paris – Rennes: 45/66,50 €
Valenciennes – Paris: 21,30/31,90 €

Die **Normandie:** Besonders für die Anreise von Norden geeignete Strecke mit reizvollen Küstenlandschaften und Stränden. Die beste Möglichkeit bietet die Anreise über die A13 mit Abfahrt in der Gegend kurz vor Caën, von wo aus man der Küste folgt. Etwa ab Houlgate erkundet man zunächst die langen Sandstrände, an denen zum Ende des Zweiten Weltkriegs die Alliierten gelandet sind, dann umrundet man die reizvolle und relativ wenig besuchte Halbinsel Cotentin, die viele Besucher abschneiden. Die Runde durch die Bretagne startet dann direkt wie im Buch beschrieben an der berühmten felsigen Insel Mont-Saint-Michel.

AUTOBAHN

Das zentrale „Tor“ zur Bretagne ist die Stadt Rennes, die man gewöhnlich über die Autobahn von Le Mans und Paris kommend erreicht. Für die Anreise ab Deutschland gibt es zwei Hauptrouten (mit je zwei Varianten) – je nachdem, ob man nördlich oder südlich von Frankfurt startet:

- **Südliche Route:** Über Strasbourg oder über Saarbrücken nach Metz und dann weiter via Reims und Paris (viele autobahnartige, aber mautfreie Strecken; im Raum Paris ist oft sehr dichter und chaotischer Verkehr!).
- **Südroute 2:** Wer ganz im Süden startet kann aber auch die Route Besançon – Beaune – Avallon wählen. Auf diese Route werden auch Urlauber aus Österreich und der Schweiz stoßen.

Entfernungsbeispiele bei Anreise über die Autobahn

Hamburg – Rennes:	*1250 km*
Kassel – Rennes:	*1070 km*
Frankfurt/Main – Rennes:	*920 km*
Stuttgart – Rennes:	*960 km*
Freiburg – Rennes:	*900 km*

- **Nördliche Route:** Wer nördlich von Frankfurt zu Hause ist, fährt über Belgien: entweder über Lüttich und die A15 oder via Antwerpen und Lille.
- **Nordroute 2:** Von Aachen nach Liège (Lüttich) und dann nördlich von Paris via Valenciennes, Amiens, Rouen und Caën (mit deutlich günstigeren Autobahngebühren).

Wer die Autobahnroute wählt, muss im Großraum Paris besonders während des Berufsverkehrs mit vollen Straßen und Staus rechnen. Hier sollte man möglichst zu den verkehrstechnisch ruhigsten Zeiten fahren (am besten nachts). Auch um Strasbourg ist in den Hauptverkehrszeiten mit Staus zu rechnen.

Autobahngebühren

Die Benutzung der meisten Autobahnen in Frankreich ist gebührenpflichtig (Ausnahmen sind z. B. Umfahrungen großer Städte wie Paris) und nicht gerade billig! Rund 100 bis 150 Euro muss man einplanen, um mit dem Wohnmobil von Strasbourg bis nach Rennes zu gelangen (hin und zurück also 200 bzw. 300 Euro reine Mautkosten), aber wer Zeit und Nerven sparen will, zahlt den Preis gern.

Entfernungsbeispiele bei Anreise auf Nationalstraßen

Hamburg – Rennes:	*1200 km*
Kassel – Rennes:	*1050 km*
Frankfurt/Main – Rennes:	*920 km*
Stuttgart – Rennes:	*970 km*
Freiburg – Rennes:	*840 km*

Für manche kürzeren Abschnitte wird die pauschale Gebühr direkt kassiert. Meist zieht man an der ersten **Mautstelle** *(péage)* eine Karte *(Prenez un ticket!)* aus dem Automaten und bezahlt dann beim Verlassen der Autobahn oder an einer späteren Mautstelle. Versuchen Sie nicht, den Automaten zu überlisten und sich ohne Karte durchzumogeln. Sonst zahlen Sie nachher den maximalen Betrag! Das Gleiche gilt, falls Sie das Kärtchen unterwegs verlieren sollten. Bezahlen können Sie die Maut mit Bargeld, schneller und problemloser geht es aber mit der Kreditkarte – auch bei kleinen Beträgen. Für Wohnmobile kommen zwei verschiedene Fahrzeug-Klassen in Frage: Klasse 2 *(véhicules intermédiaires)* für Wohnmobile, die nicht mehr als 3,5 t Gesamtgewicht oder 3 m Höhe haben, und Klasse 3 für Fahrzeuge über 3,5 t Gesamtgewicht bzw. über 3 m Höhe.

Weitere **Mauttarife** findet man unter www.autoroutes.fr/fr/les-principaux-tarifs.htm.

MAUTFREIE STRECKEN

Die Route „quer durchs Land“ auf Nationalstraßen ist in der Regel nicht länger (evtl. sogar kürzer) als die Autobahnstrecke, erfordert aber mehr Zeit, eine Reihe von Stadtdurchfahrten und deutlich mehr Mühe bei der Orientierung (was aber nicht ins Gewicht fällt, wenn man per GPS navigiert). Wer es nicht eilig hat und sich von einem Navigationssystem lotsen lässt (oder von einem guten Beifahrer), der ist mit den gebührenfreien, streckenweise reizvollen und überwiegend ruhigen Nationalstraßen besser bedient.

Zwei Beispiele für mautfreie Strecken:

Ab Strasbourg: N4 via Saverne bis Héming, weiter N955 bis Moyenvic und N74 bis Nancy. Weiter via N4 nach Fontenay-Trésigny und via N36 bis Melun. Dann N6 nach Fontainbleau, N837 bis Etampes und von dort N24 bis Chartres und via N23 nach Nogent-le-Rotrou. Von dort via N955 und N311 bis Alençon und via N12 bis Fougères (ca. 780 km).

Ab Mons (Belgien): N2 via Laon und Soissons bis Le Plessis-Belleville; N330 nach Meaux und N36 bis Melun. Dann weiter wie oben (ca. 630 km).

DIPLOMATISCHE VERTRETUNGEN

Französische Botschaften

- **Deutschland:** Pariser Platz 5, 10117 Berlin, Tel. +49 (0)30 590039100, 590039000 (Konsularabteilung), https://de.ambafrance.org, www.allemagne.diplo.de (gute zweisprachige Websites mit vielen Reiseinfos und Links)
- **Österreich:** Technikerstr. 2, 1040 Wien, Tel. +43 (0)1 502750, www.ambafrance-at.org
- **Schweiz:** Schlosshaldenstr. 46, 3006 Bern 16, Tel. +41 (0)31 3592111, www.ambafrance-ch.org

007br Abb.: rh

Vertretungen in Frankreich

- **Botschaft der Bundesrepublik Deutschland,** 13–15, Avenue Franklin D. Roosevelt, 75008 Paris, Tel. +33 (0)1 53834500, https://allemagneenfrance.diplo.de
- **Honorarkonsulat der Bundesrepublik Deutschland,** CCI de Rennes, 2 ave de la Préfecture CS 64204, 35042 Rennes, Tel. 02 99 33 66 95
- **Botschaft der Republik Österreich,** 6 Rue Fabert, 75007 Paris, Tel. +33 (0)1 40633063, www.bmeia.gv.at
- **Botschaft der Schweiz,** 142 Rue de Grenelle, 75007 Paris, Tel. +33 (0)1 49556700, www.eda.admin.ch/paris

EINKAUFEN

Egal, was andere schreiben mögen: Nach unseren Erfahrungen stimmt es nicht, dass das Preisniveau „beiderseits des Rheins weitgehend identisch“ ist. In den französischen Lebensmittelgeschäften ist das Angebot groß, aber die Preise sind (von wenigen Ausnahmen abgesehen) meist **deutlich höher** als in Deutschland. Besonders gilt dies z. B. für Bier, Fruchtsäfte, Schokolade, Kaffee und Konserven. Aber manchmal bekommt man sogar französischen Wein und Käse in Deutschland billiger als im Erzeugerland!

Wer günstig reisen will, füllt daher den Wohnmobilkeller zu Hause beim Discounter mit **haltbaren Grundnahrungsmitteln** und kauft vor Ort auf den Märkten oder direkt beim Erzeuger Gemüse und Obst, Käse, Fisch und Wein. **Brot** kann man ebenfalls auf dem Markt bekommen oder aber in kleinen Bäckereien. Natürlich gibt es auch im Supermarkt Brot und Backwaren, aber diese sind meist von zweitrangiger Qualität. Das typische Weißbrot in Stangenform ist recht günstig und schmeckt als Abwechslung im

Eine Crêperie findet man in der Bretagne in fast jedem Ort

Französisches Brot: Nicht nur Stäbe, Flöten und Bindfäden!

Glauben Sie nicht, französisches Brot sei immer gleich „Baguette". Das ***französische Weißbrot,*** *das bei uns als „Baguette" angeboten wird, ist in Wirklichkeit meist eine „Flute" („Flöte"). Das wirkliche Baguette („Stab") ist dünner – und daneben gibt es noch das ganz dünne Weißbrot, das „Ficelle" („Bindfaden") heißt. Alle drei haben eine Gemeinsamkeit mit der Weißwurst und der Brezel: Sie sollten möglichst vor dem Mittagsläuten verspeist sein, denn danach verlieren sie rasch und erheblich an Qualität. Aus eben diesem Grund gibt es in Frankreich heute auch eine beachtliche Auswahl an* ***Misch- und Körnerbroten*** *von sehr guter Qualität. Am besten fragt man in einer kleinen Bäckerei – vorzugsweise in einer „boulangerie artisanale", wo man oft auch sehr gutes* ***Holzofenbrot*** *bekommt. Fragen Sie nach „pain qui se conserve" (haltbarem Brot), wenn Sie kein Weißbrot wollen. Und probieren Sie einmal Olivenbrot oder ein „Pain de Randonneur" („Wandererbrot") mit Nüssen und Trockenfrüchten.*

Urlaub auch gut. Am besten, aber teurer ist *pain artisanal,* das in traditionellen Bäckereien aus selbstgemachtem Teig frisch gebacken wird, während andere Bäckereien oft vorgefertigtes und tiefgefrorenes Brot nur aufbacken.

Muss man unterwegs die Reserven auffüllen, so eignet sich der **Super- oder Hyper-Marché** draußen vor der Stadt, der große Parkplätze und ein ebenso großes Angebot hat. Außerdem kann man dort meist günstig tanken. Und schließlich gibt es auch in Frankreich **Discounter** wie Aldi und Lidl mit ähnlichem Angebot wie in Deutschland, aber ergänzt durch Produkte der Region – wenngleich sie längst nicht so dicht gesät sind.

Eine große Auswahl an typischen und meist qualitativ hochwertigen **Produkten der Region** (Lebensmittel, bretonische Kekse und Kuchen, Cidre, Crêpes und Kunsthandwerk) bieten neben den Märkten auch die **„Maison des Produits de Pays",** die sich zunehmend bemühen, Erzeugnisse der näheren Umgebung direkt zu vermarkten. Sie bieten meist

Märkte

Nicht ohne guten Grund ist Frankreich für seine Märkte bekannt. Besonders interessant sind die bretonischen Wochenmärkte in den Küstenorten, auf denen weit mehr als nur Lebensmittel angeboten wird. Das Angebot an Fischen und Meeresgetier ist meist größer als im Geschäft. Wichtig ist es, zeitig auf dem Markt zu sein. Schon ab 10 oder 11 Uhr bekommt man nur noch das, was die anderen übrig gelassen haben, und gegen Mittag ist meist alles vorbei.

008br Abb.: rh

⊡ *Immer ein Erlebnis: der Wochenmarkt in Guérande*

Markttage in der Bretagne

Die Märkte der Bretagne sind für viele Urlauber interessant. Hier kann man nicht nur einkaufen, sondern zugleich auch die Bretonen und ihren Alltag kennenlernen. In vielen Gemeinden beginnt der Markt gegen 8 Uhr morgens und dauert bis in die Mittagsstunden. Vor allem die Fischhändler und Stände mit frischen Milchprodukten, Eiern, Fleisch und Geflügel sowie Obst und Gemüse schließen meist spätestens um 13 Uhr. Ausnahmen können in klimatisierten Markthallen bestehen. Handwerker- und Töpfermärkte, Flohmärkte, Antiquitäten- und Büchermärkte etc. haben meist ganztägig geöffnet.

Markttage (Wochenmärkte)

Montag: *Auray, Châtelaudren, Comburg, Concarneau, Douarnenez, Guerlesquin, Moncontour, Pontivy, Pontrieux, Redon, Saint-Briac-sur-Mer (Sommer), Saint-Malo Rocabey, Trégastel, Vitré, Bréhat (Juli/August), Saint-Cast (15/06–15/09), Saint-Quay-Portrieux, Plouaret, Chatelaudren, Pontrieux, Saint-Michel-en-Grève, Trégastel*

Dienstag: *Gâvres (Gemüsemarkt), Ile de Groix, Janzé, Landerneau, Lanester (Juli/August) Le Croisic, Qintin, Rennes (Quartier: Saint-Germain Sud Gare), Saint-Malo Paramé, Paimpol, Saint-Pol-de-Léon, Bréhat (Sommermarkt Juli-August), Caulnes, Fréhel, Paimpol, Plouaret, Rostrenen, Bourbriac, Etables sur Mer, Lancieux (in der Saison), Pléneuf (in der Saison), Quintin, Trébeurden*

Mittwoch: *Bazouges-la-Pérouse, Carnac, Châteaugiron, Châteaubriant, Dinard, Douarnenez, Fougères, Guérande, Guidel (im Sommer 17–20 Uhr), Lorient, Nantes, Ploemeur, Quimper, Rochefort-en-Terre, Roscoff, Tréguier (Place du Martray), Rennes (Halles centrales, Quartiers: Jeanne d'Arc, Bréquigny, Colombier), Riantec, Saint-Malo Rocabey, Vannes, Bréhat (Juli/August), Callac, Matignon, Saint-Brieuc, Broons, Plouha, Merdrignac, Tréguier*

Donnerstag: *Bazouges-la-Pérouse, Châteaugiron, Dinan, Dinard, Hennebont, Lannion, La Roche-Bernard, Le Croisic, Malestroit, Pont-Croix, Ploemeur (Juli–September Abendmarkt), Montfort-sur-Meu, Saint-Briac-sur-Mer, Fougères, Quéven (Biomarkt abends im Sommer), Rennes (Halles centrales, Quartiers: Jeanne d'Arc, Bréquigny, Colombier), Saint-Malo Rocabey, Bréhat Juli/August), Saint-Brieuc, Louargat, Binic, Lamballe, Ploueuc sur Lié*

Freitag: *Auray (Vormittag), Concarneau, Douarnenez, Guidel, Guingamp, Jugon-les-Lacs, Landerneau, Quimperlé, Redon, Saint-Malo, Châteaubourg, Locmiquélic, Montfort-sur-Meu, Rennes (Villejean - Bréquigny), Saint-Briac-sur-Mer, Saint-Malo Intra-Muros Saint-Servan, Bréhat (Juli/August), Lanvollon, Lézardrieux, Mur de Bretagne (in der Saison), Ploubalay, Plurien (in der Saison), Saint-Cast, Saint-Jacut-de-la-Mer, Val André (in der Saison), Erquy, Jugon Les Lacs, La Roche Derrien, Loguivy Plougras, Perros Guirec, Ploufragan, Pordic, Trégueux, Saint Quay Portrieux*

Samstag: *Cesson-Sévigné, Bécherel, Dinard, Dol-de-Bretagne, Erquy, Fougères, Gâvres (Gemüsemarkt), Guérande, Guingamp, Ile de Groix, Josselin, Landerneau, Le Croisic, Lorient, Morlaix, Nantes, Port-Louis, Pleubian, Quimper, Redon, Vannes, Vitré, Penvénan, Pont-Scorff, Port-Louis, Iffendic, Lohéac, Rennes (Quartier: le Blosne, les Lices), Saint-Briac-sur-Mer (Sommer), Saint-Malo Paramé et Rocabey, Bréhat (Juli/August), Guingamp, Plancoêt, Plouézec, Plédran, Ploumillau, Loudéac, Pleubian, Loguivy Plougras, Saint-Brieuc, Penvenant, Plouescat*

Sonntag: *Auray (Mai–Okt. jeden 1. So. Künstlermarkt), Cancale, Quimper, Carnac, Cléguer (Meeresfrüchte), Guidel, Larmor-Plage, Penestin, Ploemeur, Quéven, Saint-Brice-en-Coglès (2. So. des Monats), Saint-Lunaire (April–Sept.), Bréhat (Juli/August), Plestin Les Grèves, Plérin, Saint-Brieuc (Croix Saint Lambert – Cesson)*

gute Parkmöglichkeiten und haben manchmal auch an Wochenenden geöffnet.

Sonst kann man natürlich einzelne Produkte wie Cidre, Obst, Gemüse, Eier oder Milch auch direkt vom Erzeuger kaufen. Man sollte auf einfache Schilder am Straßenrand oder an Höfen achten, die solche „produits" anbieten. Austern sowie sonstige Muscheln und Krustentiere gibt es vor allem an der Nordküste direkt von den Erzeugerkooperativen (Zusammenschlüsse unabhängiger Muschelzüchter) und hie und da sogar an einem Straßenstand. Fisch kauft man am besten (wenn man früh genug auf den Beinen ist!) auf dem Markt oder in der *criée,* der Fischauktionshalle.

Die üblichen **Öffnungszeiten** sind von 9 oder 9.30 bis 12 und von 14 bis 18 oder 18.30 Uhr. Selbst die großen Supermärkte haben über Mittag nicht alle geöffnet. Bäckereien öffnen oft am Sonntagmorgen und haben dafür am Montag geschlossen.

EINREISEBESTIMMUNGEN

An den Grenzen innerhalb der EU sind seit dem Schengener Abkommen die Grenzkontrollen entfallen. Das bedeutet jedoch nicht, dass Kontrollen völlig ausgeschlossen sind. Auf jeden Fall müssen die üblichen **Reisedokumente** mitgeführt werden. Für Besucher aus Deutschland, Österreich und der Schweiz reicht der **Personalausweis** (alternativ Reisepass).

Wer mit dem Wohnmobil (oder einem anderen Fahrzeug) einreist, muss den nationalen **Führerschein** und den **Kfz-Schein** bei sich führen. Die Mitnahme der **Grünen Versicherungskarte** wird sehr empfohlen, da sie als Versicherungsnachweis dient und z. B. bei einem Unfall die Abwicklung erheblich erleichtert. Obwohl sie für Frankreich nicht offiziell vorgeschrieben ist, wurde sie bei einer Verkehrskontrolle bereits als Versicherungsnachweis für das Fahrzeug verlangt – und der Polizeibeamte beharrte darauf, dass die Karte stets mitgeführt werden müsse!

FERIEN UND FEIERTAGE

SCHULFERIEN

Die Schulferien in Frankreich sind – ähnlich wie in Deutschland – nicht landesweit zu denselben Terminen – teilweise sind selbst die Osterferien nicht an Ostern! Trotzdem können zu bestimmten Zeiten dichter Reiseverkehr und Staus nicht vermieden werden. Am kritischsten sind die Wochenenden von Mitte Juli bis Anfang August sowie generell Ferienbeginn und -ende in der Region Paris.

Die genauen Ferientermine für alle Regionen finden Sie (allerdings auf Französisch) im Internet unter www.education.gouv.fr/pid25058/le-calendrier-scolaire.html.

FEIERTAGE

- **1. Januar:** Jour de l'An (Neujahr)
- **1. Mai:** Fête du Travail (Tag der Arbeit)
- **8. Mai:** Armistice (Waffenstillstand 1945)
- **März/April:** Pâques (Ostern)
- **Mai:** Ascension (Himmelfahrt)
- **Mai/Juni:** Pentecôte (Pfingsten)
- **14. Juli:** Fête Nationale (Nationalfeiertag; Sturm auf die Bastille im Jahr 1789)
- **15. August:** Assomption (Mariä Himmelfahrt)
- **1. November:** Toussaint (Allerheiligen)
- **11. November:** Armistice (Waffenstillstand 1918)
- **25. Dezember:** Noël (Weihnachten)

FESTE

Den Sommer über gibt es in zahlreichen Orten der Bretagne eine Fülle folkloristischer Feste mit traditioneller Musik und Volkstänzen. Hier nur eine kleine Auswahl der bedeutendsten Veranstaltungen:

- **Festival Interceltique de Lorient:** Zu diesem Fest in der zweiten Augustwoche treffen sich die Kelten aus den verschiedenen

102br Abb.: rh

europäischen Ländern zu Musik, Umzügen und Ausstellungen.

- **Festival de Cornouaille in Quimper:** In der Woche vor dem 4. Sonntag im Juli wird täglich mit Musik, Tanz, Theater, bretonischen Spielen und anderen Angeboten gefeiert.
- **Fête des Filets Bleus:** Stadtfest in Concarneau mit Musik, Tanz und Spielen im und auf dem Wasser vom vorletzten bis zum letzten Sonntag im August.
- **Festival de la Danse Bretonne:** Mitte August finden in Guingamp eine Woche lang Tanzwettbewerbe und Konzerte mit traditioneller und moderner bretonischer Musik statt.
- **Festival des Vieilles Charrues:** Ein sehr großes und betont lebendiges und innovatives, bretonisches Kultur- und Musikfestival, das jedes Jahr Mitte Juni eine Woche lang in Carhaix gefeiert wird (www.vieilles charrues.asso.fr).

Bei den Fest-noz in der Bretagne werden gälische Traditionen gepflegt

GAS

Wer mit zwei vollen 11-kg-Gasflaschen startet, der kommt damit im Normalfall problemlos durch seinen Urlaub – selbst wenn dieser 4 oder 5 Wochen dauert, der Kühlschrank ständig läuft und täglich mit Gas gekocht wird. Sollte das Gas aus welchen Gründen auch immer dennoch einmal zur Neige gehen, wird es mit dem Nachschub problematisch, denn Umtauschmöglichkeiten für die deutschen Flaschen gibt es in Frankreich nicht.

Notfalls kann man ohne Probleme an jeder Tankstelle eine französische 13-kg-Butan- oder Propangasflasche leihen und die leere Flasche später gegen Pfanderstattung an einer anderen Tankstelle der gleichen Marke zurückgeben (Quittung aufheben!) – aber erstens braucht man für den Anschluss einen **Adapter** (nicht billig!), zweitens wird die größere Flasche nicht immer in den Gasflaschenkasten des Wohnmobils passen und drittens muss man dann einen Platz finden, um die eigene leere Flasche zu verstauen. Behelfen kann man sich auch mit einer blauen 3-kg-Camping-Gaz-Flasche, die man aber für teures Geld kaufen muss und deren Inhalt ebenfalls unverhältnismäßig teuer ist. Viel besser und einfacher: Starten Sie gleich mit vollen 11-kg-Flaschen, dann werden Sie keine Probleme haben.

Wohnmobile mit Nachfüllflasche oder fest eingebautem Gastank können ihre Reserven in Frankreich an rund 1700 Tankstellen mit Autogas (Frz. GPL = Gaz de pétrole liquéfié) auffüllen. Der Preis liegt bei ungefähr 0,87 €. Falls Sie nicht den passenden Adapter haben, fragen Sie an der Kasse.

Im Campingfachhandel gibt es ein Europa-Entnahme-Set, das aus vier **Adaptern** besteht, die den Anschluss deutscher Gasregler an andere europäische Flaschen ermöglichen.

- Eine Liste von Autogas-Tankstellen bietet www.gas-tankstellen.de
- Speziell für Frankreich: http://stations.gpl.online.fr/appli/index.php

- Tankstellen mit Treibstoff-Preisvergleich: www.prix-carburants.gouv.fr
- Eine gute Auswahl an Tankflaschen und Systemen, sehr fachkundige Beratung und hilfreiche Informationen zu Einbau, Adaptern etc. findet man im Internet unter www.gasfachfrau.de.

GELD

Bargeld erhält man wie zu Hause mit der **Debitkarte/Girocard** an einem der **Geldautomaten,** die in vielen Banken und Supermärkten zu finden sind (meist auch mit deutscher Menüführung).

Andererseits kann man in Frankreich viel **bargeldlos** bezahlen. Die gängigen **Kreditkarten** (Mastercard oder Visacard) werden fast überall akzeptiert – und die Franzosen selbst bezahlen noch sehr viel per **Scheck** (manchmal selbst das Baguette beim Bäcker!).

Öffnungszeiten

Banken haben in der Regel Mo. bis Fr. von 9 bis 12 und von 14 bis 16 Uhr geöffnet.

GESUNDHEIT

Für gesetzlich Versicherte gibt es die **Europäische Krankenversichertenkarte** (European Health Insurance Card = EHIC). Sie gilt innerhalb der gesamten EU, also auch in Frankreich, sowie in der Schweiz, in Norwegen, Liechtenstein und Island. Mit ihr hat man während des vorübergehenden Aufenthalts in den genannten Ländern Anspruch auf medizinisch notwendige Leistungen des öffentlichen Gesundheitswesens.

In der Regel muss man in Frankreich seine Arztrechnung und notwendige Medikamente aber zunächst selbst bezahlen und nach der Reise die entsprechenden Quittungen bei der Krankenkasse einreichen, die daraufhin einen Teil der Summe erstattet – oder (etwa bei Beträgen bis 50 €) auch nicht. Dies gilt für fast alle Arztpraxen, da ihre Softwareprogramme die Kartendaten nicht auslesen können; in Krankenhäusern kann die Versichertenkarte teilweise aber wie im Inland genutzt werden.

Art und Umfang der zu erstattenden Leistungen, zu denen ärztliche und zahnärztliche Behandlung, Krankenhausbehandlung, Arzneien und Heilmittel gehören, richten sich nach den jeweiligen Rechtsvorschriften des Aufenthaltsstaates. Einfacher gesagt: Es besteht Anspruch auf alle erforderlichen medizinischen Sachleistungen. Häufig wird jedoch nur ein Teil der Kosten anerkannt und erstattet, da die Kassen allerlei Selbstbeteiligungen und Pauschalen abziehen.

Um das Risiko auszuschließen, empfiehlt sich (besonders auch für Reisende aus der Schweiz) der Abschluss einer zusätzlichen **Auslandsreisekrankenversicherung,** die im Notfall den teuren Rücktransport in die Heimat einschließt.

Eine **Apotheke** *(pharmacie)* findet man fast in jedem größeren Dorf. Sie hat meist 9–12.30 und 14–18.30 Uhr geöffnet und ist an einem grünen Kreuz zu erkennen, das während der Öffnungszeit blinkt. Eine Hinweistafel am Eingang informiert über die nächste Apotheke mit Nacht- oder Sonntagsdienst.

In **Notfällen** hilft der SAMU *(Service d'Aide Médical d'Urgence;* Notarzt), zu erreichen unter Tel. 15. Die Franzosen rufen in Notfällen meist zuerst die Feuerwehr *(pompiers,* Tel. 18), die auf dem Lande oft näher und schneller zur Stelle ist und einen Notruf gegebenenfalls auch an andere Stelle weiterleitet.

HAUSTIERE

Haustiere unter drei Monaten dürfen nicht nach Frankreich mitgenommen werden. Wer einen älteren Hund oder eine Katze mitnehmen will, muss einen EU-Heimtierausweis mitführen. Er identifiziert das Tier mittels Kennnummer und attestiert, dass es gegen Tollwut geimpft ist. Die zweifelsfreie Identi-

Registrierte, gefährliche Hunderassen

Mit dem Gesetz vom 6. Januar 1999 sollen Unfälle durch Hunde, welche als gefährlich einzustufen sind, vermieden werden. Sie werden in zwei Kategorien eingeteilt:

1. Kategorie: *alle sogenannten Kampfhunde (American Staffordshire, Mastiff, Tosa, Staffordshire Terrier oder Kampfhundmischlinge) ohne Eintragung in einem vom internationalen Hundeverband (www.fci.be) zugelassenen Stammbuch. Die Einfuhr von Hunden dieser Kategorie ist verboten.*

2. Kategorie: *Alle Wach- und Schutzhunde (Rassen wie American Staffordshire Terrier, Rottweiler, Tosa etc.) dürfen nur mit Maulkorb und an der Leine geführt werden. Hunde dieser 2. Kategorie dürfen nach Frankreich einreisen, sofern beim Zoll ihr zugelassenes Stammbuch (Ausnahme Rottweiler: Einreise auch ohne Stammbuch möglich) vorgelegt und so bewiesen werden kann, dass sie nach französischem Recht dieser 2. Kategorie angehören.*

Achtung: *Am Strand sind Hunde generell nicht gestattet!*

tätskennung durch einen implantierten Mikrochip ist seit 2011 ebenfalls zwingend nötig. Eine Tätowierung gilt nur bei Tieren, die vor dem 3. Juli 2011 tätowiert wurden. Die Tollwutimpfung muss mindestens 21 Tage und maximal 12 Monate vor Grenzübertritt erfolgt sein. Drei Jahre gültige Tollwutimpfungen werden akzeptiert, wenn der Impfstoff explizit im Impfpass angegeben ist.

Generell sind Hunde in Frankreich überall willkommen – auch auf allen Stell- und Campingplätzen (mehr als manchem Mit-Camper lieb sein mag). Unter allen besuchten Plätzen in der Bretagne haben wir jedenfalls bislang keinen gefunden, auf dem Hunde grundsätzlich verboten waren.

INFORMATIONEN

FREMDENVERKEHRSÄMTER

Das **Französische Fremdenverkehrsamt** (ATOUT FRANCE) bietet allgemeine Infos zu touristischen Fragen sowie einige Informationen und Prospekte über einzelne Regionen.

- **Deutschland:** Postfach 100128, 60001 Frankfurt/Main, http://de.france.fr
- **Schweiz:** Rennweg 42 – Postfach 7226, 8001 Zürich, Tel. +41 (0)44 2174600, http://ch.france.fr
- **Österreich:** Prinz-Eugen-Straße 72, 1040 Wien, http://at.france.fr
- Alle drei Büros sind nicht mehr für Publikumsverkehr geöffnet, beantworten aber per E-Mail (teils auch per Telefon) gestellte Anfragen.

IN FRANKREICH

Bretagne gesamt

- **Comité Régional du Tourisme de Bretagne,** 1 Rue Raoul Ponchon, 35069 Rennes Cedex, Tel. +33 (0)2 99284430, www.tourismebretagne.com
- **Union Bretonne de Tourisme Rural,** Maison de l'agriculture, ZAC Atalante Champeaux, CS 74223, 35042 Rennes, Tel. +33 (0)2 23482773, www.bienvenue-a-la-ferme.com

Regionale Stellen

- **Ille-et-Vilaine,** Comité Départemental du Tourisme, 7 Avenue de Tizé-Thorigne Fouillard, 35236 Cesson-Sévigné Cedex, Tel. +33 (0)2 99784747, www.bretagne35.com
- **Côtes d'Armor,** 7 Rue St-Benoît, BP 4620, 22000 St-Brieuc Cedex 2, Tel. +33 (0)2 96580658, www.cotesdarmor.com
- **Loire Atlantique,** 11 rue du Château de l'Eraudière, 44306 Nantes Cedex 1, Tel. +33 (0)2 51729530, http://tourisme-loireatlantique.com
- **Finistère,** 1 Allée François Truffaut, CS 92005, 29018 Quimper Cedex, Tel. +33 (0)2 98762564, www.finisteretourisme.com
- **Morbihan,** Parc d'Innovation Bretagne Sud, CS 72001, 56038 Vannes, Tel. +33 (0)2 97540656, www.morbihan.com

INTERNET

Frankreich allgemein

- **www.france.fr** (Offizielle Website des französischen Fremdenverkehrsamts)
- **www.tourisme.fr** (Webportal zum Thema Reisen nach und in Frankreich, enthält unter anderem Adressen, Telefonnummern und Websites aller Fremdenverkehrsstellen in ganz Frankreich, nur Französisch)
- **www.airfrance.de** (Deutschsprachige Site der Fluggesellschaft Air France)
- **www.ambafrance-de.org** (Deutsche Website der französischen Botschaft)
- **www.douane.gouv.fr** (Diese Website der französischen Zollbehörde bietet Infos zu Grenzübertritt und Zollbestimmungen)
- **www.aeroport.fr** (Französischsprachige Site mit Infos zu allen franz. Flughäfen)
- **www.bison-fute.equipement.gouv.fr** (Infos zu Verkehrslage, Straßenzustand, Staus, Wetter etc.; auch auf Englisch)
- **www.autoroutes.fr** (Diese Website bietet u. a. einen Routenplaner und einen Mautrechner; auch auf Englisch)
- **www.meteo.fr** (Französischsprachige Site mit aktuellen Wetterberichten)
- **www.campingfrance.com** (Mehrsprachige Website mit einem Verzeichnis der Campingplätze in Frankreich)
- **www.dfjw.org** (Zweisprachige Site des Deutsch-Französischen Jugendwerks mit Infos zu Sprachkursen, Arbeit, Freizeit, Kultur etc.)

Bretagne

- **www.bretagne.com** (Tourismuswebsite der regionalen Zeitschrift „Bretagne Magazine" mit Informationen über die ganze Bretagne, Veranstaltungshinweisen, Restaurantempfehlungen usw.)
- **www.inet-bretagne.fr** (Französische Site über die Gemeinden der Bretagne; mit Hinweisen zu Unterkünften)
- **www.bretagne-infos.de** (privater deutschsprachiger Reiseblog: Reiseinfos, Orte, Berichte, Fotos, Essen und Trinken)
- **www.bretagne-links.de** (viele deutschsprachige Infos und Links zur Region)

KARTEN

STRASSENKARTEN

Im Reise Know-How Verlag ist im Maßstab 1:200.000 in der Serie world mapping project die **Straßenkarte Bretagne** erschienen. Sie wurde auf dem Spezialmaterial PolyArt (ein umweltfreundliches Material) gedruckt und ist wasser- und reißfest sowie beschreibbar und auch GPS-tauglich. Sie hat eingezeichnete Höhenlinien und farbige Höhenschichten sowie ein Ortsregister.

Ebenfalls empfehlenswert ist die **Michelin-Straßenkarte Nr. 512** im Maßstab 1:200.000 zum Preis von 12,80 € zu nennen, die das gesamte Gebiet umfasst und enorm detailliert und präzise ist. Sie ist beidseitig auf wasserfestes und nahezu unzerreißbares Papier gedruckt und wahrhaft robust.

WANDERKARTEN

Die oben genannte **Michelin-Karte** kann auch für Radtouren schon durchaus ausreichend sein. Noch genauer sind die Wander- und Radkarten des französischen Landesvermessungsamtes **IGN** in den Maßstäben 1:100.000 oder gar 1:25.000, die man entweder im Fachhandel bestellen oder vor Ort bekommen kann.

PANNE/UNFALL

Kleinere Pannen hat man als Reisemobilist ja meist selbst im Griff, größeren kann man mit guter Wartung, einem gründlichen Check vor Antritt der Reise und mit einem umsichtigen Fahrstil vorbeugen. Hat man dennoch ein Problem, hilft oft gern ein anderer Wohnmobilist mit Rat und Tat – im Idealfall natürlich einer, der dasselbe Fabrikat fährt. Oft kann man sich dann mit kleineren Ersatzteilen wie Sicherungen, Glühbirnen etc. gegenseitig aushelfen.

Ist das Fahrzeug noch fahrtüchtig, so schaut man im internationalen Kundendienstverzeichnis, wo sich die nächste Vertragswerkstatt befindet. Auch nicht markengebundene Autowerkstätten können oft helfen. Ist das Fahrzeug nicht mehr fahrtüchtig, hilft nur noch der Pannendienst.

Spätestens dann ist ein **Auslandsschutzbrief** (zum Beispiel von ADAC, AVD, ACE bzw. ÖAMTC oder ACS) sehr hilfreich. Der ADAC-Service ist wirklich gut, wie wir aus eigener Erfahrung bestätigen können. Einfach anrufen und die freundlichen Betreuer (die natürlich Deutsch sprechen) kümmern sich um alles: Pannenhelfer, Abschleppdienst, Werkstatt, Hotelzimmer, Taxi bzw. was sonst erforderlich ist.

- **ADAC,** Am Westpark 8, 81373 München, Tel. +49 (0)89 76760, www.adac.de
- **AvD,** Goldsteinstr. 237, 60528 Frankfurt/M., Tel. +49 (0)69 6606300, www.avd.de
- **ACE,** Schmidener Str. 227, 70374 Stuttgart, Tel. +49 (0)711 53030, www.ace.de
- **ÖAMTC,** Baumgasse 129, 1010 Wien, Tel. +43 (0)1 711990, www.oeamtc.at
- **ACS,** Wasserwerkgasse 39, 3000 Bern 13, Tel. +41 (0)31 3283111, www.acs.ch

Meist sind Sie dann weit besser dran, als wenn Sie mit einem noch fahrtüchtigen Reisemobil selbst eine Werkstatt ansteuern. Nach unseren Erfahrungen sind die französischen Kfz-Werkstätten nicht immer brennend an Arbeit interessiert. Oft hat man uns weitergeschickt oder gebeten, doch am nächsten Tag wieder zu kommen!

Bei einem **Unfall mit Sachschaden,** aber ohne Verletzte, fühlt sich in Frankreich die Polizei nicht unbedingt zuständig. Für solche Fälle sollte man stets den **Europäischen Unfallbericht** *(Constat amiable)* zur Hand haben, ein Formular, das man von seiner Kfz-Versicherung bekommt. Darin werden alle Daten der Beteiligten eingetragen.

In jedem Fall muss man sich die Kfz-Nummer, die Versicherungsnummer und die Versicherungsgesellschaft des Unfallgegners notieren. Dazu muss man weder Französisch verstehen noch mit dem Gegner herumstreiten, denn diese Angaben finden Sie auf einem Pflicht-Aufkleber an der Frontscheibe eines jedes Fahrzeuges beziehungsweise auf dem vorderen Schutzblech eines Motorrads. Unterschreiben Sie nichts, was Sie nicht verstehen!

Um zu seinem Recht zu kommen, ist in jedem Fall eine **Rechtsschutzversicherung** sehr zu empfehlen, sonst können Sie zwar vielleicht Ihr Recht erstreiten, aber die Kosten dafür werden u. U. höher sein als der vom Gegner zu erstattende Schaden! Noch besser ist natürlich eine **Vollkaskoversicherung,** die Ihnen den Schaden erstattet und sich dann selbst darum kümmert, das Geld vom Unfallgegner zurückzufordern. Für Auslandsreisen kann sich manchmal auch eine Kurzzeit-Vollkaskoversicherung lohnen. Holen Sie am besten vor der Reise Informationen hierzu bei Ihrer Versicherung ein.

NOTRUFNUMMERN

- **Polizei** *(gendarmerie):* Tel. 17
- **Feuerwehr** *(pompiers):* Tel. 18
- **Notruf** (SAMU): Tel. 15
- **Pannenhilfe:** Tel. 13
- **Auskunft:** Tel. 12
- **ADAC-Auslands-Notruf München,** Tel. +49 (0)89 222222 (rund um die Uhr besetzt, Hilfe bei Autopanne, Unfall, Diebstahl, Verlust von wichtigen Papieren, Kreditkarten u. a.)
- **ADAC-Ambulanzdienst München:** Tel. +49 (0)89 767677 (rund um die Uhr besetzt, medizinische Hilfe wie Krankenrücktransport, Medikamentenversand, Vermittlung deutschsprachiger Ärzte u. Ä.)
- **ÖAMTC-Schutzbrief-Nothilfe:** Tel. +43 (0)1 2512000
- **ACS-Notruf Schweiz:** Tel. +41 (0)44 2833377
- **AvD-Notruf** (aus dem Ausland): +49 (0)69 6606600
- **ACE-Notruf:** +49 (0)711 530343536, (0)1802 343536

POST

Die in Frankreich ebenfalls gelben Briefkästen haben oft zwei Schlitze: Der mit der Aufschrift „Région" wird Sie weniger interessieren, denn Auslandssendungen kommen in den Schlitz mit der Aufschrift „Autres Destinations".

Postämter (PTT) haben meist von 8 bis 19 Uhr geöffnet; in Städten durchgehend, in kleineren Orten mit Mittagspause von 11.30 bis 14 Uhr. Briefmarken für Briefe und Postkarten bekommt man aber auch bei jedem „tabac"-Geschäft. Das Porto für normale Briefe und Postkarten in EU-Länder und die Schweiz beträgt derzeit 1,20 € bis 20 g und 2,60 € bis 100 g.

Man sollte nicht vergessen, bei der Adresse das Zielland in französischer Sprache anzugeben: *Allemagne, Autriche* oder *Suisse.*

REISEZEIT UND KLIMA

Gerade für Wohnmobilisten empfiehlt es sich, „antizyklisch" zu reisen – also möglichst dann, wenn andere es nicht tun. Das bedeutet vor allem **nicht im Juli und August,** den traditionellen Urlaubsmonaten der Franzosen, unterwegs zu sein, denn dann sind auch in der Bretagne Straßen, Innenstädte, Wohnmobilstell- und Campingplätze, Sehenswürdigkeiten, Restaurants und die ohnehin oft knappen Parkmöglichkeiten meist hoffnungslos überfüllt. Und auch das Wetter ist im Sommer nicht unbedingt stabiler als sonst.

Die idealen Zeiten sind **April und Mai** sowie **September und Oktober.** Zu diesen Zeiten haben wir schon Plätze, die im Sommer stets sehr voll sind, für uns allein gehabt. Wenn allerdings gerade in Frankreich Osterferien sind oder ein langes Wochenende ist, kann auch dann mancher Platz voll werden – besonders im östlichen Teil der Bretagne, während man im „fernen Westen" auch im Sommer oft noch stille Winkel findet.

Sehr schön ist die Zeit um **Ostern,** wenn die Winterstürme vorbei sind und der Ginster golden blüht. Es kann dann durchaus schon sehr milde und sonnige Tage zum Draußensitzen geben, aber kurz danach kann Nebel aufziehen, sodass man nichts mehr sieht, oder heftige Windböen und strömender Regen (der aber auch ebenso rasch wieder vorbei sein kann). Kurz: Auch das Wetter hat in der Bretagne einen irischen Einschlag und dort sagt man: „Wenn Ihnen unser Wetter nicht gefällt, dann warten Sie doch fünf Minuten!"

Grundsätzlich kann man die Bretagne zu jeder Jahreszeit bereisen – selbst im Winter. Das Wetter kann dann zwar rau und stürmisch sein, aber Schnee gibt es selten und wenn, dann nie für lang. Allerdings muss gelegentlich mit überfrierender Nässe gerechnet werden!

Einer der wenigen Bewohner des Inselchens Callot hat uns gesagt: „Wir haben nie Probleme mit dem Wetter – und stets den Südwester im Rucksack!" Machen Sie es auch so.

SICHERHEIT

Im Gegensatz zu Südfrankreich haben wir uns in der Bretagne stets sicher gefühlt und hatten bislang in dieser Hinsicht auch nie Probleme. Aber natürlich ist es kein Fehler, die **üblichen Vorsichtsmaßnahmen** zu beachten:

- Das Reisemobil nie unverschlossen lassen, um z. B. rasch ein Foto zu schießen.
- Niemals Wertgegenstände im Fahrzeug zurücklassen – schon gar nicht sichtbar (ggf. Handschuhfach offen lassen).
- Nach Möglichkeit das Fahrzeug nicht unbeaufsichtigt abstellen (reist man in einer Gruppe, kann man sich abwechseln – sonst hat man oft keine andere Wahl).
- Alle Vorhänge schließen, damit von außen ungewiss ist, ob sich jemand im Fahrzeug befindet.
- Auch über Nacht keine Handtaschen oder Wertsachen im Fahrerraum oder an den vorderen Sitzen lassen (besser im Schlafbereich oder im Schrank).

- Ein von außen sichtbarer Sperrriegel, der Fahrer- und Beifahrertür so verbindet, dass sie auch bei aufgebrochenem Schloss nicht geöffnet werden können, kann sehr sinnvoll sein (diesen Zweck kann auch ein einfacher Spanngurt erfüllen).
- Ein Gaswarngerät kann ebenfalls die Sicherheit bei Nacht erhöhen – sofern es nicht auf jedes Deo und Mundwasser sofort anspricht.

Sollten Sie doch einmal Opfer eines Diebstahls oder eines Autoaufbruchs werden, suchen Sie umgehend die nächste **Polizeidienststelle** *(gendarmerie)* auf, um den Vorfall anzuzeigen und den Verlust protokollieren zu lassen. Sie brauchen das amtliche Protokoll, falls Sie Schäden am Fahrzeug oder gestohlene Gegenstände von Ihrer Versicherung ersetzt bekommen wollen.

Sind Ihnen **Ausweise, Fahrzeugpapiere, Kreditkarten** oder andere wichtige Papiere abhanden gekommen, so benötigen Sie das polizeiliche Protokoll u. U. auch, um sich von der Botschaft Ersatzpapiere ausstellen zu lassen. Sehr vereinfachend und damit zeitsparend ist es, wenn man bereits vor der Reise von allen wichtigen Unterlagen Fotokopien anfertigt, die man dann bei den Behörden vorlegen kann. Gestohlene Debit-/Giro- oder Kreditkarten, Handys, Krankenversicherungsausweise o. Ä. unbedingt sofort **sperren** lassen!

Von französischen Wohnmobilisten haben wir gehört, dass sie tatsächlich schon belästigt und angepöbelt wurden. Wir hatten solche Probleme bislang nie. Aber viele Franzosen warnen davor, allein zu stehen, und übernachten nur in Gruppen. Solche Belästigungen müssen nicht unbedingt einen kriminellen Hintergrund haben, sondern rühren vielleicht daher, dass Einwohner in den touristischen

Kartensperrung

Einheitliche deutsche Nummer (bitte vor der Reise klären, ob die eigene Bank diesem Notrufsystem angeschlossen ist) zum Sperren von Medien wie Kredit- und Debitkarten, Handys, digitalen Signaturen, Krankenversicherungskarten, Mitarbeiterausweisen, Kundenkarten, Onlineberechtigungen etc.: Tel. +49 116116, www.kartensicherheit.de, www.sperr-notruf.de, Österreicher und Schweizer sollten sich vor der Abreise bei ihrem Kreditinstitut über den zuständigen Sperrnotruf informieren.

Achtung: *Die Kartensperrung gilt für Bezahlung/Geldabhebung mit PIN, nicht jedoch für das Lastschriftverfahren mit Unterschrift. Um mögliche Ansprüche zurückweisen zu können, sollten man den Verlust bei der Polizei anzeigen. Wichtige Daten, wie Kartennummer und Ausgabedatum, sollte man separat notieren.*

103br Abb.: rh

Auch der beliebte Küstenwanderweg ist ungefährlich – solange man die nötige Vorsicht walten lässt

Ballungszentren zunehmend allergisch auf frei stehende Reisemobile reagieren. Deshalb ist besonders wichtig, **Sensibilität** walten zu lassen. Dass Verbotsschilder (die in der Bretagne erfreulich selten sind!) respektiert werden, sollte klar sein. Denn sie stehen dort vielleicht nicht ohne Grund! Aber auch, wenn man nur das Gefühl hat, dass Wohnmobile an einem Ort nicht erwünscht sein könnten, sollte man lieber weiterfahren. Wer großspurig und ignorant die Gefühle der Einheimischen verletzt oder sich gar arrogant darüber hinwegsetzt, muss sich nicht wundern, wenn diese ihrem Ärger einmal Luft machen.

Die beste Methode ist noch immer: Erst fragen, dann parken und die Liegestühle ausladen. Persönlicher Kontakt schafft immer auch menschliche Nähe und Akzeptanz. Hat man mit jemand erst ein paar nette Worte gewechselt, sieht man ihn positiver und schickt ihn meist nicht gleich wieder weg.

STRASSEN

Das Straßennetz in der Bretagne ist – wie überall in Frankreich – überwiegend gut ausgebaut. Das heißt aber (erfreulicherweise!) nicht, dass es sich nur um breite und schnurgerade Rennstrecken handelt. Vor allem die weniger befahrenen **Nebenstrecken** können schmal und kurvenreich sein, und das gefällt nicht nur den Motorradfahrern, sondern auch uns als Reisemobilisten. Wir wollen ja nicht möglichst rasch von einem Ort zum nächsten rauschen, sondern gemütlich durch schöne Landschaften tuckern und dazu bieten die Straßen entlang der bretonischen Küste und im Binnenland reichlich Gelegenheit. Wenn Ihr Navi Sie allerdings zu hartnäckig in die Feldwege lotsen will (manche scheinen dafür ein Faible zu haben), dann ignorieren Sie es einfach und lassen Sie sich eine Alternativstrecke vorschlagen. Auch in Städten ist mit dem Navi oft Vorsicht geboten. Es wird Sie zwar zu Ihrem Ziel führen – aber manchmal mit Vorliebe durch die engsten und verwinkeltsten Gassen der Altstadt! Da ist man froh über einen Co-Piloten, der den Stadtplan im Auge behält.

110br Abb.: rh

Wo es zu eng und problematisch wird, wird in den Routenbeschreibungen darauf hingewiesen. Die **Breite** der Fahrbahn lässt sich aus einer Straßenkarte nicht immer mit Sicherheit ablesen. Die dargestellte Breite symbolisiert die Ordnung der Straße, die zwar meist in Relation zur Breite der tatsächlichen Straße steht – aber es kann durchaus vorkommen, dass eine Straße niedrigerer Ordnung breiter ausgebaut ist als eine höherer Ordnung. Gerade entlang der Küste kann es auch passieren, dass kleine Sträßchen als Sackgasse enden – bzw. auf dem Acker. Dann muss man auch einmal dazu in der Lage sein, auf engem Raum zu wenden oder ein Stück rückwärts zu fahren.

Die meisten der schmalen Landsträßchen kann man mit durchschnittlichen Reisemobilen durchaus befahren – langsam und vorausschauend, versteht sich. Aber auch zurückschauend! Wenn Sie an Ihrem Heck ein anderes Fahrzeug entdecken oder gar schon eine kleine **Autoschlange,** dann wird es Zeit, an der nächsten Parkbucht kurz rechts raus-

Viele Straßen enden an malerischen Stränden

010br Abb.: rh

zufahren. Das erspart allen Beteiligten gefährliche Überholmanöver und ist eine selbstverständliche Geste der Rücksicht (im wahrsten Sinne!), denn die Einheimischen hinter Ihnen wollen sicher nicht bummeln, sondern müssen zur Arbeit oder sonst etwas erledigen.

STROM

Die **Netzspannung** beträgt 230 Volt Wechselstrom. Runde deutsche **Stecker** (vor allem die älterer Geräte) passen nicht in alle Steckdosen. Sie müssten ein zusätzliches Loch bzw. eine Aussparung haben, in die der Schutzkontakt-Stift passt, der (wie ein halber Stecker) aus vielen französischen Dosen ragt. Flachstecker hingegen können fast immer benutzt werden.

Falls Sie öfter Steckdosen in den Waschräumen der Campingplätze nutzen wollen, empfiehlt sich die Mitnahme eines Zwischensteckers. Für den Anschluss des Fahrzeugs ans Stromnetz haben sich auf den Camping- und Wohnmobilstellplätzen die dreipoligen, blauen CEE-Steckdosen durchgesetzt.

Trotzdem ist es gut, für den Ausnahmefall einen **Adapter** sowie eine 20-m-Kabeltrommel zu haben. Ein zusätzliches Verlängerungskabel kann auch nicht schaden.

⊡ *Eine Straße auf dem Meeresgrund: Bei Flut fahren hier wieder die Boote*

TANKEN

Das Netz der **Tankstellen** *(station d'essence)* ist in Frankreich sehr dicht und selbst in den ländlichsten Gegenden hat man kaum Probleme, den Tank aufzufüllen. (Sie müssen ihn ja nicht bis zum letzten Tropfen leerfahren!) **Diesel** *(gazole, gasoil, diesel)* bekommt man an praktisch jeder Tankstelle, die entsprechenden Zapfsäulen bzw. -pistolen sind schwarz markiert. Derzeit bezahlt man für Diesel und andere Kraftstoffe einen deutlich höheren Preis als in Deutschland. Zudem können die Unterschiede zwischen der teuersten Autobahn- und der billigsten Supermarkttankstelle durchaus 15 Cent betragen!

Zu den Einkaufszeiten wird bei Tankstellen an Supermärkten meist zuerst getankt und dann bei der Ausfahrt am Kassenhäuschen bezahlt. Beachten Sie, dass die Durchfahrten dort gelegentlich niedrig und eng sein können. Ist das Kassenhäuschen nicht besetzt, kann man gewöhnlich mit der **Kreditkarte** direkt an der Zapfsäule bezahlen. Ärgerlicherweise scheint jedoch keine Zapfsäule eine deutsche Kreditkarte mit Magnetstreifen zu akzeptieren, obwohl man sonst an der Kasse problemlos damit bezahlen kann. Sie funktionieren nur mit Karten, die einen integrierten Chip besitzen. Doch inzwischen haben wohl die meisten gängigen Kreditkarten (Mastercard, Visa, American Express) ebenfalls einen EMV-Chip. Außerhalb der Ladenzeiten ist man aber im Moment noch auf teurere „normale" Tankstellen angewiesen, die aber abends oder an Wochenenden oft ebenfalls geschlossen sind.

TELEFON

Bei den Telefonnummern wird in Frankreich nicht zwischen einer Ortsvorwahl und der Rufnummer unterschieden, sondern man wählt stets die **komplette Nummer.**

Die französische Landesvorwahl ist die +33, Telefonnummern in der Bretagne beginnen mit den Ziffern 02. Bei Gesprächen aus dem Ausland nach Frankereich entfällt wie gewohnt die erste „0" der Rufnummer (bei Telefonaten in die Bretagne wählt man also +332 und den Rest der Rufnummer).

Das **Mobilfunknetz** in Frankreich ist überwiegend gut und nur in abgeschiedenen Gegenden vielleicht etwas weniger dicht. Wer im Roaming-Verfahren die freie Wahl zwischen allen Anbietern hat, wird abgesehen von einigen ungünstigen Lagen wie engen Tälern fast überall telefonieren können.

Seit 2017 gibt es in der EU **keine Roaminggebühren** mehr. Damit ist das Telefonieren und Surfen mit dem Handy im EU-Ausland so günstig wie zu Hause – es sei denn, man nutzt das Handy im Ausland über einen längeren Zeitraum hinweg, dann können je nach Anbieter Nutzungsobergrenzen gelten. Beachten Sie jedoch, dass es auch Verträge ohne diese Roaming-Option gibt! In dem Fall zahlen Sie auch, wenn Sie vom Ausland aus angerufen werden (der Anrufer bezahlt lediglich die Inlandsgebühr, den Anteil für die Auslandsverbindung tragen Sie selbst) – und vergessen Sie auch nicht, die Rufumleitung auf die Mailbox auszuschalten, sonst bezahlen Sie gleich doppelt: für die Weiterleitung nach Frankreich und dann auch wieder zurück ins Heimatland.

Am Steuer darf auch in Frankreich nur mit **Freisprechanlage** telefoniert werden!

Vorwahlen

nach Deutschland: +49
nach Österreich: +43
in die Schweiz: +41
nach Frankreich: +33

TRINKGELD

Im Restaurant ist die Bedienung im Peis inbegriffen *(servis compris)*. Ein Trinkgeld *(pourboire)* ist zwar nicht unüblich, wird aber nicht selbstverständlich erwartet. Wer keines gibt, outet sich damit nicht als unhöflicher Trampel, und wer eins gibt (ca. 5–10 % oder ganz wie man es für richtig hält), der drückt damit wirklich noch Anerkennung für den guten Service aus (und gibt nicht nur, weil er sich nicht traut, nichts zu geben!). Meist wird im Restaurant die Rechnung auf einem kleinen Tablett gebracht, auf dem man nach dem Bezahlen auch sein Wechselgeld zurückerhält und auf dem man dann beim Verlassen des Lokals das Trinkgeld zurücklassen kann. In manchen Bistros und einfacheren Restaurants bezahlt man an der Kasse beim Hinausgehen. In der Regel kann man auch mit Kreditkarte bezahlen und Einheimische bezahlen sogar oft mit einem Scheck – und ohne aufzurunden.

In Cafés, Bars etc. wird Trinkgeld noch weniger erwartet, was aber nicht heißt, dass man sich nicht freut, wenn man eins bekommt!

ÜBERNACHTEN

Voilà! Da wären wir bei einem heiklen Thema, an dem sich die Geister scheiden. Wo bleibe ich die Nacht? Für viele Reisemobilisten ist das *die* Frage und oft genug *das* Problem schlechthin. Man hat ja stets sein Hotelzimmer mit Bad, WC und allem Notwendigen dabei, um auf jedem schön gelegenen Wanderparkplatz „Landhotel im Grünen" zu spielen. Manche Wohnmobilisten haben es gar zum Prinzip erhoben, „frei zu stehen", und betrachten es fast als eine Schande, offizielle und damit meist auch kostenpflichtige Stellmöglichkeiten zu nutzen. Andere möchten aus Gründen der Sicherheit oder des Komforts nicht irgendwo auf dem Waldparkplatz stehen, sondern bevorzugen die Annehmlichkeiten und den Schutz eines gut ausgestatteten Campingplatzes. Und wieder andere möchten zwar ebenfalls nicht gern allein im Walde stehen, fühlen sich aber auch nicht als klassische Camper und wollen daher (verständlicherweise!) keine Hotelzimmerpreise bezahlen, nur um für eine Nacht irgendwo zu parken.

Das Schöne: Ihnen allen kann geholfen werden. Die Bretagne bietet Möglichkeiten für jeden Geschmack. Nur etwas Respekt und ein Gespür für Land und Leute sowie dafür, wo man steht und wo besser nicht, sollte man schon mitbringen!

FREIES STEHEN

Wildes Campen *(camping sauvage)* ist zwar auch in Frankreich **generell verboten** – aber wo man parken darf, da darf man eben auch parken. Oder?

Soweit Recht und Gesetz. Doch nun zur Praxis: Die hinlänglich bekannten Durchfahrtsverbote für Wohnmobile und 2-m-Schranken sind in der Bretagne verglichen mit anderen Küstengegenden erfreulich rar. Wenn irgendwo Verbotsschilder stehen, dann sollte man sie auch respektieren. Meist handelt es sich nur um **Nachtparkverbote** und gewöhnlich

011br Abb.: rh

dienen sie dem Schutz der ursprünglichen Küstennatur.

Die Franzosen selbst nehmen Verbote oft nicht allzu ernst, doch als ausländischer Besucher sollte man etwas zurückhaltender sein. Und selbst wo keine Verbotstafel hängt, sollte man Respekt und Fingerspitzengefühl walten lassen. Man muss man ja auch nicht alles tun, was man theoretisch darf, sonst wird man vielleicht schon nächstes Jahr auch dort genau den gleichen Barrieren begegnen wie in anderen Regionen. Und zu Recht! Wer zu arrogant zu viel beansprucht und zu wenig Rücksicht kennt, der ärgert im Moment einige Anwohner oder einheimische Urlauber – und mittelfristig Tausende von Wohnmobilkollegen!

Grundsätzlich: Wer frei stehen möchte (für eine Nacht und ohne „Camping-Gebaren", versteht sich!), der muss – unabhängig von Gesetzen und Verboten – zusehen, dass er dort nicht stört und darauf vertrauen, dass er nicht gestört wird! Außerdem: Was zu ruhigen Zeiten im Frühjahr oder Herbst vielleicht völlig okay ist, kann während der Hauptsaison eine Sünde sein (wenn auf demselben Parkplatz schon ein Dutzend anderer Reisemobile steht!).

Aber vor allem: In der Bretagne hat man es meist gar nicht nötig, frei zu stehen. Kaum sonst irgendwo in Frankreich oder dem restlichen Europa findet man so viele (oft schön gelegene und gut ausgestattete) Plätze wie hier.

WOHNMOBILSTELLPLÄTZE (AIRES CAMPINGCARISTES)

Die Bretagne ist ein wahres **Paradies für Wohnmobilisten.** Entlang der Küste und im Hinterland gibt es über 400 Stell- und/oder Serviceplätze: in der Stadt, bei Supermärkten, mitten im Grünen, direkt am Strand, auf Bauernhöfen oder sogar unmittelbar neben einem Campingplatz – und ständig werden es mehr.

Viele Gemeinden haben begriffen, dass Reisemobilisten keine Landplage sind, sondern Touristen wie andere auch – und meist zahlungskräftige. Wenn diese Reisemobilisten auch keine 20 Euro für das Über-Nacht-Parken bezahlen wollen (und keinen Campingplatz brauchen!) – werden sie trotzdem gern im Restaurant essen, die örtlichen Attraktionen besichtigen, Lebensmittel und Souvenirs kaufen und damit dem örtlichen Fremdenverkehr mehr einbringen als so mancher Zeltcamper.

Das Spektrum der Stellplätze reicht von einfachen Parkplätzen ohne Einrichtungen bis zu komfortablen und sehr schön gelegenen „Beinahe-Campingplätzen". Viele bieten gute Ver- und Entsorgungsmöglichkeiten, nicht wenige auch Stromanschluss und manche sogar zusätzliche Ausstattungen wie Toiletten, Waschgelegenheiten, Picknicktische, Waschmaschinen, Trockner und Ähnliches. Oft sind die Plätze und teils auch Ver-/Entsorgungsmöglichkeiten kostenlos oder man bezahlt nur eine wirklich geringe Gebühr (meist um 5–8 €, auf einigen sehr gut ausgestatteten Plätzen auch 10–12 €).

Es sollte selbstverständlich sein (und ist letztlich im eigenen Interesse!), dass man sich für solche Angebote bedankt, indem man in diesen Gemeinden dann auch einkauft, tankt und in den hiesigen Lokalen einkehrt.

Neben den **Gemeinden** gibt es auch eine Reihe anderer Betreiber, die Stellplätze oder Ver- und Entsorgungsmöglichkeiten zu durchaus moderaten Preisen anbieten. Einige **Supermärkte** haben auf ihrem Parkplatz – meist kostenlose – Stellplätze mit Ver- und Entsorgung eingerichtet. Und schließlich gibt es auch noch eine ganze Reihe sehr einfacher, aber meist traumhaft ruhig und schön gelegener Plätze bei Bauern und Winzern, die man gegen eine einmalige Jahresgebühr nutzen kann („France Passion").

Alle diese Stellplätze werden im vorliegenden Buch so umfassend wie möglich aufgelistet und dargestellt. Diese Tipps werden

◁ Frei stehen ist generell möglich – aber in den seltensten Fällen nötig

012br Abb.: rh

Wohnmobilfreundliche Bretagne: Solche und ähnliche Schilder sieht man hier häufig

Ihnen dabei helfen, jeden Abend einen geeigneten Platz ausfindig zu machen – und ihn dann auch mühelos zu finden! Die einzelnen „Steckbriefe" ermöglichen es Ihnen, vorher schon zu wissen, was Sie dort erwartet, wie ruhig und schön der Platz liegt, wie groß er ist, wie lange Sie dort stehen und mit welcher Ausstattung Sie rechnen dürfen.

STELLPLATZ-NETZWERKE

Seit einigen Jahren findet man vermehrt auch Stellplätze, die sich einem großen Netzwerk angeschlossen haben. Diese Plätze sind oft alte kommunale Campingplätze mit Charme, aber auch neu angelegte Plätze mit dem bekannten Stellplatzcharakter sind darunter. Die Ausstattung und vor allem die Instandhaltung der jeweiligen Standorte variiert teils beträchtlich.

Camping-Car Park

Mittlerweile gibt es in Frankreich über 300 Stellplätze dieses Netzwerks. Um auf den Platz zu gelangen, benötigt man eine Karte (Pass'Etapes, 5 €). Diese kann man vorab über das Internet oder direkt bei den teilnehmenden Plätzen an Automaten beziehen. Die Karte wird dann mit einem beliebigen Betrag (mindestens 5 €) geladen, was ebenfalls über das Internet, über die App oder direkt am Automaten gemacht werden kann. Die Preise für eine Übernachtung liegen meist zwischen 9 und 14 €, je nach Region und Saison. Auf der Internetseite/App kann geprüft werden, ob und wie viele Plätze an einem Standort noch frei sind, auch gibt es die Möglichkeit, vorab einen Platz zu reservieren.

› Infos: Tel. 01 83646921, www.campingcarpark.com

AirePark

Ein weiterer Stellplatzbetreiber mit ähnlichem Konzept wie Camping-Car Park, meist jedoch noch etwas preisgünstiger. Hier benötigt man keine besondere Karte, bezahlt wird einfach am Automaten vor der Schranke. Bei manchen Standorten gibt es ebenfalls die Möglichkeit, zu reservieren.

› Infos: Tel. 02 98539939, www.aireparkreservation.com

FRANCE PASSION: ÜBERNACHTEN BEI WINZERN UND BAUERN

France Passion ist eine Organisation, die Wohnmobilisten die Möglichkeit bietet, bei derzeit rund 2100 verschiedenen Winzern, Bauern und Handwerkern in ganz Frankreich zu übernachten. Diese Plätze zeichnen sich meist durch eine schöne und ruhige Lage aus und bieten oft hervorragende Möglichkeiten, Honig, Obst, Wein, Käse oder andere Produkte direkt beim Erzeuger zu kaufen und dabei einiges über diese Produkte und ihre Herstellung zu erfahren.

013br Abb.: rh

Das Prinzip ist einfach: Man ist eingeladen, mit dem Wohnmobil eine Nacht oder bis zu 24 Stunden kostenlos auf den gekennzeichneten Grundstücken Station zu machen, ohne dass eine Reservierung erforderlich ist. Alle Anbieter sind in einem jährlich erscheinenden Verzeichnis, dem „Carnet des Invitations“, aufgeführt.

Einzige **Bedingung,** um dieses Netz an Stellplätzen zu nutzen: Man muss das von France Passion herausgegebene, mehrsprachige **Einladungsverzeichnis** bestellen, das jedes Jahr ab März verkauft wird. Zusammen mit diesem Buch, das man direkt bei France Passion oder über die Zeitschrift Reisemobil International bestellen kann, erhält man dann seine Einladungskarte, die jeweils ein Jahr lang (von Ostern bis Ostern) gültig ist, sowie eine Aufklebevignette für sein Wohnmobil. Man verpflichtet sich, die Plätze nur während der Gültigkeitsdauer zu nutzen. France Passion weist darauf hin, dass die Einladungskarte und die Vignette im Namen der Landwirte kostenlos angeboten wird und nur für das Einladungsverzeichnis eine Gebühr von 33 € erhoben wird.

› **France Passion:** BP 57, 84202 Carpentras Cedex, www.france-passion.com (auch auf Deutsch)

CAMPING

Frankreich ist eines der klassischen Campingländer und Campingplätze gibt es buchstäblich überall, sei es an der Küste, auf dem Land oder in den Bergen. Auch in der Bretagne herrscht hieran kein Mangel und man findet von den meist einfacheren und günstigeren städtischen Plätzen *(camping municipal)* bis zu luxuriösen privaten Camps so ziemlich alles.

Die Frage ist hier eher, ob man einen Campingplatz will oder braucht. Da das Netz der Wohnmobilstellplätze und Entsorgungsstationen bereits sehr gut ist und von Jahr zu Jahr noch besser wird, ist man immer weniger auf teure Camping-(Park-)plätze angewiesen. Das haben auch einige der fortschrittlichen Campingplatzbetreiber gemerkt und bieten nun speziell für Reisemobilisten verbilligte Übernacht-Parkmöglichkeiten außer- oder innerhalb ihres Platzes sowie Ver- und Entsorgungsmöglichkeiten für Durchreisende gegen eine Pauschalgebühr.

Der kommunale Wohnmobilstellplatz von Plougonvelin **62** *(s. S. 109)*

Komfort-Kategorien

★ *Einfache, unbewachte Plätze mit minimalen Sanitäranlagen (gewöhnlich nur Kaltwasser)*

★★ *Gute Plätze mit erschlossenem und meistparzelliertem Areal sowie Warmwasserduschen, Waschbecken und Steckdosen*

★★★ *Komfortable Plätze mit guten Sanitäranlagen, Bewachung, Stromanschlüssen für Womos, kleinem Laden, Spielplatz und oft auch bereits Pool und/oder Tennisplatz*

★★★★ *Luxus-Plätze mit tadellosen Sanitäranlagen, Pool und sonstigen Sporteinrichtungen und Freizeitangeboten*

Die französischen Campingplätze sind – ähnlich den Hotels – mit Sternen in vier **Komfort-Kategorien** unterteilt.

Beachten Sie, dass diese Kategorien sich rein am Standard der Ausstattung orientieren. Das sagt in der Regel etwas über den Preis aus (je mehr Sterne desto teurer), aber nichts über Lage, Atmosphäre, Umgebung, Landschaft etc. Reisemobilisten kann daher mit einem einfachen und billigen, aber ruhigen, schattigen und schön gelegenen Ein-Sterne-Platz besser gedient sein als mit einem teuren 4-Sterne-Luxus-Platz, dessen Super-Sanitäranlagen sie gar nicht brauchen und dessen lärmige Animation sie vielleicht nicht wollen. Für den Fall, dass man einmal keinen Wohnmobilstellplatz findet oder (was im Sommer wahrscheinlicher ist), dass es dort keinen freien Platz mehr gibt, kann ein **camping municipal** (städtischer Campingplatz) eine sehr gute Alternative sein. Solche Plätze werden von sehr vielen (auch kleineren) Städten in Frankreich angeboten. Sie sind meist relativ einfach ausgestattet, preiswert und zudem oft auch noch ganz nett gelegen. Oder man steuert einen einfachen **camping à la ferme** (Camping auf dem Bauernhof) an. Die Plätze sind gut beschrieben und nach verschiedenen Kriterien sortierbar auf der Website von **Camping France** (www.campingfrance.com, auch auf Deutsch), wo man online ein gedrucktes Verzeichnis bestellen kann.

Ein hervorragendes Verzeichnis aller (fast 900!) Campingplätze mit verschiedenen Filterfunktionen bietet die Website des Fremdenverkehrsamtes der Region:

› **Comité Régional de Tourisme de Bretagne,** 1 Rue Raoul Ponchon, 35069 Rennes Cedex, Tel. +33 (0)2 99284430, www.bretagne-reisen.de/urlaubsvorbereitung/uebernachten/campingplaetze

VERKEHRSREGELN

Frankreich ist im Straßenverkehr längst nicht mehr das Land des „Laissez-faire“, in dem jeder machen kann, was und wie er es will. Für Kraftfahrzeuge gibt es seit Jahren die „Contrôle technique“, die ähnlich streng ist wie der deutsche TÜV, es gibt längst eine **Promillegrenze** von 0,5‰, mehr **Geschwindigkeitsbeschränkungen** als in Deutschland und vor allem: häufige und strenge Kontrollen!

Nachdem man gemerkt hat, dass man durch rigorose Alkoholkontrollen die Zahl der Unfallopfer erheblich reduzieren konnte, hält man an diesen Maßnahmen fest und dehnt sie auch auf Temposünder aus. In Deutschland sind wir noch nie auf Alkohol kontrolliert worden – in Frankreich schon ein halbes Dutzend Mal. Für den Fall, dass Sie in eine **Routinekontrolle** (oft im oder vor/nach dem Kreisverkehr) geraten, sollten Sie die Fahrzeugpapiere und den Versicherungsnachweis (grüne Karte!) bereithalten.

Die französischen Verkehrsregeln und Schilder sind weitgehend mit den deutschen identisch. Es gibt aber auch ein paar **abweichende Regelungen:**

› Die **Höchstgeschwindigkeit für Wohnmobile bis 3,5 t** ist innerorts 50 km/h, außerorts 80 km/h und auf Autobahnen 130 km/h.

› Bei einem **Führerscheinbesitz** unter drei Jahren gilt auf Schnellstraßen ein Limit von 100 km/h (statt 110 km/h) und auf Autobahnen 110 km/h (statt 130 km/h).

- Die **Höchstgeschwindigkeit für Wohnmobile über 3,5 t** ist innerorts 50 km/h, außerorts 80 km/h sowie auf Autobahnen 110 km/h.
- **Bei Regen** gilt auf allen Autobahnen ein Tempolimit von 110 km/h, auf der Schnellstraße von 100 km/h.
- Im Bereich **gelb markierter Bordsteine** besteht strenges Parkverbot. **Blaue Zonen** oder der **Hinweis „Payant“** bedeuten, dass man hier eine Parkscheibe *(disque)* braucht bzw. gebührenpflichtig parkt.
- Tempo- und Promillesündern drohen saftige **Geldbußen!** Meist fährt man erst weiter, nachdem man bezahlt hat. Und selbst falls man nur ein „Knöllchen“ bekommt: Laut dem seit einigen Jahren gültigen Abkommen zwischen Frankreich, Deutschland und Österreich kann man nun auch im Heimatland noch zur Bußgeldzahlung herangezogen werden. Tipp: Beachten Sie, dass bei rechtzeitiger Bezahlung das Bußgeld oft erheblich niedriger ausfällt!
- **Radarwarngeräte** sind in Frankreich verboten. Nicht nur die Nutzung, sondern auch das Mitführen solcher Geräte wird bestraft. Es droht ein Bußgeld von bis zu 1500 Euro.

Wichtige Verkehrsschilder

Accès interdit	*Zufahrt verboten*
Allumez vos phares	*Licht einschalten*
Autres directions	*Andere/sonstige Richtungen*
Déviation	*Umleitung*
Péage	*Mautstelle, Mautstrecke*
Poid lourd	*Lastwagen (Schwergewicht)*
Rallentir	*Langsam fahren*
Rappel	*Achtung!/ Beachten!*
Route barré	*Gesperrt*
Route interdite	*Gesperrte Straße*
Sans issue	*Sackgasse*
Sens unique	*Einbahnstraße*
Serrez droit	*Rechts fahren*
Stationement interdit	*Parken verboten*
Travaux	*Baustelle*
Toutes directions	*Alle Richtungen*

Manchmal ist auf den Straßen etwas Geduld gefragt

113br Abb.: rh

Algenpest

Immer wieder hört man von Algenpest an der bretonischen Küste. Wie gefährlich ist das für Besucher? Die Verursacher der Algenpest sind Grünalgen, die an sich nicht giftig und sogar essbar sind. Durch veränderte Bedingungen (darunter vermutlich Überdüngung und Erwärmung) hat ihr Wachstum in den letzten Jahrzehnten zu bestimmten Zeiten stark zugenommen. Auch angespülte Grünalgen sind per se ungefährlich. Wenn sie jedoch in großen Mengen angespült und in dicken Schichten abgelagert werden, setzen sie beim Verfaulen Ammoniak und Schwefelwasserstoff frei – und diese Gase können in höherer Konzentration lebensgefährlich sein. Besonders betroffen sind die Buchten von Saint Brieuc, Douarnenez, la Forêt und la Fresnaye, la Grève de Saint Michel und die kleinen Buchten von Locquirec, l'Horn-Guillec und Guisseny. Die Algen werden jedoch mit Bulldozern und Schaufelladern sofort entfernt, sodass keine gefährlichen Gase entstehen. Das einzige, was Besucher riskieren, ist, dass der eine oder andere Badestrand vorübergehend gesperrt ist.

111br Abb.: rh

- Für alle Fahrzeuginsassen gilt **Gurtpflicht.** Ausnahmsweise darf ein Kind auf dem Beifahrersitz mitfahren, wenn ein geeignetes Rückhaltesystem (beispielsweise ein Kindersitz) vorhanden ist, alle Plätze auf den Rücksitzen bereits mit Kindern unter 10 Jahren besetzt sind oder keine Rücksitze vorhanden sind.
- **Führerschein-Neulinge** dürfen im ersten Jahr nirgends schneller als 90 km/h fahren.
- Die Pflicht, in jedem Fahrzeug ein **Alkoholtestgerät** mitzuführen, ist auf unbegrenzte Zeit ausgesetzt worden.
- Wohnmobile über 3,5 t zGG sind beidseitig und **am Heck mit speziellen Warnhinweisen** („Angles Morts") zu versehen. Dies soll Fußgänger und Zweiradfahrer vor der Gefahr des toten Winkels warnen. Die Verordnung schließt auch außerhalb Frankreichs zugelassene Fahrzeuge ein. Entsprechende Aufkleber sind beim ADAC oder an französischen Tank- und Rastanlagen erhältlich.

Und noch einige „kleine Unterschiede", die sich trotz Europäisierung, Globalisierung und Normierung bislang gehalten haben:

- **Bodenwellen** werden in Städten gerne an besonders kritischen Stellen (vor Schulen, Zebrastreifen etc.) dazu verwendet, dass Autofahrer das Tempo reduzieren. Meist weisen Schilder darauf hin, aber leicht ist eines übersehen und der nachfolgende Donnerschlag kann im Wohnmobil etliches Geschirr zerdeppern, wenn nicht gar Schäden am Fahrgestell verursachen!
- **Kreisverkehr:** Der Kreisverkehr wurde offensichtlich in der Bretagne erfunden und ist hier entsprechend häufig anzutreffen. Stellenweise sind sogar mehrere davon kombiniert, sodass man den olympischen Ringen schon recht nahekommt. Achtung! Es gibt zwei Arten von *„rond-point"* oder *„giratoire":* In den allermeisten Fällen hat man im Kreisverkehr Vorfahrt. Das ist dann durch ein entsprechendes Schild an der Einfahrt gekennzeichnet. Bei einem Kreisverkehr ohne solche Beschilderung gilt

Niemals und auf keinen Fall!

Auch wenn man es leider noch immer erlebt, dass verantwortungslose Wohnmobilbesitzer ihr ***Schmutzwasser*** *einfach dort ablassen, wo sie stehen („ist ja bloß Wasser"), oder dass sie gar den Inhalt ihrer Toilette kurzerhand in die Büsche kippen oder bestenfalls vergraben: Dies ist schlicht eine Sauerei und noch dazu ist es* ***verboten!***

Und nicht zuletzt sind es diese wenigen „schwarzen Schafe" (beziehungsweise Ferkel!), die dadurch die ganze „Zunft" in Verruf bringen und denen wir dann Verbote, Absperrungen und Anfeindungen zu verdanken haben.

Grundregel eines jeden Wohnmobilreisenden muss die strikte Einhaltung einer ***sachgerechten Ver- und Entsorgung*** *sein. Und falls Sie einen anderen Reisemobilisten bei solchen Ferkeleien beobachten sollten, so nehmen Sie sich ein Herz und sprechen ihn darauf an. Es ist in unser aller Interesse!*

Das ***Angebot*** *an Ver- und Entsorgungsstationen in der Bretagne ist so gut und flächendeckend, dass man mithilfe der hier zusammengestellten Informationen und bei etwas Vorausplanung stets eine Möglichkeit für eine ordnungsgemäße Entsorgung finden müsste. Die Ausrede „Notfall" gilt nicht mehr.*

rechts vor links, d.h. einfahrende Fahrzeuge haben Vorfahrt! Beim Einfahren sollte man rechts blinken, falls man den Kreisverkehr sofort bei der nächsten Ausfahrt wieder verlässt. Wer den Kreisverkehr in seiner ursprünglichen Fahrtrichtung verlässt (geradeaus), der setzt den Blinker erst bei der Ausfahrt. Wer eine Ausfahrt weiter links wählt, der blinkt schon beim Einfahren links und erst vor der Ausfahrt rechts. Bei einem zweispurigen Kreisverkehr wählen Fahrzeuge die rechts abbiegen oder geradeaus fahren die rechte Spur, wer eine Ausfahrt nach links wählt, sollte die zweite Spur nehmen.

› **Ampeln:** Vielleicht werden Sie feststellen, dass für Franzosen eine rote Ampel nicht gar so sakrosankt ist wie bei uns. Vor allem nachts oder wenn es zu lange dauert, lässt man eher Pragmatismus walten. Nicht unbedingt zur Nachahmung empfohlen! Andererseits scheint man es, wenn die Ampel denn auf „grün" springt, mit dem Anfahren nicht immer gar so eilig zu haben. Man legt gemütlich einen Gang ein, überlegt vielleicht erst noch ein Weilchen, welcher es denn sein soll etc. etc. Aber Sie haben es ja hoffentlich auch nicht so eilig ...

› **Zebrastreifen:** Vor allem wenn Sie zu Fuß unterwegs sind, müssen Sie wissen, dass der Zebrastreifen für französische Autofahrer keine oder allenfalls eine „Man kann"-Bedeutung hat. Einheimische Fußgänger sind damit aufgewachsen und blicken eher fragend bis verwirrt, wenn Autofahrer ihnen am Zebrastreifen den Vortritt lassen.

› **Überholspur:** Das Angenehme an den Nationalstraßen: Immer mal wieder gibt es eine Überholspur, die einige Hundert Meter oder einige Kilometer lang sein kann und die es meist auch trägen Wohnmobilen gestattet, ohne Risiko ein noch langsameres Fahrzeug zu überholen. Das Unangenehme daran: Manche Franzosen scheinen einen Sport daraus zu machen, erst wirklich im allerletzten Moment zu überholen, wenn diese Spur schon endet. Behalten Sie den Außenspiegel im Auge! Der gleiche Sport wird gerne auch an Autobahnausfahrten ausgeübt: Mit Vollgas links überholen, hart vor der Stoßstange des Überholten nach rechts reißen und unmittelbar vor dem Grünstreifen doch noch die Ausfahrt erwischen!

› **Beulen und Kratzer** scheinen bei gallischen Chauffeuren zum guten Ton zu gehören – so wie einst Kampfnarben. Selten sieht man ein Fahrzeug ganz ohne und nie haben wir erlebt, dass ein Franzose sich viel daraus gemacht hätte – weder wenn er die Blessur einstecken musste, noch wenn er sie verursacht hat.

Doch bei all diesen (natürlich wohlgemeinten) kleinen Sticheleien müssen wir sagen, dass wir die Franzosen generell als vernünftigere, pragmatischere und angepasstere Fahrer kennengelernt haben als viele unserer deutschen Landsleute. Ausnahmen bestätigen aber auch hier die Regel!

VER-/ENTSORGUNG

Ein Großteil der zahlreichen Wohnmobilstellplätze in der Bretagne bietet fachgerechte Ver- und Entsorgungsmöglichkeiten und außerdem gibt es eine ganze Reihe von **zusätzlichen Sanitärstationen** auf städtischen Plätzen, bei Supermärkten, Firmen, Hafenmeistereien oder auch Wohnmobilhändlern. Oft bieten auch **Campingplätze** für Durchreisende die Möglichkeit, gegen eine pauschale Gebühr innerhalb ihres Platzes zu entsorgen

Auf manchen Plätzen stehen die Wohnmobile aufgereiht wie vor dem Supermarkt

und manchmal haben sie zu diesem Zweck sogar vor dem Eingang eine Ver- und Entsorgungsstation geschaffen.

Einrichtungen gibt es also eine ganze Menge und es werden jährlich mehr. Das Problem ist nur, dass oft keiner so recht weiß, wo diese Plätze und Stationen zu finden sind. Zwar findet man einige Infos im Internet, gelegentlich gibt es eine Hinweistafel am Straßenrand und es existiert auch die eine oder andere (nicht sehr vollständige und offenbar selten überprüfte) Liste französischer Reisemobil-Zeitschriften (die zudem für Nicht-Franzosen etwas schwer zu nutzen sind, da die Plätze nach Département-Nummern sortiert sind), aber letztlich war man bisher doch meist auf Tipps, den Zufall und eine gute Portion Glück angewiesen. Oft hat man Stunden seines Urlaubs mit mühsamer und nerviger Sucherei vertan – und mancher hat gar zu unsachgemäßen bis sträflichen Methoden der Entsorgung gegriffen, durch die dann wiederum alle Reisemobilisten pauschal in Verruf geraten sind.

Wir haben uns bemüht, in diesem Buch möglichst umfassend und detailliert alle Ver-

114br Abb.: rh

und Entsorgungsmöglichkeiten entlang der gesamten Küste für den Bretagnereisenden zu erfassen und in den jeweiligen Tourenbeschreibungen sowie in den dazu gehörenden Tourenplänen zu vermerken.

ZOLL

Seit 1993 dürfen **innerhalb der EU** legale Waren für den **privaten Gebrauch** uneingeschränkt ein- und ausgeführt werden. Das ist wunderbar, besonders für Wohnmobilreisende, die ja herrlich viel Stauraum zur Verfügung haben, den sie vor der Rückfahrt mit bretonischen Köstlichkeiten wie Cidre, Apfelschnaps, Backspezialitäten, Fischkonserven etc. oder allgemein französischen Produkten wie Wein, Käse, Olivenöl und dergleichen vollpacken können.

Als **maximale Mengen für den privaten Verbrauch** werden 800 Zigaretten oder 200 Zigarren bzw. 1000 g Schnitttabak, 110 l Bier, 90 l Wein oder 20 l Spirituosen unter 22 Vol.-%, 10 l Spirituosen über 22 Vol.-% sowie 10 kg Kaffee angesehen. Noch größere Mengen müssen bei eventuellen Kontrollen als Privatverbrauch glaubhaft gemacht werden. An Treibstoff dürfen neben dem Tankinhalt maximal 10 l im Reservekanister eingeführt werden.

Nicht-EU-Bürger (z. B. Schweizer Staatsbürger) dürfen Geschenke und Waren zum persönlichen Gebrauch bis zu einem Wert von 300 €, 200 Zigaretten oder 50 Zigarren bzw. 250 g Tabak, 2 l Wein oder 2 l Spirituosen unter 22 Vol.-% sowie 1 l Spirituosen über 22 Vol.-%, 4 l nicht schäumende Weine, 16 l Bier, 500 g Kaffee und 100 g Tee zollfrei einführen.

Weitere Infos

- **Deutschland:** www.zoll.de oder Tel. +49 (0)351 44834-510
- **Österreich:** www.bmf.gv.at oder Tel. +43 (0)50233740
- **Schweiz:** www.zoll.admin.ch oder Tel. +41 (0)584671515
- **Frankreich:** www.douane.gouv.fr oder Tel. +33 (0)1 72407850

Strecke:
Mont-Saint-Michel (S. 42) – **Dol-de-Bretagne** (Alternativroute; 26 km, S. 46) – **Cherrueix** (25 km, S. 47) – **Cancale** (19 km, S. 49) – **Saint-Malo** (24 km, S. 51) – **Dinard** (11 km, S. 55) – **Cap Fréhel** (44 km, S. 57) – **Sables-d'Or-les-Pins** (9 km, S. 58) – **Erquy** (9 km, S. 59)

Streckenlänge: 141 km

☐ *Der Mont-Saint-Michel (s. S. 42) liegt knapp außerhalb der Bretagne und ist doch eine ihrer Hauptattraktionen*

ROUTE 1: DIE SMARAGDKÜSTE

100br Abb.: as©Tilio & Paolo, stock.adobe.com

Die Ouvertüre zu unserer Bretagnereise beginnt mit einem Paukenschlag: dem Mont-Saint-Michel. Die Insel mit der Bilderbuch-Zitadelle liegt zwar gar nicht in der Bretagne, sondern in der Normandie, doch das wird niemanden davon abhalten, den Blick auf diesen Klassiker zu genießen. Die sich westlich anschließenden Sandstrände gehören nicht den Badenixen, sondern den Muschelzüchtern. Doch ab der Pointe du Grouin beginnt dann die Badeküste mit gut besuchten Sandstränden. Die Grenzen der Smaragdküste sind hingegen weniger klar und wir stellen daher einfach das ganze Kapitel unter diesen Namen. Smaragdgrün ist das Wasser zwar nicht immer, aber dafür sind die Strände ursprünglicher als die der Côte d'Azur. Das Spektrum der Attraktionen reicht von der Korsarenstadt Saint-Malo über Buchten und Inseln bis zum berühmten Cap Fréhel und den goldenen Stränden von Erquy. Zudem ist die Küste mit etlichen Wohnmobilstellplätzen gesegnet, von denen man andernorts nur träumen kann.

MONT-SAINT-MICHEL

Selbst jemand, der von der Bretagne nicht mehr weiß, als dass sie irgendwo in Frankreich liegt, hat doch ein Bild vor Augen: das leuchtende Monument des 80 m hohen Granitfelsens von **Mont-Saint-Michel,** gekleidet in mächtige Mauern, von der schlanken Spitze des Kirchturms überragt und eingebettet in die glitzernden blauen Fluten des Meeres – oder auch vom Beige der endlosen Sandbänke, denn bei einem Gezeitenunterschied von bis zu 13 m (dem höchsten der ganzen französischen Küste) zieht sich das Meer hier zweimal täglich viele Kilometer in Richtung England zurück und lässt die weite Bucht fast komplett trockenfallen.

Wenn man es wirklich genau nehmen will, gehört der „Mont" natürlich nicht wirklich zur Bretagne, sondern zur **Normandie** – und damit eigentlich gar nicht in dieses Buch. Das Grenzflüsschen **Cousenon** mündet (nach einigem Hin und Her) seit dem Deichbau Ende des 19. Jh. eindeutig westlich des Berges ins Meer. Doch die Launen des Wassers und der politischen Grenzziehung sollten niemanden davon abhalten, sich diese wirklich fulminante Ouvertüre zu unserer Bretagnereise entgehen zu lassen. Und schließlich sagen ja auch die Bretonen selbst, dass es eigentlich nur einer Dummheit des Flüsschens zuzuschreiben sei, dass der Berg nun versehentlich zur Normandie gehört.

Rings um den Inselfelsen ist das Meer heute dabei, nach und nach wieder zurückzugeben, was es sich vor 1300 Jahren geholt hat. Die Fluten lagern pro Jahr rund 700.000 m³ Sand ab. Die Insel droht zu verlanden und das klassische Bild der Klosterinsel wäre dahin. So kommt es, dass man hier mit allen Mitteln gegen die Verlandung ankämpft, während man andernorts Millionen investiert, um dem Meer ein paar Bauplätze abzutrotzen.

Den mächtigen Flutwellen vom Meer her entspricht von der Landseite der Besucherstrom. Touristen haben die Pilger abgelöst. Vor 40 Jahren wurde erstmals die halbe Million überschritten. Heute sind es weit über 3 Millionen Besucher, die das Inselchen pro Jahr überfluten.

Den Stadtbummel durch die **Grand Rue** (eine enge Gasse!) und den Besuch von **Festungsmauer** und **Abteikirche** verlegt man daher tunlichst auf die Nebensaison oder,

Geschichte und Legende

Schon in grauer Vorzeit soll der Felsen im Wald von Sessicacum eine heidnische Opferstätte getragen haben. Von einer Insel war damals noch nicht die Rede, wohl aber von keltischen Druidinnen und Jünglingsopfern. Doch dann griff der Erzengel Michael persönlich ein. Dreimal soll er dem Bischof Aubert von Avranches erschienen sein und ihn schließlich gar mit einer handfesten Kopfnuss zum Bau einer Kapelle angespornt haben. (Eine in der Kirche von Avranches aufbewahrte Schädelreliquie mit entsprechendem Loch galt lange als „Beweis" – bis die C14-Methode den Schädel in die Jungsteinzeit datierte!)

708 konnte die Kapelle schließlich geweiht werden – und auch die „splendide" Insellage ließ dann nicht mehr lange auf sich warten. Im Mai 709 soll ein gewaltiges Erdbeben die ganze Bretagne erschüttert haben, gefolgt von einer Flutwelle, die sich in die Bucht ergoss und die Küstenlinie bis zu 30 km zurückwarf. Höfe, Straßen und ganze Dörfer wurden unter Sand und Wogen begraben und vom einstigen Wald von Sessicacum ragte nur noch der Felsen mit der Kapelle aus den wüsten Fluten empor.

Wenn das kein himmlischer Fingerzeig war! So folgte der Kapelle rasch ein Kloster – und beiden dann zu Tausenden die Pilger. Doch so manchem wurde seine fromme Pilgerschaft zur Abkürzung ins Jenseits – festgehalten vom Schlick oder eingeholt von der Flut, die schneller als ein guter Läufer heraneilt. 1877 baute man schließlich einen Damm, um die Insel trockenen Fußes erreichen zu können.

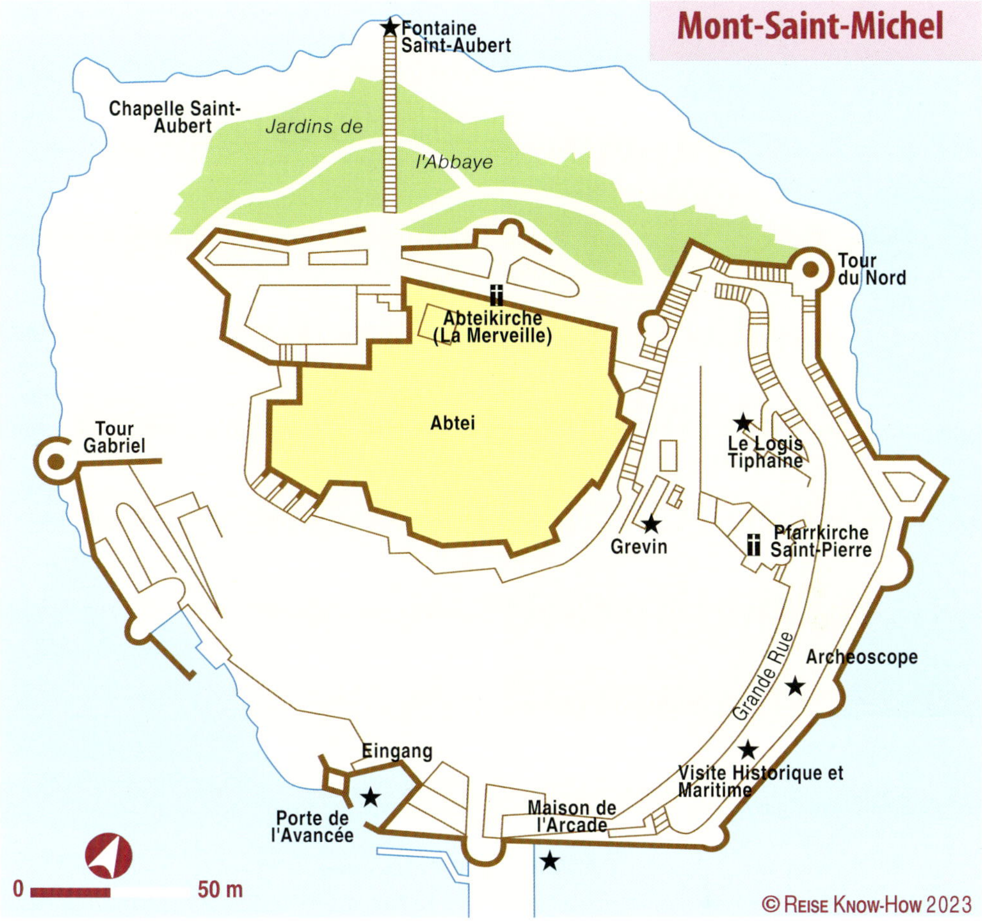

wenn es gar nicht anders geht, auf den frühen Morgen. Wer nur in der Saison reisen und dennoch seine Nerven schonen will, kann sich auch durchaus damit zufriedengeben, die im Morgendunst wie ein Schiff vor der Küste erscheinende Silhouette beim Frühstück vom Wohnmobil aus zu bewundern (z. B. vom Stellplatz La Bidonnière 3 aus – und ihr dann den Rücken kehren, um ruhigere Gefilde aufzusuchen.

Vom „Mont" geht es zunächst ca. 8 km auf der D776 nach Süden bis nach **Pontorson** (mit dem empfehlenswerten Camping Haliotis 2), um die Polderebene zu umgehen (die nur zu Fuß auf dem GR34 überquert werden kann, s. S. 78). Im Ort biegt man rechts auf die D797 und muss kurz darauf entscheiden, ob man auf die autobahnartig ausgebaute, aber mautfreie N176 auffahren und via **Dol-de-Bretagne** etwas hinter der Küste rasch vorankommen will oder ob man lieber weiter der D797 folgt und so entlang der Küste der Bucht von Mont-Saint-Michel fährt.

Information

- **Office de Tourisme,** 50170 Mont-Saint-Michel (hinter dem Stadttor), Tel. 02 33601430 und 02 14132015, www.ot-montsaintmichel.com (Engl.), www.bienvenueaumontsaintmichel.com (Deutsch) und www.ot-montsaintmichel.com (Frz., Engl.)

251br Abb.: sh

1 Stellplatz Mont-Saint-Michel

GPS 48.59425, -1.51218

Großer privater Wohnmobilstellplatz an der Zufahrt zum Mont Saint Michel. Großzügige Stellplätze, parzelliert, gute Ausstattung, wenig Schatten, WLAN gratis (aber etwas kompliziert). **Lage/Anfahrt:** Route du Mont Saint-Michel, 50170 Beauvoir; direkt an der D976, ca. 2 km von der Abfahrt der Busse; **Untergrund:** Asphalt, Gras, eben; **Ver-/Entsorgung:** ja, moderne Stationen; **Strom:** ja (16 A; inklusive); **Platzanzahl:** ca. 175; **Geöffnet:** ganzjährig, 24 Std./Tag; **Max. Stand:** keine Begrenzung; **Preise:** 16,50 €/24 Std. inkl. Ver- und Entsorgung (zahlbar an der Schranke mit Debitkarte), Ver-/Entsorgung 4,50 € (Kreditkarte); **Kontakt:** Tel. 02 33609612 (Juli/August); **Sonstiges:** direkt am Rad-/Fußweg zum Mont Saint-Michel, Fahrradverleih, Rezeption nicht immer offen

Parken

P 1 Parkplatz Pendelbusverkehr, GPS 48.60860, -1.50815. Inzwischen wurde die Zufahrt zum Damm für den Verkehr gesperrt und ein riesiger, gebührenpflichtiger Parkplatz eingerichtet (Parkzone P8), von dem aus Pendelbusse verkehren. Parkgebühren für Wohnmobile bis maximal 8 m Länge: 19 € (Nebensaison 13 €) für 24 Stunden inklusive Buszubringer, Entsorgung von Grauwasser möglich (offiziell ist das Parken erlaubt, aber das Übernachten nicht), nähere Informationen im Internet unter www.bienvenueaumontsaintmichel.com

P 2 Bec d'Andaine, GPS 48.68820, -1.49751. Wer vom Trubel weg will, kann um die Bucht herumfahren (ungefähr 33 km, eine halbe Stunde Fahrtzeit) zu einem grünen, ruhigen, aber schattenlosen Parkplatz für Wattwanderer. Lage/Anfahrt: via D275 (u. a.) und N175 nach Avranches, dort links via D911 nach Genêts, am Ortsende links via D35 (E1) zum Parkplatz, auch für größere Fahrzeuge problemlos; Ausstattung: Kiosk, Toiletten; Untergrund: Schotter, eben; Ver-/Entsorgung: nein; Strom: nein; Preise: 4 €/24 Std., zwischen 19 und 9 Uhr kostenlos; Sonstiges: schöner Spazierweg zum Strand

Picknickplatz

3 Le Rivage, GPS 48.62272, -1.45178. Der ebene, asphaltierte Parkplatz mit Tischen und schönem Blick auf die Bucht und den Mont-St.-Michel liegt ca. 5 km östlich des Damms via D275; kein Womo-Verbot.

2 Camping Haliotis***, Pontorson

GPS 48.55793, -1.514183

Entspannter, familiärer und schön angelegter Campingplatz in ruhiger Lage etwa 9 km südlich von Mont-Saint-Michel (es gibt einen Radweg dorthin). Mit beheiztem Schwimmbad und Sauna. Für Kinder gibt es ein Multisportgelände, einen Spielplatz, einen Kinderklub und eine Minifarm mit Ziegen, Ponys und Kaninchen. WLAN inkl., behindertengerecht. **Lage/Anfahrt:** Boulevard Patton; via D776 nach Süden; bei der Gabelung am nördlichen Ortsrand auf die D19 (Blvd. Patton) und den

❸ Stellplatz La Bidonnière

GPS 48.60369, -1.47659

Mittelgroßer, privater, sehr sympathischer Stellplatz in ruhiger Lage am Ortsrand des Dörfchens Ardevon (ca. 3 km bis zu den Pendelbussen zum Mont-Saint-Michel). Großzügige Stellplätze, sehr gute Ausstattung. **Lage/Anfahrt:** 5 Route de la Rive, Ardevon; von der N175 bei Bree in Richtung Averdon; durch den Ort und links halten; **Untergrund:** geschottert; eben; **Ver-/Entsorgung:** ja, moderne Station; **Strom:** ja (30 Anschl.); **Platzanzahl:** ca. 60; **Geöffnet:** ganzjährig.; **Max. Stand:** keine Begrenzung; **Sicherheit:** eingezäunt, beleuchtet; **Preise:** 13,50 €/24 Std. in der Hauptsaison inkl. Ver-/Entsorgung, Strom und WLAN, 12 € in der Nebensaison; **Kontakt:** Tel. 06 25553070, www.labidonniere.fr; **Sonstiges:** mit Blick auf den Mont Saint-Michel, Rezeption, kleiner Laden mit Produkten der Region, Duschen (3 €), Ver-/Entsorgung für Durchreisende 5 €

252br Abb.: sh

Schildern folgen; **Preise:** Womo mit 2 Pers. inkl. Strom 29–50 €; **Geöffnet:** Anfang April bis Ende Oktober; **Kontakt:** Tel. 02 33681159, www.camping-haliotis-mont-saint-michel.com (auch Deutsch)

❹ Stellplatz Sains

GPS 48.55294, -1.58610

Kleiner, kommunaler Stellplatz in ruhiger, parkartiger Ortsrandlage des Dörfchens Sains. Kleine Parkbuchten. **Lage/Anfahrt:** Rue du Puit Rimoult, von der N176 via D89 nach Südosten; **Untergrund:** geschottert, parzelliert, eben; **Ver-/Entsorgung:** ja, Wasser gratis; **Strom:** 5 Steckdosen; **Platzanzahl:** 9; **Geöffnet:** ganzjährig.; **Max. Stand:** keine Begrenzung; **Preise:** ca. 6 €/24 Std. (Kassierer kommt); **Kontakt:** Tel. 02 99486318; **Sonstiges:** Picknicktische, Grillen erlaubt

❺ Stellplatz Dol-de-Bretagne

GPS 48.54754, -1.75498

Wohnmobilstellplatz auf einem Parkplatz nahe dem Zentrum. **Lage/Anfahrt:** Place Jean Hamelin; nahe der Durchgangsstraße D155, gut beschildert; **Untergrund:** Asphalt, Gefälle; **Ver-/Entsorgung:** ja; **Strom:** ja (1 Dose); **Platzanzahl:** ca. 20; **Geöffnet:** ganzjährig; **Max. Stand:** keine Begrenzung; **Preise:** Parken frei, Ver- und Entsorgung und Strom 2 € in Münzen; **Kontakt:** Tel. 02 99480017; **Sonstiges:** Nur wenige Schritte vom Zentrum

015br Abb.: rh

ALTERNATIVROUTE: DOL-DE-BRETAGNE UND UMGEBUNG

(26 km – km 26)

Das Städtchen, das vor 1000 Jahren noch an der Küste lag, lohnt einen kurzen Stopp, um die alten Fachwerkbauten an der **Grand-Rue-des-Stuarts** und ihren Nebengassen zu bewundern. Wer Glück hat, kann hier auch sehr lebhafte bretonische Tanz- und Musikfeste erleben. Einen geeigneten Stellplatz findet man nur wenige Schritte vom Zentrum entfernt.

Von Dol-de-Bretagne via D795 ca. 2 km nach Süden und dann nach links den Schildern folgend gelangt man zum **Menhir du Champ-Dolent** (GPS 48.53498, -1.73914). Mit 9 m Höhe und einem Umfang von 8,70 m ist er der größte Menhir der Bretagne – und wohl auch der schönste. Die Bezeichnung Menhir ist abgeleitet vom bretonischen Begriff *Men-er-grah* („Feenstein").

Etwa 14 km südwestlich von Dol-de-Bretagne via D119 und den Ort Le Tronchet (dort weiter auf der D9 nach Westen) erreicht man den **Forêt du Mesnil,** einen märchenhaften, urwüchsigen Wald mit einigen idyllischen Picknickplätzen. Von einem davon (GPS 48.48224, -1.87606) führt ein herrlicher Fußweg etwa 300 m zum **Maison des Fées,** einem gut erhaltenen Großsteingrab mit symbolischen Brüsten (gleich vier auf einmal!), die an den Kult der Muttergöttin erinnern. Ein stiller, sehr reizvoller Platz, der mich mehr beeindruckt hat, als die legendären Wälder von **Brocéliande** (Näheres dazu s. Route 7, S. 197).

Von Dol-de-Bretagne gelangt man via D155 nach Norden bei Le Vivier-sur-Mer wieder auf die Küstenroute.

Information

› **Office du Tourisme,** 5 Pl. de la Cathédrale, 35120 Dol-de-Bretagne, Tel. 02 99566699, www.saint-malo-tourisme.com (auch auf Deutsch)

⌃ *Die Straßen von Dol-de-Bretagne zieren prachtvolle Fachwerkhäuser*

⌄ *Der Menhir du Champ-Dolent, größter „Hinkelstein" der Bretagne*

Essen

› **La Grabotais,** 4 Rue Ceinte, 35120 Dol-de-Bretagne (GPS 48.5504, -1.7534), Tel. 02 99481989, www.restaurant-la-grabotais.fr, ganzjährig geöffnet. In einem herrlichen alten Haus aus dem 15. Jh. mit stimmungsvoller Ausstattung und großem Kamin kommen hier gute Fisch- und Grillgerichte auf die rustikalen Holztische. Menüs 19–25 €; erstaunlich, wie gut das Fleisch trotz offener Flamme gelingt!

DIE AUSTERNKÜSTE

Zieht man die Fahrt an der Küste, der durchs Landesinnere vor, so folgt man der D797, die bei Cherrueix die Küste erreicht. Ab Le Vivier-sur-Mer geht es dann auf der D155 fast schnurgerade nach Westen – zwischen hübschen **Steinhäusern** und **alten Windmühlen** in allen Stadien des Zerfalls auf der linken und dem Meer auf der rechten Seite. So die rechte Badeküste ist dies jedoch noch nicht, denn hier gehört das seichte, ufernahe Wasser den Austern und sonstigen Schalentieren. Die Küste bis Cancale ist in ganz Frankreich und darüber hinaus zum Inbegriff der **Austernzucht** geworden. Über viele Kilometer sieht man im Wasser die Gestelle, an denen sie wachsen und wer eine Schwäche für dieses Getier hat, findet entlang der Straße immer wieder **Verkaufsstellen,** an denen sie so frisch angeboten werden, wie man sie selten bekommt.

115br Abb.: rh

Tipp

› **Maison de la Baie,** Port Est, 35960 Le Vivier-sur-Mer, Tel. 02 99488438, www.maison-baie.com. Informationen, Ausstellung und Exkursionen zur Muschelzucht in der Bucht von Mont-Saint-Michel

CHERRUEIX

(25 km – km 25)

Wer die Wattlandschaft ohne viel Mühe entdecken will, findet den geeigneten **Parkplatz** am Westende von **Cherrueix** bei der Windmühle. Von diesem Ort aus kann man bei Ebbe eine zweistündige, ca. 5 km lange Fahrt mit dem **Train Marin** machen, der über die Wattfläche der Bucht bis zu den Muschel- und Austernzuchten tuckert.

Parken

P **4 Windmühle in Cherrueix,** GPS 48.60512, -1.72148, keine Ausstattung, ca. 200 m zur Windmühle

Aktivitäten

› **Le Train Marin,** 35120 Cherrueix, Tel. 02 99488488, www.decouvrirlabaie.com). Tickets: 21 Rue du Lion d'Or, ca. 150 m westlich der Kirche.

Übernachtungsplätze gibt es etwas weiter bei **Le Vivier-sur-Mer** (wo die D797 in die D155 mündet), bei **Hirel** und bei **St. Benoît** (beide küstennah, aber auf der Landseite der Straße) sowie vor Cancale, nachdem man von der D155 nach Norden (rechts) auf die D76 gebogen ist.

Ab Le Vivier-sur-Mer folgt man der D155 und biegt bei dem Weiler Les Portes Rouges rechts auf die D76 nach Cancale.

6 Stellplatz Le Vivier-sur-Mer

GPS 48.60332, -1.77226

Platz der Gruppe Camping-Car Park am Ortsrand in Richtung Meer (kein Meerblick), gesäumt von hohen Bäumen. Etwas Lärm durch den Hafen. Kleine Stellplätze, WLAN inkl. **Lage/Anfahrt:** Rue de l'Abri des Flots; in Viviers unmittelbar nördlich der D797 knapp östlich der Einmündung der D155; **Untergrund:** geschottert, eben; **Ver-/Entsorgung:** EuroRelais; **Strom:** an jedem Stellplatz; **Platzanzahl:** 52; **Geöffnet:** ganzjährig, 24 Std. tgl. (elektronische Schranke); **Max. Stand:** 21 Tage (ab 3 Tagen nur mit Reservierung); **Sicherheit:** eingezäunt; **Preise:** 9–13 €/24 Std. inkl. Ver- und Entsorgung, Strom und WLAN, je nach Saison 5 € für bis zu 5 Std. inkl. Ver- und Entsorgung; **Kontakt:** Tel. 0183646921(deutschsprachiger Kundenservice), www.campingcarpark.com; **Sonstiges:** liegt am Radweg

7 Stellplatz St.-Benoît

GPS 48.61680, -1.84754

Kleiner, recht ruhiger, kommunaler Wohnmobilstellplatz bei der Salle Polyvalente (Gemeindehalle) am Ortsrand nahe dem Meer, aber auf der Landseite der D155. **Lage/Anfahrt:** 4 Rue du Bord de Mer, an der D155 am östlichen Ortseingang von St.-Benoît-Des-Ondes; **Untergrund:** Beton, eben; **Ver-/Entsorgung:** 3 € in Münzen; **Strom:** nein; **Platzanzahl:** ca. 30; **Geöffnet:** ganzjährig; **Max. Stand:** keine Begrenzung; **Preise:** in der Saison 8 €, Parkscheinautomat ganz vorn an der Zufahrt

8 Stellplatz Hirel

GPS 48.60805, -1.82053

Großer Wohnmobilstellplatz der Kette Camping-Car Park nahe dem Meer, auf der Landseite der D155. Die Bäume am Platz wachsen und bieten inzwischen schon etwas Schatten. **Lage/Anfahrt:** 95 Rue du Bord de Mer, ungefähr 1 km westlich der Ortschaft Hirel an der D155 bei einer alten Windmühle, beschildert; **Untergrund:** teils Grobschotter, teils Wiese, ziemlich eben; **Ver-/Entsorgung:** EuroRelais 2 € in Münzen; **Strom:** nur an der EuroRelais-Säule; **Platzanzahl:** 120; **Geöffnet:** ganzjährig; **Max. Stand:** keine Begrenzung; **Preise:** 19–9 Uhr 10–12 €; **Sonstiges:** Grillen möglich, in der Saison Fahrrad-/E-Bike-Verleih am Platz

250br Abb.: sh

CANCALE – DIE AUSTERNHAUPTSTADT

(19 km – km 44)

Das Städtchen ist von jeher eng mit dem Meer verbunden und hat bis heute etwas vom Charakter eines alten Fischerorts bewahrt. Ein Spaziergang führt durch den Hafen **Port de la Houle,** von dem früher die Fischer ausgelaufen sind. Die Parkmöglichkeiten für Wohnmobile sind in Cancale leider sehr eingeschränkt, am einfachsten nutzt man den Stellplatz Ville Ballet 9. Über Muschelzucht und Traditionen informieren die **Ferme Marine „L'Aurore"** (Route Panoramique, Tel. 02 99896999, www.ferme-marine.com – auch auf Deutsch –, deutschsprachige Führungen, Austernverkostung und Muschelausstellung) jenseits des Hafens und das **Musée des Arts et Traditions populaires** (Place Saint-Méen, Tel. 02 99897126) in der einstigen Kirche St. Méen.

Information

› **Office du Tourisme,** 44 Rue du Port, 35260 Cancale, Tel. 02 99566699, www.ville-cancale.fr/infos_touristiques_cancale.html

Essen

› **La Dégustation Tonneau,** Rue de la grève, 35960 Le Vivier-sur-mer, http://ladegustationtonneau.fr, Tel. 02 99488448. Ein äußerlich eher einfacher Strandimbiss, aber frischer und besser bekommt man Austern und Miesmuscheln nirgendwo sonst (direkt ab Erzeuger!). Zudem genießt man den Blick auf das Meer (sofern es gerade da ist) und es gibt eine exzellente Fischsuppe (mit Hummer). Serviert wird mit Brot und Butter, wer Pommes will, kann sie vom Stand nebenan holen. Hierher kommen viele Einheimische und selbst in der Nebensaison muss man zeitig da sein oder Glück haben, um einen Tisch zu bekommen. Außerdem kann man hier frische Austern und Muscheln zum Mitnehmen kaufen.

› **La Pointe Du Grouin,** D35, 35260 Cancale, www.hotelpointedugrouin.com, Tel. 02 99896055.

Austern: Im Dutzend billiger

Den vor allem in Frankreich als Vorspeise sehr beliebten Austern („huitres") haftet noch immer ein Flair von Luxus an – doch bei Preisen von 5 bis 8 € das Dutzend können sich selbst Billigtraveller ruhig mal eine Kostprobe gönnen. Nirgendwo bekommt man sie frischer als an der bretonischen Küste – und nirgends bessere als in der Gegend von Cancale. Ihr volles kräftiges Aroma verdanken die Austern von Cancale den kräftigen Gezeiten und dem reichen Plankton in der Bucht von Saint-Michel. Am einfachsten genießt man die schwer zu knackenden Schalentiere im Restaurant, wo sie schon in der Küche geöffnet werden. Will man sie lieber „zu Hause" in seinem Wohnmobil kosten, so muss man sich ein entsprechendes Werkzeug (Austernmesser) beschaffen, das z. B. auf den meisten Märkten erhältlich ist. Und wie wird die Auster zubereitet? In der Regel gar nicht. Sie wird nur mit etwas Zitrone beträufelt und dann roh und lebendig verschlungen (nachdem man sie mit dem Messer von der Schale abgetrennt hat). Dazu passt ein trockener Weißwein, z. B. ein Muscadet. Selbstverständlich kann man sie – wie alle anderen Muscheln ebenso – auch gekocht verspeisen.

117br Abb.: rh

Gute Meeresfrüchte, aber vor allem grandioser Blick aufs Meer; Fensterplatz reservieren!

Einkaufen

› **Les Petits Fruits de la Baie,** Meeresfrüchte gibt es ja an jeder Ecke satt. Wer Beerenfrüchte (wie Himbeeren, Erdbeeren oder Johannisbeeren) kaufen möchte, bekommt sie 6 km südlich von Cancale in Saint-Méloir-des-Ondes bei Les Petits Fruits de la Baie (5 Rue des Clossets, 35350 Saint Méloir des Ondes, Tel. 02 99891006, www.petits-fruits-de-la-baie.fr).

› **Maison des Produits du Terroir,** 11 La Saline, 35120 Cherrueix, Tel. 02 99808479, Juni–Sept. 10–13 und 14–18.30 Uhr, April/Mai 10–13 und 14–18 Uhr. Bei der Windmühle von 1827 können Sie nicht nur verschiedenste Produkte der Region kaufen und Anregungen für ihre Zubereitung finden, sondern erfahren im Museum auch sehr viel über diese Produkte, ihre Erzeugung und die Windmühlen in der Bucht.

Wandern

› **Sentier des Douaniers:** Von der Ferme Marine kann man auf dem alten „Zöllnerweg" zum Kap an der Pointe du Grouin hinauswandern (4,5 km einfach). Von der Landspitze genießt man einen schönen Ausblick aufs Meer bis zum Mont-Saint-Michel und auf die nahe Île des Landes, ein Vogelschutzgebiet mit verschiedenen Kormoran- und Möwenarten. Es gibt auch eine Straßenzufahrt (Abzweigung an der scharfen Linkskehre der D201) bis zum Restaurant La Pointe Du Grouin, doch die letzten 500 m sind für Wohnmobile gesperrt.

9 Stellplatz Ville Ballet, Cancale

GPS 48.66998, -1.86554

Wohnmobilstellplatz in einigermaßen ruhiger Lage bei einem Wohngebiet am Ortsrand. **Lage/Anfahrt:** 61 Rue des Français Libres; am südlichen Ortsrand biegt man im Kreisverkehr links ab (rechts sieht man einen großen Parkplatz oberhalb der Bucht); **Untergrund:** Schotter und Gras, eben; **Ver-/Entsorgung:** inklusive; **Platzanzahl:** ca. 40; **Preise:** Übernachtung 12 €; Parken: 1. Std. gratis, dann 2 €/Std. (Bezahlung per Kreditkarte am Automat, bei der Einfahrt zieht man nur ein Ticket – bezahlt wird erst bei Abreise); **Sonstiges:** In der Saison kommt zwischen 7.45 und 8.10 Uhr ein Bäcker; ein Fußweg führt nach 300 m zum Hafen. **Tipp:** Einen weiteren kostenlosen aber recht öden Platz gibt es beim Supermarkt „Super U" an der D355 westlich des Zentrums (Rue de la Bretonnière, GPS 48.67835, -1.86259). 5 Stellplätze, kostenlos; keine Begrenzung; zu Fuß 15 Min. zum Zentrum

127br Abb.: rh

SAINT-MALO – DAS KORSARENNEST

(24 km – km 68)

Nördlich von Cancale macht die Straße (D201) nahe der Pointe du Grouin einen spitzen Knick und führt in Richtung Südwesten – auf Karten von einem grünen Bändchen geziert, um ihre landschaftlichen Reize auszuweisen.

Hier beginnt die bekannteste Badeküste der nördlichen Bretagne und das, was seit etwa 1890 **Côte d'Émeraude** („Smaragdküste") genannt wird. Dieses Prädikat hat sich also kein heutiges PR-Büro ausgedacht, sondern der Historiker Eugène Herpin, der damit ein ähnlich wirksames Prädikat wie „Côte d'Azur" schaffen wollte.

Die Austernbänke werden von Sandstränden voller Badegäste abgelöst und an schönen Sommerwochenenden staut sich hier der Verkehr wie in einer Großstadt während des Feierabendverkehrs. Wer dem aus dem Weg gehen möchte, weicht ab Cancale nach Westen auf die (etwas landeinwärts) parallel verlaufende D355 aus. Reist man zu ruhigeren Zeiten, so findet man entlang der Küstenstrecke einige Parkmöglichkeiten, Klippen mit herrlichem Ausblick, Fußpfade hinunter in die Buchten und sehr schöne Sandstrände. Die Parkplätze bei den schönsten Dünenstränden sind allerdings durch Barrieren für Wohnmobile gesperrt.

Ein Platz speziell für Wohnmobile findet sich im Weiler **Guimorais** an der Zufahrt zur reizvollen Sandhalbinsel **Les Chevrets.** Die Halbinsel selbst ist inzwischen für Wohnmobile gesperrt. Ein letzter Parkplatz befindet sich kurz vor dem Restaurant.

Parken

P 5 Vor der Halbinsel Les Chevrets, GPS 48.69129, -1.9438. Übernachtung möglich.

Wenig weiter erreicht die D201 bereits **Rothéneuf,** einen beliebten und entsprechend touristischen Badeort vor den Toren von Saint-Malo. Schilder weisen den Weg zu den **Rochers sculptés** (April–Sept.), die der Dorfpfarrer Adolphe Fouré hier zwischen 1895 und 1910 aus dem Küstenfels gemeißelt hat. Heilige, Dämonen und Fabelwesen – ein beeindruckendes Zeugnis dafür, zu was der Mensch alles fähig ist, wenn er einen Sinn darin sieht.

Parken

P 6 Rochers sculptés, GPS 48.68285, -1.96736. Die letzten 150 m von diesem Parkplatz aus sollte man zu Fuß gehen, da es danach keine Park- und kaum Wendemöglichkeiten gibt.

Saint-Malo selbst hat nicht nur einen großen Namen, sondern tatsächlich einiges zu bieten, insbesondere die alte Zitadelle **Intra-Muros** („Zwischen den Mauern"). Auch wer wenig Zeit hat, sollte sich den Spaziergang über die Festungsmauern nicht entgehen lassen.

Dank ihrer wehrhaften Lage behauptete sich die Hafenstadt über die Jahrhunderte und war von 1590 bis 1594 sogar eine freie Republik. Nicht als Franzosen, nicht als Bretonen, sondern als „Malouins" sehen sich ihre Bewohner. Von hier ist auch **Jacques Cartier** losgesegelt, um Kanada für Frankreich zu entdecken und zu beanspruchen.

Jacques Cartier

Jacques Cartier (geboren am 31. Dezember 1491 in Rothéneuf bei Saint-Malo, gestorben am 1. September 1557), dessen Denkmal man auf der Stadtmauer von Saint-Malo begegnet, verließ die Stadt 1534, um die Fischgründe vor Neufundland zu erkunden. Er umsegelte fast ganz Neufundland und nannte das neu entdeckte Gebiet Neufrankreich.1540 lief er erneut aus und gründete eine französische Niederlassung in Kanada: das Fort Charlesbourg nahe dem heutigen Québec.

Im 17. Jahrhundert begann die große Zeit der „Guerre de Course“ („Kaperei“) und der Korsaren, für die Saint-Malo der perfekte Freihafen war. In Einzelkämpfen gegen Briten und Spanier versenkten Kapitäne aus der Stadt 300 feindliche Kriegsschiffe und brachten Tausende von Handelsschiffen auf. Noch unter Napoleon segelten Korsaren aus Saint-Malo gegen die Briten.

Am Ende des Zweiten Weltkriegs allerdings wurde ihre wehrhafte Lage der Stadt zum Verhängnis: Die Wehrmacht verschanzte sich „intra muros“ (innerhalb der Stadtmauern) und kämpfte sozusagen bis zum letzten Stein. Deshalb ist das heutige Intra-Muros ein fast reines Produkt authentischen Wiederaufbaus und hat so gesehen doch erstaunlich viel von seiner Atmosphäre der Korsarenzeit bewahrt.

Was dem Besucher indes schon bei der Anreise deutlich wird: **Parkplätze** – insbesondere für Wohnmobile – hat man zur Korsarenzeit nur wenige vorgesehen. Besser ist es, gleich den **Stellplatz Feval** anzusteuern, auf dem man auch über Nacht stehen kann 11.

Parken

P 7 **Zwischen Jacht- und Fährhafen für Jersey,** GPS 48.64091, -2.02178. Auf dem Parkplatz dürfen Wohnmobile nachts von 19 bis 9 Uhr stehen, aber er ist nicht leicht zu finden und die Zufahrt ist etwas schwierig.

Information

› **Office de Tourisme,** Esplanade St-Vincent, 35400 Saint-Malo, Tel. 02 99566699, www.saint-malo-tourisme.com

Strände

› Natürlich ist Saint-Malo nicht nur für seine Geschichte und seine Altstadt bekannt, sondern zudem und vor allem ein seit langem beliebter Badeort.

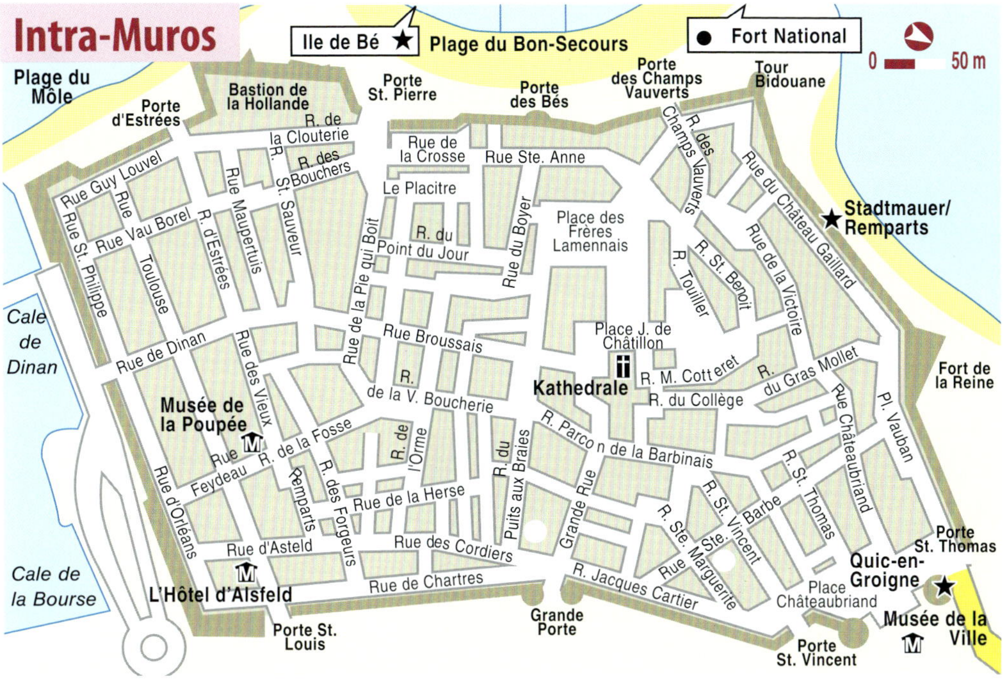
Intra-Muros
Ile de Bé
Plage du Bon-Secours
Fort National
0 50 m
Plage du Môle
Porte d'Estrées
Bastion de la Hollande
Porte St. Pierre
Porte des Bés
Porte des Champs Vauverts
Tour Bidouane
R. de la Clouterie
R. des Bouchers
Rue de la Crosse
Rue Ste. Anne
Le Placitre
Rue Guy Louvel
Rue Toulouse
Rue Vau Borel
Rue St. Philippe
R. d'Estrées
Rue Mauperetuis
R. St. Sauveur
Rue de la Pie qui Boit
R. du Point du Jour
Rue du Boyer
Place des Frères Lamennais
R. des Champs Vauverts
Rue du Château Gaillard
Stadtmauer/ Remparts
Rue de la Victoire
R. St. Benoit
R. Touiller
Cale de Dinan
Rue de Dinan
Rue des Vieux
Rue Broussais
Place J. de Châtillon
R. de la V. Boucherie
Kathedrale
R. M. Cotteret
R. du Collège
R. du Gras Mollet
Fort de la Reine
Pl. Vauban
Rue Châteaubriand
Musée de la Poupée
Rue Feydeau
R. de la Fosse
R. de l'Orme
R. du Puits aux Braies
R. Parcon de la Barbinais
Grande Rue
R. St. Thomas
R. St. Barbe
R. St. Vincent
R. Ste. Marguerite
Rue Ste.
Rue d'Orléans
Remparts
R. des Forgeurs
Rue de la Herse
Rue des Cordiers
Rue d'Asteld
Rue de Chartres
R. Jacques Cartier
Porte St. Thomas
Quic-en-Groigne
Place Châteaubriand
Cale de la Bourse
L'Hôtel d'Alsfeld
Porte St. Louis
Grande Porte
Porte St. Vincent
Musée de la Ville

© Reise Know-How 2023
Grande Plage
du Sillon
Av. Pasteur
Av. de Moka
Av. du 47ème. Régiment d'Infanterie
Boulevard Hébert
Av. du Révèrend Père Umbricht
La Digue
Plage de Rochebonne
Pointe de Rochebonne
Plage du Hic
Boulevard Hébert
Av. du Président J. Kennedy
PARAME

123br Abb.: rh

⑩ Stellplatz Les Ilots

GPS 48.68051, -1.96311

Sehr schöner, ruhiger, parzellierter Stellplatz mit hohen Hecken und Bäumen (wie ein Campingplatz) am östlichen Ortsrand von Rothéneuf nahe dem Meer, aber auf der Landseite der D201. **Lage/Anfahrt:** Av. la Guimorais via D201 in Richtung Rothéneuf; **Untergrund:** Gras, ziemlich eben; **Ver-/Entsorgung:** ja; **Strom:** ja; **Platzanzahl:** 180 mit Strom (10 A); **Geöffnet:** ganzjährig; **Max. Stand:** keine Begrenzung; **Preise:** Juli/Aug. 13 € (sonst 10 €) inkl. Strom, Jetons für Wasser 3 €; **Kontakt:** Tel. 02 99569872; **Sonstiges:** Buslinie 8 fährt nach Saint-Malo; Linie 4 zum Markt und den Geschäften.

Korsaren und Piraten

Heute wirft man sie ja leichtfertig alle in einen Topf, dabei haben Piraten und Korsaren außer Schiffen und Waffen nicht viel gemeinsam. Vielmehr sind sie so gegensätzlich wie Ritter und Wegelagerer zu Lande. Der Korsar war kein Verbrecher, der aus purem Eigennutz mordete und plünderte. Er hatte einen hochoffiziellen Kaperbrief seines Souveräns an Bord (der ihn zum Plündern lizenzierte) und fuhr ausschließlich gegen Feinde und Rivalen seiner Nation. Ein fester Beuteanteil gehörte der Krone.

Nördlich der Altstadt erstrecken sich herrliche Sandstrände, die mit dem Plage de l'Éventail beginnen und sich kilometerlang über den Grand Plage (bzw. Plage du Sillon) und den Plage de Rochebonne bis zur Pointe de Rochebonne hinziehen, und dahinter mit dem Plage du Hic und weiteren Sandstränden fortsetzen. Allerdings herrscht hier im Sommer reges Treiben und die Parkmöglichkeiten (besonders für Wohnmobile) sind entsprechend knapp.

Parken

P 8 Plage des Chevrets, GPS 48.69110, -1.94411. Unbefestigter, relativ ruhiger Parkplatz in Strandnähe. Lage/Anfahrt: an der D201 rechts (nördlich) der Straße La Guimorais ca. 1 km folgen, Einfahrt rechts; Untergrund: Schotter, uneben; Ver-/Entsorgung: keinerlei Einrichtungen

Sonstiger Stellplatz

S 9 Stellplatz Guimorais, GPS 48.68990, -1.93897. Ein (jedenfalls außerhalb der Saison) recht ruhiger und idyllischer Platz speziell für Wohnmobile ca. 500 m vom Meer entfernt, eben und kostenlos; Platz für 15–20 Womos; Feinschotter; kein Schatten; keine Ver-/Entsorgung.

⑪ Stellplatz Feval, Saint-Malo

GPS 48.64347, -1.99376

Großer, schattenloser Parkplatz ca. 3,5 km östlich der Zitadelle „Intra-Muros". **Lage/Anfahrt:** Rue Paul Féval; via D126 um das Bassin Bouvet herum, am Stade de Marville entlang und am Kreisverkehr links in die Rue Paul Feval. Für alle Fahrzeuge problemlos; **Unter-**

grund: Asphalt, eben; **Ver-/Entsorgung:** Aire-Station gegenüber der Einfahrt, gratis; **Strom:** nein; **Platzanzahl:** über 100; **Geöffnet:** ganzjährig; **Preise:** 7,50 €; Kasse am Eingang; **Kontakt:** Tel. 02 99406689; **Sonstiges:** Kostenlose Pendelbusse zur Altstadt alle 25 Minuten gegenüber der Einfahrt

DINARD

(11 km – km 79)

Von Saint-Malo geht es via D1 und dann N137 sowie D201 (oder auf der Umgehungsstraße D301) nach Süden und dann via D168 per Straßenbrücke über das **Gezeitenkraftwerk der Rance.** Das lauschige Tal der Rance mit kleinen Städtchen und reizvollen Ufern lohnt einen Abstecher nach Süden bis Dinan. Allerdings gibt es keine durchgehende Uferstraße, sondern nur Stichstraßen zum Wasser. Eine interessante Möglichkeit, die Landschaften entlang der Ufer zu entdecken, bieten daher verschiedene Exkursionen auf dem Wasser (s. S. 207). Weitere Infos und Routen entlang der Rance enthält das Kapitel „Route 7" ab S. 205.

Kurz nach dem Überqueren der Rance zweigt rechts die D114 in Richtung **Dinard, Saint-Lunaire** und **Saint-Briac-sur-Mer** ab, weiteren klassischen Badeorten der Smaragdküste, die Mitte des 19. Jh. vor allem von Engländern und Amerikanern „entdeckt" und geprägt wurden – mit schnörkeliger Architektur der Belle Epoque und künstlich gehätschelter Mittelmeerflora. Alle drei können mit schönen Sandstränden aufwarten, die in der Hauptsaison häufig sehr voll sind, aber außerhalb dieses Zeitraums durchaus empfohlen werden können.

Von Saint-Briac-sur-Mer geht es auf der D786 über Lancieux, das ebenfalls einen sehr schönen Sandstrand aufweist, nach Ploubalay. Dort gibt es einen reizvollen Stellplatz in schöner Parklandschaft ⓬. Weitere Möglichkeiten zum Übernachten (diesmal in Strandnähe) bietet der Stellplatz von Saint Jacut nur etwa 5 km weiter.

Information

› **Office de Tourisme de Dinard,** 2 Boulevard Féart, 35800 Dinard, Tel. 08 21235500, www.dinardemeraudetourisme.com (auch auf Deutsch)

Dinard – ein Badeort mit dem Flair des 19. Jahrhunderts

⑫ Stellplatz Yves Bodin, Ploubalay

GPS 48.57803, -2.14181

Sehr schön angelegter Platz mit großzügigen Parzellen in ruhiger, parkartiger Grünanlage. **Lage/Anfahrt:** 8 Rue du Chaffaud; im Zentrum vom Kreisverkehr via D786 nach SW und die erste Straße links (Rue du Chaffaud) den Schildern folgen; **Platzanzahl:** 40; **Untergrund:** Gras/Schotter, fest, eben, parzelliert, von hohen Hecken gesäumt; **Ver-/Entsorgung:** ja; 2 € für 2 Std.; **Strom:** ja; **Max. Stand:** 12 Std.; **Geöffnet:** ganzjährig; **Preise:** 10 € pro Nacht inkl. Ver-/Entsorgung und Strom (bezahlen mit Debitkarte an der automatischen Schranke); **Kontakt:** Tel. 06 30008765; **Sonstiges:** Müllentsorgung; Spielplatz; Toilette; **Beachten:** nur für Fahrzeuge bis 9,50 m Länge (Schleuse an der Einfahrt)

223br Abb.: sh

⑬ Stellplatz Saint-Jacut-de-la-Mer

GPS 48.58971, -2.18921

Ruhiger, parzellierter, schattenloser Stellplatz am östlichen Ortsrand von Saint Jacut nahe dem Meer. **Lage/Anfahrt:** Rue de Dinan; von der D768 via D26 nach Saint Jacut fahren und dort rechts abbiegend den Schildern folgen; **Untergrund:** asphaltierte, ebene Stellplätze auf einer Grasfläche; **Platzanzahl:** ca. 25; **Ver-/Entsorgung:** EuroRelais, gratis; **Strom:** nein; **Geöffnet:** ganzjährig; **Max. Stand:** keine Begrenzung; **Preise:** 7–10 € für 24 Std.; **Tipp:** nur wenige Schritte zum Sandstrand

224br Abb.: sh

253br Abb.: sh

CAP FRÉHEL

(44 km – km 123)

Gelockt durch das Cap Fréhel lassen viele Reisende die Fischer- und Badeorte **Saint-Jacut-de-la-Mer** und **Saint-Cast-le-Guildo** stets links (bzw. rechts) liegen, um auf der D786 via Les Landes und Matignon rasch weiter nach Westen zu streben. Doch Saint-Jacut bietet einen durchaus einladenden Stellplatz für die Nacht und auch in Saint-Cast-le-Guildo gibt es einen zwar kleinen, aber dafür sehr reizvoll gelegenen Stellplatz mit Meerblick (Parkplatz Sémaphore, s. u.). Jenseits der Arguenon-Mündung haben wir in **Notre-Dame-du-Guildo** angehalten, um die „Pierres Sonnantes" („Klingende Steine") zu finden, aber außer verschlammten Wegen und einigen eher ordinären Steinblöcken nichts entdeckt. Das **Cap Fréhel** hingegen ist den Abstecher fraglos wert, allerdings dringend „außerhalb der Saison" (am besten im Frühjahr), damit man sich nicht gegenseitig auf die Füße tritt!

Gleich hinter dem Einschnitt der Baie da la Fresnaye biegt man daher von der D786 auf die D16 und folgt ihr zunächst nordöstlich, dann nordwestlich nach **Plévenon** mit seinem Stellplatz auf einer weiten Wiesenfläche ⓯.

Schon vor Plévenon, knapp 3 km nach der Abzweigung, gabelt sich die D16: Nach rechts führt die D16a etwa 3,5 km nordwärts zu einem Parkplatz, von dem aus man zu Fuß (knapp 1 km) bis zum **Fort La Latte** spazieren kann, das nur über eine Zugbrücke erreichbar ist und für manchen Abenteuerfilm als Kulisse gedient hat (Privatbesitz; teilweise zu besichtigen, Öffnungszeiten und Infos unter www.lefortlalatte.com).

Bei der Gabelung links führt die D16 über das Plateau mit baumloser Heidelandschaft nordwärts zum Cap Fréhel. Am Ende der Straße dehnt sich ein großer, recht ebener **Schotterparkplatz,** auf dem Wohnmobile allerdings nur noch von 8 bis 22 Uhr stehen dürfen. Außerhalb der Saison lohnt sich ein Spaziergang am Kap unbedingt, doch im Sommer drängen sich dort die Massen und schon die Zufahrt ist kostenpflichtig. Ein Spazierweg führt vom Parkplatz um das Kap herum und bietet einen schönen Blick auf die beiden **Leuchttürme** und die **Vogelfelsen** sowie eine weite Aussicht von den 60 m hohen Klippen. Der Weg erfordert nicht mehr als 30 Minuten, doch wer ein gutes Fernglas hat, um (besonders im Frühjahr) die Vögel auf den Klippen zu beobachten, der wird hier deutlich mehr Zeit verbringen.

Vom Cap Fréhel nach Westen ist die Küste weniger stark gegliedert und die Straße (D34a) verläuft parallel zum „Sentier des Douaniers" (s. S. 78) oben auf den Klippen mit weitem Ausblick über Meer und Heidelandschaft. Der bisher sehr beliebte Wiesenparkplatz ca. 3 km südwestlich des Kaps oberhalb einer herrlichen Sandbucht ist inzwischen für Übernachtungen geschlossen, doch den Tag über dürfen dort Wohnmobile wieder stehen. Anfang April bis Mitte Juni und Mitte September bis Anfang November können Wohnmobile auf dem kommunalen Camping du Cap, nahe dem einstigen Stellplatz Grèves du Bas stehen (3 € pro 24 Std. ohne sonstigen Service; GPS 48.66414, -2.34179). Außerdem gibt es einen schönen kommunalen Stellplatz östlich von Pléhérel-Plage mit dem Namen „La Ville Oie" ⓰ und auch einen Platz ⓯ direkt am Ortsrand von Plévenon.

Fantastisch schön und naturbelassen ist der nahegelegene **Camping Municipal du Pont de l'Étang** ⓮.

Parken

P 10 St. Cast le Guildo, Parkplatz Sémaphore, GPS 48.64345, -2.24607. Sehr schön und ruhig gelegener Parkplatz mit Meerblick nahe der Landspitze Pointe de l'Isle. Lage/Anfahrt: Rue du Sémaphore; nördlich der Ortschaft in Richtung Leuchtturm; im Zentrum von der D13 nach links (Nord) auf die Rue du Sémaphore abbiegen. Oder

Blick auf das Cap Fréhel

⑮ Stellplatz Plévenon

GPS 48.65587, -2.32848

Schön und recht ruhig gelegener, naturbelassener Wiesenplatz ohne klare Eingrenzung am nördlichen Ortsrand in Richtung Cap Fréhel mit einigen Bäumen, Tischen und Bänken sowie VE-Station. **Lage/Anfahrt:** am nördlichen Ortsrand von Plévenon; via D16; **Platzanzahl:** 50; **Untergrund:** Schotter, Wiese; **Ver-/Entsorgung:** Trinkwasser 5 €, Entsorgung gratis; **Preise:** 3,50 €/24 Std.; **Max. Stand:** 24 Std.; **Geöffnet:** ganzjährig

119br Abb.: rh

zum Hafen und von dort weiter nach Norden. Platzanzahl: 12, Wohnmobile bis 8 m Länge; Untergrund: Asphalt, Gefälle; Ver-/Entsorgung: nein, nur Mülleimer und Toiletten; Preise: Übernachtung kostenlos; Max. Stand: 48 Std.; Geöffnet: ganzjährig; Kontakt: Tel. 02 96418152; Sonstiges: Pfad entlang der Küste

⑭ Camping Municipal du Pont de l'Étang★★

GPS 48.65196, -2.35645

Traumhafter, weitgehend naturbelassener und nicht parzellierter Campingplatz auf einem riesigen Gelände (30 ha) mit Dünen, Heideflächen und Kiefernwald; herrlicher Sandstrand und Blick von den Dünen; Bäckerei, Imbiss mit Snacks und Pizza; behindertengerecht. **Lage/Anfahrt:** Boulevard de la Manche; D34 östlich von Pléherel Plage; **Preise:** Womo mit 2 Pers. inkl. Strom 14–18 €; **Geöffnet:** 1.4.–30.9.; **Kontakt:** Tel. 02 96414045 (außerhalb der Saison Tel. 02 96414012), www.camping-frehel.fr

SABLES D'OR – DER GOLDENE SANDSTRAND

Auf der Michelinkarte heißt die Küste ab dem Cap Fréhel **Côte de Penthièvre,** was allerdings den meisten kein Begriff ist. So hat auch der Guide Vert aus dem gleichen Hause kein Problem damit, die Smaragdküste bis nach Val-André reichen zu lassen. Und da es sich um keine streng geografische, sondern eine mehr touristische „Kreativ-Terminologie" handelt, bezeichnen auch wir diese Küste weniger strikt als Sables d'Or („Goldener Sand") – nach dem ersten Badeort, der uns hinter Pléhérel-Plage erwartet. Leider hat der einzige Parkplatz bei Pléhérel-Plage (GPS 48.65445, -2.36520) mittlerweile auch eine Höhenbeschränkung (2,10 m). Ist man also nicht gerade mit einem kleinen Van unterwegs, parkt man sein Wohnmobil am besten auf dem ca. 1 km vom Strand entfernten Stellplatz La Ville Oie ⑯.

⑯ Stellplatz La Ville Oie

GPS 48.65054, -2.35276
Großer und ruhiger Stellplatz der Kette Camping-Car Park östlich von Pléhérel-Plage ca. 1 km vom Meer entfernt im Grünen; kaum Schatten. **Lage/Anfahrt:** von der D34a beim Camping du Pont de l'Étang nach Süden und dann gleich wieder links auf die D117 (bzw. D34e) in Richtung Plévénon; problemlose Zufahrt; **Untergrund:** Schotter, eben; **Platzanzahl:** ca. 40; **Ver-/Entsorgung:** inkl.; **Strom:** nur an der VE-Station; **Geöffnet:** ganzjährig; **Max. Stand:** unbegrenzt; **Preise:** 10–13 €/24 Std.; **Kontakt:** Tel. 01 83646921, www.campingcarpark.com; **Sonstiges:** teils Beleuchtung; im Sommer kommt um 9 Uhr der Bäcker.

Zwischen Pinien schwingt sich die D34a von der Höhe hinunter und plötzlich eröffnet sich dem Besucher der Blick auf weite, malerische, golden gefärbte Sandstrände zwischen dem satten Grün der Kiefern.

LES SABLES-D'OR-LES-PINS

(9 km – km 132)

Les Sables-d'Or-les-Pins („Goldene Sande zwischen den Pinien") ist ein Badeort aus der Retorte, aber als Ferienort sehr beliebt und typisch: im Sommer wimmelnd voll und außerhalb der Saison fast ausgestorben.

Die Strände sind wirklich schön mit endlosem Sand und Dünen, aber Wohnmobilisten scheint man nicht haben zu wollen. Es gibt keinen Stellplatz und auf den Parkplätzen sind sie nicht zugelassen. Also weiterfahren, denn auch danach gibt es noch schöne Sandstrände.

Information

› **Syndicat d'Initiative,** 22240 Les Sables-d'Or-les-Pins, Tel. 02 96415197

ERQUY

(9 km – km 141)

Die D34 mündet wenige Kilometer landeinwärts in die D786 und auf dieser erreicht man an der nächsten Bucht das sympathische Örtchen **Erquy.** Unterwegs passiert man kurz hinter einem Kreisverkehr einen Laden der Supermarktkette Super U, in dem man seinen Proviant ergänzen kann, und gegenüber gibt es bretonische Spezialitäten (GPS 48.62214, -2.43928). Dann geht es schon nach Erquy hinein, das mit einem Stellplatz in Strandnähe aufwartet.

Von Erquy führt die D786 weiter nach Le Val-André und Planguenoual. Wer dem Strand für eine Nacht den Rücken kehren und lieber die Ruhe des Landlebens genießen will, findet auf einem Bauernhof nahe dem Dörfchen **Planguenoual** einen sehr sympathischen Stellplatz.

Man kann den Schlenker nach Erquy auch abschneiden, denn an der Kreuzung 2 km vor dem Ort zweigt nach links erneut die D34 ab, die später wieder auf die D786 trifft. Von hier

125br Abb.: rh

▷ *Viele Kapellen erinnern an die frühe Christianisierung der Bretagne durch irische Mönche*

126br Abb.: rh

fährt man dann über Le Val-André nach Planguenoual. Und auch diesen Abstecher zur Küste kann man abschneiden, indem man 2 km vor dem Ort links auf die D17a biegt, die danach wieder auf die D786 stößt.

Pferdefreunde werden gern noch via D791 einen Abstecher nach **Lamballe** machen (12 km von der D786, 24 km von Erquy), wo sich das zweitgrößte Nationalgestüt (Harras National) Frankreichs befindet. Über die N12 nach Westen gelangt man zurück auf die Hauptroute, die von Planguenoual via D786 nach Südwesten führt. Bei Saint-René fährt man dann auf die N12, über die man in Richtung Westen **Saint-Brieuc** erreicht.

Information

› **Office de Tourisme,** 3 Rue du 19 Mars 1962, 22430 Erquy, Tel. 02 57252222, www.capderquy-valandre.com

Essen

› **Restaurant Le Biniou,** Pléneuf-Val-André, 121 Rue Clemenceau, Tel. 02 96722435, www.restaurant-lebiniou.fr. Eine gute Adresse für gehobene Küche zu angemessenen Preisen. Aus sorgfältig ausgewählten Produkten der Region kommen hier sowohl Fisch- als auch Fleischgerichte auf den Tisch. Das Menü kostet von 28 bis 39 €.

Wandern

› **Cap d'Erquy:** Herrliche Möglichkeiten für kürzere und längere Spaziergänge bietet das Cap d'Erquy mit imposanten Felsklippen und Heidelandschaften oder ein kleiner Abstecher zu den Lac Bleus. Vergessen Sie die Badesachen nicht, denn es gibt unterwegs auch herrliche und weitgehend unberührte Sandstrände! Geeigneter Ausgangspunkt (für kleinere Fahrzeuge bis 6 m) ist der Parkplatz Cap d'Erquy (Rue du Four au Boulets; GPS 48.6423, -2.4836).

17 Camping Bellevue, Erquy ★★★★

GPS 48.59395, -2.48471

Sympathischer, gut ausgestatteter und sehr gepflegter, privater Campingplatz mit engagierten Betreibern. Er liegt etwa 2 km vom Strand entfernt inmitten ruhiger Natur (die Plätze nahe der Rezeption sind evtl. in Hörweite der Straße). Mit zwei Spielplätzen und einem betreuten Kinderklub ist er gut für Familien geeignet. Beheiztes Schwimmbad, Sportplatz, Wellnesszentrum; WLAN inkl. **Lage/Anfahrt:** Route de la Libération, 22430 Erquy; D786 etwa 6 km südlich von Erquy; **Preise:** Womo mit 2 Pers inkl. Strom 25 €; **Geöffnet:** 1.4.–30.9.; **Kontakt:** Tel. 02 96723304 (außerhalb der Saison Tel. 02 96414012), www.campingbellevue.fr (auch Deutsch)

⑱ Camping Les Roches, Erquy

GPS 48.61085, -2.47855
Kleiner, sehr ruhig im grünen gelegener Campingplatz. Zum Meer ca. 900 m, ins Zentrum von Erquy etwa 3 km. Die durch Hecken und kleine Bäume getrennten Parzellen sind nahezu eben und teilweise schattig. Spielplatz, Minigolfanlage und ein Minimarkt vorhanden. **Lage/ Anfahrt:** Rue Pierre Vergos, 22430 Erquy, D34 etwa 3 km südwestlich von Erquy; **Untergrund:** Rasen, eben; **Preise:** Womo mit 2 Pers. inkl. Strom 15–25 €; **Geöffnet:** April–Okt.; **Kontakt:** Tel. 02 96723290, www.camping-les-roches.com (auch auf Deutsch); **Sonstiges:** E-Bike-Verleih am Platz, WLAN gratis

⑲ Stellplatz Gesbert bei Planguenoual

GPS 48.54898, -2.55512
Kleiner, sehr ruhiger und liebevoll angelegter, privater Stellplatz bei einem ausgesprochen sympathischen Geflügelzüchter. **Lage/Anfahrt:** 2 Saint-Plestan; westlich der D58 zwischen St. Alban und Planguenoual, beschildert, doch Vorsicht: die Abzweigung ist etwas spät erkennbar; **Untergrund:** grober Schotter, eben; **Platzanzahl:** 4; **Ver-/Entsorgung:** kostenlos; **Strom:** ja; **Geöffnet:** ganzjährig; **Max. Stand:** eine Nacht; **Preise:** Übernachtung kostenlos; **Sonstiges:** Der Geflügelzüchter betreibt einen kleinen Laden mit Direktverkauf seiner Produkte (neben Eiern, Foie gras und Geflügel auch Spargel und vielerlei frische Früchte und Beeren der Saison) sowie ausgewählten Weinen aus Südfrankreich – und wer seine Gastfreundschaft in Anspruch nimmt, sollte sich auf jeden Fall durch einen Einkauf revanchieren (ausgezeichnete Produkte!); **Kontakt:** Tel. 0296329907, philippe.gesbert@club-internet.fr

ANSCHLUSS AN ROUTE 2

Von Erquy bis Saint-Brieuc (s. S. 64), dem Startpunkt der Route 2, sind es ca. 37 km.

◁ *Bei über 1200 km Küstenlänge herrscht in der Bretagne an Stränden kein Mangel*

⑳ Stellplatz Aire Municipale Lermot bei Hillion

GPS 48.53132, -2.66362
Schön und ruhig gelegener, stellenweise sehr holpriger Wohnmobil-Parkplatz mit Meerblick oberhalb einer Sandbucht außerhalb von Lermot; umgeben von Bäumen und Büschen. **Lage/Anfahrt:** Rue de Trego, nordöstlich der Ortschaft Lermot; via D80 nach Hillon und weiter nordwärts nach Lermot; **Platzanzahl:** ca. 20, aber nicht alle mit Meerblick; **Untergrund:** Schotterrasen, sehr holprig und uneben; **Ver-/Entsorgung:** an der Zufahrt rechts unten bei den Pkw-Parkplätzen und Picknicktischen; Abwasser und WC-Entsorgung, Toilette; kein Frischwasser; **Preise:** Übernachtung und Ver- und Entsorgung kostenlos; **Max. Stand:** 48 Std.; **Geöffnet:** ganzjährig; **Kontakt:** Tel. 02 96322104, www.mairie-hillion.fr; **Sonstiges:** Picknickplatz und sandiger, recht flacher Strand; Wanderweg entlang der Küste

130br Abb.: rh

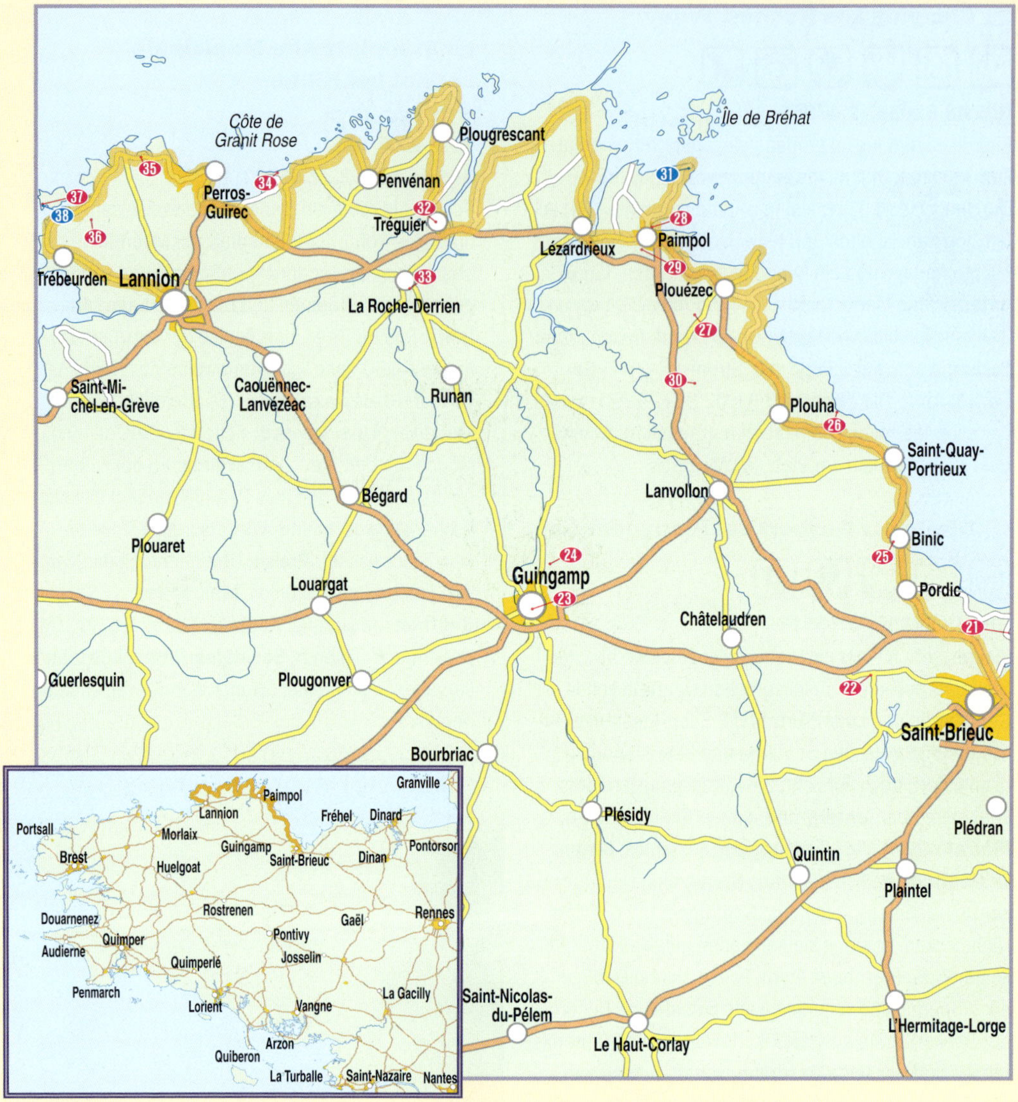

Strecke:

Saint-Brieuc (37 km, S. 64) – **Circuit des Falaises: Lanloup – Bréhec-en-Plouha – Pointe Minard – Pointe de Bilfot – Plouézec** (56 km, S. 67) – **Paimpol** (6 km, S. 68) – **Presqu'île Sauvage: Lézardrieux – Lamor-Pleubian – Kerbors – Trédarzec** (29 km, S. 72) – **Tréguier** (3 km, S. 73) – **Plougrescant** (7 km, S. 75) – **Route des Anjoncs: Port Blanc – Louannec** (27 km, S. 76) – **Perros-Guirec** (4 km, S. 78) – **Westliche Côte de Granit Rose: Ploumanac'h – Trégastel-Plage – Trébeurden – Lannion** (36 km, S. 80)

Streckenlänge: 205 km

⊡ *Faszinierende Felsküsten machen die Côte de Granit Rose zum Inbegriff für die Bretagne*

ROUTE 2: DIE CÔTE DE GRANIT ROSE

103br Abb.: rh

Für viele ist die Küste der roten Granitfelsen zum Inbegriff für die Bretagne geworden. Hier findet man die skurrilen Felsskulpturen, hier brandet der Atlantik über die Felsklippen und hier schmiegen sich malerische Häuschen zwischen riesige Granitblöcke. Von Gezeitenbuchten in zahlreiche Halbinseln zergliedert, bietet diese Küste nicht nur namhafte Seebäder, sondern auch einsame Küstensträßchen hoch über dem Meer und kilometerlange Sandstrände. Neben beliebten Touristenzentren gibt es hier auch einsame Strandabschnitte mit stillen Buchten. Es ist eine Küste für Entdecker, die es nicht eilig haben, denn hier gibt es keine durchgehende Küstenroute, sondern ein Labyrinth teils verwirrender Sträßchen. An Stellplätzen und Einrichtungen für Wohnmobilisten herrscht kein Mangel, aber sie sind nicht gleichmäßig verteilt und entlang der Route des Ajoncs nur sporadisch vertreten. An dieser wilden Küste findet man zwar eine Reihe herrlicher Strandparkplätze, doch das Nachtparken ist dort überall verboten – eben um die Ursprünglichkeit zu bewahren.

SAINT-BRIEUC

(37 km – km 37)

Von Erquy aus erreicht man über die D786 und die N12 nach ca. 37 km Saint-Brieuc. Die Hauptstadt des Département Côtes d'Armor liegt einige Kilometer vom Meer entfernt und ist nicht gerade ein touristisches Ballungszentrum – schon weil wenig weiter wilde und faszinierende Küstenlandschaften locken. Doch die **Altstadt** mit ihren engen Gassen und hübschen alten Fachwerkhäusern lohnt durchaus einen Bummel – besonders im Bereich zwischen der Kathedrale und der Rue Charbonnerie. Die alten **Markthallen** sind leider nur noch teilweise erhalten, doch samstags verwandelt sich die ganze Altstadt in einen großen Markt. Wer sich für die Geschichte und Entwicklung der Region interessiert, kann außerdem das **Musée d'Art et d'Histoire** (Rue des Lycéens Martyrs, Cour Francis Renaud, Tel. 02 96625520; Eintritt frei) besuchen.

128br Abb.: rh

21 Stellplatz Aire Plérin

GPS 48.53992, -2.72630

Einfacher, von Bäumen gesäumter Asphaltparkplatz in der Stadt bei einem kleinen Park; nicht besonders schön und außerdem nahe der Straße, aber von anderen Wohnmobilisten als ruhig und gut bewertet. Für eine Nacht okay. Mit Toilette. **Lage/Anfahrt:** Place François Guégo 3, an der Durchgangsstraße D24 (Rue Surcouf) ca. 150 m südöstlich der Einmündung der Rue de l'Eglise; ca. 5 km nordöstlich von Saint Brieuc via D24; **Platzanzahl:** ca. 7; **Untergrund:** Asphalt, ziemlich eben; **Ver-/Entsorgung:** ja, kostenlos; **Strom:** nein; **Preise:** Übernachtung kostenlos; **Max. Stand:** unbegrenzt; **Geöffnet:** ganzjährig; **Kontakt:** Tel. 02 96798200

22 Stellplatz Aire Municipale, Tremuson

GPS 48.52275, -2.85203

Zentrumsnaher Stadtparkplatz nahe der Durchgangsstraße und bei einem Spielplatz; weder schön noch sehr ruhig; für eine Nacht akzeptabel. **Lage/Anfahrt:** Rue de Brest; an der Durchgangsstraße D712 (Rue de Brest) ca. 150 m westl. des Zentrums; **Platzanzahl:** 5; **Untergrund:** Asphalt, eben; **Ver-/Entsorgung:** ja, kostenlos; **Strom:** nein; **Preise:** kostenlos; **Geöffnet:** ganzjährig; **Kontakt:** Tel. 02 96948454

23 Stellplatz Aire Municipale, Guingamp

GPS 48.55965, -3.14931

Riesiger, asphaltierter und beleuchteter Stadtparkplatz im Zentrum; viel Betrieb und Lärm; montags wegen Markt nicht nutzbar; eher für eine Stadtbesichtigung; weit ruhiger ist der kleine Platz bei Pabu 24 knapp 4 km nördlich. **Lage/Anfahrt:** Place du Vally; ganz im Zentrum; **Platzanzahl:** ca. 20; **Untergrund:** Asphalt, eben; **Ver-/Entsorgung:** ja, kostenlos; **Strom:** nein; **Preise:** kostenlos; **Max. Stand:** 48 Std.; **Geöffnet:** ganzjährig; **Kontakt:** Tel. 02 96437389

Wind und damit auch Windmühlen gibt es in der Bretagne reichlich

129br Abb.: rh

㉔ Stellplatz, Pabu

GPS 48.58638, -3.13519

Kleiner, asphaltierter Parkplatz beim Boulodrome. **Lage/Anfahrt:** Rue de la Mairie; von der D54 Rue d'Eglise nahe dem Rathaus nach Osten abbiegen; **Platzanzahl:** 4; **Untergrund:** Asphalt, eben; **Ver-/Entsorgung:** ja, kostenlos; **Strom:** nein; **Preise:** kostenlos; **Max. Stand:** 48 Std.; **Geöffnet:** ganzjährig; **Hinweis:** WLAN-Code im Rathaus erhältlich; **Kontakt:** Tel. 02 96406890

Etwa 12 km nördlich der Stadt (via N12 und D786) liegt das kleine Hafenstädtchen **Binic.** Das im Sommer sehr belebte Badezentrum hat einen kostenlosen, städtischen Wohnmobilstellplatz ㉕. Weit schöner für die Mittags- oder Kaffeepause ist allerdings der Parkplatz Aire de la Chapelle (s. S. 66) nördlich der Stadt mit einem weiten Blick über das Meer.

Information

- **Office de Tourisme,** 2 Quater Rue des Lycéens Martyrs, 22000 Saint-Brieuc, Tel. 02 96333250, www.baiedesaintbrieuc.com (auch auf Engl.)
- **Office de Tourisme,** 6 Place le Pomellec, 22520 Binic, Tel. 02 96736012, www.besurmer-tourisme.com

Essen

- **Crêperie An Arvor,** Quai de Courcy, 22520 Binic, Tel. 02 96733798, April bis September täglich geöffnet. Die am Hafen gelegene Crêperie mit rustikal-traditioneller Ausstattung wurde von Tourisme Bretagne für ihre gute Auswahl an hervorragenden Crêpes und Galettes ausgezeichnet. Auch uns hat es dort prima geschmeckt!
- **Restaurant Asten,** 8 Blvd. Clemenceau, Binic, Tel. 02 56442842, https://asten.restaurant. Restaurant mit gehobener Küche und einer großen Fensterfront mit Blick aufs Meer. Küchenchef Samuel Selosse kreiert exzellente Menüs aus frischen Produkten der Region und der Service ist sehr freundlich und gut. Menüs von 30 bis 85 €. Das Restaurant ist ganzjährig geöffnet, das Bistrot im Stockwerk darunter nur von April bis Oktober. Beide sind bei den Einheimischen sehr beliebt, sodass man auch außerhalb der Saison auf jeden Fall reservieren sollte.

Spaziergang

- **Pointe du Roselier:** Im Ortsteil Plerin, nördlich des Zentrums von der N12 auf die D36 (Rue du Stade). Nahe ihrem Ende beginnt am Aussichtspunkt rechts

Selbst an Sandstränden wie in der Südsee fehlt es in der Bretagne nicht

㉕ Stellplatz Binic „Aire de L'Ic"

GPS 48.60042, -2.83512
Städtischer Stellplatz auf einem großen, beleuchteten Parkplatz am Ortsrand und doch zu Fuß nur 5 Minuten vom Zentrum. Der Platz ist offenbar beliebt, denn die Wohnmobile stehen hier oft direkt aneinander – aber besonders reizvoll ist er nicht. **Lage/Anfahrt:** Rue de l'Ic; von der D786 im Ort links auf die Rue de l'Ic; problemlose Zufahrt; **Ver-/Entsorgung:** Frischwasser, Abwasser und WC-Kassetten; **Strom:** nein; **Platzanzahl:** ca. 40; **Geöffnet:** ganzjährig; **Max. Stand:** keine Begrenzung; **Preise:** 6 €/24 Std. mit Parkscheinautomat; **Kontakt:** Tel. 02 96733990; **Sonstiges:** Eine weitere kostenlose Ver-/Entsorgungsstation gibt es etwas weiter beim Supermarkt Super U am D786 Kreisverkehr Rond-Point des Prés Catalans (Tel. 02 96733828, superu-binic.com; GPS 48.61292, -2.83050).

131br Abb.: rh

ein Weg um die Landspitze herum mit schönem Ausblick über die Bucht und auf den Strand Martin-Plage. Wer etwas mehr als nur spazieren gehen möchte, kann dem GR34 weiter bis Paimpol oder Perros-Guirec folgen.

Parken

› Am ehesten kann man auf den großen Parkplätzen „Place Allende" und „Place du Champ de Mars" an der Rue du 71ème Régiment d'Infanterie parken; beide liegen nahe dem Zentrum, können aber auch sehr voll werden.

Parken

P 11 Aire de la Chapelle, GPS 48.63190, -2.82326. Sehr schöner Rastplatz an der D786 mit weitem Blick übers Meer. Lage/Anfahrt: Allée Olivier Tardif, D786 nordöstlich von Etables-sur-Mer; Platzanzahl: ca. 20; Untergrund: Schotter, ziemlich eben; Ver-/Entsorgung: nein; Preise: Übernachtung kostenlos; Geöffnet: ganzjährig; Kontakt: Tel. 02 96736012, www.besurmer-tourisme.com; Sonstiges: nahe der Kapelle Notre Dame Esperance und mit Infos über den Sentier des Douaniers

㉖ Stellplatz Palus (nahe Plouha)

GPS 48.67615, -2.88521
Schön in einer Bucht gelegener Strandplatz. **Lage/Anfahrt:** D786 bis Ortseingang Plouha, nach dem Kreisverkehr rechts auf die D32 (Route de Palus), der man ca. 3 km durch ein lauschiges Waldtal in die Bucht hinunter folgt. Eine zweite, ebenfalls beschilderte Zufahrt zweigt bei GPS 48.66585, -2.90116 von der D786 ab und führt über Kéregal (dort links) in die Bucht hinunter; beide Zufahrten problemlos; **Untergrund:** meist Gras (bei Regen morastig); **Ver-/Entsorgung:** derzeit nur Abwasser; **Strom:** nein; **Platzanzahl:** ca. 20, beleuchtet

CIRCUIT DES FALAISES (CÔTE DU GOËLO)

(56 km - km 93)

Strecke:
Lanloup (34 km ab Saint-Brieuc) - Bréhec-en-Plouha (3 km) - Pointe Minard (6 km) - Pointe de Bilfot (7 km) - Plouézec (6 km)

Etwa 5,5 km nach Plouha weisen in dem Örtchen **Lanloup** (mit sehr schöner Dorfkirche) Schilder den Weg nach rechts zum reizvollen **Circuit des Falaises** (D54) – ein überraschender Abstecher, der sich auf jeden Fall lohnt!

Das Asphaltsträßchen führt zunächst zu dem Weiler Bréhec-en-Plouha und dann auf der schmalen und steilen **Route de la Corniche** hinauf zu einem ca. 75 m hohen Plateau mit Ausblick über die **Anse de Bréhec** über den Klippen.

Parken

P 12 Corniche de Bréhec, GPS 48.72878, -2.94546. Ein sehr ruhiger und ebener Asphaltparkplatz, von dem man einen wirklich grandiosen Ausblick über die Anse de Bréhec genießt. Womos dürfen hier kostenlos über Nacht stehen, 5 Plätze, max. 24 Std., ganzjährig, keine Ver- und Entsorgung, kostenlos.

Weiter schlängelt sich das Sträßchen durch die karge Heidelandschaft des Plateaus und hinunter in eine stille, sehr reizvolle Kiesbucht (Sackgasse). Unterwegs gibt es einige ruhige Parkplätze mit teils schönem Meerblick.

Wieder zurück geht es zu den Aussichtspunkten auf den Felsspitzen **Pointe de Minard** und **Pointe de Bilfot** und gegen Ende ist von Saint-Riom noch ein Abstecher zur **Windmühle Craca** möglich. Die Zufahrt ist teils eng und holprig und nicht immer leicht zu finden, aber am Ziel wartet ein herrlicher, ruhiger Wiesenparkplatz mit schönem Meerblick.

Die Strecke ist mit kleinen Täfelchen „Circuit des Falaises" beschildert, aber man muss schon aufpassen, um keines zu übersehen und stets den Weg zu finden. Außerhalb der Saison ist diese Route (insgesamt rund 22 km) unbedingt zu empfehlen – in der Saison könnte zu großes Gedränge auf dem kleinen Sträßchen den Spaß eventuell verderben.

Tipp

› **Moulin à vent de Craca,** GPS 48.76104, -2.97442. Restaurierte und noch funktionierende Windmühle mit Blick auf die Bucht von Paimpol (Mitte Juni bis Mitte Sept. Mi. und So. um 17 und 18 Uhr kostenlose Führung, Tel. 02 96227292, www.moulindecraca.fr)

Parken und Picknick

Weitere schöne **Park- und Picknickplätze**:

P 13 Plateau, GPS 48.73671, -2.93664. Ruhiger Parkplatz (71 m ü. d. M.) in der Heidelandschaft des Plateaus.

P 14 Kiesbucht Porz Pin, GPS 48.74013, -2.94197. Parkplatz am Ende der Straße in einer stillen Kiesbucht (13 m ü. d. M.).

P 15 Pointe Minard, GPS 48.75432, -2.93002. Schöner Blick nach drei Seiten und Picknicktische (42 m ü. d. M.).

P 16 Pointe de Bilfot, GPS 48.77033, -2.95139. Großer Parkplatz (eben, Asphalt, 59 m ü. d. M.) mit Panoramablick, Orientierungstafel und Tischen.

P 17 Windmühle Craca, GPS 48.76104, -2.97442. Idyllischer Wiesenplatz, aber für größere Wohnmobile problematische Zufahrt.

Parken

P 18 Parkplatz Plouézec, GPS 48.74740, -2.98526. 2 Plätze auf einem asphaltierten Parkplatz im Zentrum, max. 24 Std., kostenlos, keine Ver-/Entsorgung

27 Stellplatz Plouézec

GPS 48.73513, -3.00354
Sehr schön und ruhig gelegener Platz vor dem Eingang zum Camping Domaine du Launay. **Lage/Anfahrt:** 11 Route de Toul ar Veing, 22470 Plouézec; von Plouézec via D77 ca. 2 km nach Südosten, dann rechts ab-

biegen; **Platzanzahl:** 20; **Untergrund:** Schotter; **Ver-/ Entsorgung:** ja; 4 €; **Strom:** ja; **Preise:** Übernachtung 16 €/24 Std. inkl. Ver- und Entsorgung und Strom; **Max. Stand:** 72 Std.; **Geöffnet:** ganzjährig; **Kontakt:** Tel. 02 96206315, www.domaine-du-launay.com

PAIMPOL

(6 km – km 99)

Bei **Plouézec** stößt man wieder auf die D786, auf der man in Richtung Norden wenige Kilometer weiter **Paimpol** erreicht. Der romantische Hafenort mit mildem Klima und üppiger Vegetation war einst eine Basis der Islandfischer – und hier hat auch Pierre Loti seinen Roman „Die Islandfischer" geschrieben. Heute ist Paimpol ganz und gar Ferienort und sieht jeden Tag ein bisschen nach Sonntag aus.

021br Abb.: rh

Ein Bummel am **Hafen** entlang und durch die **Altstadt** lohnt sich allemal – vor allem wenn man es schafft, zu einer eher ruhigen Zeit zu kommen. Auch das **Musée de la Mer** (Rue de Labenne, 21.4.–2.11. täglich 14–18.30 Uhr; Eintritt 4,25 €; Tel. 02 96220219, https://museemerpaimpol.fr) ist einen Besuch wert. Es dokumentiert das Leben auf und vom Meer, angefangen bei der Zeit der Islandfischer bis heute. Meiden sollte man das Zentrum (vor allem mit dem Wohnmobil) am Montagmorgen, da dann der Markt alles verstopft.

Schon ehe man recht in die Stadt hineinkommt, erblickt man rechts die malerischen Mauern der **Abbaye de Beauport** und kann kurz dahinter rechts zu einem parkartig gelegenen Parkplatz abbiegen. Jenseits einer prachtvollen Blumenwiese erhebt sich als Skelett die fotogene Ruine der Klosterkirche aus dem 13. Jahrhundert.

Information

› **Office de Tourisme,** Place de la république, 22500 Paimpol, Tel. 02 96208316, www.guingamp-paimpol.com (auch auf Deutsch)

Essen

› **Crêperie Morel,** 11 Place du Martray, 22500 Paimpol, Tel. 02 96208634. Das Lokal in einem romantisch-rustikalen Steinbau mit Holzbalken und Kamin ist eine wahre Institution und wird auch von den Einheimischen gern besucht. Da das Lokal groß und stark besucht ist, kann es z. T. etwas laut sein.

Stellplatz

S 19 **Ploubazlanec beim Wasserturm,** GPS 48.80599, -3.03233. Dieser kleine, ruhig gelegene Platz befindet sich ca. 4 km nördlich (via D789) des Platzes 28, max. 6 Wohnmobile, max. 24 Std., gratis, auf Beton mit Gefälle, schmale Zufahrtsstraße, kostenlose Ver-/Entsorgung ganz in der Nähe bei GPS 48.80580, -3.02650, kein Trinkwasser.

29 Stellplatz Paimpol, Av. Chateaubriand

GPS 48.77598, -3.04722

Nicht besonders ruhig gelegener Parkplatz in einem Gewerbegebiet nahe dem Bahnhof und nicht weit vom Zentrum. **Lage/Anfahrt:** Av. Chateaubriand 19; vom Kreisverkehr im Zentrum via D15 nach Südwesten; **Platzanzahl:** 32; **Untergrund:** Asphalt und Schotter; **Ver-/Entsorgung:** ja; VE-Station, kostenlos; **Strom:** ja; **Preise:** je nach Saison 7–10 €/24 Std. inkl. Strom; **Geöffnet:** ganzjährig; **Kontakt:** Tel. 02 96208316; **Sonstiges:** nur 800 m vom Zentrum entfernt

220br Abb.: sh

28 Stellplatz Paimpol, Parking Pierre Loti

GPS 48.78439, -3.04624

Schöner, relativ ruhiger, teils schattiger Platz (Parkplatz Pierre Loti) an der Bucht, nur wenige Schritte von Hafen und Zentrum. **Lage/Anfahrt:** Rue Pierre Loti; von der D786 am Kreisverkehr beim Hafen nach Norden und via Rue Pierre Loti in Richtung Bréhat fahren; problemlose Zufahrt; **Untergrund:** Asphalt; **Ver-/Entsorgung:** nächste Station beim Camping du Rohou 31; **Strom:** nein; **Platzanzahl:** 20; **Geöffnet:** ganzjährig; **Max. Stand:** 48 Std.; **Preise:** Übernachtung Juni–Sept. 6 €; **Kontakt:** Tel. 02 96553170; **Sonstiges:** Für einen Platz in der Saison zeitig kommen! Ein Leser schreibt: Auf den meisten Plätzen kein TV-Empfang.

⊲ *Frühsommerliche Blumenwiese an der Abbaye de Beauport von Paimpol*

Parken Baie de Paimpol

- P **20 Lanleff Bourg,** GPS 48.69379, -3.04559, max. 2 Stellplätze, max. 48 Std., ganzjährig, keine Ver- und Entsorgung, kostenlos
- P **21 Lanloup,** GPS 48.71400, -2.96393, max. 2 Stellplätze, max. 48 Std., ganzjährig, keine Ver- und Entsorgung, kostenlos
- P **22 Ploubazlanec Parkplatz Nevez,** GPS 48.80101, -3.03050, 3 Plätze, max. 48 Std., ganzjährig, keine Ver- und Entsorgung, kostenlos
- P **23 Port de Loguivy,** GPS 48.82040, -3.06330, 6 Plätze, max. 24 Std., ganzjährig, keine Ver- und Entsorgung, kostenlos
- P **24 Parkplatz Launay,** GPS 48.80804, -3.01749, 4 Plätze, max. 48 Std., ganzjährig, keine Ver- und Entsorgung, kostenlos, nahe dem Sandstrand, Durchfahrtsbreite auf 2,25 m begrenzt
- P **25 Plouezec Parkplatz 19. Mars,** GPS 48.74787, -2.98535, 3 Plätze, max. 24 Std. ganzjährig, keine Ver- und Entsorgung, kostenlos
- P **26 Parkplatz Le Calvez,** GPS 48.75043, -2.98609, 3 Plätze, max. 24 Std., ganzjährig, keine Ver- und Entsorgung, kostenlos

› **Corniche de Bréhec** (s. S. 67)

221br Abb.: sh

31 Camping Panorama du Rohou ★★

GPS 48.81908, -3.01648

Ein kleiner und einfacher, aber ruhiger und sympathischer Campingplatz, der nicht direkt am Strand liegt, aber dafür einen weiten Blick über das Meer zur Insel Bréhat bietet. Der Platz ist auch bei Wanderern sehr beliebt und zählt zu den wenigen, die ganzjährig geöffnet sind. **Lage/Anfahrt:** 17 Chemin du Rohou, L'Arcouest, 22620 Ploubazlanec; von Paimpol via D789 nach Norden und am Ortseingang von Arcouest rechts ab den Schildern folgen. Die letzten 150 m führen über eine schmale, einspurige Straße; **Preise:** Womo mit 2 Pers. inkl. Strom 18–23 €; **Geöffnet:** ganzjährig; **Kontakt:** Tel. 06 12303864, www.campingpanorama.com

30 Stellplatz Pléhédel

GPS 48.69150, -3.00810

Sehr schön und ruhig gelegener Platz auf dem Gelände des ehemaligen Camping Municipal mit Wiesenflächen und hohen Bäumen bei einem kleinen See. **Lage/Anfahrt:** Lieudit de Roudou Hellou; von Paimpol via D7 ca. 6 km nach Süden und dann links (östlich) auf die D21 biegen; **Platzanzahl:** 15; **Untergrund:** Gras und Schotter; **Ver-/Entsorgung:** ja; 3 € inklusive 2 Stunden parken; **Strom:** ja; **Preise:** Übernachtung 10 €/24 Std. inklusive Ver- und Entsorgung und Strom, mit dem Ticket erhält man einen Code für Duschen und WC; **Max. Stand:** 72 Std.; **Geöffnet:** ganzjährig; **Kontakt:** Tel. 02 96223137

Unbedingt zu empfehlen ist der Abstecher via D789 nach Norden zur **Pointe de l'Arcouest** (ca. 6 km einfach) mit einem Tagesausflug zur Insel Bréhat (nur zu Fuß).

Nahe ihrem nördlichen Ende senkt sich die Straße plötzlich zur Küste hinunter und eröffnet ganz überraschend einen (besonders bei Flut!) eindrucksvollen Blick auf die **Bucht von Bréhat** und die vorgelagerte **Île de Bréhat.** Die Straße endet unten am Fähranleger, doch vorher geht es links (sehr spitze Abzweigung!) zu einem zwar riesigen, aber schön gelegenen Parkplatz, der inzwischen allerdings gebührenpflichtig ist. Der Blick auf die Bucht wird leider durch Hecken weitgehend eingeschränkt und für 24 Stunden parken bezahlt man mit Wohnmobil inzwischen 8 €. Weit besser und nicht so viel teurer ist der Campingplatz Panorama de Rohou 31.

Parken

P 27 **Parkplatz L'Arcouest,** GPS 48.81987, -3.02002. Großer, aber schöner Wiesenparkplatz nahe dem Meer mit teils schattigen Terrassen am Hang und weitem Blick. Lage/Anfahrt: von der D789 kurz vor dem Fähranleger scharf links (Einbahnstraße); Untergrund: Gras, Steinboden, uneben; Ver-/Entsorgung: nein; Preise: 8 € für 24 Std.; Sonstiges: Die Ausfahrt (Einbahnstraße) führt über einen sehr steilen Asphaltweg.

Da der Abstecher zur Bucht von Bréhat eine Sackgasse ist, fährt man zunächst wieder zurück in Richtung Paimpol und dort rechts auf die Route de Kergrist in Richtung Lézardrieux, wo man auf einer Hängebrücke die breite **Gezeitenmündung des Le Treux** überquert.

ÎLE DE BRÉHAT

Die Île de Bréhat besteht eigentlich aus zwei Inseln, die durch eine Brücke verbunden sind. Sie ist auch als die **Blumeninsel** bekannt und geprägt von üppigen Gärten und prachtvollen Villen. Diese Üppigkeit verdankt sie ihrem besonderen Mikroklima mit deutlich weniger Regen als auf dem Festland und ganzjährig milden Temperaturen. Unter fast mediterranen Bedingungen gedeihen hier Palmen, Feigenbäume, Mimosen und natürlich wahre Meere der charakteristischen **Hortensien.** Diese Pracht hat zahlreiche Künstler angelockt, die hier ihre Motive und Lichtstimmungen fanden – u. a. Max Jacob. Kein Wunder, dass heute auch die Besucher in Massen herbeiströmen: Auf nur etwa 400 ständige Einwohner kommen pro Jahr rund 300.000 Urlauber! Aber alle als Spaziergänger oder mit dem Fahrrad. Denn mit dem Auto gelangt man nicht auf die Insel – das bleibt auf einem der großen Parkplätze nahe dem Hafen. Die Insel ist völlig autofrei – bis auf zwei Rettungsfahrzeuge. Zu Entdeckungen lockt ein 9,5 km langer Küstenweg. Ein Paradies für Spaziergänger, Radfahrer und Blumenfreunde!

Informationen

› **Office de tourisme de l'Île de Bréhat,** Le Bourg, 22870 Île de Bréhat, Tel. 02 96200415, www.brehat-infos.fr

Fähren

› **Les Vedettes de Bréhat,** Tel. 02 96557950, www.vedettesdebrehat.com. Die Schiffe verkehren ganzjährig ab dem Hafen von Arcouest und einigen anderen Häfen. Die Hin- und Rückfahrt kostet 10,30 € für Erwachsene und 8,80 € für Kinder von 4 bis 11 Jahren. Für die Mitnahme eines Fahrrads bezahlt man 16 €. Außerdem gibt es Rundfahrten um die Insel zu 17/12 € ab/bis Arcouest.

⊡ *Dank ihres milden Klimas ist die Île de Bréhat ein nahezu mediterranes Paradies*

PRESQU'ÎLE SAUVAGE

(29 km – km 128)

Strecke:
Lézardrieux (7 km) – Lamor-Pleubian (10 km) – Kerbors (7 km) – Trédarzec (5 km)

Um einen Abstecher über die Presqu'île Sauvage („Wilde Halbinsel") zu unternehmen, biegt man in **Lézardrieux** im Kreisverkehr rechts auf die D20 und fährt durch den Ort nach Norden. Am Jachthafen vorbei erreicht man nach ca. 3 km eine Abzweigung, die rechts hinunter zu den Ruinen einer alten **Gezeitenmühle** führt. Dabei handelt es sich um eine Mühle, die von der Gezeitenströmung angetrieben wurde. Die bretonische Küste mit ihrem starken Gezeitenunterschied und engen Buchten war für solche Mühlen ideal und man findet noch zahlreiche Beispiele dafür.

Rund 2 km danach führt eine weitere Abzweigung rechts zum **Phare du Bodic** (Leuchtturm). Links davon führt ein Pfad zu einer Aussichtsplattform. In **Lamor-Pleubian** erreicht man den **Sillon de Talbert,** eine sehr schmale, etwa 3 km lange Landzunge aus Kies und Sand, die sich hier durch Strömungen zwischen Trieux und Jaudy abgelagert hat. Die Zufahrt ist auf den letzten 200 m für Wohnmobile nicht passierbar. Die gleiche Strömung lagert auf der Bank auch Tange ab, von denen hier pro Jahr bis zu 10.000 Tonnen „geerntet" werden (siehe Roscoff S. 92).

Wenig westlich davon folgt der Aussichtspunkt **Créac'h Maout** mit einer Orientierungstafel, dann schwenkt die D20 zunehmend nach Südwesten in Richtung **Pleubian.** Am Ortseingang zweigt rechts die Rue de Kermagen ab und führt zum gleichnamigen Strand.

Stellplätze

S **28 Strand Kermagen,** GPS 48.85616, -3.14186. Ruhiger Stellplatz für max. 4 Womos auf einer Wiese, max. 24 Std., kostenlos, mittlerweile während der Hauptsaison durch eine Barriere auf 2,20 m begrenzt, eine hohe Hecke bietet Windschutz, versperrt aber den Blick aufs nahe Meer; Vorsicht nach Regen!

S **29 Strand von Port de Béni,** GPS 48.84819, -3.16983. Strandstellplatz auf festem Grund ein wenig weiter westlich am Strand von Port de Béni, max. 4 Womos, max. 24 Std., kostenlos, sehr schöner Meerblick, früh voll!

Parken

P **30 Parkplatz Rue de Pen Lan,** GPS 48.85795, -3.07914. Auf der Landspitze ca. 6 km nordöstlich von Pleubian, max. 4 Womos, max. 24 Std., kostenlos, in kleinem Gewerbegebiet, aber direkt am Meer.

Ab Pleubian kann man weiter der D20 nach **Kerbors** folgen oder einen weiteren Schlenker über kleine Sträßchen entlang der Küste einfügen, wobei man ein teilweise eingewachsenes Großsteingrab passiert. Von Kerbors führt ein kurzer Abstecher zu einem Aussichtspunkt mit Blick über die Jaudy-Mündung und den Ort Roche-Jaune am Ufer gegenüber.

Etwa 1,5 km vor **Trédarzec** biegt links (östlich) eine gut beschilderte Zufahrt zu einem kleinen, privaten Stellplatz auf dem Bauernhof ab. Gut 500 m weiter hält man sich rechts (westlich) in Richtung Jaudy-Mündung, um die sehenswerten **Jardins de Kerdalo** (GPS 48.7909, -3.2168, Tel. 07 65160675, www.bretagne-rosagranitkuste.de/angebote/les-jardins-de-kerdalo-tredarzec-de-2713716 (auf Deutsch), April–Oktober, Di.–Sa. 15–19 Uhr, 12 €, erm. 5 €) zu erreichen, einen ca. 18 ha großen Botanischen Garten am Ufer des Jaudy mit Pfaden durch eine romantische Landschaft aus mächtigen Bäumen, blühenden Terrassen, Grotten und Pagoden.

Direktroute

› Wer lieber direkt von Lézardrieux nach Tréguier fahren möchte, nimmt die D786 (10 km).

Parken

P **31 Parkplatz Pleudaniel,** GPS 48.76886, -3.14267. Zentraler Parkplatz an der Kirche. Anfahrt: Place de la Mairie in Pleudaniel; von der D786 via D33 nach Süden; Untergrund: Asphalt, eben; Ver-/Entsorgung: nein; Platzanzahl: 3; Geöffnet: ganzjährig, 24 Std./Tag; Max. Stand: 24 Std.; kostenlos.

TRÉGUIER

(3 km – km 131)

Am Ortsrand von Trézardec stößt man wieder auf die D786 und fährt in Richtung Osten nach Tréguier. Das alte Hafenstädtchen und religiöse Zentrum über der Jaudy-Mündung ist vor allem wegen seines **Klosters** mit reizvollem Kreuzgang und der zauberhaften **Cathédrale Saint Tugdual** aus dem 14./15. Jh. sehenswert. Ihr Turm geht bis auf das 11. Jh. zurück und zeigt teilweise noch keltische Motive. Aber auch die Fachwerkfassaden der umstehenden Häuser sind durchaus sehenswert. Nahe der Kathedrale sollte man sich keinesfalls den Besuch der **Poissonnerie Moulinet** entgehen lassen (s. S. 74), die nicht nur Fisch und Meeresfrüchte zum Verkauf bietet, sondern im oberen Stockwerk auch ein exzellentes kleines Restaurant hat

134br Abb.: rh

Die prachtvolle Kathédrale Saint Tugdual in Tréguier

32 Stellplatz Tréguier

GPS 48.78983, -3.23152

Idyllisch gelegener und ruhiger Platz im „Bois du Poëte" („Poetenwald") unter hohen Bäumen an der Mündung des Guindy und nur wenige Schritte vom Zentrum und der Kathedrale entfernt. **Lage/Anfahrt:** Auf der Rue du Port nach Norden und kurz vor der Brücke links abbiegen, problemlose Zufahrt; **Untergrund:** Asphalt, relativ eben; **Ver-/Entsorgung:** nur Abwasser an der Zufahrt; **Strom:** nein; **Platzanzahl:** ca. 20; **Geöffnet:** ganzjährig; **Preise:** Übernachtung kostenlos; **Kontakt:** Tel. 02 96923019 (Rathaus); **Sonstiges:** In der Saison sollte man zeitig kommen, um einen Platz zu finden. **Ver-/Entsorgung:** Super U Tréguier: GPS 48.77893, -3.23311, 1 € in Münzen (2022 außer Betrieb)

222br Abb.: sh

(nur im Sommer geöffnet), in dem man hervorragend und preiswert essen kann: Fischsuppe, Fischgerichte, Austern, Hummer, Krebse und alles, was der Meer beschert (auch zum Mitnehmen).

Außerdem hat das Städtchen einen lauschigen Stellplatz zu bieten, der sich allerdings im Sommer meist schon früh füllt und daher zeitig angefahren werden sollte.

Information

› **Office de Tourisme,** 11 Rue Marcellin Berthelot, 22220 Tréguier, Tel. 02 96922233, www.bretagne-cotedegranitrose.com (auch auf Deutsch)

Essen

› **Poissonnerie Moulinet,** 2 Rue Renan, 22220 Tréguier, Tel. 02 96923027. Fischgeschäft mit kleinem Restaurant. Eine der besten Adressen für Fisch und Meeresfrüchte.

Parken

P **32 Parkplatz Tréguier,** GPS 48.78885, -3.22483. Wer nur am Tag eine Mittags- oder Kaffeepause machen will, steht gut auf dem großen Parkplatz zwischen dem Meeresarm und einer Reihe schöner Fachwerkhäuser.

PRESQU'ÎLE DE PLOUGRESCANT

(27 km – km 165)

Strecke:

Port-Blanc (16 km) – Louannec (11 km)

Westlich der Jaudy-Mündung erstreckt sich zwischen Tréguier und Perros-Guirec eine der in unseren Augen **schönsten Küstenlandschaften** der Bretagne. Und doch widmen selbst gute Reiseführer diesem Abschnitt kaum zwei Seiten. Das mag überraschen und ist doch verständlich, denn was soll man viel sagen – dies ist eine Landschaft, die man erleben muss.

Blick vom Parkplatz Tréguier auf ein Schiff auf dem Meeresarm

135br Abb.: rh

Auch wenn Michelin und andere die **Côte de Granit Rose** erst westlich von Perros-Guirec beginnen lassen, für uns ist dieser Abschnitt ihr östlicher Teil – von fast ebenso bizarrer Schönheit und unbestreitbar wilder, rauer und ursprünglicher. Eine Küste, an der man einen ganzen Urlaub verbringen könnte. Aber eben deshalb herrscht hier (für die Bretagne ungewöhnlich, aber – wie wir meinen – sehr zu Recht) fast überall Nachtparkverbot und es gibt nur wenige Wohnmobilplätze. Inzwischen findet man immerhin am östlichen und westlichen Ende der Strecke passable Plätze in Plougrescant (s. S. 76) und Trevou-Treguignec 34, sodass man die Küste ohne lange Anfahrt erkunden kann. Nach Möglichkeit sollte man es jedoch vermeiden, diesen Küstenabschnitt in der Hauptsaison zu besuchen.

33 Stellplatz La Roche Derrien

GPS 48.74684, -3.25976

Mittelgroßer, kommunaler Stellplatz in ruhiger, parkartiger und doch zentraler Lage, etwa 6 km südlich von Tréguier. **Lage/Anfahrt:** Rue du Jouet, von Tréguier via D8 in Richtung La Roche-Derrien. Erster Kreisverkehr links auf D8 und im nächsten rechts auf D33. Im Zentrum rechts halten, hinter Crédit Agricole; **Untergrund:** geschottert, parzelliert, eben; **Ver-/Entsorgung:** Frischwasser (150 l für 2 € in Jetons); **Strom:** ja (bei Einfahrt links); **Platzanzahl:** 12; **Geöffnet:** ganzjährig; **Max. Stand:** keine Begrenzung; **Preise:** 5 €/24 Std. (zu bezahlen im Rathaus); **Kontakt:** Rathaus, Tel. 02 96913631, www.larochederrien.fr; **Hinweis:** Bitte nicht vor den Häusern parken.

34 Stellplatz Aire Municipal de Trevou-Treguignec

GPS 48.81906, -3.35597

Günstig gelegener Stellplatz der Kette Camping-Car Park am westlichen Ende der Route des Ajoncs und nahe dem Strand; kein Meerblick; tags nicht ruhig, nachts passabel. **Lage/Anfahrt:** Rue de la Vieille Côte de Trestel, am Westende des Sandstrands von der D38 abbiegen; **Platzanzahl:** 24; **Untergrund:** Asphalt/Schotter; **Ver-/Entsorgung:** ja, gute Station; **Strom:** ja; **Preise:** Übernachtung Hauptsaison 13 €, Nebensaison 11,50 € inkl. Ver- und Entsorgung und Strom; **Max. Stand:** 72 Std.; **Geöffnet:** ganzjährig; **Kontakt:** Tel. 01 83646921 (deutschsprachiger Kundenservice), www.campingcarpark.com

PLOUGRESCANT

(7 km – km 138)

Man verlässt Tréguier über die Brücke nach Norden und fährt auf der D8 in Richtung Plougrescant. Die eher monotone Ackerlandschaft lässt noch nicht erahnen, was einen erwartet und auch das als Ferienort gepriesene **Plougrescant** hat nach unserem

022br Abb.: rh

Das ungewöhnliche Kirchlein von Plougrescant mit seiner schiefen Turmspitze

Geschmack außer seinem ungewöhnlichen **Kirchlein** nicht eben viel zu bieten. Auf dem alten Steingemäuer sitzt ein bleiverkleideter Turm, bei dessen Entwurf dem Architekten wohl ganz heftig das Lineal verrutscht ist, aber auch in ihrem Inneren birgt die **Chapelle Saint-Gonery** sehenswerte Deckenmalereien und andere Kunstschätze.

Parkplatz

P 33 Parkplatz Plougrescant, GPS 48.84400, -3.22987. Ruhiger und sauberer Parkplatz vor der Schule; gut geeignet als Basis zum Erkunden der Küste. Lage/Anfahrt: Rue Skol; im nördlichen Ortsteil nahe der Kirche; Platzanzahl: 10; Untergrund: Schotter; Ver-/Entsorgung: nein; Strom: nein; Preise: Übernachtung kostenlos; Max. Stand: 72 Std.; Geöffnet: während der Schulferien; Kontakt: Tel. 02 96925118

ROUTE DES AJONCS

Eine ab Plougrescant beschilderte touristische Route erschließt die wilde Schönheit dieser Küste. Die Beschilderung („Route des Ajoncs") ist inzwischen sehr gut – allerdings etwas eigenwillig, sodass man einige der schönsten Strände verpasst. Die Straßen sind schmal und winkelig und führen zwischen Hecken und Felsen hindurch. Ein wahres Labyrinth, in dem man – falls man sich nicht an die Beschilderung hält – nicht immer so recht weiß, wo man sich befindet. Und dann kann es sogar passieren, dass so ein Sträßchen mitten durch einen Gezeitenarm führt und nur bei Ebbe passierbar ist – während sich bei Flut die Fische auf der Straße tummeln!

Auch hinter Plougrescant tut sich zunächst nichts Spektakuläres und dann biegt man bei **Pors-Hir** um eine Ecke und steht plötzlich inmitten einer bretonischen Küstenlandschaft mit mächtigen, zu fantastischen Formen gerundeten Granitklötzen, wie man sie von den Prospekten her kennt. Dazwischen schmiegen sich malerische Häuschen mit Natursteingiebeln und gleich dahinter gischtet eine tosende Brandung. Ein atemberaubender Anblick! Und genau so geht es weiter. Ein Highlight jagt das andere und man weiß gar nicht mehr, wohin man zuerst schauen soll.

Leider wurde durch eine neue Straßenführung die Paukenschlag-Ouvertüre etwas gekappt, da die neue Route unmittelbar vor Pors Hir und der Küste plötzlich links wegknickt. Außerhalb der Saison sollte man daher, wenn man wenige hundert Meter danach wieder auf das Küstensträßchen stößt, zunächst rechts abbiegen und zu dem kleinen, steinigen Parkplatz bei den Felsen fahren (GPS 48.86249, -3.22047) und die Aussicht genießen.

Wenig weiter sollte man keinesfalls den bei einer Abzweigung rechts der Straße gelegen Parkplatz Le Gouffre verpassen.

Parken

P 34 Parkplatz Le Gouffre, GPS 48.86600, -3.23071. Keine Übernachtung möglich.

138br Abb.: rh

Felsformationen an der faszinierenden Route des Ajoncs

090br Abb.: rh

Gegenüber erhebt sich am Hang ein prachtvoller Landsitz mit Türmchen aus einem Meer von Hortensien. Vom Parkplatz aus führt ein schöner Fußweg (Vorsicht: Kreuzottern!) ca. 1,5 km durch die Küstenlandschaft: an einem malerischen zwischen mächtigen Felsen eingezwängten Haus vorbei zu imposanten Granitklippen und tosender Brandung. Genau die Szenerie, für die man in die Bretagne fährt!

Die ausgeschilderte Route entfernt sich etwas von der Küste, sodass man einige der schönsten Stellen verpasst. Um sie zu erreichen (nicht mit größeren Fahrzeugen!) biegt man bei der nächsten Gelegenheit sofort wieder rechts ab. Etwa 1,5 km nach dem Parkplatz „Le Gouffre" biegt die Straße in rechtem Winkel nach links, während geradeaus ein kurzer holpriger Weg auf den von Felsblöcken gesäumten **Kiesstrand** führt.

Picknickplatz

35 **Kiesstrand,** GPS 48.86033, -3.23801. Ein herrlich wildromantisches Plätzchen zum Baden oder für ein Picknick, aber nicht für Übernachtungen.

Felsklippen von Le Gouffre

Abermals knapp 1,5 km weiter erreicht man – wenn man weiter der Küste und nicht der Beschilderung folgt – in einem Linksknick wieder eine traumhafte **Strandstelle mit Felsen,** Kies und einem kleinen Parkplatz. Wer irgendwann während seiner Bretagnereise ein paar Kilometer auf dem **„Sentier des Douaniers"** (GR34) wandern will: Diese Gegend ist ideal dafür!

Parken

P 36 **Strandstelle mit Felsen,** GPS 48.85511, -3.24729, hier darf nur tagsüber geparkt werden

Spätestens an der flachen, weiten Bucht von Goermel stößt man wieder auf die beschilderte Route. Kurz danach lohnt sich in ruhigen Zeiten ein Abstecher zum Hafen des Dörfchens **Bugueles.** Dort gibt es einen kleinen, romantischen Picknickplatz mit Felsen, Sandstrand, schattigen Kiefern und einem Tisch.

Picknickplatz

37 **Bugueles Hafen,** GPS 48.84291, -3.27499. Bietet Platz für 1–2 Wohnmobile, darf nachts nicht benutzt werden.

137br Abb.: rh

Kurz nach dem Ort knickt die beschilderte Route links nach Süden, um ca. 3 km weiter über einen engen, steilen Asphaltweg wieder zur Küste zu führen. Bei Ebbe kann man dort aber auch geradeaus weiterfahren und den flachen Meeresarm durchqueren.

Hauptort ist das etwas überraschend auftauchende Badestädtchen **Port-Blanc** mit schönem Sandstrand und einer Kapelle aus dem 16. Jh. Auch der nächste Ort, **Tréstel,** hat eine hübsche Promenade und eine schöne Sandbucht mit einem strandnahen Parkplatz.

Parken

P 38 **Tréstel,** GPS 48.81990, -3.35025, ohne Schatten

Einige Kilometer weiter stößt man auf die D6 und fährt dann rechts nach **Louannec.** Kurz danach erreicht man dann auf der D788 auch Perros-Guirec.

Sentier des Douaniers

› Der Sentier des Douaniers („Zöllnerpfad") – auch schlicht GR34 (Fernwanderweg Nr. 34) genannt – führt entlang der Küste um die gesamte Bretagne herum: rund 1300 Kilometer vom Mont-Saint-Michel im Norden bis zum Golfe du Morbihan im Süden.

PERROS-GUIREC

(4 km – km 169)

Die Stadt auf dem Felsenkap ist eines der **beliebtesten Urlaubsgebiete** der ganzen Region, mit Sandstränden und Küstenfelsen, großem Jachthafen und Restaurants wie Sand am Meer – eine Art Saint Tropez der Bretagne. Aber dennoch – oder eben deshalb – sind wir mit dem Ort nie recht warm geworden. Im Sommer wimmelt er wie ein Ameisenhaufen und einen richtigen Wohnmobilstellplatz gibt es auch nicht. Aber das Städtchen hat auch etwas von permanenter Sommerfrische (sofern das Wetter stimmt) mit herrlichen Spazierwegen und entspannter Atmosphäre.

Der erste Teil seines Doppelnamens geht zurück auf das bretonische Pen-Ros („Hügelspitze") und den zweiten verdankt es dem Mönch Guirec, der im 7. Jahrhundert an das felsige Gestade kam, um dessen Bewohner zu bekehren.

Wer in der Vor- oder Nachsaison kommt und das Glück eines sonnigen Tages hat, sollte sich einen Bummel durch die Straßen und vielleicht auch einen Strandnachmittag gönnen – ganz besonders aber einen Spaziergang auf dem **„Sentier des Douaniers"** zwischen dem Plage de Trestraou oder dem West-Camping und dem Port de Ploumanac'h.

Entlang dieser Strecke findet man die wildesten und bizarrsten Felsskulpturen der

Leuchtturm an der Côte de Granit Rose

ganzen **Côte de Granit Rose,** die Kapelle von Saint Guirec aus dem 13. Jahrhundert und den malerischen Leuchtturm **Men-Ruz.** Viel Einsamkeit darf man allerdings nicht erwarten und wer die ganze Schönheit dieser fantastischen Felsenküste erleben will, der muss schon bei sonnigem Wetter und bei Sonnenauf- oder -untergang hier sein. Leider sind die Parkmöglichkeiten nicht üppig – und es ist auch nicht leicht, den richtigen Ausgangspunkt zu finden.

Den besten Platz für die roten Felsen, den wir bislang entdecken konnten, ist der Parkplatz am Jachthafen.

Parken

P **39 Parkplatz Perros-Guirec,** GPS 48.80690, -3.44123. Eine große Parkfläche (Parkverbot von 19 bis 9 Uhr!) findet man an der südöstlichen Zufahrt (D788) kurz nach dem Kreisverkehr nahe dem Jachthafen (Rue Ernest Renan). Allerdings muss man von dort einen guten Kilometer bergauf gehen, um ins Stadtzentrum zu gelangen.

Information

› **Office de Tourisme,** 21 Place de l'Hôtel-de-Ville, 22700 Perros-Guirec, Tel. 02 96232115, http://tourisme.perros-guirec.com

Parken

P **40 Parking Anatole France, Perros-Guirec,** GPS 48.81646, -3.44524. Stadtparkplatz nahe dem Zentrum; nur zu empfehlen, falls man unbedingt die Stadt besichtigen will. Lage/Anfahrt: 21 Rue Anatole France; an der D788 nördlich des Rathauses; problemlose, aber im Gedränge nicht immer einfache Zufahrt; Untergrund: Asphalt; Ver-/Entsorgung: nein; Strom: nein; Platzanzahl: 7; Geöffnet: ganzjährig; Max. Stand: 48 Std.; Preise: Übernachtung kostenlos; Kontakt: Tel. 02 96490249; Sonstiges: Die einzigen Plätze der Stadt, an denen Wohnmobile auch zwischen 19 und 9 Uhr stehen dürfen!

Felsformationen prägen die Landschaft der Granitküste

139br Abb.: rh

WESTLICHE CÔTE DE GRANIT ROSE

(36 km – km 205)

Strecke:

Ploumanac'h (6 km) – Trégastel (3,5 km) – Trébeurden (15,5 km) – Lannion (11 km)

Die „offizielle" Côte de Granit Rose beginnt bei Perros-Guirec und zieht sich nach Westen und Süden entlang der **Corniche Bretonne** (D788) bis Trébeurden: eine reizvolle Strecke mit vielen Badestränden, Fußwegen, bizarren Felsen und netten Stellplätzen. Gleich am Beginn der Corniche liegt **Ploumanac'h,** das einen günstigen (oft recht vollen) Parkplatz für einen Spaziergang zu den roten Felsen bietet. Einige der schönsten Formationen und der Leuchtturm sind auf einem kurzen, lohnenden Rundgang zu erreichen. Von Ploumanac'h via D788 nach Westen erreicht man rasch **Trégastel,** einen bekannten Badeort mit schönen Felsformationen, einer alten Gezeitenmühle (Chaussée du Port; im Sommer kostenlose Führungen), einem **Mee-**

resaquarium (Boulevard du Coz Porz, Tel. 02 96234858, www.aquarium-tregastel.com) und einem Womostellplatz am Meer.

Nach dem Ort folgt die D788 bald wieder der von Inselchen und Felsen durchsetzten Küste mit einzelnen Sandstränden und erreicht schließlich den schönen **Parkplatz Aire Keryvon** am Meer. Kurz danach empfiehlt sich ein kurzer Abstecher landeinwärts: in Penvern links auf die D21 in Richtung Pleumeur-Bodaou biegen und dann gleich wieder links auf die Route du Menhir. Knapp 1 km nach der Abzweigung erhebt sich der **Menhir de Saint-Uzec,** der durch ein aufgesetztes Steinkreuz „christianisiert" wurde. (Bei einem **Menhir** handelt es sich um einen aufrecht stehenden, unbehauenen Stein aus vorgeschichtlicher Zeit.) Etwa 1,5 km weiter kann man hinter dem Weiler Saint-Uzec nach links abbiegen und dann gleich wieder links zum **Parc Radôme** mit der **Cité des Télécoms** (Geschichte der Telekommunikation) fahren, einer riesigen Kuppel und einem **Planetarium.** Für Kinder ein Erlebnis ist direkt daneben das sehr schön gemachte **Village Gaulois** (www.levillagegaulois.

org, auch Deutsch, Tel. 02 96918395), ein nachgebautes Gallierdorf, das historisch interessant ist und Kindern viele reizvolle Spielmöglichkeiten bietet. Der einst beliebte Stellplatz am Strand nördlich von Trébeurden und auch sein Nachfolger beim Stadion sind inzwischen geschlossen. Die Gemeinde bietet nur noch Stellplätze auf (viel zu kleinen!) Parkbuchten an der Hauptstraße im Ort. Weiter vorhanden ist die VE-Station am Stadion (GPS 48.76720, -3.55144), die mit Debitkarte funktioniert.

Wer schöne Sandstrände, Dünenlandschaften und wilde Felsküste sucht, macht einen Abstecher zur 5 km nördlich gelegenen **Île Grande.** Sie ist seit 1891 über eine Brücke zu erreichen. Die Insel lockt vor allem mit ursprünglichen Sandstränden, einer geschützten Bucht, in der man selbst bei hohem Wellengang baden kann, und faszinierenden Felsklippen. Auf einem 7 km langen Küstenpfad (Teil des berühmten GR34) kann man die ganze Insel in ca. 2½ Stunden umrunden. Abkürzungen der Wanderung sind möglich.

Zum Übernachten gibt es einen kleinen, privaten **Wohnmobilstellplatz** 37 und gleich daneben den **Camping Municipal du Dourlin** 38 in ursprünglicher Dünenlandschaft.

Ab Trébeurden sind es auf der D65 ca. 11 km bis **Lannion.**

Information

› **Mairie de Trégastel,** Route du Dolmen, 22730 Trégastel, Tel. 02 96153800, www.tregastel.fr

Information

› **Office de Tourisme,** Place de Crec'h Hery, 22560 Trébeurden, Tel. 02 96235164, www.bretagne-cotedegranitrose.com (auch auf Deutsch)

Parken

P 41 **Aire Keryvon,** GPS 48.79798, -3.54192. Schöner Meerblick am Sandstrand mit Felsen und Dolmen, direkt an der D788; Untergrund: Sand, holprig; Ver-/Entsorgung: nein, WC; Strom: nein; 21–9 Uhr Parkverbot für Wohnmobile

P 42 **Parkplatz Ploumanac'h,** GPS 48.82721, -3.47790. Großer Parkplatz mit eigenem Bereich für Wohnmobile, 1–6.30 Uhr Parkverbot; Untergrund: Gras; Ver-/Entsorgung: nein; Strom: nein. Vom nördlichen Ende des Parkplatzes führt ein Pfad zum Meer und dem Leuchtturm von Ploumanac'h.

35 Stellplatz Trégastel

GPS 48.82422, -3.49873

Eher lauter Stadtparkplatz nahe dem Meer, ca. 500 m vom Zentrum. Kein Schatten, enge Plätze, im Sommer meist sehr voll. **Lage/Anfahrt:** 7930 Rue de Poul Palud; an der D788 gegenüber von Super U beim Tennisplatz; problemlose Zufahrt; **Untergrund:** Sand;

140br Abb.: rh

36 Stellplatz Parc du Radôme, bei Peumeur-Bodou

GPS 48.78293, -3.52553

Parkplatz bei Cosmopolis in guter Platz in schöner Lage und nachts ruhig. **Lage/Anfahrt:** Route du Radôme; an der Zufahrt gleich am Eingang rechts; **Untergrund:** Gittersteine, recht eben; **Ver-/Entsorgung:** 5 € (inkl. 1 Std. Strom, leider nur direkt an der VE-Station auf der anderen Straßenseite), Toiletten am Platz; **Platzanzahl:** ca. 20; **Geöffnet:** ganzjährig; **Preise:** Übernachtung kostenlos

Ver-/Entsorgung: 3 € (Kreditkarte), vor der Schranke; **Strom:** nein; **Platzanzahl:** 60; **Geöffnet:** ganzjährig; **Max. Stand:** 48 Std.; **Preise:** 12 €/24 Std. (zahlbar an der Schranke mit Debitkarte); **Kontakt:** Tel. 02 96153800, www.tregastel.fr

37 Stellplatz Ile Grande

GPS 48.79892, -3.58338

Kleiner privater Stellplatz in ruhiger Lage nahe dem Strand an der Westküste der über eine Brücke erreichbaren Insel; **Lage/Anfahrt:** Rue Toul ar Stang beim Camping Municipal, von Pleumeur-Boudu via D21 nach Norden und über die Brücke auf die Ile Grande. Durch den Ort und links halten; **Untergrund:** Gras, parzelliert, eben; **Ver-/Entsorgung:** EuroRelais Junior davor (2 €); **Strom:** 3 €; **Platzanzahl:** 10 (recht eng); **Geöffnet:** ganzjährig; **Max. Stand:** keine Begrenzung; **Preise:** 10 € in der Hauptsaison, 7 € Nebensaison (Kassierer kommt gegen 19 Uhr, sonst in den Briefkasten werfen); **Hinweis:** bis 21 Uhr kann man auch auf dem Parkplatz gleich hinter dem Strand stehen; gegenüber dem Stellplatz befindet sich die Creperie „Bout d'Ile".

Parken

P 43 Aire Municipale Lannion, GPS 48.73211, -3.46785. Platz zwischen Bäumen und Büschen an einer relativ wenig befahrenen Nebenstraße nahe dem Fluss (trotzdem nicht ganz ruhig) und nur einen Spaziergang vom Zentrum entfernt. Einfacher, etwas öder Asphaltparkplatz, aber für eine Nacht okay. Lage/Anfahrt: Quai du Maréchal Foch; von der D786 beim Kreisverkehr südlich der Brücke über den Fluss Léguer dem Ufer nach Nordwesten folgen; Platzanzahl: ca. 20; Untergrund: Asphalt, ziemlich eben; Ver-/Entsorgung: bei Leclerc an der Straße Roud a Roch (GPS 48.7257, -3.4489); Preise: Übernachtung kostenlos; Max. Stand: 48 Std.; Geöffnet: 15. April–15. Oktober; Kontakt: Tel. 02 96466422

38 Camping Municipal du Dourlin★★

GPS 48.79898, -3.58414

Einfacher, aber sehr schöner, ruhiger und weitgehend naturbelassener Campingplatz direkt hinter dem Sandstrand einer geschützten Bucht, in der man auch dann gut baden kann, wenn die Wellen sonst zu hoch sind. **Lage/Anfahrt:** Route de Toul-ar-Stang; D21 nach Norden und über die Brücke auf die Ile Grande. Durch den Ort und links halten; **Preise:** Womo mit 2 Pers. inkl. Strom 18–21 €; **Geöffnet:** April–Ende September; **Kontakt:** Tel. 02 96919241 (außerhalb der Saison Tel. 02 96414012), www.pleumeur-bodou.com/Camping-Municipal-du-Dourlin.html?lang=fr; **Tipp:** Auf einem schönen Rundwanderweg entlang der Küste kann man die Insel umrunden (ca. 7 km; Abkürzungen der Wanderung sind möglich).

141br Abb.: rh

Strecke:

Saint-Michel-en-Grève (11 km, S. 86) – **Locquirec** (12 km, S. 87) – **Primel-Trégastel und Le Diben** (17 km, S. 89) – **Morlaix** (22 km, S. 90) – **Carantec und die Île Callot** (19 km, S. 91) – **Saint-Pol-de-Léon** (9 km, S. 92) – **Roscoff** (6 km, S. 92) – **Plouescat** (22 km, S. 96) – **Goulven** (11 km, S. 99) – **Brignogan-Plage** (9 km, S. 99) – **Plouguerneau** (23 km, S. 102) – **Lannilis** (22 km, S. 103) – **Portsall** (42 km, S. 104) – **Plouarzel** (28 km, S. 105) – **Le Conquet** (32 km, S. 108)

Streckenlänge: ca. 285 km

Im äußersten Nordwesten der Bretagne, dort wo Kontinentaleuropa im Meer versinkt, ist die Küste am wildesten. Raue Kaps und abenteuerliche Klippen, über die mit wuchtigen Wogen der Atlantik brandet. Ab hier gibt es nur noch Wasser bis hinüber nach Neufundland. Und diesem dramatischen „Finale“ des Kontinents verdankt die Region ihren Namen: Finistère – das Ende der Welt. Hier

ROUTE 3: FINISTÈRE

216br Abb.: as © JAG IMAGES - stock.adobe.com

im westlichsten Winkel Mitteleuropas hat sich noch viel von der alten, keltischen Welt erhalten – in Sprache, Legenden und Brauchtum. Die Menschen sind bis heute eng mit dem Meer verbunden. Neben Sturmklippen und rauer Einsamkeit bietet die Region aber auch fantastische Sandstrände und Dünenlandschaften, sodass Badevergnügen und Strandspaziergänge nicht zu kurz kommen. Stellenweise sperrt sich das Meer dem motorisierten Besucher und ist nur auf Stichstraßen zu erreichen. Doch immer wieder findet man auch schmale Küstensträßchen, auf denen man viele Kilometer der Bilderbuchküste folgen kann: zu traumhaften Stellplätzen an sandigen Buchten oder gleich hinter den Dünen.

⌃ *Der „christianisierte" Menhir de Men Marz*

CÔTE DES BRUYÈRES

SAINT-MICHEL-EN-GRÈVE
(11 km – km 11)

Hinter Lannion kann man das Wohnmobil auf der gut ausgebauten D786 etwa 11 km gemütlich durch die Felder rollen lassen, bis man bei dem kleinen Badeort Saint-Michel-en-Grève wieder auf die Küste stößt. Hier beginnt die Côte des Bruyères, die „Heidekrautküste", mit langen, familienfreundlichen Sandstränden, kleinen Buchten und Hängen voll der lila Erikagewächse, denen sie ihren Namen verdankt.

In Saint-Michel-en-Grève knickt die D786 nach links und folgt dem 4 km langen Sandstrand der Lieue de Grève. Sie ist eine der größten Buchten der Region und bei Ebbe zieht sich hier das Meer 2 km weit zurück.

Wo die Straße die Bucht verlässt, biegt man gegenüber dem Restaurant Marina rechts auf die D42, eine sehr reizvolle Küstenstraße, die als Corniche de l'Armorique nach Locquirec führt (Schilder „Route Touristique").

142br Abb.: rh

Parken

P **44 Am Bootshafen,** GPS 48.67122, -3.63713. Wo die Straße nördlich von Plestin-les-Grèves die Gezeitenbucht überquert, findet man rechts (nördlich) einen schönen, ruhigen Parkplatz am Bootshafen. Er ist geschottert, eben und auf beiden Seiten von Wasser gesäumt; es gibt Picknicktische, keine Verbotsschilder – und öfters stehen dort Wohnmobile.

P **45 Saint-Michel-en-Grève,** GPS 48.67759, -3.57067. Nahe dem Ortsende befindet sich rechts der Straße ein Parkplatz direkt am Strand (ohne Verbotstafeln, keine Ausstattung).

P **46 Saint-Efflam,** GPS 48.66919, -3.60551. Platz ohne Ausstattung am anderen Ende der Bucht bei Saint-Efflam.

39 Stellplatz Plestin-les-Grèves

GPS 48.68110, -3.63462

Sehr schön und ruhig gelegener Parkplatz an dem traumhaften Sandstrand Plage des Curés nördlich der Ortschaft. Von Hecken gesäumt und etwas geschützt, aber leider meist voll belegt. **Lage/Anfahrt:** Route de Corniche (D42); nordwestlich der Ortschaft Plestin-les-Grèves via D42; **Platzanzahl:** 6, aber nicht alle mit Meerblick; **Untergrund:** Asphalt mit etwas Gefälle; **Ver-/Entsorgung:** nein; nächste Station am Eingang zum Camping Municipale de St. Efflam (GPS 48.6687, -3.6007); **Preise:** Übernachtung kostenlos; **Max. Stand:** 48 Std.; **Geöffnet:** ganzjährig; **Kontakt:** Tel. 02 96356229; **Sonstiges:** nur einen kurzen Spaziergang entfernt befinden sich die sehenswerten Thermes de Hogolo.

Die gallo-römischen **Thermes de Hogolo** direkt hinter dem Sandstrand stammen aus dem 1. Jh. n. Chr. Die Thermen wurden 1892 durch einen Zufall entdeckt und sind besonders gut erhalten, da sie 1500 Jahre lang metertief unter einer Sanddüne verschüttet waren (974 Route de la Corniche, GPS 48.6772, -3.6375).

◁ Die Domaine de Kervéguen (s. S. 88) mit ihrem berühmten Cidre ist einen Besuch wert

144br Abb.: rh

LOCQUIREC

(12 km – km 23)

Kurz darauf erreicht man auf der D64 den beliebten Badeort **Locquirec** – den ersten Ort im Département Finistère – mit seinen schönen Sandstränden, einem reizvollen Camping Municipal 40, Wanderwegen entlang der Küste und ins stille Hinterland sowie einer hübschen Kirche.

40 Camping Municipal Fond de la Baie★★

GPS 48.68093, -3.65416

Sehr schön gelegener, kommunaler Campingplatz mit herrlichem Meerblick in einer weiten Bucht zwischen feinsandigem Strand und Pinienwald. Stellplätze direkt hinter dem Strand. Einfache, aber gute Ausstattung mit VE-Station, Animationsraum, Spielen, Sportausstattung, kleinem Lebensmittelgeschäft. Bei Ebbe ist die Bucht ideal zum Wattfischen. **Lage/Anfahrt:** Route de Plestin, 29241 Locquirec; zwischen D64 und dem Strand; **Preise:** Womo mit 2 Pers. inkl. Strom 15–20 €; **Geöffnet:** ganzjährig; **Kontakt:** Tel. 02 98674085, www.campinglocquirec.com

Will man weiter der Küstenstraße **„Corniche“** folgen, so biegt man kurz nach dem Stellplatz rechts auf die D64A. Geradeaus führt die D64 nach **Guimaëc,** von wo sich ein kurzer Abstecher nach Süden zur **Domaine de Kervéguen** lohnt. Eric Baron, der Inhaber des malerischen, jahrhundertealten Hofs, hat sich ganz auf die Herstellung von Cidre spezialisiert und produziert in seinen Eichenfässern einen der besten Tropfen der ganzen Bretagne (Führungen für angemeldete Gruppen, freie Besichtigung für Einzelbesucher, Direktverkauf). Sein „Carpe Diem“ wurde vom damaligen Präsidenten Jacques Chirac so hoch geschätzt, dass er bis heute im Palais Elysée den Staatsgästen serviert wird. Gérard Depardieu ist ein Fan der Bio-Cuvée du Paysan (der entsprechend dem Charakter des Darstellers deutlich weniger „lieblich“ ist) und der Apfelschnaps, den man hier bekommt, kann sich mit dem besten Calvados messen. Der kostenlose Stellplatz ist inzwischen leider geschlossen, da einige arrogante Wohnmobilisten sich offenbar wie die Platzherren aufgeführt haben. Aber Eric hat uns versichert, nette Menschen, die anfragen, können nach wie vor gerne bei ihm übernachten. Um von Guimaëc wieder auf die Küstenstraße zu gelangen, nimmt man die C3 nach Norden.

Die Küstenstraße erreicht etwa 1 km nach der Abzweigung den Aussichtspunkt **Marc'h Sammet** mit einer Orientierungstafel. Nochmals knapp 1 km weiter folgt der Strand von **Poul Rodou,** dann entfernt sich die Straße ein Stück von der Küste und führt zum Wei-

▣ Besuch im Keller der Domaine de Kervéguen (s. S. 88)

027br Abb.: rh

ler mit dem frommen Namen **Christ,** wo man wieder rechts in Richtung Norden biegt. Nahe Saint-Jean-du-Doigt („Heiliger Johannes vom Finger“) nähert man sich wieder der Küste und folgt einer gut 50 m hohen Steilküste mit zwei großen **Parkplätzen**, die einen fantastischen Ausblick über Meer und Klippen bieten. Zwischen beiden befindet sich ein kleinerer Parkplatz mit Tischen. Dann geht es hinunter zum Strand von **Saint-Jean-du-Doigt,** wo es direkt an der D79 schöne Parkplätze am Sandstrand gibt.

Parken

P 47 Küste bei Saint-Jean-du-Doigt 1, GPS 48.70804, -3.76391

P 48 Küste bei Saint-Jean-du-Doigt 2, GPS 48.70552, -3.77355

P 49 Strand von Saint-Jean-du-Doigt, GPS 48.70108, -3.78243 (ohne Womo-Verbot)

Von hier lohnt sich auch ein Abstecher in den Ort hinein, um den eindrucksvollen **Enclos Paroissial** (s. S. 210) aus dem 16. Jahrhundert zu bewundern. Die zugehörige Kirche aus dem Jahr 1513 enthüllt auch das Rätsel um den Namen des Städtchens: Sie birgt einen Knochen, der vom Zeigefinger von Johannes dem Täufer stammen soll und angeblich Augenleiden heilt.

Tipp

› **Domaine de Kervéguen,** GPS 48.66637, -3.69171, www.kerveguen.fr (auch auf Deutsch), Tel. 02 98675002, Kellerei geöffnet: Juli Mo.-Sa. 9-12.30 u. 14.15-18.30, Aug. tgl. 9-18.30, April-Juni/Sept. tgl. 10-12 u. 14.30-18 Uhr, Okt.-März ist die Kellerei eigentlich geschlossen, aber nach Absprache oder auf gut Glück kann man es trotzdem versuchen

Pardon de la Saint-Jean

› Das große **Fest** mit Sonnwendfeier und Tanz findet jedes Jahr am 23. Juni statt.

Ver-/Entsorgung

› **Station Kervéguen,** GPS 48.66973, -3.71345. Am entgegengesetzten Ortsrand beim Tennisplatz; ohne Strom, aber mit zwei ruhigen, schattigen und ebenen Plätzen auf Feinschotter (2 € in Münzen), nicht sehr gepflegt.

41 Aire Municipale Plougasnou

GPS 48.69398, -3.79218

Eher einfacher und wenig attraktiver Platz beim Stadionparkplatz „La Métairie“ südlich des Zentrums an der Rue Général de Gaulle. **Lage/Anfahrt:** vom zentralen Platz via Rue Pierre Brossolette (Südwest-Ecke) nach Süden und erste links, problemlose Zufahrt;

Zum typisch bretonischen Enclos Paroissial gehört der „calvaire“

Cafés und Restaurants an der Küste bieten oft einladende Plätze im Freien

Untergrund: Sand; **Ver-/Entsorgung:** EuroRelais, Entsorgung, 100 l Wasser und ¼ Std. Strom mit Jetons vom Office de Tourisme; **Strom:** ja; **Platzanzahl:** 6; **Geöffnet:** ganzjährig; **Max. Stand:** 48 Std.; **Preise:** 5 €; **Kontakt:** Tel. 02 98673546

42 Stellplatz Le Diben

GPS 48.70802, -3.82750

Großer, beleuchteter Parkplatz auf einer Plattform direkt in der Bucht; kein Schatten; schöner Blick. **Lage/Anfahrt:** 4 Rue des Forces Françaises Libres, in Le Diben von der D46 via Rue des Forceas Françaises Libres; problemlose Zufahrt; **Untergrund:** Asphalt, eben; **Ver-/Entsorgung:** Raclet Station, Jetons zu 3,50 € für Wasser und Strom (erhältlich bei der Fischerkooperative in Diben oder beim Office de Tourisme in Plougasnou); **Strom:** ja; **Platzanzahl:** 8 markierte Plätze für Wohnmobile (Pkw-Parkplätze bitte respektieren!), oft früh voll; **Geöffnet:** ganzjährig; **Max. Stand:** 48 Std.; **Preise:** 5 €; **Tipp:** Wer hier einen Platz bekommen will, sollte sehr zeitig da sein. Gegen 17 Uhr kann man gelegentlich frischen Fisch direkt von den anlegenden Booten erwerben. **Bitte:** Wenn wir Wohnmobilisten weiter so undiszipliniert alles zuparken, wie wir es leider nicht nur auf diesem Platz immer wieder erleben, dann müssen wir uns nicht wundern, wenn weitere Orte dem Vorbild von Primel-Trégastel folgen und alles absperren.

PRIMEL-TRÉGASTEL UND LE DIBEN

(17 km – km 40)

Wenig weiter folgt Plougasnou mit einem Wohnmobilstellplatz und zu beiden Seiten der weiten Bucht **Anse de Diben** liegen die Badeorte **Primel-Trégastel** und **Le Diben.** Beide haben feinsandige Strände, aber einen Stellplatz hat nur noch Le Diben. In Primel-Trégastel sind inzwischen alle Parkplätze mit Verbotstafeln ausgestattet, sodass der Ort Anspruch auf den Titel „Wohnmobilfeindlichster Ort der Bretagne“ hat.

Die Route de la Corniche (D76) führt weiter durch Felder und Wiesen nach Süden, bis man bei Térénez die Bucht von Morlaix erreicht, der man ein Stück weit folgt. Von Saint-Gonven kann man einen Abstecher auf die Halbinsel **Kernéléhen** unternehmen, um den **Grand Cairn de Barnenez** zu besuchen, einen 7000 Jahre alten Grabhügel, der mit 75 m Länge und 6 m Höhe einer der größten Europas ist (Tel. 02 98672473, www.barnenez.fr, Sept./April tgl. 10–12.30 und 14–17.30, Mai/Juni tgl. 10–12.30 und 14–18.30, Juli/Aug. tgl. 10–18.30, Okt.–März Di.–So. 10–12.30 und 14–17.30 Uhr; 6 €, erm. 5 €).

Danach verlässt man die Küste und folgt der D76 bis Morlaix.

143br Abb.: rn

MORLAIX

(22 km – km 62)

Das am Ende der tief eingeschnittenen Bucht gelegene Morlaix war einst ein bedeutender Seehafen und eine der größten Städte der Bretagne. Seit 1864 ist es durch den alles überragenden, 50 m hohen und 258 m langen **Viadukt** geprägt, auf dem die Bahnlinie Paris–Brest das tief eingeschnittene Tal überquert. Unterhalb davon drängt sich die Altstadt mit der **Église Saint-Melaine** im gotischen Flamboyantstil, die 1489 gegründet wurde. Viele schöne, alte Bauwerke säumen auch die **Rue Ange-de-Guernisac** und die **Grand Rue** (Fußgängerzone).

Wohnmobile finden einen Stellplatz unweit des Zentrums an der Rue de Brest (für einen Stadtbummel okay, aber zum Übernachten wenig sympathisch).

Wer es eilig hat, verlässt die Stadt auf der breit ausgebauten D58 in Richtung Saint-Pol-de-Léon und Roscoff. Schöner ist die Strecke auf der D769 entlang der Bucht von Morlaix nach **Carantec** (zu erreichen via D769 am Fluss entlang nach Norden und dann rechts ab).

Information

› **Office de Tourisme,** 10 Place Charles de Gaulle, 29600 Morlaix, Tel. 02 98621494, www.baiedemorlaix.bzh/de (auch auf Deutsch)

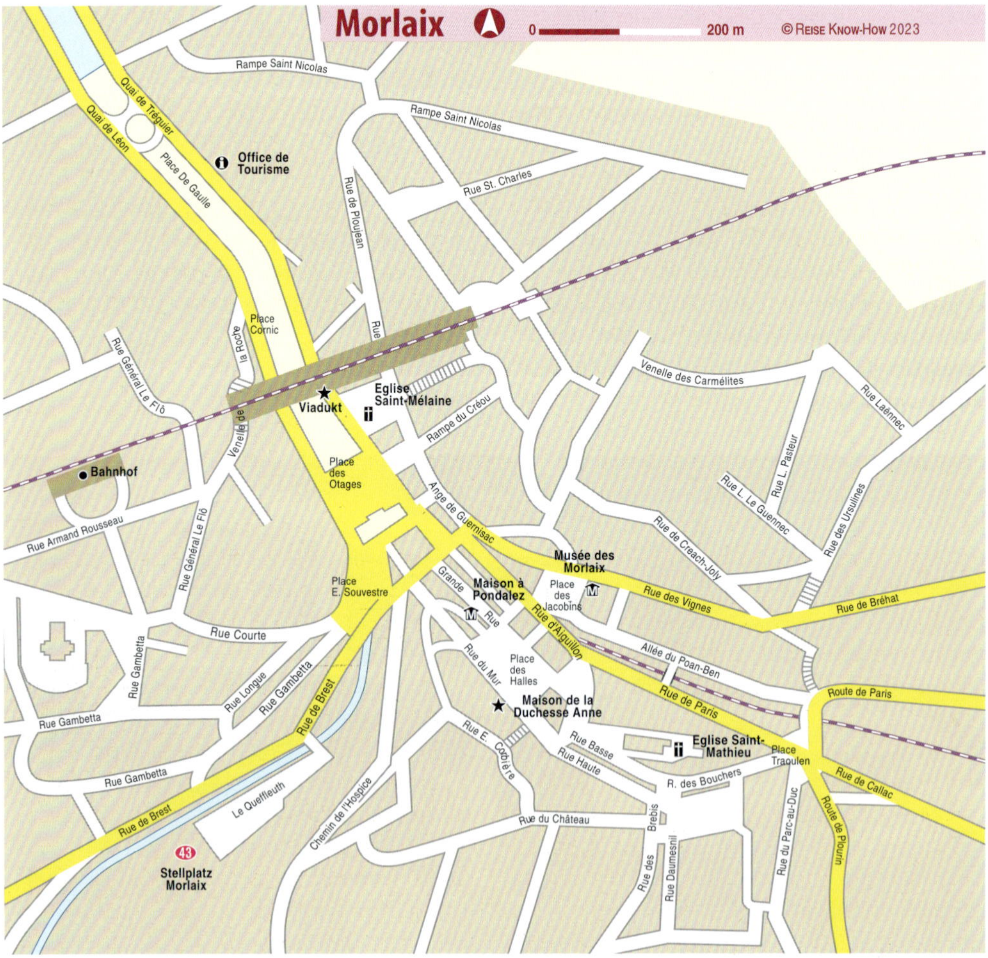

㊸ Stellplatz Morlaix

GPS 48.57432, -3.83091
Eher öder und lauter Parkplatz mit etwas Schatten beim Ecomarché unweit des Zentrums. Der Platz ist auch bei Obdachlosen recht beliebt und wenig einladend. **Lage/Anfahrt:** an der D712, Rue de Brest; **Untergrund:** Asphalt, eben; **Ver-/Entsorgung:** EuroRelais am Ausgang, gratis; **Strom:** nein; **Platzanzahl:** ca. 10; **Geöffnet:** ganzjährig; **Max. Stand:** 48 Std.; **Preise:** kostenlos; **Kontakt:** Tel. 02 98631063

Typisch bretonische Küste mit Felsklippen und Sandstrand

085br Abb.: rh

CARANTEC UND DIE ÎLE CALLOT

(19 km – km 81)

Carantec ist ein moderner gut ausgestatteter Badeort auf der Halbinsel zwischen der Penzé-Bucht und der Bucht von Morlaix. Mit seiner geschützten Lage, mehreren schönen Stränden und Stadtvätern, die es verstanden haben, alles überlegt und behutsam zu erschließen, ist der Ort vor allem bei Familien beliebt. Vor der Küste liegt ein paradiesisches Inselchen: die **Île Callot.** Bei Ebbe ist sie über eine „Route submerisible" erreichbar, d. h., bei Flut tuckern die Fischerboote über diese Straße hinweg. Ehe man die Strecke „über den Meeresgrund" fährt, sollte man sich am Stadtufer die Gezeitentafel anschauen und gut merken, bis wann die Straße passierbar ist. Auf der anderen Seite angelangt, erreicht man bald einen schönen, teilweise schattigen Parkplatz. Hier ist Endstation für Ihr Mobil: Den Rest der Insel dürfen nur die Handvoll Bewohner befahren, die eines der traumhaft gelegenen Häuschen ihr Eigen nennen. Für einen gemütlichen Spaziergang bis zur jenseitigen Landspitze und zurück reichen zwei Stunden bequem.

Information

- **Office de Tourisme,** 4 Rue Pasteur, 29600 Carantec, Tel. 02 98670043, www.baiedemorlaix.bzh/de (auch auf Deutsch)

㊹ Parkplatz Carantec

GPS 48.65969, -3.91317
Der schön angelegte Parkplatz befindet sich am südlichen Ortsrand nahe dem „complex sportif" (Sportgelände). Er ist kein ausgewiesener Stellplatz und für längere Fahrzeuge ist der Platz ungeeignet, aber von kleineren Wohnmobilen wird er gern genutzt. **Lage/Anfahrt:** Rue de Kerrot; von der D73 am Ortsrand halb links auf die Rue de Méneyer und dann wieder links auf die Rue de Kerrot; **Untergrund:** Asphalt, eben; **Ver-/Entsorgung:** ja, ca. 50 m weiter an der Rue de Castel an Dour, kostenlos; **Strom:** kostenlos am Service-Terminal; **Platzanzahl:** ca. 30; **Max. Stand:** 24 Std.; **Preise:** kostenlos; **Kontakt:** Tel. 02 98670043, carantec@tourisme-morlaix.fr; **Sonstiges:** Auf fast allen anderen Parkplätzen der Stadt Carantec darf man nachts nicht stehen.

SAINT-POL-DE-LÉON – DIE BISCHOFSSTADT

(9 km – km 90)

Saint-Pol-de-Léon ist von Carantec durch eine kurze Fahrt via D173 und D58 zu erreichen. Der einstige Bischofssitz am Meer ist zwar kein ausgesprochener Badeort, aber recht lauschig und von kultureller sowie historischer Bedeutung. Ihren Namen verdankt die Stadt dem gallischen Mönch Paul Aurélien, der im 6. Jh. seine Meditation auf der beschaulichen Insel Batz aufgab, um das dem Laster verfallene Castellum Leonense Pagus zum Christentum zu bekehren. Er wurde zum ersten Bischof und später als Saint Pol heiliggesprochen. 60 seiner Nachfolger dienten hier dem Herrn und der Gemeinde bis der 61. während der Revolution nach England fliehen musste.

Sehenswert ist die Kirche **Le Kreisker** (16. Jh.), die bescheiden als „Kapelle" bezeichnet wird, zugleich aber mit 78 m den höchsten Turm der Bretagne besitzt. Selbst der kühne Festungsbauer Vauban nannte sie staunend: „Das gewagteste Bauwerk, das ich je gesehen habe!" Im Sommer kann man die 170 Stufen erklimmen, um den Ausblick zu genießen. Mit 55 m längst nicht so hoch, aber dennoch sehenswert ist die **Kathedrale von Saint-Pol.**

Zudem hat die Stadt einen großen und schön am Meer gelegenen Stellplatz 45 und vom nördlichen Ende der Avenue de la Mer kann man einen reizvollen Spaziergang auf der **Promenade de Penarth** machen, einen 1 km langen Damm, der weit in die Bucht hinausführt.

Information

› **Office de Tourisme,** Place de L'Évêché, 29250 Saint-Pol-de-Léon, Tel. 02 98690569, www.roscoff-tourisme.com/de

⊡ *Hochwertige Algen und Tange werden an der bretonischen Küste bis heute geerntet und verarbeitet*

ROSCOFF

(6 km – km 96)

Von Saint-Pol-de-Léon geht es über die D58 oder die D769 weiter nach Roscoff – wer den Namen zum ersten Mal hört, wird den Ort eher irgendwo in Russland vermuten, als in der Bretagne. Und tatsächlich nennen sich seine Bewohner auch „Roscovites", doch das mag Zufall sein.

Vor allem ist der Ort heute ein bedeutender Fährhafen (u. a. nach Irland und England), von dem sich jährlich fast hundertmal so viele Passagiere einschiffen wie der Ort Bewohner hat. Aber auch historisch und architektonisch hat die Hafenstadt allerlei zu bieten: Seeräuberei, Kolonialhandel und Fischerei haben ihr Wohlstand gebracht, von dem heute die reichen Steinmetzarbeiten an Kapitäns- und Kaufmannshäusern zeugen. Im weiten Umkreis beweisen Aufschriften, die mit meterhohen Lettern „Beer & Wine" bewerben, dass der Hafen zudem ein bedeutender Ankunftspunkt für britische Touristen ist.

Auch zu unternehmen und zu sehen gibt es in Roscoff allerlei. Zum Beispiel die Kirche **Notre-Dame-de-Kroaz-Baz** (man hat uns versichert, dass es sich bei dem Namenszusatz nicht um einen bayerischen Fluch, sondern um die bretonische Bezeichnung für „Kreuzbalken" handelt) mit ihrem originellen Glockenturm.

Die Betreiber der **Criée de Roscoff** (Fischauktionshalle) im Hafen von Bloscon empfangen Gäste und informieren bei einer Führung rund um das Thema Fischerei. Je nach Besuchszeit kann durch eine verglaste Wand die Fischsortierung beobachtet werden (Port du Bloscon, 29680 Roscoff, Tel. 02 98623926, www.roscoff-tourisme.com/de/fiche/patrimoine-culturel/galerie-de-visite-de-la-criee-de-roscoff-roscoff_TFOPCUBRE029FS0002Q, 10.5.–5.7. und 6.9.–18.10. Di. 14.30 Uhr, 11.7.–31.8. Mo.–Do. 11, 14.30 und 16.30 Uhr, weitere Öffnungszeiten und Schließtage siehe Homepage, Eintritt 5,50 €).

028br Abb.: rh

Roscoff
0
200 m
Ozeanografisches Institut
Place G. Tessier
Eglise Notre-Dame de Kroaz-Batz
Fähranleger nach Ile de Batz bei Niedrigwasser
Fähranleger nach Ile de Batz bei Hochwasser
Bd. Carnot
Rue E. Corbière
Rue A. Réveillère
Maison de Maria Stuart
R. des Johnnies
Thalasso-therapie-Zentrum Roc Kroum
Thalado
Rue V. Hugo
Rue du Dr. Bagot
Rue Albert de Mun
P 51
Rue Gambetta
Q.i Ch. de Gaulle
Jetée du Pen ar Vil
Pors ar Gored
Chapelle Sainte-Barbe
Bd. Ste.-Barbe
R. O. Henry
Office de Tourisme
Quai d'Auxerre
Fischerei-Hafen
R.Couado
Couadou
Algoplus
Rue du Général Le Flô
R. Amiral Courbet
Rue J. Ferry
R. Jean ne d'Arc
Rue de Great Torrington
R. de Bir-Hakeim
Rue des Corsaires
Maison des Johnnies
R. Frères Daridon
Rue Brizeux
de Kérenveyer
R. Plymouth
Rue Plymouth
P 50
Bahnhof
Fähren nach England und Irland
Rue Marquise de Kergariou
Rue L. Hémon
Rue Albert de Mun
Rue Morvan
Kerbiriou
Rue Michel
Rue Joseph Le Mat
Voie du Port en Eau
Rue du Laennec
Rue de la Baie
Port du Bloscon
Fährhafen
Route du Laber
Rue de Kerhorel
Voie du Port en Eau
England Irland
Jardin Exotique
46 Stellplatz Aire de Laber
Rue du Pontigou
St.-Pol-de-Léon Morlaix
© Reise Know-How 2023

Der **Jardin Exotique** (Lieu-dit Roc'h Hievec, Tel. 02 98612919, www.jardinexotiqueroscoff.com, Eintritt 6€) südlich des Fährhafens zeigt Tausende von Pflanzenarten und hat das Prädikat „Jardin remarquable" („bemerkenswerter Garten") erhalten. Eine Besonderheit ist auch das kleine Museum **Maison des Johnnies** (48 Rue Brizeux, Tel. 02 98612548 oder 06 40158753, April–Ende Okt., Eintritt 5€) in einem historischen Bauernhof im Zentrum der Stadt. Es informiert über die Geschichte der Zwiebelhändler, die in den 1930er-Jahren von Roscoff aus durch Südengland zogen, um dort ihre Knollen direkt zu vermarkten. Und wer sich verwöhnen lassen will, kann das z. B. im **Thalassotherapie-Zentrum Roc Kroum** (Tel. 02 52560011, www.thalasso.com) tun.

Das Meer schwemmt täglich tonnenweise Algen und Tange an die bretonische Küste und im Norden des Départements Finistère werden diese bis heute „geerntet" und genutzt – als hochwertiges Nahrungsmittel, für Badezusätze und Kosmetika und in der Thalassotherapie. Wer mehr über diese Meeresgewächse wissen möchte, die zu den ältesten Pflanzen der Erde gehören, der kann an einem Vortrag oder einer Führung von **Thalado** teilnehmen. Eine Vielfalt von Algenprodukten aus eigener Herstellung und Betriebsführungen bietet auch **Algoplus** (siehe unten). Diese Firma bietet inzwischen neben reinen Algenprodukten auch verschiedene Konserven und Gewürze aus Fisch und Meeresfrüchten.

146br Abb.: as ©aterrom - stock.adobe.com

Information

› **Office de Tourisme,** Quai d'Auxerre, 29680 Roscoff, Tel. 02 98611213, www.roscoff-tourisme.com/de

Thalado

› 5 Rue Victor Hugo, 29680 Roscoff, Tel. 02 56455756, www.thalado.fr (auch Engl.)

Algoplus

› **Fabrik „Zone de Bloscon",** 29680 Roscoff, Tel. 02 98611414, www.algoplus-roscoff.fr, Shop geöffnet Mo.–Fr. 10–12 und 14–17.30 Uhr

› **Algoplus-Boutique,** Quai Charles de Gaulle, 29680 Roscoff, Tel. 02 98611416, Mo.–Sa. 10.30–12.30 und 14–19 Uhr, So. 14–19 Uhr

Parken

P **50 Parking de la Gare,** GPS 48.72112, -3.98237. Rue de la Petite Vitesse, Asphalt, eben, relativ ruhig, Achtung: teils enge Zufahrt, Übernachten ist gestattet

P **51 Zentrum nahe der Bibliothek,** GPS 48.72482, -3.98510, gebührenpflichtig 15.6.–30.9. 9–19 Uhr, Übernachtung möglich. Wessen Womo zu lang ist und nicht auf einen Parkplatz passt, der muss unbedingt für zwei Parkplätze bezahlen (dies wird regelmäßig kontrolliert und bei Nichtbeachtung bestraft).

◁ *Die Altstadt von Roscoff mit der Kirche Notre-Dame-de-Kroaz-Baz*

㊺ Stellplatz Saint-Pol-de-Léon

GPS 48.68309, -3.97098

Reizvoller großer Parkplatz am Ortsrand von Saint-Pol-de-Léon und direkt am Meer; **Lage/Anfahrt:** Quai de Pempoul; von der D769 am südlichen Ortsrand links auf die Rue du Port, der man bis zur Avenue de la Mer folgt; **Untergrund:** Feinschotter, eben; **Ver-/Entsorgung:** EuroRelais plus Station auf der Straßenseite gegenüber und auch auf dem Stellplatz selbst, 2 €, WC; **Strom:** nein; **Platzanzahl:** ca. 40; **Geöffnet:** ganzjährig, 24 Std./Tag, elektronische Schranke; **Preise:** 12 Std. 4 €, 24 Std. 8 € (zahlbar mit Debitkarte am Automaten); **Kontakt:** Tel. 06 89353512 und 02 98158501

ZWISCHEN ROSCOFF UND ÎLE VIERGE

Westlich des Kaps von Roscoff erreicht man den entlegensten – und für mich faszinierendsten – Teil der bretonischen Küste. Eine Küste der Entdeckungen und Überraschungen, an der man einen langen Urlaub verbringen könnte, ohne auch nur die Hälfte gesehen zu haben. Nirgends ist die Bretagne urwüchsiger, nirgends hat sie Dörfer und Küsten von so archaischem Charme. Doch als „Entdecker“ im Wohnmobil muss man auch etwas auf der Hut sein, denn die Sträßchen sind schmal und hie und da gilt es auf engstem Raum zu wenden, weil man in eine Sackgasse geraten ist.

Biegt man beim Verlassen von Roscoff von der D769 rechts auf die Route de la Baie, so gelangt man an eine weite Bucht, die bei Ebbe ganz trockenfällt. Nach links folgt die Route de Laber dem Ufer und passiert nahe dem Südende der Bucht die **Aire de Service de Laber** und 200 m weiter den – meist übervollen – Stellplatz ㊻.

Weiter führt die Straße als Route de Santec durch die Felder nach Südwesten und zum Dörfchen **Santec.**

㊻ Stellplatz Aire de Laber, Roscoff

GPS 48.71217, -3.99895

Schattenloser Parkplatz ca. 2 km von Roscoff entfernt, fast direkt am Meer, aber auch direkt an der Straße, auch für große Mobile geeignet. **Lage/Anfahrt:** Kersulguen, Route de Laber; **Untergrund:** Asphalt, relativ eben; **Ver-/Entsorgung:** 2 €; Station befindet sich ca. 200 m weiter in Richtung Roscoff; **Strom:** nein; **Platzanzahl:** ca. 20–25; **Max. Stand:** unbegrenzt; **Geöffnet:** ganzjährig; **Preise:** kostenlos; **Kontakt:** Tel. 02 98611213; **Tipp:** in der Saison kostenlose Pendelbusse ins Zentrum; **Beachten:** hier herrscht selbst außerhalb der Saison oft ein fürchterliches Gedränge!

㊼ Stellplatz Camping-Car Park Roscoff

GPS 48.71384, -4.00887

Stellplatz der Kette Camping-Car Park, gegenüber vom Strand von Pouldu. Roscoff ist mit dem Fahrrad oder mit dem Shuttlebus zu erreichen. **Lage/Anfahrt:** Rue des Dentelles, 29680 Roscoff, ca. 4 km von Roscoff entfernt; **Platzanzahl:** 49; **Untergrund:** Schotter; **Ver-/Entsorgung:** im Preis inbegriffen, die Zufahrt zum Entleerungsbereich des Grauwassers ist eng; **Strom:** ja; **Sicherheit:** umzäunt; **Preise:** 11–13 €/Fahrz.; 5 Std. inkl. Ver-/Entsorgung 5,50 €; **Max. Stand:** 21 Nächte; **Geöffnet:** ab 1.4.2023 ganzjährig; **Kontakt:** Tel. 01 83646921, www.campingcarpark.com

Parken

P 52 Parkplatz Espace Nature du Palujous, GPS 48.68938, -4.14555. Sehr einfacher, kleiner, ruhiger und schön gelegener Parkplatz im Grünen bei einem Naturschutzgebiet, Übernachtung möglich; Lage/Anfahrt: Rue de Tévenn Kerbrat; östlich des Küstendörfchens Kerfissien; via D35 nach Norden und im Ort rechts ab; Untergrund: Feinschotter, eben; Zufahrt bei Regen etwas morastig; Platzanzahl: ca. 40; Ver-/Entsorgung: nein; Strom: nein; Geöffnet: ganzjährig; Max. Stand: unbegrenzt; Preise: kostenlos; Sonstiges: Wanderwege durch ein Feuchtgebiet mit Orchideen und Wasservögeln; Kontakt: Roscoff Tourisme, Tel. 02 98611213

PLOUESCAT
(22 km – km 118)

Südlich von Santec gelangt man auf die gut ausgebaute D10, die etwas hinter der Küste nach **Plouescat** führt. Der Ort besitzt eine bemerkenswerte Markthalle (samstagvormittags Markt) aus dem 15. Jh.

48 Stellplatz Intermarché, Plouescat

GPS 48.65111, -4.18487

Stellplätze auf dem nachts relativ ruhigen Parkplatz des Supermarkts am Ortsrand in Richtung Lesneven. **Lage/Anfahrt:** D10 (Blvd. de l'Europe), südlich der Stadt; **Untergrund:** Asphalt, eben; **Ver-/Entsorgung:** EuroRelais, Wasser 2 € in Münzen, Abwasser gratis; **Strom:** 2 €; **Platzanzahl:** 4; **Geöffnet:** ganzjährig; **Max. Stand:** 12 Std.; **Preise:** Übernachtung kostenlos; **Kontakt:** Tel. 02 98696969; **Sonstiges:** im Herbst 2022 war kein Wasser verfügbar

Der Ort ist jedoch vorwiegend für seine Strände bekannt, die von langen Sandstrecken bis zu kleinen Felsbuchten reichen. Es lohnt sich daher, einen Abstecher nach Norden zur Küste zu unternehmen, beispielsweise via D330 in Richtung Kerfissien, wo man einen fantastischen und ruhigen Parkplatz mit Meerblick, Sandstrand und Felsen findet (GPS 48.68661, -4.16976).

Östlich von Kerfissien liegt der **Camping Village de Roguennic** 50 mit traumhaften Stellplätzen auf den Dünen direkt oberhalb des Strands, der zu unseren absoluten Lieblingsplätzen in der Bretagne zählt. Wenig weiter folgt der **Camping-Car Park Stellplatz Cléder** mit Ver- und Entsorgung, Strom und WLAN 51.

Gleich hinter Plouescat erreicht die D10 an der Anse de Kernic wieder das Meer und folgt einer rund 10 km langen Küstenstrecke mit Dünen und Sandstränden, die hier und da über Stichstraßen zu erreichen sind. Besonders schön sind der **Plage de Kéremma** mit einem großen **Parkplatz** gleich hinter den Dünen und ein weiterer, ganz ähnlicher Parkplatz in der Nähe.

Parken

P 53 **Plage de Kéremma 1,** GPS 48.64837, -4.27203, Untergrund sandig und etwas holprig

P 54 **Plage de Kéremma 2,** GPS 48.6483, -4.2444

255br Abb.: sh

49 Stellplatz Plouescat, Pors Guen

GPS 48.65894, -4.21832

Kleiner, schattenloser kommunaler Stellplatz in nachts ruhiger Lage nahe dem Campingplatz von Pors Guen; **Lage/Anfahrt:** Rue Pen An Theven, beim Campingplatz. Von Plouescat ca. 2,5 km nach Westen und in Porsguen links halten; **Untergrund:** Sand, Gras, eben; **Ver-/Entsorgung:** nein, bei Intermarché Plouescat (s. o.); **Strom:** nein; **Platzanzahl:** 6; **Geöffnet:** ganzjährig.; **Max. Stand:** keine Begrenzung; **Preise:** kostenlos; **Kontakt:** Tel. 02 98 69 62 18; **Tipp:** ganz in der Nähe schöne Parkplätze am Strand mit Sand und Felsen

50 Camping Village de Roguennic★★★

GPS 48.69032, -4.13900

Ausgesprochen schön gelegener, weitgehend naturbelassener und sehr weitläufiger Privatplatz (früher Camping Municipal) in den Dünen direkt oberhalb eines langen Sandstrands. Sehr gute Ausstattung mit großem Hallenbad, Laden und Sportgelegenheiten. Die Stellplätze auf der sandigen Grasfläche direkt oberhalb des Strands sind etwas teurer – aber einfach traumhaft! Zeitig reservieren! **Lage/Anfahrt:** ca. 1 km östlich von Kerfissien; **Platzanzahl:** 310; **Preise:** Womo mit 2 Pers. inkl. Strom 24–28 € (April–Juni Pauschale ab 18 €); **Geöffnet:** 1.4.–30.9.; **Kontakt:** Tel. 02 98696388, www.campingvillageroguennic.com (auch auf Deutsch); **Tipp:** liegt direkt am Küsten-Fernwanderweg GR34

147br Abb.: rh

51 Stellplatz Camping-Car Park, Cléder

GPS 48.69129, -4.11920

Ruhig gelegener und gut ausgestatteter Wiesenplatz mit großen Parzellen gleich hinter den Dünen und nur 150 m vom Sandstrand entfernt. **Lage/Anfahrt:** ca. 2 km östlich von Kerfissien; **Platzanzahl:** 33; **Untergrund:** Schotter, Wiese; **Ver-/Entsorgung:** im Preis inbegriffen; **Strom:** ja; **Sicherheit:** umzäunt; **Preise:** Übernachtung 11–13 € für 24 Std.; 5 Std. inklusive Ver-/Entsorgung 5,50 €; **Geöffnet:** ganzjährig; **Kontakt:** Le Poulennou, 29233 Cléder, Tel. 01 83646921 (deutschsprachiger Kundenservice), www.campingcarpark.com; **Tipp:** Der Platz liegt am Küstenwanderweg Sentier des Douaniers.

225br Abb.: sh

Etwa 1 km nach dieser Abzweigung liegt rechts der Straße das **Maison des Dunes,** eine Infostelle mit Lehrpfad zum Thema Dünen und einem großen, holprigen **Parkplatz** gleich bei den Dünen und beim Camping Municipal. Das Angebot der Infostelle ist recht übersichtlich, aber die Dünenlandschaft und ihre Vogelwelt sind wirklich fantastisch.

Information

› **Office de Tourisme,** 5 Rue des Halles, 29430 Plouescat, Tel. 02 98696218, www.roscoff-tourisme.com/de (auch auf Deutsch)

Parken

P 55 **Maison des Dunes,** GPS 48.63886, -4.27900, Sand/Gras

227br Abb.: sh

53 Camping Dunes de Keremma★★

GPS 48.64131, -4.2782

Eher einfacher, aber schön gelegener und weitgehend naturbelassener Campingplatz im größten Dünengebiet der Bretagne. Die Stellplätze liegen direkt hinter den Dünen und haben Zugang zu einem langen Sandstrand. **Lage/Anfahrt:** La Sablière; ca. 1,5 km westlich von Keremma; beim Maison des Dunes von der D10 abbiegen; **Preise:** Womo mit 2 Pers. inkl. Strom 15–21 €; **Geöffnet:** März–Nov.; **Kontakt:** Tel. 02 98616279, www.campingdekeremma.fr (auch auf Engl.); **Tipp:** beliebt bei Windsurfern und Wattwanderern

150br Abb.: rh

52 Stellplatz Aire Naturelle Ty Poas, Goulven

GPS 48.63216, -4.30769

Sehr ruhig und schön gelegene Stellplätze mit Tischen, Bänken und Grillstelle auf einer ebenen Wiese zwischen Bäumen. **Lage/Anfahrt:** Ty Poas, durch Goulven hindurch und nach dem Ortsende ca. 150 m vor Einmündung in die D10 rechts; **Untergrund:** teils Gras, teils Schotter, eben; **Ver-/Entsorgung:** 2 €; **Strom:** ja; **Platzanzahl:** 6; **Geöffnet:** Mitte Juni–Mitte Sept.; **Max. Stand:** unbegrenzt; **Preise:** Übernachtung 6 € (inkl. Strom und Ver-/Entsorgung) plus Kurtaxe (falls der Kassierer nicht kommt, bitte in den Briefkasten werfen); **Kontakt:** Tel. 02 98834069; **Sonstiges:** behindertengerechte Dusche und WC, Spülbecken

256br Abb.: sh

P 56 Parkplatz Plouneour-Trez, GPS 48.65088, -4.30576. Einfacher kleiner Parkplatz ohne Ausstattung nahe dem Strand mit Blick auf die Bucht, Übernachtung möglich. Lage/Anfahrt: Route de Menhir; östlich der Ortschaft nahe dem Ortsteil Kerurus; Platzanzahl: 6; Untergrund: Schotter mit Gefälle; Ver-/Entsorgung: nein; Preise: kostenlos; Geöffnet: ganzjährig; Kontakt: Tel. 02 98834103

GOULVEN

(11 km – km 129)

Bei **Goulven** führt die D10 im Kreisverkehr rechts in Richtung Kerlouan und umfährt den Ort. Biegt man jedoch hinter Goulven in spitzem Winkel links und dann 150 m weiter zwischen Büschen wieder links, so gelangt man auf eine wunderschöne **Aire Naturelle,** einen sehr sympathischen, privaten Wohnmobilstellplatz, der fast schon ein kleiner Campingplatz ist.

Am Leuchtturm von Pontusval

BRIGNOGAN-PLAGE

(9 km – km 138)

Hinter Goulven lohnt es sich, die D10 bald zu verlassen und auf kleinen Straßen möglichst der Küste zu folgen, auch wenn die Orientierung manchmal schwerfällt und mancher Weg in der Sackgasse endet. Es gibt wunderbare Sandstrände, Buchten und nette kleine Parkplätze mit Meerblick zu entdecken. Zumindest außerhalb der Saison ist es hier erfreulich ruhig und ursprünglich – und sehr wohnmobilfreundlich ist die Gegend obendrein (beide Campingplätze von Brignogan-Plage stellen ihre Servicestation auch Nicht-Gästen zur Verfügung).

Nomen ist Omen bei **Brignogan-Plage,** denn herrliche Sandstrände zwischen teils bizarren Felsblöcken gibt es hier nicht wenige. Besonders ursprünglich und reizvoll ist die Gegend um den Leuchtturm *(phare)* von **Pontusval** mit einem Gewirr malerischer Felsblöcke, dem über 8 m hohen („christianisierten") **Menhir Men Marz** und der kleinen **Chapelle Pol** mit Zöllnerturm und *calvaire* (s. S. 210).

254br Abb.: sh

Beim Leuchtturm gibt es einen traumhaften Parkplatz (GPS 48.67684, -4.34614) mit Blick auf das Meer und die Felsen, einem herrlichen Sandstrand, Picknicktischen und Wanderpfaden, der leider durch eine 2-m-Höhenbarriere für Wohnmobile gesperrt ist. Am besten parkt man daher auf dem **Parkplatz du Phare,** läuft in Ruhe zum Leuchtturm und genießt den herrlichen Sandstrand.

Parken

P 57 Parkplatz du Phare, GPS 48.67529, -4.34529. Großer Wiesenparkplatz ohne Ausstattung, teils schattig, auf dem Gelände des ehemaligen Stellplatzes Camping du Phare, kein Nachtparkverbot, 300 m vom Leuchtturm von Pontusval entfernt. Lage/Anfahrt: 9 Route du Phare; östlich des Küstendörfchens Kerfissien; von der D10 nach Norden zum Pointe de Pontusval (nordwestlich von Brignogan-Plage); Platzanzahl: ca. 20; Untergrund: Wiese, relativ eben; Ver-/Entsorgung: nein; Preise: kostenlos; Geöffnet: ganzjährig.

Danach ist die Küstenroute unterbrochen und man muss sich auf kleinen Sträßchen „hinten herum" einen Weg suchen. Man sollte sich aber nicht entmutigen lassen und den Abstecher nach **Méneham** mit seinem interessanten **Freilichtmuseum** keinesfalls verpassen, auch wenn der Ort bislang in fast allen Reiseführern fehlt. Er ist über das kleine Sträßchen zu erreichen, das in Kerlouan rechts ab und über den Weiler Le Croazou zur Küste führt. Hier wurde in den letzten Jahren ein aus dem 19. Jh. erhaltenes Fischerdorf, das auf eine 1835 aufgegebene Kaserne der Zöllner zurückgeht, restauriert und durch authentisch rekonstruierte Gebäude ergänzt: Fischerhütten mit Reetdach, ein Backhaus, alte Fischerboote, aber auch Unterkünfte zum Übernachten, kleine Ausstellungen und Verkaufsräume. Der unbefestigte **Parkplatz** (GPS 48.66776, -4.37023) gegenüber auf der anderen Straßenseite und nahe dem Strand ist inzwischen von 22 bis 6 Uhr für Womos gesperrt. Eine gute Alternative bietet der **Parkplatz Méneham,** auf dem kein Nachtparkverbot besteht. Es gibt auch sonst wunderschöne, kleine Parkplätze entlang der kleinen Küstenstraße. Ein besonders schöner

55 Stellplatz Aire de Ménéham

GPS 48.6671, -4.3651

Großer und beliebter Stellplatz auf dem Gelände des ehemaligen Camping du Bendin, gleich hinter den Dünen an einem langen Sandstrand. Von Hecken gesäumte, etwas windgeschützte Parzellen. Sehr gute Ausstattung mit Strom, Duschen (Mai–Sep., 1 €/8 Min.), Waschmaschinen, WLAN. **Lage/Anfahrt:** Lieu-dit Lestonquet, Kerlouan; von Kerlouan nach Norden und kurz vor dem Freilichtmuseum rechts ab; **Platzanzahl:** 50; **Untergrund:** Gras und Sand; recht eben; **Ver-/Entsorgung:** ja; im Preis enthalten; **Strom:** 3,50 €/24 Std.; **Sicherheit:** videoüberwacht; **Preise:** ca. 10 € für 24 Std.; bezahlen per Debitkarte bei der Einfahrt an der Schranke; **Max. Stand:** unbegrenzt; **Geöffnet:** ganzjährig; **Kontakt:** Tel. 06 58486232; **Sonstiges:** ganz in der Nähe des Freilichtmuseums

226br Abb.: sh

Parkplatz gleich hinter den Dünen, mit Pfaden und Sandstrand ist der **Parkplatz Kerlouan.**

Nördlich des Dörfchens erstreckt sich ein Labyrinth bizarrer und gigantisch großer Granitklötze und eng dazwischen eingekeilt steht die pittoreske, kleine Kapelle von Ménéhem. Die teils von Sand überwehte Straße führt an der Küste entlang zu weiteren Granitblöcken, einer kleinen Hafenbucht, sandigen Badestränden, einem Campingplatz und mehreren kleinen **Parkplätzen** in teils traumhafter Lage mit Meerblick. Fast zu schön, um wahr zu sein!

Den nächsten Stellplatz mit Ver-/Entsorgung bietet die Aire de Ménéham 55 bzw. in Richtung Westen das Dörfchen **Guisseny.**

⊲ *Einen Besuch des Freilichtmuseums von Ménéham sollte man sich nicht entgehen lassen*

Parken

P 58 Ménéham, GPS 48.66151, -4.37108. Ausgeschilderte Parkplätze für Wohnmobile, Übernachten erlaubt, öffentliche Toiletten am Platz (nachts geschlossen). Der Strand und das Freilichtmuseum sind gut zu Fuß erreichbar. Lage/Anfahrt: Rudoloc, 29890 Kerlouan; Platzanzahl: ca. 8; Untergrund: Schotter; Ver-/Entsorgung: nein; Preise: kostenlos; Geöffnet: ganzjährig.

P 59 Parkplatz Kerlouan, GPS 48.67338, -4.35372, Nachtparkverbot 22–6 Uhr

54 Stellplatz Guissény

GPS 48.63322, -4.41144

Großer Parkplatz am Rande des Dörfchens, aber direkt an der Durchgangsstraße, mit Blick auf die schmucke Kirche; **Lage/Anfahrt:** Rue du Chanoine Etienne Rannou; westlich des Küstendörfchens Guissény; via D10 von Kerlouan nach Westen; **Untergrund:** Sand, leichtes Gefälle; **Platzanzahl:** 5; **Ver-/Entsorgung:** ja, mit Jetons; **Strom:** ja; **Geöffnet:** ganzjährig; **Max. Stand:** unbegrenzt; **Preise:** Übernachten kostenlos; **Kontakt:** Tel. 02 98256107, www.guisseny.net

CÔTE DES LÉGENDES

Eine ganz präzise Grenze gibt es nicht, aber spätestens mit Brignogan-Plage hat man die „Küste der Legenden" erreicht. Diese wilde und zerklüftete Küste ist wohl die einsamste und ursprünglichste der Bretagne und damit eher nichts für Fans mondäner Badezentren und berühmter Kulturdenkmäler, aber ein Paradies für Freunde rauer Felsenbrandung, wilder Dünenlandschaften, romantischer Küstenpfade und traumhafter Stellplätze mit Panoramablick.

PLOUGUERNEAU

(23 km – km 161)

Etwas hinter der Küste führt die D10 von Kerlouan weiter nach Westen. Schon vorher kann man etliche Abstecher in Richtung Meer unternehmen (von denen die meisten in Sackgassen enden), aber spätestens bei **Plouguerneau** sollte man es wagen. Wer sich für die Geschichte interessiert, sollte zunächst via D32 (Ortsmitte rechts) einen kurzen Abstecher nach Norden unternehmen und dann links ab zu den **Ruinen von Iliz Koz** (Bretonisch für „alte Kirche"; Tel. 02 98047184, GPS 48.62815, -4.52247; Zufahrt ausgeschildert). Zu sehen sind die Überreste der Kirche und des Friedhofs eines spätmittelalterlichen Dorfs, das Anfang des 18. Jh. vom Sand begraben wurde. Leider gibt es kaum Parkmöglichkeiten und wenig Platz zum Wenden (nur gegenüber auf einer Wiese). Fährt man an der letzten Abzweigung vor Iliz Koz geradeaus vorbei und erst die nächste links, so erreicht man etwa 500 m weiter einen großen **Parkplatz** am herrlichen, weißen Sandstrand **La Grève Blanche.**

229br Abb.: sh

Parken

P 60 La Grève Blanche, GPS 48.62881, -4.52693, schattenlos

P 61 Parkplatz Plouguerneau, GPS 48.62001, -4.55562. Relativ ruhiger Parkplatz für Wohnmobile. Lage/Anfahrt: von der D71 am Ortseingang rechts halten; beschildert; Untergrund: Schotter, eben; Ver-/Entsorgung: Station nicht direkt am Platz (bei der Salle Polyvalente, GPS 48.61899, -4.55336) 5 € (Kreditkarte); Strom: nein; Platzanzahl: 6; Geöffnet: ganzjährig; Max. Stand: 48 Std.; Preise: Übernachtung kostenlos; Kontakt: Tel. 02 98047106, mairie@plouguerneau.fr

Von Plouguerneau via D71 nach Nordwesten gelangt man in den 4 km entfernten Ortsteil **Lilia,** der eine gebührenpflichtige Ver- und Entsorgungsstation bei der Stadthalle besitzt.

Es lohnt sich aber, noch bis zum kleinen Hafen zu fahren und von dort die Uferstraße entlang nach Norden zu spazieren, um den schönen Blick auf den **Phare de l'Île Vierge** (Tel. 02 98047093) zu genießen. Er ist mit über 82 m Höhe der höchste Leuchtturm Frankreichs und kann im Juli/August nach Anmeldung sogar bestiegen werden. Außerdem gibt es in der Umgebung des Ortes einige sehr schöne Sandstrände.

Plouguerneau selbst hat ein interessantes **Écomusée des Goémoniers** (4 Stread Kenan Uhella; am Ortsende über die D32 Richtung Saint-Michel rechts; Okt.–März geschl.; Eintritt 5 €; Tel. 02 98371335 und 06 79740661, www.ecomusee-plouguerneau.fr), das über die Geschichte der Algenfischerei informiert. In der Kirche ist links des Eingangs eine Sammlung kleiner Holzfiguren aus dem 17.Jh. zu sehen: die **Petits Saints,** gestiftet von Bewohnern des Orts aus Dank dafür, dass sie die Pest überlebt hatten.

Von Plouguerneau kann man über die gut ausgebaute D13 südwärts in Richtung Lannilis steuern, reizvoller ist jedoch die kleinere D113 über den **Aber Wrac'h.** In einer abgeschnittenen Linkskurve bietet die alte Straße einen Parkplatz mit schöner Aussicht über den Meeresarm. Bei einem **Aber** handelt es sich um ein Flusstal, durch das das Meer bei Flut tief ins Land eindringt. Da hier im Nordwesten von Finistère nur noch kleine Flüsse münden, sind die Aber weit schmaler und nicht so tief eingeschnitten wie die großen Gezeitenmündungen weiter östlich.

Parken

P 62 **Aber Wrac'h,** GPS 48.59295, -4.52052

LANNILIS

(mit allen Abstechern 22 km – km 183)

In Lannilis biegt man bei der Kirche rechts auf die D128 und erreicht **Aber-Wrac'h,** einen bekannten Jachthafen mit Marineschule und einem Sandstrand an der **Baie des Anges** („Engelsbucht"). Die reizvolle Corniche de l'Aber Wrac'h führt weiter nach Westen an der Bucht entlang zur **Presqu'île de Ste-Marguerite** mit ihren traumhaften Dünenlandschaften, Sandstränden, Küstenpfaden und stillen **Parkplätzen.**

Parken auf der Halbinsel Dunes de Ste-Marguerite

P 63 **Parkplatz Penn Enez,** GPS 48.60709, -4.59751. Schotterplatz mit Meerblick und etwas Schatten. Lage: Nahe der Nordspitze der Halbinsel am Ende der Straße nördlich von Penn Enez.

P 64 **Parkplatz Dunes de Ste-Marguerite Nord,** GPS 48.60339, -4.60312. Schöner und sehr ruhiger Platz ohne Schatten, aber mit etwas Windschutz; fantastischer Sandstrand mit Dünen und Wanderwegen. Lage: Am Ende der Straße, die bei Kermenguy nach Westen abzweigt; nahe dem Camping Municipal; kurz vorher gibt es schon einen Parkplatz, von dem man aber noch ca. 150 m weiterfahren kann.

P 65 **Parkplatz Dunes de Ste-Marguerite Süd,** GPS 48.59491, -4.60622. Ein fantastisch angelegter Platz direkt zwischen den weißen Dünen; geschottert und teils etwas holprig; kein Schatten. Lage: Am Buchtende, wo die Straße nach rechts knickt, halb links abbiegen, dann vor dem Dorf rechts, vor der Bar wieder rechts und ganz bis zum Ende der Straße fahren.

56 Stellplatz Aire Municipale Lannilis

GPS 48.57152, -4.52158

Großer, zentral gelegener und nachts recht leerer, beleuchteter Asphaltparkplatz mit VE-Station; keine speziell für Wohnmobile markierten Plätze; eher für einen Stadtbummel als zum Übernachten. **Lage/Anfahrt:** Rue de la Haie Blanche gegenüber vom Friedhof; östlich der D113, nördlich der D28; **Untergrund:** Asphalt; **Ver-/Entsorgung:** gratis; **Strom:** nein; **Preise:** kostenlos; **Max. Stand:** 24 Std.; **Geöffnet:** ganzjährig; **Kontakt:** Tel. 02 98040011

57 Stellplatz Lannilis Fontaine Rouge

GPS 48.5563, -4.5055

Geschotterter Parkplatz mit VE-Station, Wiesenfläche, Bäumen und Picknicktischen, aber direkt an der D113 und daher recht laut; eher für ein Picknick oder für die Ver- und Entsorgung als zum Übernachten. **Lage/Anfahrt:** Rue Fontaine Rouge; südöstlich der Stadt, dort wo die D113 scharf nach links biegt, geradeaus weiter; **Platzanzahl:** 10; **Untergrund:** Schotter; **Ver-/Entsorgung:** gratis; **Strom:** nein; **Preise:** kostenlos; **Max. Stand:** 24 Std.; **Geöffnet:** ganzjährig; **Kontakt:** Tel. 02 98040543

Die Pforte zu den Ruinen von Iliz Koz

Für die Weiterfahrt muss man zunächst zurück nach Lannilis, um von dort auf der D28 den **Aber Benoît** zu überqueren, dessen Ufer die Straße auf der anderen Seite ein ganzes Stück weit folgt. Gleich am Anfang passiert man die **Chapelle de Loc Majan** aus dem 17. Jh. und etwas von der Straße entfernt erhebt sich ein imposanter **Menhir.**

Etwa 5 km hinter Tréglonou fährt man rechts via C5 nach **Saint-Pabu** und folgt dann jenseits des Orts den Schildern zum Campingplatz, um die **Dunes de Corn-ar-Gazel** zu erreichen, eine weite, wilde Dünenlandschaft mit einigen Parkplätzen (teils mit Meerblick), zahlreichen Pfaden und endlosen, weißen Sandstränden. Auch an der Küstenstraße von Saint-Pabu nach Portsall findet man einige ruhige Parkplätze auf Sand-/Kiesgrund hinter den Dünen – teils mit, teils ohne Nachtparkverbot.

PORTSALL

(42 km – km 225)

Um einen herrlichen Stellplatz für die Nacht zu finden, folgt man der D28 weiter bis Ploudalmezeau und biegt im Ort zweimal rechts auf die D168 nach Portsall. Dort lässt man sich ab dem Ortseingang rechts von der Beschilderung zum Wohnmobilstellplatz lotsen.

Beim Verlassen von Portsall sollte man nahe dem südlichen Ortsende via D27 um die Bucht herumfahren und dann gleich auf die D127 biegen, eine fantastische Küstenstrecke mit der Bezeichnung **Route Touristique de Landunvez.** Das schmale Sträßchen folgt einer wilden Klippenküste, den **Roches de Portsall** und den **Roches d'Argenton** und zeigt (besonders bei kräftigem Wind) eine bretonische Küste wie aus dem Bilderbuch. 1978 machte sie Schlagzeilen, als hier der Öltanker Amoco Cadiz im Sturm auf die Klippen lief. Sein gigantischer Anker von 20 Tonnen ist am Hafen von Portsall noch zu sehen. Unterwegs passiert man an Irland erinnernde

⊡ *Die Chapelle de Loc Majan erinnert wie viele bretonische Kapellen an ihre irischen Gründer*

030br Abb.: rh

257br Abb.: sh

Steinkreuze und Bauwerke wie die **Chapelle de Saint Samson,** verschiedene kleine Badeorte und immer wieder herrlich gelegene Parkplätze mit spektakulärem Meerblick.

Auch ein Abstecher auf den kleinen Straßen hinter der Küste kann ganz interessant sein, denn hier gibt es neben kleinen Kapellen eine ganze Reihe von Menhiren zu entdecken.

Parken

- P **66 Parkplatz Landunvez-Trémazan,** GPS 48.55798, -4.72035. Großer, ebener Kiesparkplatz mit fantastischem Blick auf Klippen und Wellen. Kein Badestrand, aber herrliches Panorama, Fußweg, interessante Strandvegetation und Wasservögel
- P **67 Parkplatz bei Argenton,** GPS 48.53198, -4.75005. Kleiner Platz an einer Sandbucht nördlich von Argenton, die bei Surfern beliebt ist

58 Stellplatz Aire de Kerros, Portsall

GPS 48.56588, -4.69912

Große Wiesenfläche am Rande eines ruhigen, grünen Wohngebiets und nahe dem Strand; sehr beliebt und oft voll. **Lage/Anfahrt:** Rue de Porsguen, D168; am Ortseingang von Portsall rechts den Schildern folgen; **Untergrund:** Gras, eben; **Ver-/Entsorgung:** ja, gute Station; **Strom:** ja; **Platzanzahl:** 30; **Geöffnet:** ganzjährig, 24 Std./Tag, elektr. Schranke mit Debitkarte zu öffnen; **Max. Stand:** 3 Nächte; **Preise:** 9–13 € inkl. Kurtaxe, Strom und Wasser; 3 Std. inkl. Ver-/Entsorgung 6 €; **Kontakt:** Tel. 02 98481048 oder 02 98486310; **Sonstiges:** herrlicher Sandstrand und traumhafte Sonnenuntergänge; **Tipps:** Direkt außerhalb in Richtung Strand gibt es einen Asphaltparkplatz, auf dem man auch kostenlos stehen kann, wenn man Platz findet. Einen sehr schönen Parkplatz mit Picknicktischen und Meerblick gibt es etwas weiter nördlich am Plage de Porsguen bei GPS 48.5698, -4.6989.

PLOUARZEL

(28 km – km 253)

Bei **Lanildut** führt die D27 um den **Aber Ildut** herum, der als Grenze zwischen Ärmelkanal und Atlantik gilt. Südlich davon erstreckt sich viel ursprüngliche Küstenlandschaft, aber auch das Konglomerat der (durchaus reizvol-

Der robuste Bretone zählt zu den ältesten Pferderassen weltweit

len) Ferienhäuser von **Lampaul-Plouarzel,** einem der Ferien-Hotspots an der westlichsten Spitze der Bretagne. Doch die Atmosphäre ist entspannt und es gibt selbst hier eine sehr hübsche Küstenstraße, die man gemütlich entlangtuckern kann, um den Ausblick zu genießen, und zudem bietet der Ort direkt am Sandstrand einen traumhaften kommunalen **Wohnmobilstellplatz.**

Ein weiterer still und reizvoll nahe dem Strand gelegener Platz findet sich wenige Kilometer südlich des Orts, in Plouarzel-Ruscumunoc.

Ein Abstecher via D5 landeinwärts und dann etwa 1 km hinter Plouarzel rechts auf eine kleine Straße (der man 1,5 km folgt) führt zum **Menhir de Kerolas,** dem größten noch stehenden Menhir Frankreichs. Der 9,50 m hohe Brocken hat hier schon rund 5000 Jahre überdauert und besitzt zwei Beulen, denen er den Spitznamen „An Tor" bzw. „Le Bossu" („der Buckelige") verdankt. Noch bis ins 19. Jh. sollen Paare in der Hochzeitsnacht hierher gekommen sein, um sich nackt an den Beulen zu reiben – er, um Söhne zu zeugen, und sie, um zu Hause die Hosen anzuhaben!

Kaum einen Kilometer südlich des Stellplatzes Plouarzel-Ruscumunoc passiert die Straße eine unscheinbare Abzweigung, die zu einem kleinen Parkplatz auf einer Landspitze über dem Meer führt: dem **Pointe de Corsen.** Dieser ca. 40 m hohe Felsen ist der **westlichste Punkt Frankreichs,** dennoch war bei unserem Besuch in der Vorsaison keine Menschenseele dort. Bislang gibt es keine Verbotstafel für Wohnmobile – während sich weiter südlich an der Pointe du Raz die Massen drängen, obwohl sie *nicht* der westlichste Punkt ist. Inzwischen wird dort ein kleiner Weg und eine schöne Orientierungstafel angelegt – und es ist mit einem Nachtparkver-

⌃ *Der Bootshafen von Plouarzel bei Flut*

59 Stellplatz Lampaul-Plouarzel 1

GPS 48.44727, -4.77652

Große Wiesenfläche direkt in den Dünen zwischen Ort und Strand mit einzelnen, teils terrassierten Stellplätzen, die verstreut im Grünen liegen; kein Schatten, etwas Windschutz. Gute Ausstattung. **Lage/Anfahrt:** Beg ar Vir, direkt vor dem Ort via Rue de Beg ar Vir; **Untergrund:** Gras, Plattformen teils Sand/Kies; eben; **Ausstattung:** Kleines Gebäude mit Toiletten, Waschbecken, Mülltonnen, Waschmaschine und Trockner; die Sanitäranlagen waren in der Saison 2022 leider meist wenig gepflegt; **Ver-/Entsorgung:** ja, gute Station; **Strom:** ja; **Platzanzahl:** 100; **Geöffnet:** ganzjährig; **Max. Stand:** unbegrenzt; **Preise:** 15.4.–1.11. 7,20 € für 24 Std. (inkl. Ver- und Entsorgung und Strom, zahlbar mit Debitkarte an der Schranke); **Kontakt:** Tel. 06 85701594; **Sonstiges:** herrlicher Sandstrand und ein kleines Kap

154br Abb.: rh

60 Stellplatz Ruscumunoc, Lampaul-Plouarzel 2

GPS 48.42220, -4.78479

Große, von Hecken gesäumte Wiesenfläche nahe dem Strand (200 m) und recht einsam gelegen. Gute Ausstattung mit Strom und Duschen. Von den oberen Terrassen schöner Blick auf Meer und Sonnenuntergang. Einer der schönsten und besten Plätze der Bretagne, er wurde weiter vergrößert und bietet fast den Komfort eines Campingplatzes. **Lage/Anfahrt:** Beg ar Vir, etwa 5 km südlich des Orts via C6; **Untergrund:** Gras, eben, sandige Stellen; **Ver-/Entsorgung:** ja, gute Station; 100 l Wasser 2 € (Münzen); **Strom:** 3 €; **Platzanzahl:** 50–60; **Geöffnet:** ganzjährig; **Max. Stand:** unbegrenzt; **Preise:** 10 €/24 Std. mit Strom, 7 € ohne Strom; Duschen 1 € für 5 Min.; **Kontakt:** Tel. 02 98896007, www.plouarzel.fr; **Beachten:** Je nach Stellplatz ist für Strom ein langes Kabel erforderlich.

230br Abb.: sh

258br Abb.: sh

⑥① Stellplatz Ploumoguer

GPS 48.40486, -4.72482
Großer, ruhiger und ausgesprochen schön angelegter Platz mit Bäumen, Hecken, Wiesenflächen, wunderschönen Blumen und Tischen am Ortsrand; **Lage/Anfahrt:** 13 Rue du Stade; D28 vom Zentrum in Richtung Plouarzel; **Untergrund:** Sand, eben; **Platzanzahl:** ca. 30; **Ver-/Entsorgung:** kostenlos; **Strom:** an wenigen Plätzen; kostenlos; **Geöffnet:** ganzjährig; **Max. Stand:** unbegrenzt; **Preise:** Übernachten kostenlos; **Kontakt:** Tel. 02 98896205

bot zu rechnen. Ein kleiner Abstecher lohnt sich aber in jedem Fall, denn die Anlage ist schön gemacht und der Ausblick beeindruckend.

Weiter nach Süden geht es auf kleinen Straßen, die nicht immer der Küste folgen, aber gelegentlich zu traumhaften und außerhalb der Saison menschenleeren Sandstränden führen (z. B. via C6 bei Kerhornou westlich von Ploumoguer; GPS 48.4042, -4.7715, und weiter südlich bei GPS 48.38279, -4.76165). Auch an der **Landspitze von Kermorvan** (einem Naturschutzgebiet) gibt es nahe dem 2 km langen, kinderfreundlichen **Plage de Blancs Sablons** einige schöne Parkmöglichkeiten. Die meisten sind inzwischen leider für Wohnmobile gesperrt.

Parken

P 68 Pointe de Corsen, GPS 48.41491, -4.79400

LE CONQUET
(32 km – km 285)

Über die D28 und D67 erreicht man rasch die D789, die westlich nach **Le Conquet** hineinführt. Der hübsche, kleine Fischerei- und Fährhafen kann mit schönen alten Häusern, Badestränden, Spazierwegen und zwei netten **Parkplätzen** aufwarten.

Information

› **Office de Tourisme,** Parc de Beauséjour, 29217 Le Conquet, Tel. 02 98383838, www.iroise-bretagne.bzh

Parken

P 69 Le Conquet, GPS 48.36049, -4.76981. Nachts recht ruhiger Platz mit Spielplatz am Park Beauséjour, Übernachtung möglich. Tagsüber voll und unruhig, da der Platz mit Pkws geteilt wird. Teilweise Schatten. Lage/Anfahrt: Rue du Général Leclerc, am nördlichen Ortsrand und nahe der Fußgängerbrücke Passerelle du Croaë, die über die Bucht zur Pointe de Kermorvan führt; Platzanzahl: ca. 20; Untergrund: Asphalt und Rasengitter; Ver-/Entsorgung: ja, EuroRelais mit Jetons (3 €, im Rathaus oder Touristeninformation erhältlich); Preise: kostenlos; Geöffnet: ganzjährig.

Fährt man durch Le Conquet hindurch, so verlässt man den Ort nach Süden via D85. Diese reizvolle Küstenstrecke führt zur **Pointe Saint-Mathieu,** einem 20 m hohen Felsenkap direkt vor dem Eingang zur Bucht von Brest. Schon von Weitem ist der 37 m hohe **Phare de Saint-Mathieu** (geöffnet Mai–Sept. und zu Ferienzeiten, www.plougonvelin.fr, Tel. 02 984830121) zu erkennen und zu seinen Füßen lohnen die **Ruinen des Klosters** einen Spaziergang, den man auf einem schönen Weg entlang der Bucht noch ausdehnen kann.

Auf dem großen Asphaltparkplatz sieht man öfters Wohnmobile, aber er ist nicht als Stellplatz ausgewiesen.

Auf der D85 geht es nun zum ersten Mal wieder in Richtung Osten: nach **Plougonvelin** mit seinem 400 m langen Sandstrand Trez-Hir, den Ruinen der vom Marquis de Vauban errichteten Festung **Bertheaume,** die den Eingang der Bucht von Brest schützte, und einem sehr schön gelegenen Wohnmobilstellplatz.

Vor Plougonvelin, an der D85, lohnt ein Besuch des interessant gestalteten **Musée Mémoires 39–45** (Le Prédic, 29217 Plougonvelin, Tel. 02 29028456, https://museememoires39-45.fr/de, 1.4.–11.11. tgl. 10–18.30 Uhr, Eintritt 8,50 €).

Servicestation

› **Plougonvelin – Intermarché,** GPS 48.34202, -4.72321. Lage/Anfahrt: Am Ortseingang von Westen her links auf die Rue du Stade bis zur Kreuzung Rue St. Jean, dort links; Ver-/Entsorgung: Euroservice-Station, 2 €

62 Stellplatz Aire Communale, Plougonvelin

GPS 48.33768, -4.70697

Von Hecken gesäumte, sehr schöne und ruhige Wiesenfläche am Ortsrand hoch über dem Meer (56 m ü. d. M.) mit schönem Ausblick; nahe einer kleinen Sandbucht und dem Fort Bertheaume. **Lage/Anfahrt:** L'Iroise; von der D85 der Rue Bertheaume nach Südosten folgen; **Untergrund:** Gras, recht eben; **Ver-/Entsorgung:** Wasser, Abwasser, WC am Eingang (inklusive, 2022 jedoch außer Betrieb) die Station beim Intermarché ist nicht weit (s. o.), bietet kompletten Service und sogar eine Waschmaschine; **Strom:** meist nahe dem Stellplatz; **Platzanzahl:** 50; **Geöffnet:** ganzjährig; **Max. Stand:** 4 Tage; **Preise:** 9,50 €/24 Std. (inkl. Strom; mit Münzen am Automaten bei der Einfahrt); **Kontakt:** Tel. 02 98483018, https://plougonvelin.fr (auch Deutsch); **Sonstiges:** Liegt direkt über einer kleinen Sandbucht; behindertengerechter Zugang; Duschen und WC (zeitweise nicht sauber).

Kurz nach Plougonvelin stößt man auf die breit ausgebaute D789 nach **Brest,** dem Startpunkt der nächsten Route 4. Wer kurz vor der großen Stadt noch einen lauschigen Stellplatz sucht, kann links (nördlich) nach **Plouzané-Locmaria** abbiegen oder in Richtung Süden zu dem noch schöneren Stellplatz von Portez.

Leuchtturm und Klosterruine an der Pointe Saint-Mathieu

034br Abb.: rh

63 Stellplatz Plouzané-Locmaria

GPS 48.37338, -4.64331

Lauschiger kleiner Platz im Park mit Froschteich am Rande des Zentrums. **Lage/Anfahrt:** Rue de la Fontaine; von Süden kommend vor dem Zentrum rechts in die Rue de la Fontaine; **Untergrund:** Feinschotter, recht eben; **Ver-/Entsorgung:** EuroRelais mit Münzen (2022 Terminal inkl. Strom leider außer Betrieb); **Strom:** ja, 1 Std. an EuroRelais; **Platzanzahl:** ca. 6, parzelliert; **Kontakt:** Tel. 02 98484009; **Geöffnet:** ganzjährig; **Max. Stand:** keine Begrenzung; **Preise:** kostenlos

Skulpturenstein nahe dem Stellplatz von Plouzané-Locmaria

In der Bretagne sind Granitfels und Steinhäuser eng verschmolzen

64 Stellplatz Aire de Portez

GPS 48.3552, -4.6723

Kleiner, geschotterter, eingezäunter Parkplatz in ruhiger, schattiger Lage oberhalb des Meeres und direkt vor dem Camping Municipal; mit Bäumen und schönem Ausblick auf das Meer. **Lage/Anfahrt:** Boulevard de l'Océan, 29280 Locmaria Plouzane; von der D789 südwärts nach Portez abbiegen, der C8 folgen und nahe dem Restaurant Albatros nach Nordost abbiegen; **Platzanzahl:** 8; **Untergrund:** Schotter und Gras; **Ver-/Entsorgung:** solange der Campingplatz geöffnet hat; **Strom:** nein; **Preise:** April–Mitte Okt. 6,70 €/24 Std. (an der Rezeption des Campingplatzes bezahlen); gratis (aber ohne Ver- und Entsorgung) solange der Campingplatz geschlossen ist; **Geöffnet:** ganzjährig; **Kontakt:** Tel. 02 98484985

231br Abb.: sh

65 Camping les Blancs Sablons★★

GPS 48.36790, -4.75922

Ein eher einfacher, aber sehr ruhiger und naturnaher Campingplatz, der nicht direkt am Strand liegt, sondern am Hang hoch über der Bucht und dafür einen schönen Ausblick auf die Pointe de Finistère bietet. Die Stellplätze liegen zwischen Hecken, die etwas Windschutz bieten. Ein kurzer Fußweg (ca. 300 m) führt hinab zum Sandstrand an der Nordwest-Seite. **Lage/Anfahrt:** Route de Kermorvan, 29217 Le Conquet; ca. 2,5 km nördlich der Ortschaft auf der anderen Seite der Bucht von der D28 nach Südwest auf die Halbinsel abbiegen; **Preise:** Womo mit 2 Pers. inklusive Strom 19–21 €; **Geöffnet:** April–Mitte September; **Kontakt:** Tel. 02 98360791, www.camping-blancs-sablons.com

157br Abb.: rh

228br Abb.: sh

Strecke:

Brest (31 km, S. 114) – **Plougastel-Daoulas** (11 km, S. 116) – **Le Faou** (22 km, S. 117) – **Crozon** (28 km, S. 118) – **Rundfahrt Presqu'île de Crozon** (73 km, S. 120) – **Douarnenez** (55 km, S. 123) – **Zur Pointe du Raz: Cléden-Cap-Sizun – Pointe du Van – Pointe du Raz** (43 km, S. 125) – **Baie d'Audierne/Audierne** (14 km, S. 128) – **Pointe de Penmarc'h** (44 km, S. 131) – **Pont l'Abbé** (26 km, S. 131) – **Quimper** (19 km, S. 132) – **Pointe de Mousterlin** (20 km, S. 134)

Gesamtstrecke: 386 km

⊡ Douarnenez (s. S. 123) ist ein wichtiger Fischereihafen

ROUTE 4: VON BREST BIS QUIMPER

105br Abb.: as©Ballou, stock.adobe.com

Die Bretagne ist überall stark vom Meer geprägt, doch nirgends sind Land und Wasser so sehr verbunden wie zwischen der Presqu'île de Crozon und der Pointe du Raz, an den Sandstränden der Cornouaille und bis hinunter zur Pointe de Penmarc'h. Neben den touristischen Attraktionen gibt es eine Fülle weitgehend unberührter Landschaften, die Wassersportler, Wanderer und Radler locken, aber auch zu einem stillen Badeurlaub einladen. Von Douarnenez erstreckt sich eine felsige Küste mit hohen Klippen bis zur legendären Pointe du Raz. Nach diesem Wendepunkt folgen die eher sandigen Küsten entlang der Baie d'Audierne. Größere Orte sind selten. Heide, Äcker und Weiden prägen das Land. Die Halbinsel von Crozon gehört zum Parc Naturel Régional d'Amorique, der auch einen etwas längeren Abstecher ins Landesinnere absolut lohnt. Seine Wälder, Nebelhöhen und Moore erinnern an Irland. Den krönenden Abschluss bietet die Pointe de Mousterlin mit einem herrlichen Stellplatz zwischen zwei endlosen und ursprünglichen Sandstränden.

BREST

(31 km – km 31)

Auf der D789 erreicht man Brest, das – gemessen an seiner Größe und Bedeutung – touristisch sehr wenig zu bieten hat. Schuld daran ist gerade die große Bedeutung der Stadt als Marinestützpunkt. Im Zweiten Weltkrieg war sie von allen Seiten heftig umkämpft und wurde dabei zunächst von der Wehrmacht in Schutt und Asche gelegt und dann erneut als Marinestützpunkt ausgebaut, weshalb sie im Gegenzug wiederum von den Alliierten ausgebombt wurde. Wo einmal die Altstadt war, zeugen heute öde Straßen und gesichtslose Häuser der 1950er-Jahre vom Wiederaufbau nach der Devise „schnell und billig“. Eines der wenigen Gebäude, die alles überdauert haben, ist das **Château** am Militärhafen mit seinen wuchtigen Türmen, in dem das **Musée de la Marine** untergebracht ist. Sonst ist das am östlichen Stadtrand beim Jachthafen gelegene **Océanopolis** (www.oceanopolis.com, Tel. 02 98344040) sehr interessant, das ein breites Spektrum an Attraktionen bietet: von riesigen Aquarien mit der Flora und Fauna des Nordatlantiks über Becken mit tropischer und polarer Meereswelt bis zu Themenbereichen über ökologische Zusammenhänge im Leben von Walen und Delfinen oder Wetter und Klimaveränderungen. Im Bereich des Jachthafens gibt es auch riesige und relativ ruhige **Parkplätze** und nordöstlich davon (an der Rue du Moulin Blanc) sogar einige nette Winkel und eine gute Crêperie mit Tischen im Freien. In Richtung Osten liegt ein kleiner Sandstrand, der für eine Stadt nett sein mag, aber Gästen, die von den weiten und ursprünglichen Stränden der Bretagne verwöhnt sind, keine Jubelschreie entlocken wird.

Information

› **OT Brest,** 8 Avenue Georges Clémenceau, Tel. 02 98442496, www.brest-metropole-tourisme.fr (auch auf Deutsch)

◁ *Von der alten Bausubstanz ist in Brest nur sehr wenig erhalten geblieben*

▷ *Parkplatz am Jachthafen von Brest*

040br Abb.: rh

Parken

P 70 Jachthafen, GPS 48.39513, -4.43360. Großer, aber oft recht voller Parkplatz mit schönem Blick auf den Jachthafen; stärker belebt, nicht so ruhig wie der Platz beim Océanopolis. Anfahrt: den Schildern „Océanopolis" folgen: von der NM165 auf die Rue Alan Colas und nahe ihrem Nordende rechts; Untergrund: Asphalt, eben; Ver-/Entsorgung: nein; Geöffnet: ganzjährig. Zentrumsnäher und zumindest an Wochenenden recht leer ist der große Parkplatz am Handelshafen (GPS 48.38227, -4.48897).

158br Abb.: rh

Parken

P 71 Parkplatz Océanopolis Brest, GPS 48.38866, -4.43525. Große, relativ ruhige, aber monotone Parkflächen zwischen Hafen und Stadtrand mit einigen Stellplätzen für Wohnmobile; durch Grünwälle gegen die Straße abgeschirmt. Lage/Anfahrt:

Rue des Cormorans; den Schildern „Océanopolis" folgen: von der NM165 auf die Rue Alan Colas und dann beim 2. Kreisverkehr rechts; Untergrund: Asphalt, eben; Ver-/Entsorgung: nein; Strom: nein; Platzanzahl: ca. 20, beleuchtet; Geöffnet: ganzjährig, zwischen 17 und 10 Uhr geschlossen, d. h. man muss vor 17 Uhr da sein und kann auch erst ab 10 Uhr des Folgetages den Platz verlassen; Max. Stand: unbegrenzt; Preise: Übernachtung kostenlos; Kontakt: Tel. 0298344051

Ver-/Entsorgung

› **Rue Eugene Berest,** GPS 48.39288, -4.43495, gleich nördlich vom Océanopolis; zwei EuroRelais-Junior-Stationen (Wasser/WC/Abwasser); leider wird der Zugang oft durch parkende Pkw versperrt. Auf dem Parkplatz daneben stehen meist auch Wohnmobile, allerdings ist es an der viel befahrenen Straße recht laut.

PLOUGASTEL-DAOULAS

(11 km – km 42)

Beim Verlassen von Brest überquert man via N165 nach Osten auf einer weit gespannten Brücke die Bucht von Brest und erreicht kurz danach die Ausfahrt nach Plougastel-Daoulas (nicht zu verwechseln mit Daoulas, das erst etwa 10 km weiter folgt!). Der Ort bietet Zugang zur **Presqu'île de Plougastel** (Halbinsel von Plougastel), die sich mit fünf Landspitzen wie eine Hand direkt vor Brest erstreckt und auch der „Garten von Brest" genannt wird.

Information

› **Office de Tourisme,** 6, Rue de l'Eglise, 29470 Plougastel-Daoulas, Tel. 02 98403498, www.mairie-plougastel.fr, www.brest-metropole-tourisme.fr

66 Stellplatz Plougastel-Daoulas

GPS 48.37166, -4.36450

Relativ ruhiger und schattiger Parkplatz zwischen Büschen vor der Sporthalle (nach Veranstaltungen kann es vorübergehend auch einmal weniger ruhig sein).

Lage/Anfahrt: Rue de la Fontaine Blanche; nahe der Kirche bei der „pharmacie" (Apotheke) in die Rue de la Fontaine Blanche und gegenüber vom Tennisplatz links zur „Halle de Sports" (zahlreiche Einbahnstraßen komplizieren die Anfahrt); **Untergrund:** Asphalt, nicht ganz eben; **Ver-/Entsorgung:** Wasser/Abwasser/WC gratis; **Strom:** nein; **Platzanzahl:** ca. 10; **Geöffnet:** ganzjährig; **Max. Stand:** unbegrenzt; **Preise:** Übernachtung kostenlos; **Kontakt:** Tel. 02 98375757, www.mairie-plougastel.fr

Einst ganz auf den Erdbeeranbau spezialisiert, werden hier heute allerlei Gemüse und auch Blumen angepflanzt. Trotz der Stadtnähe wird die Halbinsel von provinziellen Fischerdörfern und kleinen Straßen durch eine ursprüngliche Hügellandschaft geprägt.

Die wichtigste Sehenswürdigkeit ist der **Calvaire von Plougastel-Daoulas** aus dem Jahr 1604 (im Zentrum nahe dem Office de Tourisme; Zufahrt ausgeschildert). Die Stadtbewohner errichteten ihn als Dank dafür, dass sie die Pest von 1598 überlebten. Die 180 Figuren umfassende Darstellung der Passionsgeschichte gilt als eine der besten der Bretagne (s. „Enclos Paroissial", S. 210). Im Sommer organisiert das Office de Tourisme Führungen.

Im 10 km entfernten **Daoulas** lohnt sich ein Spaziergang durch die Ruinen der alten Abtei.

PRESQU'ÎLE DE CROZON

Weiter geht es auf der gut ausgebauten N165 um die Nordseite der Bucht herum und zügig nach Le Faou. Das stille Städtchen ist die Pforte zur **Presqu'île de Crozon,** die der Michelin mit satten drei Sternen bedenkt. Uns persönlich ist zwar der wildere Norden des Finistère noch lieber, aber wenigstens zweieinhalb der Sterne hat die eigenartig kreuzförmige Halbinsel sicher verdient.

Hübsche Schieferfassaden säumen die Straßen von Le Faou

LE FAOU
(22 km – km 64)

Auch das einst wohlhabende Hafenstädtchen **Le Faou** mit dem Prädikat „petite cité de caractère“ („kleines Städtchen mit Charakter“) lohnt einen kurzen Bummel und bietet zudem einen netten Parkplatz auf der einen und einen gut ausgestatteten Camping-Car-Park-Stellplatz auf der anderen Seite seiner Bucht.

Seine selbst in der Saison angenehm ruhige Hauptstraße säumen hübsch hergerichtete und doch nicht touristisch herausgeputzt wirkende Granithäuser mit Schieferfassaden und an ihrem nördlichen Ende (Place aux Foires) wartet eine lauschige Crêperie mit Tischen inmitten eines Meeres von Geranien auf Besucher.

232br Abb.: sh

67 Stellplatz Camping-Car Park „Park an Aod“, Le Faou

GPS 48.29517, -4.18508

Schöner und ruhiger Stellplatz der Kette Camping-Car Park nahe dem Meeresarm und vor dem Camping Naturelle bei einem kleinen Park mit Picknicktischen und Spielplatz; **Lage/Anfahrt:** 4 Rue de la Grève, nördlich des Zentrums von der D770 nach Westen abbiegen; **Untergrund:** fester Schotter, eben, 300 m zum Zentrum; **Ver-/Entsorgung:** ja; **Strom:** 24 Anschlüsse mit 6 A; **Platzanzahl:** 20; **Geöffnet:** ganzjährig; **Max. Stand:** 21 Tage; ab 3 Nächten nur mit Reservierung; **Preise:** 12,66 € plus 1,32 € Kurtaxe pro Wohnmobil; **Kontakt:** Tel. 01 83646921 (deutschsprachiger Kundenservice), www.campingcarpark.com

Tipp

› Fährt man von **Le Faou** in entgegengesetzter Richtung via D42 nach Osten, so gelangt man ins Zentrum des **Parc Naturel Régional d'Armorique mit den Monts d'Arrée** (s. Route 8, S. 214).

Parc Naturel Régional d'Armorique

Der 90.000 Hektar große, 1969 geschaffene Parc Naturel Régional d'Armorique umfasst zwei Drittel der Halbinsel Crozon und schützt dort fantastische Küstenlandschaften sowie die Inseln vor der bretonischen Westspitze, zu denen das internationale Biosphärenreservat von Iroise gehört. Er reicht aber auch bis tief ins Landesinnere, wo die Monts d'Arrée sein eigentliches Zentrum bilden. Viele kleine Straßen durch stille Wälder und Hügel bis hinauf zu nebelumhangenen Höhen locken zu Entdeckungen. Die höchsten Punkte sind der Tuchenn-ar-Gador („Thronhügel“) mit 384 m und der Mont-Saint-Michel mit 380 m. Sie liegen in der sagenumwobenen Moorlandschaft von Yeun Elez („Höllentor“), die an die schottischen Highlands erinnert.

*Einer der schönsten Ausgangspunkte für Erkundungen ist das hübsche Städtchen **Huelgoat** (Näheres dazu s. Route 8, S. 218).*

› ***Office de Tourisme,** 25 Place Aristide Briand, 29690 Huelgoat, Tel. 02 98997232*
› ***Parc Naturel Régional d'Armorique,** 15 Place aux Foires, B.P. 27, 29590 Le Faou, Tel. 02 98819008, www.pnr-armorique.fr*
› ***Monts d'Arrée Tourisme,** 1 Place des Monts d'Arrée, 29190 Brasparts, Tel. 02 98814706, www.montsdarreetourisme.bzh*

CROZON

(28 km – km 92)

Auf der als **Corniche** ausgezeichneten, gut ausgebauten und vor allem auf der ersten Hälfte landschaftlich reizvollen D791 geht es knapp 30 km in Richtung Westen zum Namensgeber der Halbinsel, dem Städtchen **Crozon.** Hier drängen sich im Sommer Einheimische und Touristen – vorwiegend, um einzukaufen, aber auch wegen der Strände, des Wassersportzentrums und der **Meeresgrotten**.

Information

› **Office de Tourisme,** Blvd. de Pralognan, 29160 Crozon, Tel. 02 98270792, www.crozon-bretagne.com, www.crozon-tourisme.bzh

68 Stellplatz Leclerc, Tal-ar-Groaz

GPS 48.24835, -4.41408

Markierte und für Wohnmobile reservierte Parkbuchten auf dem beleuchteten Asphaltparkplatz. **Lage/Anfahrt:** 8 Route de Brest in Tal-ar-Groaz an der D791; **Platzanzahl:** 3; **Untergrund:** Asphalt, eben; **Ver-/Entsorgung:** ja; Wasser 2 €; **Strom:** nein; **Preise:** kostenlos; max. 48 Std.; **Max. Stand:** 24 Std.; **Hinweis:** Waschmaschinen und Trockner befinden sich direkt daneben, 2022 nur Entsorgung möglich, kein Frischwasser

69 Stellplatz Le Fret

GPS 48.28432, -4.50997

Ruhiger, aber etwas düsterer und trister, von hohen Bäumen gesäumter Stellplatz der Kette Camping-Car Park am Ortsrand nahe dem Wasser; **Lage/Anfahrt:** Etang du Fret, Le Sillon D55, 29160 Crozon; auf der D55 von Südosten kommend gleich am Ortseingang links; **Untergrund:** Schotter, Gefälle; **Platzanzahl:** 16;

Die breiten Sandstrände der Crozon-Halbinsel locken zu Ausritten am Meer

043br Abb.: rh

Ver-/Entsorgung: 5,50 € für 10 Min. Wasser; **Strom:** nur an der VE-Station, 5,50 € für 60 Min. (Kreditkarte); **Geöffnet:** ganzjährig; **Max. Stand:** k. A.; **Preise:** Übernachten 14 €, **Kontakt:** Tel. 01 83646921 (deutschsprachiger Kundenservice), www.campingcarpark.com

70 Stellplatz Pen Hir, Camaret-sur-Mer

GPS 48.27402, -4.60866

Netter, ruhiger und sympathischer Platz am Ortsrand in Richtung Pointe de Penhir, gleich bei den Alignements da Lagatjar. **Lage/Anfahrt:** Rue Georges Ancey; westlich der Stadt nahe den Megalithen und dem Stadion; D8 (Rue André Antoine) in Richtung Pointe de Penhir, rechts in die D8a (Av. de Gén. Leclerc) und gleich wieder links (Rue G. Ancey); **Untergrund:** Asphalt, eben; die Stellplätze sind durch Grünstreifen und Blumen schön unterteilt; **Ver-/Entsorgung:** im Übernachtungspreis enthalten; **Strom:** nur an der VE-Säule, 2 € (in Münzen); **Platzanzahl:** 85; **Geöffnet:** ganzjährig; **Max. Stand:** unbegrenzt; **Preise:** 10 €/24 Std. (Ticketautomat); **Kontakt:** Camping Municipal, Tel. 02 98279131; **Beachten:** sehr beliebt und daher im Sommer früh voll

Die Meeresgrotten von Crozon

Die fantastischen Meeresgrotten von Crozon sind eine einzigartige Sehenswürdigkeit der Bretagne. Sie können zwischen April und September ab dem Hafen von Morgat (s. S. 120) auf verschiedenen Exkursionen (darunter auch Nachtfahrten) erkundet werden. Weitere Ausflüge per Boot erschließen die Kaps, Felsklippen und einsamen Sandbuchten dieser wilden Küste. Die Exkursionen dauern etwa eine Stunde und kosten je nach Route 16 bis 27 €.

› ***Vedettes Sirènes,*** *Ticketschalter: Quai Kador, 29160 Crozon-Morgat, Tel. 06 60939705, http://sirenes.bzh*

71 Stellplatz Crozon-Morgat

GPS 48.22537, -4.50773

Relativ ruhiger Platz der Kette Camping-Car Park nahe dem Zentrum und dem Sandstrand; **Lage/Anfahrt:** Rue de Penfrat, Parking Le Loch. Von der D887 im Zentrum nach Westen auf die D255 (Rue de l'Atlantique) abbiegen. Die Zufahrt ist in der Hauptsaison oft durch parkende Pkw erschwert. **Untergrund:** Asphalt, eben, markierte Buchten; **Ver-/Entsorgung:** ja, im Übernachtungspreis enthalten, sonst 5 €; **Strom:** nur an der Ver-/Entsorgungsstation; Müllentsorgung 0,50 €; **Platzanzahl:** ca. 20; **Geöffnet:** ganzjährig, 24 Std./Tag, elektr. Schranke; **Max. Stand:** 21 Tage; **Preise:** 13 €/24 Std.; **Kontakt:** Tel. 01 83646921 (deutschsprachiger Kundenservice), www.campingcarpark.com; **Sonstiges:** Toiletten vorhanden; **Hinweis:** Am nördlichen Ortseingang befindet sich direkt an der D788 rechts der Straße (Blvd. de la France Libre) ein großer Parkplatz (GPS 48.23560, -4.49804), auf dem oft Wohnmobile stehen.

159or Abb.: rh

72 Stellplatz Crozon

GPS 48.24759, -4.47964

Komplett neu eingerichteter Stellplatz der Kette Camping-Car Park. **Lage/Anfahrt:** 82 Rue de Poulpatre, direkt an der D887; **Platzanzahl:** 22; **Untergrund:** Asphalt, eben; **Ver-/Entsorgung:** ja, im Übernachtungspreis enthalten, sonst 5,50 €; **Strom:** ja; **Preise:** 13,30 €/24 Std.; **Max. Stand:** 21 Tage; **Geöffnet:** ganzjährig; **Kontakt:** Tel. 01 83646921 (deutschsprachiger Kundenservice) www.campingcarpark.com; **Sonstiges:** direkt an der Durchgangsstraße, daher auch nachts relativ laut

RUNDFAHRT PRESQU'ÎLE DE CROZON

(ab/bis Crozon 73 km – km 165)

Nach Süden und mit Crozon zusammengebaut erstreckt sich der beliebte und im Sommer sehr überlaufene Ort **Morgat.** Als Badeort erschlossen wurde die kleinen Hafenstadt bereits zu Beginn des 20. Jh. durch Armand Peugeot, der hier Ferienhotels für seine Angestellten bauen ließ. Historische Villen und farbenfrohe Fassaden erinnern noch an diese Zeit. Am Jachthafen befinden sich der Ticketschalter und die Anlegestelle der Boote zu den Meeresgrotten.

Weiter via D255 fährt man etwa 10 km durch reizvolle Heidelandschaft zum **Cap de la Chèvre** („Ziegenkap") mit Wanderwegen und weiter Aussicht.

Information

› **Bureau de Morgat,** Pl. d'Ys, 29160 Crozon, Tel. 02 98272949, www.crozon-tourisme.bzh

Parken

P 72 Parkplatz Cap de la Chèvre, GPS 48.17207, -4.55091. Wunderschöner, ruhig gelegener, schattenloser Parkplatz nahe dem Strand; einsam und ohne jeglichen Service. Lage/Anfahrt: am südlichen Ende der D255 beim Leuchtturm; Platzanzahl: 20; Untergrund: Schotter; Ver-/Entsorgung: nein; Strom: nein; Preise: kostenlos; Geöffnet: ganzjährig; Kontakt: Tel. 02 298271028; Beachten: Auffahrkeile sind hier verboten; nur Parken, kein Campingverhalten; Vorsicht: sehr windexponiert; Tipp: schöne Möglichkeiten für Spaziergänge und Wanderungen

Einen weiteren Aussichtspunkt bietet die **Pointe de Dinan** etwa 6 km westlich von Crozon (erreichbar via D308). Vom Parkplatz sind es auf dem nach links führenden Fußweg noch etwa 500 m bis zu den Klippen. Das „Château" de Dinan wird man vielleicht vergeblich suchen, denn so heißt kein Schloss, sondern der wuchtige Felsklotz, in den das Meer einen Durchgang gefräst hat. Mit gutem Schuhwerk kann man ihn auf steinigem Pfad erreichen (hin und zurück ca. 30 Min.).

Von Crozon führt die D8 nach Nordwesten in den Badeort **Camaret-sur-Mer.** Unterwegs passiert man den herrlichen Sandstrand von **Kerloch Plage** (GPS 48.25925, -4.55979). Zu beiden Seiten der langen Sandbucht befinden sich große Parkplätze, auf denen bislang auch Wohnmobile (tagsüber) direkt am Strand stehen können. Allerdings ist der Andrang im Sommer auch entsprechend groß!

Camaret war einst ein bedeutender Fischereihafen (vor allem für Langusten) und bietet heute noch einige nette Lokale am Hafen. Östlich der Stadt liegen die **Alignements de Lagatjar** (Reihen von Menhiren).

Von dort führt eine Straße nach Süden zur **Pointe de Penhir,** dem wohl schönsten Aussichtspunkt der Crozon-Halbinsel. Von einer 70 m hohen Klippe eröffnet sich ein weiter Panoramablick. Darunter gischtet das Meer gegen die Felsen und eine Reihe von Inselchen, die den Namen **Tas de Pois** („Erbsenhaufen") tragen.

Verschiedene Geschütze, gigantische Schiffsanker und das in einem einstigen Bunker untergebrachte **Mémorial International de la Bataille de l'Atlantique** (Tel. 02 98279258) erinnern an die Atlantikschlacht im Zweiten Weltkrieg.

Von Camaret-sur-Mer via D355 nach Norden kann man eine schöne Rundfahrt (ca. 25 km) über die auf ihrer Westseite recht

160br Abb.: rh

ursprüngliche und reizvolle Nordspitze der Crozon-Halbinsel zur **Pointe des Espagnols** unternehmen (Teile der Halbinsel sind Militärsperrgebiet). Dort befindet man sich ganz plötzlich wieder „in der Nähe“ von Brest – Luftlinie nur 5 km davon entfernt, auf der Straße jedoch über 70 km weit! Am Ende der Rundstrecke kann man via D55 einen Abstecher in das kleine, weniger touristische Städtchen **Le Fret** unternehmen, einen kleinen Fischereihafen, der für seine Jakobsmuscheln bekannt ist und einen kleinen, nicht sehr attraktiven Stellplatz besitzt. Vor allem aber gibt es hier mit der Hostellerie de la Mer eines der besten Restaurants der Halbinsel.

Information

› **Office de Tourisme,** 15 Quai Kleber, 29570 Camaret-sur-Mer, Tel. 02 98279360, www.camaret-sur-mer.com

Essen

› **Hostellerie de la Mer,** 11 Quai du Fret, 29160 Crozon, Tel. 02 98276190, www.hostelleriedelamer.com. In diesem Hotel-Restaurant mit Meerblick, das sogar der Guide Michelin empfiehlt, vereint der aus dem Elsass stammende Chef Jacques Frappier traditionelle und moderne Küche mit frischen Produkten der Region. Menüs von 31 € (Menu Terroir) bis zu 76 € (Menu Hommard), aber auch Formules Déjeuner zu 20 bis 24 € (Di.–So.).

Parken

P 73 Parkplatz Pointe des Espagnols, GPS 48.33978, -4.53732. Großer, geschotterter, ruhig gelegener Parkplatz nahe der Landspitze, aber ohne Ausblick auf das Meer, Übernachtung möglich. Lage/Anfahrt: D355 nahe der Landspitze; Platzanzahl: 20; Untergrund: Schotter, holprig; Ver-/Entsorgung: nein; Strom: nein; Preise: kostenlos; Geöffnet: ganzjährig; Kontakt: Tel. 02 98484985

Nahe der Pointe des Espagnols knickt die D355 nach Süden und führt durch Roscanvel an der Küste entlang. Bei Saint-Jean mündet sie in die D155 und kurz danach erreicht man wieder Crozon.

Fassaden an der Hafenstraße von Camaret

BAIE DE DOUARNENEZ

Für die Rückfahrt folgt man östlich von Crozon der D887 und biegt kurz hinter Telgruc-sur-Mer nach Süden auf die C1 (später C3 und dann C4) in Richtung **Pentrez.** Der kilometerlange Sandstrand südlich des Orts ist leider durch 2-m-Barrieren für Wohnmobile abgeriegelt – bis auf den Parkplatz Plage de Lestrevet (s. r.). Auf der weiteren Strecke ist die Straße zwar schmal und stellenweise verwirrend, erschließt aber schöne Strände an der **Bucht von Douarnenez.** Die Zufahrten sind teils eng und nicht für die ganz großen Wohnmobile geeignet.

Ehe man Douarnenez erreicht (oder auch als Ausflug von Douarnenez) lohnt sich ein Abstecher via D63 von Norden her bzw. via D7 von Westen in das kleinen Städtchen **Locronan,** das sich sein historisches Stadtbild aus dem 17. und 18. Jh. hervorragend erhalten hat. Seine Pflastergassen gleichen einer Filmkulisse – allerdings ist die „Petite Cité de Charactère" auch entsprechend touristisch, sodass man zeitig am Morgen oder am Spätnachmittag kommen sollte. Die Durchfahrt ist gesperrt und die Parkplätze am Ortsrand (wenige Schritte vom historischen Zentrum) sind im Sommer gebührenpflichtig. Mit dem Wohnmobil kann man auf dem Camping-Car Park 73 am östlichen Ortsrand stehen und dann durch die Straßen schlendern, wenn die Massen verschwunden sind.

Information

› **Office de Tourisme,** Place de la Mairie, Locronan, Tel. 02 98917014, www.locronan-tourisme.bzh (auch auf Deutsch)

Parken

P **74 Parkplatz Plage de Lestrevet,** GPS 48.17603, -4.29082. Großer ebener Schotterplatz direkt am Sandstrand, etwas außerhalb des Orts, ruhig, kein Schatten; keine Ver-/Entsorgung; zwischen 22 und 8 Uhr für Wohnmobile verboten; kostenlos

P **75 Parkplatz Plage Sainte-Anne-de-la-Palud,** GPS 48.13443, -4.26838. Gras-/Schotterplatz für ca. 20 Fahrzeuge; Sandstrand, Dünen und schöner Meerblick; keine Ver-/Entsorgung; keine Verbotstafel; kostenlos

161br Abb.: rh

73 Stellplatz Aire Camping-Car Park de Locronan

GPS 48.09799, -4.21250
Neu angelegener Camping-Car-Park-Stellplatz am westlichen Ortsrand zwischen hohen Bäumen; 3 Min. vom Zentrum. **Lage/Anfahrt:** vom Kreisverkehr an der D6 in Richtung Locronan und am Ortseingang links; **Platzanzahl:** 40; **Untergrund:** teils Asphalt, teils Schotter; **Ver-/Entsorgung:** im Gegensatz zu anderen Plätzen von Camping-Car Park liegt die VE-Station außerhalb und kostet 2 € in Münzen; **Strom:** nur an der VE-Säule; **Preise:** 12 € für 24 Std.; **Max. Stand:** ab 3 Tagen mit Reservierung; **Geöffnet:** ganzjährig; **Kontakt:** Tel. 01 83646921 (deutschsprachiger Kundenservice), www.campingcarpark.com

Parken

P 76 **Parkplatz Plage de Kervel,** GPS 48.11558, -4.28042. Ruhiger Strandparkplatz im Grünen bei einem riesigen und selten überlaufenen Sandstrand, recht ruhig und etwas geschützt, aber sehr eng zwischen den Hecken. Lage/Anfahrt: 61 Kervel Izella, 29550 Plonévez-Porzay; von Sainte-Anne-la-Palud via Tréfeuntec nach Süden und in Kervel zum Meer hinunter; Untergrund: Wiese, nicht ganz eben; Ver-/Entsorgung: nein, nur Mülltonnen; Strom: nein; Platzanzahl: ca. 10; Geöffnet: ganzjährig; Max. Stand: 48 Std.; Preise: kostenlos; Kontakt: Tel. 02 98925023; Sonstiges: Bar, Crêperie

74 Stellplatz Plonévez-Porzay

GPS 48.12502, -4.22432
Ruhiger Wiesenplatz zwischen hohen Hecken am Ortsrand beim Sportgelände (Salle du Sport); Picknicktische. **Lage/Anfahrt:** Rue des Églantines; westlich des Zentrums und der Sportanlage; **Untergrund:** Schotter, nicht ganz eben; **Ver-/Entsorgung:** Euro-Relais-Station, 2 € (Karte); **Strom:** 2 € (Karte); **Platzanzahl:** ca. 14; **Geöffnet:** ganzjährig; **Max. Stand:** unbegrenzt; **Preise:** Übernachtung kostenlos; **Kontakt:** Tel. 02 98925023

Locronan hat sein historisches Stadtbild hervorragend bewahrt

Für die Ver-/Entsorgung gibt es gleich hinter der Küste in **Plonevez-Porzay** einen Stellplatz mit EuroRelais-Station.

DOUARNENEZ

(55 km – km 220)

Das Städtchen an der gleichnamigen Bucht, das man über die D107 und die D7 erreicht, wird auch die „Stadt der drei Häfen“ genannt und ist ganz vom Meer geprägt. Mitte des 19. Jahrhunderts war es ein wohlhabender Fischereihafen mit Dutzenden von Konservenfabriken. Seinen Reichtum verdankte Douarnenez einem kleinen Fischlein: der Sardine, doch als die Schwärme um 1880 plötzlich ausblieben, versank die Stadt in Armut. Bis heute ist sie eng mit dem Meer verbunden.

Bei der Ankunft erblickt man zuerst ein wenig einladendes, graues Gewirr von Häusern und Baustellen, doch der alte Hafen mit seinen farbenfrohen Fassaden bietet ein ganz anderes Bild. Und der Fischereihafen lockt früh am Morgen, wenn die Boote ihren Fang anlanden und in der *criée* („Auktionshalle“) der frische Fisch versteigert wird. Der **„Chemin de la Sardine“** („Pfad der Sardine“) führt in 17 Stationen durch das Hafenviertel und dokumentiert die „fischige“ Vergangenheit von Douarnenez.

Eine der Hauptattraktionen ist jedoch der dritte der Häfen: der alte Flusshafen **Port Rhu.** Er ist heute der größte **Museumshafen** Europas mit rund 40 historischen Schiffen, von denen einige auch von innen besichtigt werden können. Auf dem Kai und somit auf dem Trockenen liegen noch mehr restaurierte Holzboote aus drei Jahrhunderten, die aus den verschiedensten Teilen Europas stammen. Alles gehört zum **Musée du Bateau** (Place de l'Enfer, Tel. 02 98926520, www.port-musee.org), das in einer alten Konservenfabrik untergebracht und absolut sehenswert ist. Die letzte bis heute aktive, traditionelle Konservenfabrik, die Führungen und Direktverkauf anbietet, ist die Conserverie Kerbriant (s. r.).

Die beliebtesten Sandstrände von Douarnenez befinden sich westlich der Mündung des Baches Stalas im Ortsteil **Tréboul,** der mit seinen gepflegten Promenaden, schattigen Pinien und schmucken Villen eine recht mondäne Atmosphäre besitzt.

Information

› **Office de Tourisme,** 1 Rue Docteur-Mével, 29100 Douarnenez, Tel. 02 98921335, www.douarnenez-tourisme.com (auch auf Deutsch)

Feste

› Zur großen **Fête des Bateaux,** die in allen geraden Jahren Mitte/Ende Juli stattfindet, treffen sich in Douarnenez Hunderte prachtvoller, alter Segler. Dann wird fünf Tage lang gefeiert – mit zahlreichen Veranstaltungen rund um das maritime Leben. Beim Auslaufen der historischen Flotte ist übrigens die Pointe de Tréfeuntec ein erstklassiger Aussichtspunkt, um die Schiffe vorüberziehen zu sehen.

Einkaufen

› **Conserverie la Pointe de Penmarc'h,** 15 Blvd. de la France Libre, Tel. 02 98110707, www.pointedepenmarch.com. Fischkonserven direkt ab Erzeuger.

› **Conserverie Kerbriant,** Parc Activités de Lannugat Nord, 32 Rue Jean Kervoalen, 29100 Douarnenez,

„Die stinken, deine Fische!“

Schon die Römer haben die Sardinen aus der Bucht von Douarnenez geschätzt. Da der Weg nach Rom zu lang war, um Frischfisch mitzunehmen, hat man ihn eingesalzen oder zu der berühmten Würzsoße „Garum“ verarbeitet: eine Mischung aus Sardinen, Fischblut und Innereien, die man wochenlang in der Sonnenhitze fermentieren ließ. Dieser „pikanten Soße“ wird ein feiner Geschmack nachgesagt, doch die Produktion musste wegen eklatanter Geruchsbelästigung weit außerhalb der Orte stattfinden.

Tel. 02 98705244, www.kerbriant.fr. Die letzte traditionelle Konservenfabrik mit Direktverkauf (aber auch Internetverkauf der Fischkonserven) bietet im Juli und August Mo.-Fr. um 9.30 und 11 Uhr Führungen an (oder auf Anfrage).

› Douarnenez ist aber nicht nur für fischige Genüsse bekannt, sondern auch als Heimat des typisch bretonischen Kouign Amann (s. S. 139). Einen der besten bietet die **Boulangerie der Plomarc'h,** 20 Rue de Plomarc'h, Tel. 02 98923724, www.kouign-douarnenez.com, GPS 48.09278, -4.32680.

75 Camping de Kerleyou***, Douarnenez

GPS 48.09869, -4.36197

Schön gelegener und sehr ruhiger Campingplatz im Grünen am westlichen Stadtrand nahe dem Plage des Sables Blancs (ca. 1,3 km vom Strand). Die Stellplätze sind schön durch Büsche und Bäume parzelliert; ein Fußweg führt zum Strand. Gute Ausstattung mit einem großen, beheizten Schwimmbad; die Sanitäranlagen waren weniger berauschend. **Lage/Anfahrt:** 15 Chemin du Village de Kerleyou; von Osten kommend am Kreisverkehr beim Ende der Bucht auf die D7A nach Norden abbiegen und danach am dritten Kreisverkehr nach Norden auf den Boulevard Jean Moulin; im Kreisverkehr bei Leclerc die dritte Ausfahrt auf die Rue Alan Gerbault, ca. 600 m weiter nach links in die Rue du Prefet Collignon und nahe dem Ortsende rechts ab auf die Kerleyou, Achtung: Wenn Sie von Osten kommend dem Navi folgen, wird es Sie durch alle Gassen der Altstadt lotsen; **Preise:** Womo mit 2 Pers. inkl. Strom 18-25 €; **Geöffnet:** 13.4.-21.9.; **Kontakt:** Tel. 02 98741303, www.camping-kerleyou.com

Vorsicht Navi

In vielen Orten, aber in Douarnenez ganz besonders, sollte man sich nicht einfach auf das Navi verlassen, das einen garantiert durch die engsten Winkel der Altstadt lotsen wird!

LA CORNOUAILLE

Die Cornouaille (bretonisch: Bro Gerne) ist eine historische Landschaft, die einen Großteil des Finistère umfasst. Im Mittelalter war sie ein eigenes Königreich und später ein Teil des Herzogtums der Bretagne. Heute bezeichnet der Name vor allem eine reizvolle touristische Region mit Halbinseln, Landspitzen und hohen Klippen zwischen der Prèsqu'Île de Crozon und Quimperlé. Sie zeigt die für das Finistère typischen Landschaften mit hohen Felsen und Klippen, die im wogenden Meer enden. Am bekanntesten ist die Pointe du Raz, aber es gibt auch eine Reihe weiterer Felsenkaps, die deutlich weniger überlaufen und ähnlich schön sind.

ZUR POINTE DU RAZ
(43 km - km 263)

Strecke:
Cléden-Cap-Sizun (32 km) - Pointe du Van (6 km) - Pointe du Raz (5 km)

Mit Douarnenez endet die weite sandige Bucht und ein felsiger Rücken mit hohen Klippenküsten erstreckt sich rund 30 km bis zur westlichsten Spitze der Halbinsel. Es lohnt sich auf der kleinen Landstraße D7 ihrer Nordküste zu folgen und immer wieder einmal Abstecher zu den verschiedenen Felsspitzen zu unternehmen, die meist einen wirklich spektakulären Ausblick bieten und allemal ruhiger und romantischer sind als die rummelige Pointe du Raz. Die Straßen sind allerdings recht schmal und auch nicht immer gut beschildert. Man muss auch durchaus damit rechnen, dass ein Asphaltsträßchen plötzlich zum Feldweg wird und man wenig Platz zum Wenden hat. Dafür gibt es lauschige Parkplätze mit Aussicht zu entdecken, auf denen man – zumindest außerhalb der Saison – eine Nacht verbringen kann.

Information

› **Maison de la Pointe du Raz et du Cap Sizun,** Tel. 02 98706718, www.pointeduraz.com (auch Deutsch). Hier gibt es auch Filme und Ausstellungen.

Parken

P **77 Parkplatz Pointe du Millier,** GPS 48.09427, -4.46758. Hinter Lescogan via D407 nach Norden bis kurz vor dem Ende der Straße. Nicht ganz ebener, aber ruhiger Platz (55 m ü. d. M.) mit Asphalt und Feinschotter, umgeben von schattigen Bäumen; teils starkes Gefälle. Keine Einrichtungen; kostenlos. Die Straße führt rechts weiter bis zu einem kleinen Leuchtturm, von dort kommt man nach kurzem Fußweg (ca. 5 Minuten) zu den Klippen mit weiter Aussicht.

P **78 Parkplatz in einer Sandbucht,** GPS 48.08523, -4.48540. Von Coat Pin via C7 fährt man nach Norden, die zweite Straße links nach Pors Prion und hinter dem Weiler in die Bucht hinunter. Ein kleiner, rauer Kiesparkplatz (30 m ü. d. M.) mit Gefälle kurz vor dem Ende der Straße; kein Schatten und keine Einrichtungen, aber absolut ruhig und bei einem herrlichen Sandstrand zwischen den Klippen gelegen

P **79 Parkplatz Pointe de Castelmeur,** GPS 48.05940, -4.68711. Von der D7 im Weiler Meil Kernod kurzer Schotterweg nach Norden bis zum Parkplatz am Ende der Straße (70 m ü. d. M., Schotter, kein Schatten; Picknicktisch); Fußwege zum Kap mit weiter Aussicht.

P **80 Parkplatz Pointe de Brézellec,** GPS 48.06989, -4.66462. Von der D7 via C15 (bzw. von Cléden via C10 und C15) nach Norden bis zum Parkplatz am Ende der Straße (70 m ü. d. M., Schotter, kein Schatten); mit weitem Blick entlang der Felsküste – für eine Übernachtung mit Panoramablick optimal und schöner als Pointe du Raz; ca. 15 Plätze; keine Ver-/Entsorgung; gratis; im Sommer recht beliebt und früh voll. Leider werden auch hier Wohnmobilisten mitten in der Nacht absichtlich durch Motorenlärm und Hupen gestört.

P **81 Parkplatz Pointe du Van,** GPS 48.05996, -4.70731. Via D7 den Schildern „Pointe du Van" folgen bis zum Kap. Großer, schattenloser Parkplatz zwischen Hecken und Mauern; Fußweg zum Kap;

044br Abb.: rh

76 Stellplatz Cléden-Cap-Sizun

GPS 48.04825, -4.65009

Großer, aber recht ruhiger und grüner Platz auf einem gemischten Parkplatz nahe dem Zentrum, gegenüber vom Friedhof (54 m ü. d. M.). **Lage/Anfahrt:** Place du 19 Mars 1962; an der D43, südlich der D7, zu erreichen via C10 und dann links in den Ort, an der Durchgangsstraße gleich nach dem Zentrum; **Untergrund:** Asphalt, relativ viel Gefälle; **Ver-/Entsorgung:** 2 € (Münzen); **Strom:** 2 € (Münzen); **Platzanzahl:** ca. 30; **Geöffnet:** ganzjährig; **Max. Stand:** 7 Tage; **Preise:** Übernachtung kostenlos; **Kontakt:** Tel. 02 98706145, mairie.cleden-cap-sizun@wanadoo.fr

206br Abb.: rh

ca. 40 Plätze; keine Ver-/Entsorgung; gratis; im Sommer recht beliebt und früh voll, seit Mitte 2022 Nachtparkverbot. Fußwege durch die Heidelandschaft zu einer Kapelle und einem Quellenheiligtum. Malerisch sind die vorgelagerten kleinen Inseln, die von Seevögeln aller Art bevölkert sind.

Nach Süden führt die D607 durch die **Baie de Trespasses** in das Dörfchen Lescoff. Dort biegt man rechts ab auf die D784 und fährt zu einem der 3-Sterne-Highlights jeder Bretagnereise: der **Pointe du Raz.**

Sie ist zwar nicht der westlichste Punkt der Bretagne (s. S. 106), aber immerhin der westlichste Punkt der Cornouaille und sicher das spektakulärste Kap Frankreichs. In einer Kette wilder Klippen versinkt hier das Land im Meer und es gibt nur noch Wasser bis hinüber zur Küste von Neufundland. Dieser eindrucksvollen Szenerie verdankt die ganze Region ihren Namen: Finistère, „Fin de la Terre“, das Ende der Welt.

Im Sommer brummt hier der Bär, sodass man große Parkflächen und feste Pfade anlegen musste, um der Massen Herr zu werden und damit die empfindliche Vegetation der Küstenheide nicht ganz zertrampelt wird. Doch außerhalb der Saison sollte man sich wenigstens eine Stunde oder zwei Zeit nehmen, um auf den Pfaden 70 m über dem Meer zu wandern und die wilde Klippenlandschaft zu genießen. Für den Fußweg vom Parkplatz zum Kap sind etwa 25 Minuten zu rechnen (für Gehbehinderte gibt es von April bis September einen Bus). Einen kostenlosen Stellplatz und eine VE-Station findet man im nahen **Plogoff.**

Einkaufen

› **Le Fumoir de la Pointe du Raz,** Le Poulley, 29770 Audierne, Tel. 02 98703172, Mobil 0770738346, www.fumoir-pointe-du-raz.fr, GPS 48.03286, -4.57395. Falls Sie ein besonders leckeres Reisesouvenir für Freunde (oder für sich selbst) suchen, finden Sie in dieser kleinen Räucherei direkt an der Straße kurz vor Audierne eine gute Auswahl an frisch geräuchertem Fisch.

Parken

P 82 **Parkplatz Pointe du Raz,** GPS 48.03694, -4.71562. Auf offenem, schattenlosem und unebenem Gelände nahe dem Kap. Im Sommer ein Riesen-Rummelplatz. Lage/Anfahrt: Rue des Langoustiers; von Lescoff via D784 nach Westen den

Traumhafter Blick über die Felsenküste vom Parkplatz an der Pointe de Brézellec (s. S. 126)

073br Abb.: rh

Schildern folgen; Platzanzahl: ca. 50; Max. Stand: 1 Nacht; Ver-/Entsorgung: nein; Preise: am Tag 8 €; mit Übernachtung 15 €, Nov.-März gratis; Info: Tel. 02 98706718; Sonstiges: Toiletten, Mülltonnen, im Sommer Imbisskiosk; Fußweg zur Pointe du Raz

Sonstiger Stellplatz

S 83 **Stellplatz Plogoff (Stadion),** GPS 48.03295, -4.66209. Großer, ruhiger Wiesenplatz zwischen Büschen am Ortsrand beim Stadion, ca. 650 m vom Meer. Lage/Anfahrt: Rue de la Stade, von der D784 im Zentrum rechts ab; problemlose Zufahrt; Untergrund: Gras, Erde, relativ eben; Ver-/Entsorgung: am Place de l'Église (s. u.); Strom: am Place de l'Église; Strom und Wasser 2 €; Platzanzahl: ca. 20; Geöffnet: ganzjährig; Max. Stand: unbegrenzt; Kontakt: Tel. 02 98706054; Preise: Übernachtung kostenlos; Sonstiges: 500 m von der Bucht entfernt

Ver-/Entsorgung

› **Parkplatz bei Kirche in Plogoff,** GPS 48.03742, -4.66539. Rue de l'Église, von der D784 im Zentrum links ab und via Rue du Bourg zum Place de l'Église; Ver-/Entsorgung: 2 € (Münzen); Strom: 2 € (Münzen); keine Übernachtungsmöglichkeit, Kontakt: Tel. 02 98706054

AUDIERNE

(14 km – km 277)

Via D784 gelangt man bald zum hübsch gelegenen Fischer- und Jachthafen von **Audierne** an der Goyen-Mündung mit mehreren schönen **Stränden** und einem sehenswerten **Aquarium** (Tel. 02 98700303, www.aquarium.fr; Eintritt 13,50 €, Kinder bis 12 J. 9 €), das nicht nur die Meeresfauna der Bretagne zeigt, sondern im Sommer zudem eine spektakuläre Aquashow und eine in der Bretagne einzigartige Vogelvorführung. Außerdem hat die Stadt einen sehr beliebten Stellplatz direkt am Wasser mit **Ver-/Entsorgungsstation.** Einen weniger reizvollen **Stellplatz** mit Ver- und Entsorgung findet man am Ende der Goyen-Gezeitenmündung in Pont-Croix. **Pont-Croix** bietet eine sehenswerte Kirche und einige hübsche Pflasterstraßen mit alten Häusern bis hinunter ans Ufer (Petite und Grande Rue Chère).

Klippenküsten wie hier an der Pointe de Brézellec sind typisch für die Bretagne

Bis **Plouhinec** fährt man noch auf der D784, dann biegt man rechts auf ein kleines Sträßchen in Richtung Pors-Poulhan und **Penhors,** um weiter der reizvollen Küste mit ihren Sand- und Kiesstränden zu folgen.

Am Südende dieses einzigartigen und geschützten Küstenabschnitts erreicht man über die D785 die **Pointe de la Torche,** deren ursprüngliche Küstenlandschaft schöne Möglichkeiten für ausgedehnte Spaziergänge bietet. Hier treffen sich die Surf- und Funboard-Fans. Vom linken der beiden Strände, dem kilometerlangen **Plage de Pors Carn,** führt übrigens das Überseekabel von Europa nach Nordamerika. Vorsicht: Das Baden ist hier wegen der starken Strömungen sehr gefährlich! Zwischen den Stränden erstreckt sich ein kleines Kap mit Fußpfaden, die zu einem bedeutenden Großsteingrab führen.

77 Stellplatz Audierne

GPS 48.02689, -4.53638

Relativ großer, belebter und sehr beliebter städtischer Platz nahe des Zentrums und direkt am Bootshafen; **Lage/Anfahrt:** Rue Lamartine, auf der D784 von Westen kommend beim Kreisverkehr direkt vor der Brücke über den Goyen nach Nordwest (zweite Ausfahrt) auf die D765 (Rue Lamartine) biegen und dann rechts halten; **Untergrund:** geschottert, eben; **Ver-/Entsorgung:** Station (4 € mit Kreditkarte); **Strom:** an der Ver-/Entsorgungsstation; **Platzanzahl:** ca. 30; **Geöffnet:** ganzjährig, 24 Std./Tag, keine Schranke; **Max. Stand:** 1 Nacht; **Preise:** Übernachten 4 € bzw. 7 € mit Strom und Wasser; **Kontakt:** Tel. 02 98700847; **Sonstiges:** Stellplätze direkt am Wasser; am Morgen durch Busse und Containerdienst sehr laut, nachts okay

Parken

P 84 Aire de Viben, Saint-Guénolé, GPS 47.82377, -4.37086. Großer, ruhiger und schattenloser Parkplatz; nahe dem Meer, aber ohne Badestrand. Lage/Anfahrt: Ortsteil Viben, Rue du Viben; nordöstlich des Zentrums von Saint-Guénolé; problemlose Zufahrt; Ver-/Entsorgung: nein; Strom: nein; Platzanzahl: ca. 30; Geöffnet: ganzjährig; Max. Stand: unbegrenzt; Preise: Übernachtung 5 €/Nacht (April–September); Kontakt: Office de Tourisme,

089br Abb.: rh

Traumhafter Parkplatz nahe Penhors *(s. S. 130)*

Tel. 02 98588144; Sonstiges: Etwa 600 m weiter östlich befindet sich das Prähistorische Museum von Finisterre.

Ver-/Entsorgung

› Eine kostenlose VE-Station gibt es vor dem Camping Entre Pierres et Mer, GPS 48.04912, -4.48259, Route de Lochrist, Langroas, 29790 Pont und beim Carrefour-Supermarkt in Plouhinec, 3 Rue Brizeux, GPS 48.01695, -4.50205.

78 Stellplatz Penhors

GPS 47.9403, -4.3986

Schöner, kleiner, schattenloser Wiesenplatz in ruhiger Lage 200 m vom Strand und bei einer malerischen Kirche; mit Picknicktischen und Toilette. Beliebt bei Windsurfern. **Lage/Anfahrt:** D40 am südlichen Ortsrand von Penhors; in Pouldreuzic von der D2 nach Westen auf die D40 abbiegen; **Platzanzahl:** 12; **Untergrund:** Gras, holprig; **Ver-/Entsorgung:** nein; **Strom:** nein; **Preise:** kostenlos; **Max. Stand:** 48 Std.; **Geöffnet:** ganzjährig; **Hinweis:** Bitte respektieren Sie das Wohnmobilverbot auf den anderen Parkplätzen des sensiblen Küstenschutzgebiets.

Parken

P 85 Parkplatz Pointe de la Torche, GPS 47.83740, -4.34160. Etwas holpriger, schattenloser Wiesenplatz an der Straße nahe der Landspitze. Beliebt bei Windsurfern. Der Platz ist nichts Besonderes, aber in der Umgebung dehnen sich reizvolle Küstenlandschaften aus; alle strandnäheren Plätze sind durch 1,90-m-Schranken abgesperrt. Lage/Anfahrt: nahe der Pointe de la Torche; von Pen ar Liorzou via V2 nach Westen; Platzanzahl: 12; Untergrund: Gras, holprig; Ver-/Entsorgung: nein; Strom: nein; Preise: kostenlos; Max. Stand: 24 Std.; Geöffnet: ganzjährig

In der Gegend von **Keristenvet** (nördlich von Penhors) passiert die Straße in einer Heidelandschaft über dem Meer einige aktuelle Ausgrabungen und ein schönes **Großsteingrab.**

Etwa 2 km nördlich der Abzweigung zur **Pointe de la Torche** passiert man in Saint-Jean-Trolimon die sehenswerte **Chapelle de Notre Dame de Tronoën** (15. Jh.) mit einem der eindrucksvollsten **calvaires** (s. S. 210) der Bretagne. Und bei **Plovan** findet man Mitten im Grünen die malerischen Ruinen von Languidou mit einem kleinen Picknickplatz (GPS 47.91328, -4.35278).

162br Abb.: rh

Ver-/Entsorgung

› **Penmarc'h,** GPS 47.81392, -4.36068. Direkt an der Straße bei der Kläranlage; nicht zum Übernachten geeignet. Lage/Anfahrt: Rue du Pont Nevez zwischen Kérity und Saint-Guénolé; problemlose Zufahrt; Ver-/Entsorgung: 2 € (Münzen); Strom: 2 € (Münzen); Geöffnet: ganzjährig; Kontakt: Office de Tourisme, Tel. 02 98823799

Parken

P 86 **Stellplatz Kérity-Plage,** GPS 47.79936, -4.34880. Relativ ruhiger, etwas holpriger und staubiger Platz direkt hinter den Dünen; kein Schatten; fantastischer, langer Sandstrand. Lage/Anfahrt: Route du Ster Kérity; am östlichen Ortsrand von Kérity direkt hinter dem Strand; von der D785 links auf die Rue Pont Nignon, dann auf die Rue de Port-de-Bouc und dann nahe der Küste links auf die Route du Ster Kérity; Ver-/Entsorgung: nein; Strom: nein; Platzanzahl: ca. 10; Geöffnet: Mai–Mitte Sept.; Max. Stand: unbegrenzt; Preise: April–Sept. Übernachtung 5 €/Nacht; Kontakt: Office de Tourisme, Tel. 02 98823799

79 Stellplatz Les Sables Blancs, Loctudy

GPS 47.800126, -4.201015

Sehr schön und ruhig gelegener Strandparkplatz am Ortsrand gleich hinter den Dünen; ca. 50 m vom Badestrand Sables Blancs. **Lage/Anfahrt:** Villa des Sables Blancs; beim Kreisverkehr am westlichen Ortseingang rechts via Rue des Sables Blancs und dann wieder rechts via Rue Beau Rivage nach Süden; problemlose Zufahrt; **Untergrund:** Gras/Sand, holprig; **Ver-/Entsorgung:** nein; **Strom:** nein; **Platzanzahl:** ca. 30; **Geöffnet:** 15. Juni–15. Sept.; **Max. Stand:** 48 Std.; **Preise:** Übernachtung kostenlos; **Kontakt:** Office de Tourisme, Tel. 02 98875378

Die malerische Kirche beim Stellplatz von Penhors

POINTE DE PENMARC'H

(44 km – km 321)

Nahe der Pointe de Penmarc'h findet man das Städtchen **Saint-Guénolé** mit seinen berühmten **Felsklippen,** gegen die der Atlantik brandet. Wenig weiter südlich erreicht man über die D80 die **Pointe de Penmarc'h** mit dem fotogenen **Phare d'Eckmühl.** Im Bereich des Kaps findet man mehrere Stellplätze.

Weiter in Richtung Osten führen kleine Küstenstraßen nach **Loctudy,** das ebenfalls einen Stellplatz 79 gleich hinter den Dünen bietet und etwas weiter nordöstlich jetzt auch einen Camping-Car-Park-Platz 80 nahe dem Ort und dem Sandstrand.

80 Stellplatz Camping-Car Park, Loctudy

GPS 47.82841, -4.16513

Ruhig gelegener und gut ausgestatteter Platz mit großen Parzellen nur 200 m vom Sandstrand Plage de Langoz. **Lage/Anfahrt:** 27 Rue des Mésanges, 29750 Loctudy; vom Zentrum via Rue de Kergall nach Süden, denn links in die Rue des Mouettes; **Platzanzahl:** 11 Plätze mit Strom; **Untergrund:** Schotter, eben; **Ver-/Entsorgung:** Trinkwasser, Abwasser, Chemie-WC inkl.; mit freiem WLAN; **Strom:** inkl. an jedem Platz; **Preise:** Übernachtung 11–13 € für 24 Std.; 5 Std. inkl. Ver- und Entsorgung 5,50 €; **Max. Stand:** ab 3 Tagen mit Reservierung; **Geöffnet:** ganzjährig; **Kontakt:** Tel. 01 83646921 (deutschsprachiger Kundenservice), www.campingcarpark.com

PONT-L'ABBÉ

(26 km – km 347)

Ab Loctudy zwingt einen eine tief eingeschnittene Bucht zum Ausweichen in Richtung Norden nach **Pont-l'Abbé** (via D2). Diese Stadt ist das Zentrum der Region Bigoudens, die durch die hohen Trachtenhauben der hiesigen Frauen zum Begriff wurde. Diese Hauben sind fast schon zu einem Symbol für die ganze Bretagne geworden. Interessant ist u. a.

046br Abb.: rh

das **Musée Bigouden** (Square de l'Europe, Tel. 02 98660903), das über die Traditionen der Region informiert und südlich in Richtung Loctudy eine Außenstelle besitzt: die **Ferme de Kervazégan.**

Information

› **Office de Tourisme,** 11 Place Gambetta, 29120 Pont-l'Abbé, Tel. 02 98823799, www.destination-paysbigouden.com, auch auf Deutsch), https://ville-pontlabbe.bzh

Parken

P 87 **Parkplatz Pont-l'Abbé,** GPS 47.86775, -4.22686. Großer Schotterparkplatz unweit vom Zentrum ohne Ausstattung, kein Schatten, kein Nachtparkverbot. Lage/Anfahrt: Rue Mstislav Rostropovitch; Platzanzahl: ca. 40; Untergrund: Schotter, relativ eben; Ver-/Entsorgung: nein; Preise: kostenlos; Geöffnet: ganzjährig.

Die Bretagne ist reich an Burgen und Schlössern, die aber nicht selten in Privatbesitz sind

In Cidrerie Manoir du Kinkiz wird einer der besten Cidre der Bretagne hergestellt

81 Stellplatz Leclerc, Pleuven

GPS 47.90059, -4.02801

Nachts angenehm ruhiger Platz in einer Ecke des Parkplatzes von Leclerc; **Lage/Anfahrt:** Chemin de Toul an Ael, D45 am östlichen Ortsrand; **Untergrund:** Asphalt, eben; **Ver-/Entsorgung:** neue Station (1 Jeton = 2 €); **Strom:** ja, 6 Anschlüsse (2 Jetons = 4 € für 8 Std.); **Platzanzahl:** 10 für Wohnmobile reserviert; **Geöffnet:** ganzjährig, 24 Std./Tag, keine Schranke; **Max. Stand:** unbegrenzt; **Preise:** Übernachtung kostenlos; **Kontakt:** Tel. 02 98560567

QUIMPER

(19 km – km 366)

Wer sich für größere Städte interessiert, kann via D785 in Richtung Norden rasch nach **Quimper** gelangen (das unseres Wissens keine Einrichtungen für Wohnmobilisten bietet; am nächsten bei der Stadt befindet sich der ca. 9 km westlich gelegene, sehr kleine Privatplatz Relais de Kervouyen 82). Sehenswert sind neben der Altstadt und der Kathedrale auch eine Reihe von Museen: das **Musée Départemental Breton** (Jardin de l'Ancien Èvêché, Tel. 02 98952160) mit volkskundlichen Sammlungen des südlichen Finistère

212br Abb.: rh

und das **Musée des Beaux-Arts** (Place Saint-Corentin, Tel. 02 98954520) – insbesondere aber auch das **Musée de la Faïence** im Stadtteil Locmaria (14 Rue J.B. Bosquet, Tel. 02 98901272, www.musee-faience-quimper.com) und die **Fayencewerkstätte HB Henriot** (Place Béradier, Quimper, Tel. 02 98900936, www.henriot-quimper.com (auch Engl.); Fabrikverkauf: Locmaria, Tel. 02 98522252).

Wirklich lohnend (und fast ein Muss, um die Bretagne wirklich kennenzulernen) ist ein Besuch des **Cidrerie Manoir du Kinkiz** südöstlich der Stadt. In langer Familientradition wird dort aus eigenen Äpfeln nach

82 Stellplatz Relais de Kervouyen

GPS 47.96611, -4.18761

Sehr sympathischer, ruhig und schön im Grünen gelegener Privatplatz zwischen hohen Büschen und prachtvollen Hortensien. **Lage/Anfahrt:** Kervouyen, 29700 Pluguffan; von der D56 im Kreisverkehr am Flughafen nach Westen auf die C2 (Route de la Chapelle des Graces) und 600 m weiter auf die Straße Kervouyen nach Norden; **Platzanzahl:** 6; **Untergrund:** Schotter, eben; **Ver-/Entsorgung:** ja; Ver- und Entsorgung allein 5 €; **Strom:** ja; **Preise:** 10 € für 24 Std. inkl. Ver- und Entsorgung und Strom; **Geöffnet:** ganzjährig; **Max. Stand:** unbegrenzt; **Kontakt:** Tel. 02 98940378; **Hinweis:** eigentlich sehr ruhig und abgeschieden, aber gelegentliche Lärmbelästigung durch den nahen Flughafen möglich. Außerdem hat der Betreiber eine Hundepension, es kann also evtl. auch mal lauter werden, bei unserem Besuch herrschte allerdings absolute Ruhe.

233br Abb.: sh

altbewährten Verfahren Cidre hergestellt – einer der besten der ganzen Bretagne, der nicht ohne Grund das AOC-Siegel trägt. Als andere Produzenten auf moderne, ertragreichere Sorten umstellten, hat Hervé Seznec auf seinen 30 ha rund 25 traditionelle Apfelsorten gepflanzt. Neben Cidre produziert er auch Pommeau, Chouchen, verschiedenste Liköre und seine berühmten und hervorragenden Apfelschnäpse Lambig und Fine de Bretagne. Letzterer wurde als Lieblingsgetränk des Kommissars Dupin aus der gleichnamigen ARD-Krimireihe bekannt, die im nahen Concarneau spielt. In der Kellerei und der benachbarten Brennerei können Sie die zahlreichen Sorten kosten, alles über die Kunst der Herstellung erfahren und das Brennereimuseum besichtigen.

› **Cidrerie Manoir du Kinkiz,** 75 Chemin du Quinquis, Ergué-Armel, 29000 Quimper, Tel. 02 98902057, www.cidre-kinkiz.fr

Der kilometerlange Sandstrand gleich neben dem Stellplatz an der Pointe de Mousterlin

POINTE DE MOUSTERLIN

(20 km – km 386)

Von Pont-l'Abbé weiter auf der D44 nach Osten (dann D134) kann man am Kap von **Mousterlin** noch einen netten **Stellplatz** entdecken. Er liegt gleich hinter einem traumhaft schönen Sandstrand, der sich gut und gern 5 km als Nehrung nach Nordwesten erstreckt und fantastische Spaziergänge ermöglicht. Nach Osten dehnt sich ebenfalls rund 5 km weit ein Sandstrand mit ursprünglicher Dünenlandschaft, in deren Hinterland noch Salzsümpfe und seltene Feuchtbiotope liegen.

83 Stellplatz Pointe de Mousterlin

GPS 47.85139, -4.04621

Lauschig ruhiger, sehr einfacher Wiesenplatz zwischen Hecken; etwas holprig; kaum Schatten. Sehr beliebt und oft absolut überlaufen! **Lage/Anfahrt:** 45 Hameau de Tregonnour, 29170 Fouesnant; von der D134 am Ortseingang vom Mousterlin rechts auf den Chemin

048br Abb.: rh

Cidre, Chouchenn, Pommeau und Lambig

Wie die benachbarte Normandie so ist auch die Bretagne eine Region der Apfelbäume – und zudem verfügt man hier über jahrtausendelange Erfahrung in der Herstellung und Verarbeitung des Saftes.

Allgemein bekannt ist der ***Cidre,*** *ein Apfelsekt, der sich von unserem Apfelwein (Most oder Ebbelwoi) dadurch unterscheidet, dass die Gärung unterbrochen wird, ehe der gesamte Zucker vergoren ist. Traditionellerweise kommt der teils vergorene Saft dazu in Flaschen, die wie Champagnerflaschen verschlossen werden. Die Gärung geht in der Flasche noch weiter, wird dann jedoch durch den zunehmenden Druck gestoppt, wenn noch eine gewisse Menge Restzucker erhalten ist. Dadurch schmeckt er süßer und lieblicher als der recht herbe Apfelwein. Und das bei der Flaschengärung entstehende Kohlensäuregas wird im Cidre gelöst und lässt ihn perlen.*

Der bretonische ***Chouchenn*** *geht auf die frühe keltische Zeit zurück und wurde schon von den Druiden als Kultgetränk geschätzt. Er ähnelt dem germanischen Met (Honigwein), wird aber im Gegensatz zu diesem mit frisch gepresstem Apfelsaft angesetzt, der ihm einen fruchtigeren Geschmack verleiht. Auf einen Liter kommt etwa ein Drittel Honig, sodass der Chouchenn nach sechsmonatige Gärung etwa 14 % Alkohol enthält. Die Franzosen trinken ihn meist gekühlt als Aperitif – doch in der Bretagne tritt er um Weihnachten auch an die Stelle des Glühweins.*

Der ***Pommeau*** *verrät schon durch seinen Namen, woraus er besteht: aus „Jus de* ***pomme****" (Apfelsaft) und* ***„Eau*** *de Vie" (Lebenswasser = Schnaps bzw. Apfelbrand). Auf etwa zwei Drittel Apfelsaft kommt etwa ein Drittel „Lambig" (s. u.). Der Lambig verhindert die Gärung des Saftes, der Apfelsaft verleiht eine fruchtig-aromatische Note. Die Mischung aus beiden wird mindestens 14 Monate in Eichenfässern gelagert und dann in Flaschen abgefüllt. Pommeau enthält etwa 17 % Alkohol und wird gern als Aperitif gereicht.*

Der bretonische ***Lambig*** *ist ein hochwertiger Apfelschnaps mit 40 % Alkohol und unterscheidet sich vom Calvados nur durch seinen Namen. Die Bewohner der Region Calvados haben den ihren schützen lassen. Die Bretonen haben nicht lange gesucht und ihr Produkt einfach nach der Destillieranlage (frz. „alambic") benannt. Zur Herstellung des Lambig lässt man den Apfelsaft (anders als für den Cidre) zunächst restlos vergären, was bis zu einem Jahr dauern kann. Dann erst wird der Apfelwein destilliert, wobei man aus 10 Litern Saft etwa einen Liter Apfelbrand erhält. Anschließend lässt man ihn in Eichenfässern noch mindestens 18 Monate bis 3 Jahre reifen. Zu den ältesten und geschmacklich vollkommensten zählt der Fine de Bretagne.*

All diese Produkte in bester Qualität kann man zum Teil direkt in Kellereien und ab Erzeuger kaufen – u. a. bei der ***Domaine de Kervéguen*** *(s. S. 88) und beim* ***Manoir du Kinkiz*** *(s. S. 134).*

de Kerpol, dann im Kreisverkehr wieder rechts auf den Chemin de Kerneuc und bis zum Strand; **Ver-/Entsorgung:** nein (nächste Station: Chemin de Kerneuc 29170 Fouesnant); **Strom:** nein; **Platzanzahl:** ca. 30 (selbst im Herbst stehen oft viele Wohnmobile auch an der Straße davor); **Geöffnet:** ganzjährig, **max. Stand:** 48 Std. pro Woche; **Preise:** kostenlos; **Kontakt:** Office de Tourisme, Tel. 02 98511888; **Sonstiges:** nahe einem herrlichen Sandstrand mit Spazierweg auf dem Deich; **Beachten:** kann bei Regen morastig werden oder gar unter Wasser stehen

Strecke:
Fouesnant (6 km, S. 138) – **Concarneau** (13 km, S. 139) – **Die Küste bis Pont-Aven: Trévignon – Kerascoët – Pont-Aven** (30 km, S. 142) – **Quimperlé** (35 km) – **Von Quimperlé nach Lorient: Guidel – Guidel-Plage – Fort Bloqué – Lorient** (39 km, S. 147) – **Zur Megalith-Küste: Erdeven – Plouharnel** (34 km, S. 150) – **Rundfahrt Presqu'île de Quiberon** (40 km, S. 152) – **Carnac** (3 km, S. 155) – **Locmariaquer** (17 km, S. 159) – **Auray** (16 km, S. 161)

Streckenlänge: 233 km

▷ Quimperlé (s. S. 145) am Zusammenfluss von Ellé und Isole besitzt ein blumenreiches historisches Zentrum

ROUTE 5: CÔTE DES MÉGALITHES

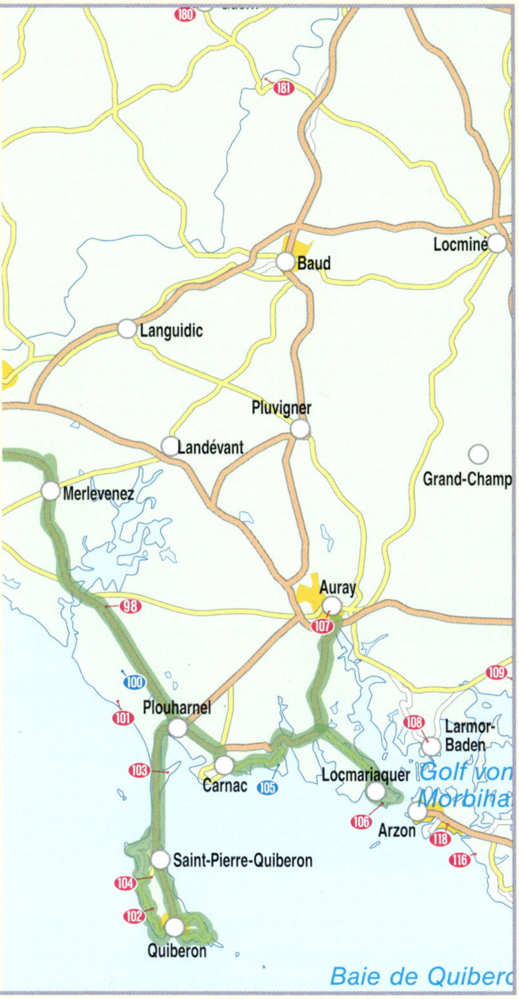

051br Abb.: rh

Traumhafte Sandstrände und Dünenlandschaften säumen die Küste zwischen Concarneau und Quiberon. Man sollte genügend Wasser und Lebensmittel bunkern, um in einer stillen Bucht ein paar Tage das Robinsonleben zu genießen. Mehr Trubel bietet Concarneau, aber danach folgen direkt weitere Sandstrände und das Museumsdorf von Kerascoët mit malerischen Reetdachhäusern. Am Golfe du Morbihan liegt das Zentrum der Megalithkultur. Tausende von Menhiren ziehen sich kilometerweit über die Heide und dazwischen liegen mächtige Dolmen und Hügelgräber. Wer zu einer ruhigen Stunde durch diese Monumente der Urzeit streift, wird vielleicht etwas von der mystischen Atmosphäre der Landschaft spüren. Hauptattraktionen für Touristen sind Carnac und die Halbinsel von Quiberon. Niemand will sie verpassen und das merkt man! Im Sommer herrscht auf der Halbinsel heftiges Gedränge. Schön ist sie trotzdem – vor allem entlang der Côte Sauvage. Und außerhalb der Saison kann man diese wilde Küste in Ruhe genießen.

FOUESNANT

(6 km – km 6)

052br Abb.: rh

Die Église Saint-Pierre von Fouesnant

Entlang der Küste geht es von der Pointe de Mousterlin nur zu Fuß weiter: auf dem GR34 (Sentier des Douaniers, s. S. 78) durch eine teils wilde Dünenlandschaft. Für die Weiterreise mit dem Fahrzeug verlässt man das Meer und steuert in Richtung **Fouesnant,** das für seinen hervorragenden Cidre (perlender Apfelwein mit Restzucker) bekannt ist, aber in seiner Umgebung auch einige wunderschöne Sandstrände besitzt – besonders um **Beg-Meil** (etwa 5 km südlich via D45). Von Cap-Coz bis Beg-Meil findet man vor allem kleine Buchten, während sich von Beg-Meil nach Westen einer der schönsten Dünenstrände der ganzen Bretagne erstreckt. In Fouesnant ist die im 12. Jh. gegründete Église Saint-Pierre sehr sehenswert.

Information

› **Office de Tourisme,** 4 Espace Kernévéleck, 29170 Fouesnant, Tel. 02 98511888, www.tourisme-fouesnant.fr (auch Deutsch)

84 Stellplatz La Forêt Fouesnant

GPS 47.90939, -3.98465

Wohnmobilstellplatz in ruhiger und zentrumsnaher Lage. Teilweise uneben. Schranke und Kassenautomat an der Einfahrt. **Lage/Anfahrt:** Rue des Cerisiers 2; nahe dem westlichen Stadtrand von der D44 nach Norden abbiegen; **Platzanzahl:** 15; **Untergrund:** Schotter; **Preise:** 11,32–13,32 €/Fahrz.; **Max. Stand:** unbegrenzt; **Geöffnet:** ganzjährig; **Kontakt:** AirePark, Tel. 02 98539939, www.aireparkreservation.com/aires-camping-cars/bretagne/finistere/la-foret-fouesnant-le-nautile

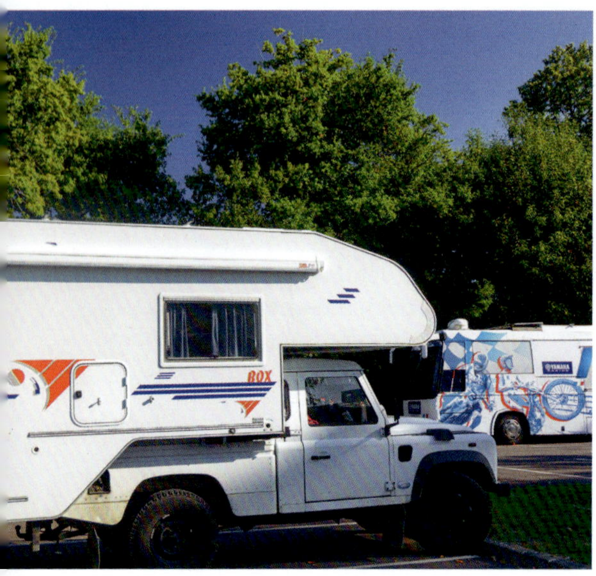

163br Abb.: rh

Der Parkplatz Nautile in Forêt-Fouesnant

CONCARNEAU – DIE INSELFESTUNG

(13 km – km 19)

Von Fouesnant geht es auf der D44 und der D783 um die Baie de la Forêt herum nach Concarneau. Der bedeutende Fischereihafen ist vor allem wegen seiner **ville close** in ganz Frankreich und weit darüber hinaus ein Begriff.

Diese befestigte Altstadt wurde auf einer Insel errichtet, die inzwischen aber durch einen Damm mit dem Festland verbunden ist. Ihre Anlagen gehen auf das 14. Jahrhundert zurück und wurden im 17. Jahrhundert von Vauban vervollständigt. Die Stadt ist hervorragend erhalten und lockt im Sommer ganze Heerscharen von Touristen an. Es lohnt sich tatsächlich, einen Spaziergang durch ihre autofreien Pflastergassen zu machen oder einen „Beinahe-Rundgang" auf der Stadtmauer, der ungewöhnliche Einblicke in die Gassen und einen Ausblick auf den Hafen ermöglicht. Wer im Sommer kommt, sollte seinen Bummel jedoch möglichst früh am Morgen ansetzen, bevor der Rummel losgeht. Bis 9 oder 10 Uhr hat man es selbst in der Saison noch erfreulich ruhig – wenngleich der ganze touristische Nepp und Flitter natürlich zu jeder Tageszeit unübersehbar ist.

Ein Spaziergang lohnt sich auch durch den **Fischereihafen (Port de Pêche),** der einer der drei größten in Frankreich ist. Für einen Besuch der **criée** (Fischauktionshalle; normalerweise nur für Händler zugänglich; im Juli/August können dienstags und donnerstags max. 12 Pers. an einem Besuch teilnehmen; Anmeldung beim Office de Tourisme erforderlich) muss man allerdings sehr früh aufstehen, denn um 7 Uhr ist schon alles vorbei. Außerdem kann man sich das **Musée de la Pêche** (Tel. 02 98971020, www.musee-peche.fr/fr/infos-english-musee-peche) im ehemaligen Arsenal anschauen, das die verschiedenen Fangtechniken erklärt.

Übrigens gibt es direkt bei der Stadt auch eine Reihe sehr schöner **Sandstrände,** wie beispielsweise den Plage des Sables Blancs an der gleichnamigen Straße nordwestlich des Zentrums, von dem ein schöner, 8 km langer Spazierweg um die Bucht herum bis zum modernen Jachthafen Port-la-Forêt führt.

Information

› **Office de Tourisme,** Quai d'Aiguillon, B.P. 529, 29185 Concarneau, Tel. 02 98970144, www.tourismeconcarneau.fr (auch auf Deutsch)

Spaziergang auf der Stadtmauer

› Ein Spaziergang auf der Stadtmauer ist sehr zu empfehlen. Merken Sie sich aber gut, durch welche Tür Sie auf den Wehrgang hinaustreten – sonst könnte es nachher schwierig werden, den Rückweg zu finden!

Tipp für Concarneau

› Auf dem großen Wohnmobilstellplatz hinter dem Bahnhof übernachten, sehr früh am Morgen die Fischauktion (Juli/August Di./Do.) miterleben, anschließend um 7 Uhr durch die menschenleeren

Kouign Amann

Den Kouign Amann (zu Deutsch „Butterkuchen") wird man in der Bretagne an jeder Ecke kaufen können. Aber Vorsicht: Jeder ist eine Kalorienbombe, aber nicht jeder ist gleich! Ursprünglich stammt der Kouign Amann aus der Gegend von Douarnenez. Im Wesentlichen besteht er aus reichlich gesalzener(!) Butter, viel Zucker und „etwas" Mehl. Daraus fertigt man eine Art Blätterteig, wobei zwischen die Teigschichten reichlich Zucker und Butter kommen, die den Teig beim Backen durchdringen. Außen herum bilden sie eine knusperig karamellisierte Schicht. Das Ganze ist köstlich – aber sehr nahrhaft und nicht gerade leicht verdaulich. Den besten Kouign Amann bekommt man in Bäckereien (nicht in den großen Geschäften). Die Bretonen essen ihn in kleinen Mengen und leicht angewärmt. Bon appetit!

1 Tour du Major
2 Port de Pêche
3 Tour Neuve
4 WC
5 Rue Militaire
6 Musée de la Pêche
7 Eingang
8 Tour du Gouverneur
9 Garten
10 Rue Théophile Louarn
11 Rue Vauban
12 Tour de la Fortune
13 Tour aux Vins
14 Place Saint-Guénolé
15 Rue de l'Église
16 Rue Saint-Guénolé
17 Tour du Port
18 Jardin Théâtre
19 Quai du Passage
20 Tour du Passage
21 Zugang zu den Befestigungsanlagen
22 Tour du Hâvre
23 Le Fer à Cheval

85 Stellplatz Aire Municipale Bahnhof
86 Stellplatz Porzou

164br Abb.: rh

⊡ *Bunte Blumen schmücken heute die Schießscharten von Concarneau*

Gassen der Altstadt bummeln und dann in einem der Straßencafés frühstücken, ehe die ersten Touristenscharen einlaufen.

Einkaufen

› **La Maison du Kouign Amann,** 16–18 Place St-Guénolé, Tel. 02 98605835. In den alten Mauern aus dem 17. Jh. wird nach traditionellen Familienrezepten einer der besten Kouign Amann der Bretagne hergestellt; aber auch die sonstigen Backwaren sind sehr lecker. Man kann sie als „Souvenir" mit nach Hause nehmen oder direkt vor dem Haus im Straßencafé mit Blick auf die Hauptachse der Altstadt genießen.

85 Stellplatz Aire Municipale Bahnhof, Concarneau

GPS 47.87864, -3.92057

Großer, relativ ruhiger, aber nicht sehr einladender, oft schmutziger Stadtparkplatz für Wohnmobile, ca. 600 m von der „ville close" entfernt; oft recht voll. **Lage/Anfahrt:** Avenue de la Gare, hinter dem Bahnhof; von der D783 am Kreisverkehr westlich der Brücke nach Süden auf die D322 fahren, weiter via Rue Alain de Lay ins Zentrum hinein, dann rechts die Rue de la Gare hinauf und gleich nach dem Bahnhof links abbiegen; **Untergrund:** Asphalt, eben; **Ver-/Entsorgung:** EuroRelais, 2 € für 10 Min. Wasser (Bezahlung mit Kreditkarte); **Strom:** 2 € (Bezahlung mit Kreditkarte); **Platzanzahl:** 45, beleuchtet; **Geöffnet:** ganzjährig (im November und am Sonntag nach dem 15. August geschlossen); **Max. Stand:** 24 Std.; **Preise:** Übernachtung April–September 6 €, sonst kostenlos (am Parkscheinautomat mit Debitkarte); **Kontakt:** Tel. 02 98503838; **Beachten:** Herbst 2022 Serviceterminal außer Betrieb (Toilettenentsorgung und Spülung funktionierten). Bauarbeiten am Platz.

86 Stellplatz Porzou, Concarneau

GPS 47.86335, -3.90542

Kleinerer Parkplatz auf der anderen Seite des Hafens und weiter vom Zentrum entfernt (zu Fuß 10–15 Min.), aber dafür angenehmer als der Platz am Bahnhof, ruhig an einem Park gelegen und mit schönem Meerblick. **Lage/Anfahrt:** Allee Jean Bouin, von der D783 östlich der Brücke auf die D322 (Route de Trégunc), der man lange in Richtung Krankenhaus folgt; an der Ampel nach dem Krankenhaus rechts auf den Cours Charlemagne und im Kreisverkehr wieder rechts auf die Allée Jean Bouin; **Untergrund:** Asphalt, Gefälle; **Ver-/Entsorgung:** EuroRelais, 2 € (Bezahlung mit Debitkarte); **Strom:** nur an der VE-Station, 2 € für 55 Min. (Bezahlung mit Debitkarte); **Platzanzahl:** ca. 20; **Geöffnet:** ganzjährig; **Max. Stand:** 48 Std.; **Preise:** Übernachtung April–September 6 € (am Parkscheinautomat mit Debitkarte), sonst kostenlos; **Kontakt:** Tel. 02 98970144

235br Abb.: sh

DIE KÜSTE BIS PONT-AVEN

(30 km – km 49)

Strecke:

Trévignon (13 km) – Kerascoët (7 km) –
Pont-Aven (10 km)

Unmittelbar südöstlich von Concarneau lockt die Halbinsel **Le Cabellou** mit Villen zwischen Pinien und mit Blick auf Concarneau zu einem kurzen Abstecher. Auf der weiteren Strecke nach Pont-Aven und Quimperlé gibt es keine Küstenstraße. Die D783 verläuft weit vom Meer entfernt, um die tief eingeschnittenen Buchten zu umgehen. Eben deshalb lohnen sich gelegentliche Abstecher zu den verschiedenen Landspitzen (wie Pointe de la Jument und Pointe de Trévignon) und zu den kurzen Abschnitten, auf denen die Straße entlang der Küste verläuft. Von **Trévignon** folgt man zunächst der D1 nach Osten, dann ab **Raguenèz-Plage** den kleinen, küstennahen Straßen, die nicht immer gut beschildert sind. Unterwegs gibt es eine ganze Reihe netter, kleiner Stellplätze (für meist nur 5 bis 10 Wohnmobile) mit schönen **Sandstränden,** aber in der Regel ohne Ver-/Entsorgung. Wohl am lohnendsten ist der Abschnitt zwischen Trévignon und der kleinen Bucht von Rospico mit dem historischen Dorf **Kerascoët.** Das teils noch bewohnte **Museumsdorf** mit seinen lauschigen Gassen umfasst eine ganze Reihe sehr malerischer und fotogener Steinhäuser mit Reetdächern und himmelblauen Fensterläden. Am besten verlegt man seinen Bummel auf den Abend, wenn die Tagesbesucher weg sind. Dann kann man auch direkt im Museumsdorf essen und auf dem Parkplatz am Rande des Orts oder in der stillen Rospico-Bucht übernachten.

87 Stellplatz Aire Municipale Tregunc

GPS 47.85456, -3.85144

Zentral gelegener und nachts ruhiger, beleuchteter Asphaltparkplatz zwischen Bäumen und mit VE-Station; speziell für Wohnmobile markierter Platz. **Lage/Anfahrt:** Rue Y. Gwernig, hinter der Post und dem Rathaus; im Zentrum unmittelbar südlich der D783 und östlich der D1; **Platzanzahl:** 1; **Untergrund:** Asphalt; **Ver-/Entsorgung:** VE-Station mit Debitkarte; 3 €

259br Abb.: sh

88 Camping Raguenes Plage★★★★

GPS 47.79352, -3.79998
Ein schöner und sympathischer Campingplatz mit familiärer Atmosphäre in einer blumenreichen Parklandschaft mit hohen Bäumen; sehr freundliche Rezeption; beheiztes Schwimmbad und Wasserrutschbahn. 300 m Fußweg zum Sandstrand. **Lage/Anfahrt:** 19 Rue des Îles – Raguenez, 29920 Névez; zwischen Ortszentrum und Strand nach Osten abbiegen; **Preise:** Womo mit 2 Pers. inkl. Strom 21–49 €; **Geöffnet:** 15.4.–9.10.; **Kontakt:** Tel. 02 98068069, www.camping-le-raguenes-plage.com (auch Deutsch)

236br Abb.: sh

für 10 Min. Wasser und 1 Std. Strom; **Strom:** nur an der VE-Station; **Preise:** kostenlos; **Max. Stand:** 24 Std.; **Geöffnet:** ganzjährig; **Kontakt:** Tel. 02 98509595; **Hinweis:** gleich bei der Post gibt es eine Crêperie mit Gerichten zum Mitnehmen; **Beachten:** Im Herbst 2022 gab es kein Frischwasser.

Parken

- P 88 **Parkplatz Pouldohan Plage,** GPS 47.84068, -3.89703. Ruhiger und reizvoll im Grünen gelegener, schattiger Parkplatz nur 100 m vom Sandstrand; Plätze für Wohnmobile reserviert. Lage/Anfahrt: Rue de Porzh Breign; am Ende der C13 südwestlich von Tregunc; Platzanzahl: ca. 5; Untergrund: Gras; Ver-/Entsorgung: nein; Strom: nein; Preise: kostenlos; Max. Stand: 48 Std.; Geöffnet: ganzjährig
- P 89 **Baie Camping Car,** GPS 47.84899, -3.886. Für Wohnmobile reservierte Plätze mit herrlichem Blick direkt am Meer. Lage/Anfahrt: am Ende der Rue des Embruns; Untergrund: Kies; Ver-/Entsorgung: nein; Strom: nein; Platzanzahl: ca. 8; Geöffnet: ganzjährig; Max. Stand: 48 Std.; Preise: kostenlos
- P 90 **Parkplatz Kerlaëron Plage,** GPS 47.82964, -3.88722. Sehr ruhiger und reizvoll im Grünen gelegener, strandnaher Parkplatz; wenig Schatten; Meerblick; Plätze für Wohnmobile reserviert. Lage/Anfahrt: Route de Kerlaëron; am Ende der C2, knapp 5 km südwestlich von Tregunc; Platzanzahl: 6; Untergrund: Gras; Ver-/Entsorgung: nein; Strom: nein; Preise: kostenlos; Max. Stand: 2 Nächte; Geöffnet: ganzjährig
- P 91 **Parkplatz Trévignon,** GPS 47.79733, -3.83001. Relativ ebener, schattenloser und nicht sehr ruhiger Parkplatz an der Küstenstraße; gleich gegenüber erstreckt sich ein herrlicher Sandstrand; Meerblick. Anfahrt: Route de la Corniche; direkt an der Küstenstraße D1 gelegen; Untergrund: fester Sand, Kies; Ver-/Entsorgung: nur Mülltonnen vorhanden, kein Strom; Platzanzahl: max. 8; Geöffnet: ganzjährig; Max. Stand: 2 Nächte; Preise: kostenlos; Kontakt: Office de Tourisme Tregunc, Tel. 02 98068790 oder 02 98509595; Hinweis: für Wohnmobile über 8 m Länge nicht geeignet
- P 92 **Parkplatz Raguenèz-Plage,** GPS 47.78856, -3.80116. Sehr schön gelegener Parkplatz mit herrlichem Blick auf Meer, Felsküste und Insel. Parken von 8 bis 19 Uhr erlaubt, kostenlos. Tipp: Ganz in der Nähe befindet sich das Restaurant Ar Men Du.

Malerische Steinhäuser mit Reetdächern zieren die lauschigen Gassen des historischen Museumsdorfs Kerascoët

Essen

› **Restaurant Ar Men Du,** 47 Rue des Îles, 29920 Névez-Raguenez, Tel. 02 98068422, www.restaurant-mendu.com. Wenn Sie sich etwas Besonderes gönnen wollen, dann genießen Sie ein Essen in diesem vom Guide Michelin ausgezeichneten Restaurant mit herrlichem Meerblick. Der Service ist freundlich; die Weinkarte ist fast endlos und als Reise durch ganz Frankreich organisiert. Die Menüs liegen zwischen 59 und 150 € (für das Hummermenü). Unbedingt vorab reservieren! Hinweis: Parken Sie Ihr Wohnmobil nicht auf dem großen Platz direkt vor dem Restaurant, sondern hinter dem Haus auf dem Hotelparkplatz.

Parken

P **93 Parkplatz Tahiti, Nevez,** GPS 47.79312, -3.79015. Ruhiger und idyllisch gelegener Wiesenplatz, hohe Bäume verstellen leider den Meerblick. Lage/Anfahrt: Kerstalen; von der D1 am östlichen Ortsrand von Keroren in die Straße Kerstalen nach Süden abbiegen; Untergrund: Wiese; Ver-/Entsorgung: nein; Strom: nein; Platzanzahl: ca. 8; Geöffnet: ganzjährig; Max. Stand: 24 Std.; Preise: kostenlos; Sonstiges: herrlicher Sandstrand ganz in der Nähe

P **94 Parkplatz Kerascoët,** GPS 47.79485, -3.77556. Sehr ruhiger Parkplatz gleich beim historischen Dorf (mit traditionellem Restaurant). Lage/Anfahrt: 15 Kerascoët, Névez; südlich von Nevez nach rechts von der D77 abbiegen und in Kerascoët wieder nach rechts den Schildern folgen; Untergrund: Kies, Gefälle; Ver-/Entsorgung: nein; Strom: nein; Platzanzahl: 10; Geöffnet: ganzjährig; Max. Stand: 24 Std.; Preise: kostenlos

89 Stellplatz Aire des Grands Chênes, Melgven

GPS 47.90718, -3.8000

Ein schöner und sehr ruhiger Platz mit geschotterten Stellplätzen auf einer von Büschen gesäumten Wiese bei einem Privathaus. **Lage/Anfahrt:** Lieu-Dit Lanournec; ungefähr 25 km südöstlich von Quimper von der N165 via D24 nach Norden und nach etwa 2 km rechts ab nach Osten in den kleinen Asphaltweg und ca. 600 m weiter bis zum Ende der Straße; **Platzanzahl:** 6; **Untergrund:** Schotter; **Ver-/Entsorgung:** ja; inklusive; **Strom:** inklusive; **Preise:** 13 € inklusive Strom und Ver- und Entsorgung; **Max. Stand:** 72 Std.; **Geöffnet:** ganzjährig; **Kontakt:** Tel. 02 98979130

Parken

P **95 Parkplatz Rospico-Bucht,** GPS 47.79396, -3.76581. Ebener und ruhiger Parkplatz mit etwas Schatten an einer idyllischen, kleinen Sandbucht. Anfahrt: vom Museumsdorf Kerascoët nach Südosten in Richtung Anse des Rospico; Untergrund: Kies; Ver-/Entsorgung: nein (aber Dusche und WC); Strom: nein; Platzanzahl: 5; Geöffnet: ganzjährig; Max. Stand: 24 Std.; Preise: kostenlos

90 Stellplatz Névez

GPS 47.81572, -3.78937

Nicht sonderlich schöner, aber sehr großer und relativ ruhiger Parkplatz beim Sportgelände am Ortsrand. Eher für die Ver- und Entsorgung geeignet. Zum Übernachten gibt es viele weit schönere Parkplätze in der Umgebung. **Lage/Anfahrt:** Impasse du Stade, Salle Polyvalente (Stadion); von der D77 in Richtung Port Manech nahe dem südlichen Ortsende rechts (westlich) auf den Impasse du Stade; **Untergrund:** Asphalt, recht eben; **Ver-/Entsorgung:** 2 € (Münzen); **Strom:** nur an der VE-Säule 2 €; **Platzanzahl:** ca. 30; **Geöffnet:** ganzjährig; **Max. Stand:** 24 Stunden; **Preise:** Übernachtung kostenlos; **Kontakt:** Tel. 02 98066196; **Sonstiges:** Weder Strandnähe noch sonstige Attraktionen; zeitweise von fahrendem Volk belegt.

Über die D77 nach Norden gelangt man auf die D783 und biegt rechts nach **Pont-Aven** („Brücke über den Aven") ab. Das reizvolle Städtchen lockte Mitte des 19. Jh. Paul Gaugin, der dort zusammen mit Malern wie Émile Bernard und Maurice Denis die nach Pont Aven benannte Künstlerschule gründete. Dieser Tatsache verdankt der Ort seine Bekanntheit – und zahlreiche Kunstgalerien.

Sehenswert ist das **Musée de Pont-Aven** (Rue Louis Lomenech, im Zentrum nahe der Touristeninformation, Tel. 02 98061443, www.museepontaven.fr/fr/infos-english), das unter anderem Werke der genannten Künstler zeigt.

Inzwischen hat die Stadt auch einen komfortablen Camping-Car Park Stellplatz 91 in einem ruhigen Vorort – aber lassen Sie sich nicht vom Navi dorthin lotsen, sondern folgen Sie der Wegbeschreibung!

Information

› **Office du Tourisme,** 3 Rue des Meunières, 29930 Pont-Aven, Tel. 02 98068790, www.decon carneauapontaven.com/de (auch auf Deutsch)

91 Stellplatz CampinCar Park Les 4 Vents, Pont-Aven

GPS 47.85362, -3.74334

Ruhiger Parkplatz beim Stadion mit guter Ausstattung, der inzwischen der Kette Camping-Car Park eingegliedert wurde. Zu Fuß sind es nur etwa 500 m bis ins Zentrum. **Lage/Anfahrt:** Rue Louis Lomenech; Parking Henri-Sinquin beim Stadion Quatre Vents; vom Zentrum via D783 nach Osten fahren und nahe dem Ortsende nach einer Linkskurve rechts in die Route des Rivières abbiegen; danach sofort wieder rechts in die Rue Louis Lomenech (besser NICHT vom GPS lotsen lassen!); **Untergrund:** Asphalt, eben; **Ver-/Entsorgung:** inkl.; **Strom:** an allen Plätzen inkl.; **Platzanzahl:** 37; **Geöffnet:** ganzjährig; **Max. Stand:** ab 3 Tagen mit Reservierung; **Preise:** Übernachtung 10–13 € inkl. Strom, Ver- und Entsorgung und WLAN; 5 Std. inkl. Ver- und Entsorgung 5,50 €; **Kontakt:** Tel. 01 83646921 (deutschsprachiger Kundenservice), www.campingcarpark.com; **Beachten:** den Tag über kann es hier im Sommer sehr heiß werden

237br Abb.: sh

Parken

P 96 Parking Rue des Abbés Tanguy, GPS 47.85650, -3.75169, ein Asphaltparkplatz am Friedhof am westlichen Stadtrand, tagsüber kostenlos, nachts 6 €. Plätze sind recht schräg.

P 97 Parking Pontic Malo, GPS 47.85831, -3.75404, von der D783 via D24 und dann links (westlicher Stadtrand), mit Grünflächen und Tischen, Übernachtung möglich

QUIMPERLÉ

(35 km – km 84)

Auch zwischen Pont-Aven und Quimperlé gibt es keine Küstenstraße und dafür umso mehr Gründe, ausgedehnte Abstecher zur Küste zu unternehmen. Wer es eilig hat, gelangt via D783 in kaum 20 Minuten von einer Stadt zur anderen, aber es ist gar kein Problem, mit Abstechern und Badepausen auch einen ganzen Tag hier zu verbringen.

Wandern

› Zwischen Le Pouldu und der Anse de Doelan kann man auf dem GR34 (Sentier des Douaniers, s. S. 78) eine schöne Tour entlang der Küste unternehmen (ca. 7 km einfach). Wer mehr Energie hat, kann die Küstenwanderung nach Kerfan ausdehnen.

Von **Clohars-Carnoët** hat man die Option, via D16 in Richtung Norden nach Quimperlé zu fahren (ca. 10 km) und anschließend auf der landschaftlich reizvollen D49 durch den **Forêt de Carnoët** zurück zur Küste bei Le Pouldu (oder umgekehrt).

Weitere Übernachtungsplätze bzw. Servicestationen bieten Kergroes (Ver-/Entsorgung gratis, kein Strom; GPS 47.80231, -3.69218), Clohars-Carnoët und Quimperlé. Der kleine, strandnahe Stellplatz ca. 2 km südwestlich von Kergroes am Plage de Trénéz (GPS 47.79057, -3.70260) wurde inzwischen leider durch eine Barriere abgesperrt, aber dafür findet man nur wenig weiter den überaus sympathischen **Campingplatz Île Percée** 94 direkt am Strand.

055br Abb.: rh

92 Stellplatz Clohars-Carnoët

GPS 47.79809, -3.58533

Gut ausgestatteter, aber nur wenig attraktiver und nicht immer ruhiger Parkplatz bei der Sporthalle (Salle Omnisport). **Lage/Anfahrt:** Rue de Quimperlé (D16); im Zentrum nach Norden auf die D16 nach Quimperlé und nach ca. 200 m links; **Untergrund:** Asphalt, eben; **Ver-/Entsorgung:** moderne Servicestation, 2 € in Münzen; **Strom:** ja, 2 € für 55 Min.; **Platzanzahl:** 5; **Geöffnet:** ganzjährig; **Max. Stand:** 1 Nacht; **Preise:** Übernachtung kostenlos; **Kontakt:** Tel. 02 98715390, www.clohars-carnoet.fr; **Beachten:** Im Herbst 2022 kein Frischwasser und keine Entleerung der Campingtoilette möglich

Ver-/Entsorgung

› **Station Moëlan-sur-Mer,** GPS 47.8022,-3.69213. Eine gute und kostenlose Servicestation, Mülleimer vorhanden

Das Städtchen **Quimperlé** befindet sich etwa 10 km hinter der Küste am Zusammenfluss von Ellé und Isole und besitzt ein hübsches und blumenreiches, historisches Zentrum mit Häusern und Fachwerkbauten aus dem 17. Jh. Gesäumt ist der Ort von Wasserläufen und Kanälen. Bei schönem Wetter kann man hier einen lauschigen, kleinen Bummel unternehmen. Viele kommen aber auch hierher, um auf den romantischen Flüsschen der Umgebung eine Kanutour zu machen. Es gibt mehrere Vermieter.

Außerdem lohnt sich ein Abstecher von ca. 12 km nach Nordosten zu den **Rochers du Diable:** via D790 in Richtung Le Faouët und dann rechts via Locunolé. Vom Parkplatz bis zu den Felsen sind es noch ca. 30 Minuten zu Fuß.

Information

› **Office de Tourisme,** 3 Place Charles de Gaulle, 29300 Quimperlé, Tel. 02 98396728; und 20 Place de l'Eglise, 29350 Moëlan Sur Mer, www.quimperle-terreoceane.com (auch auf Deutsch)

Kanuvermieter

› **Canoë Kayak Club de Quimperlé,** 5 Rue du Viaduc, 29300 Quimperlé, Tel. 02 98392417, www.kayak-quimperle.fr

93 Stellplatz Aire Municipale, Quimperlé

GPS 47.86611, -3.54374

Kleiner und inzwischen leider gar nicht mehr attraktiver Parkplatz am südlichen Ortsrand im Grünen, nahe der Mündung des Flüsschens Le Dourdu in die La Laïta; Fahrzeuge auf der nahen Straße sind hörbar. **Lage/Anfahrt:** 6 Rue du Viaduc; von der D49 aus Richtung Süden und nahe dem Ortseingang in sehr spitzem Win-

94 Camping de Île Percée★★★, Plage de Trénez

GPS 47.78839, -3.70157

Direkt am Plage de Trénez, am Ende der Straße gelegener, sehr ruhiger und naturnaher Campingplatz; am Küstenwanderweg. Schöne, meist windgeschützte Stellplätze, teils mit Meerblick; familiäre Atmosphäre. Das sympathische Ehepaar, das ihn betreibt, legt Wert darauf, die ursprüngliche Camping-Idee zu bewahren, und hat gute Tipps für Wanderungen und weitere Aktivitäten. Zudem können dort Küstenkajaks gemietet werden. **Lage/Anfahrt:** Plage de Trénez, 29350 Moëlan-sur-Mer; von Kergroes via D116 nach Südwesten, dann links ab auf die Route de l'Île Percée und bis zum Ende der Straße weiterfahren; **Preise:** Womo mit 2 Pers. inkl. Strom 22–26 €; **Geöffnet:** ganzjährig; **Kontakt:** Tel. 02 98711625, www.camping-ile-percee.fr

260br Abb.: sh

kel links ab (wahrscheinlich wird man die Abzweigung passieren und dann wenden müssen); **Untergrund:** Asphalt, recht eben; **Ver-/Entsorgung:** EuroRelais Junior, gratis; **Strom:** nein; **Platzanzahl:** 3 für Wohnmobile; **Geöffnet:** ganzjährig; **Max. Stand:** keine Begrenzung; **Preise:** Übernachtung kostenlos; **Kontakt:** Tel. 0298960432; **Sonstiges:** Kanuvermieter ganz in der Nähe an der La Laïta; **Beachten:** im Herbst 2022 gab es kein Frischwasser

VON QUIMPERLÉ NACH LORIENT

(39 km – km 123)

Strecke:
Guidel (15 km) – Guidel-Plage (5 km) – Fort Bloqué (4 km) – Lorient (15 km)

Wer es nicht gerade ganz brandeilig hat, sollte sich nicht dazu verführen lassen, auf der D765 oder gar der autobahnartigen N165 in einem Rutsch nach Lorient zu fahren (20 km, ca. 20 Min.).

Es wäre ein Jammer, die Küste zwischen Laïta-Mündung (bei Le Pouldu/Guidel-Plage) und Blavet (bei Larmor Plage/Port-Louis) einfach auszulassen. Stattdessen kann man entweder auf der D49 durch den **Forêt de Carnoët** nach Süden fahren und dann via D224 nach Osten biegen (sofern man nicht auf dieser Strecke gekommen ist) oder man nimmt zunächst die D765 nach Südosten und biegt dann auf die D306 via Guidel nach Guidel-Plage, um auf der D152 und über Fort Bloqué der fantastischen Küste ein Stück zu folgen.

Auf dieser Strecke gibt es nicht nur herrliche Strände, sondern auch mehrere wunderschön gelegene Park- und Stellplätze nahe dem Meer und den Sandstränden. Empfehlenswerte Stellplätze sind die von Guidel-Plage, Fort Bloqué sowie Ploemeur St-Jude. Zwei strandnahe Parkplätze findet man bei

Das vom Wasser geprägte Städtchen Quimperlé besitzt ein reizvolles historisches Zentrum

GPS 47.75665, -3.51512 (Kies, eben, ungefähr 15 Womos; auf der Landseite) und bei GPS 47.70660, -3.46331 (kleiner Platz auf der Meerseite mit schönem Blick über die Klippen).

An der Laïta-Mündung verlässt man übrigens das Département Finistère und erreicht das Département Morbihan.

95 Stellplatz Toulhars Plage, Larmor-Plage

GPS 47.7099, -3.3793

Großer Parkplatz nahe dem Strand und nicht weit vom Zentrum, auf dem 5 Plätze für Womos reserviert sind; im Sommer voll und recht eng, da der Platz viel von Pkws genutzt wird; für große Wohnmobile nicht zu empfehlen. **Lage/Anfahrt:** Rue des Pins, 56260 Larmor Plage; von der D152 am westlichen Ortstrand nach Süden auf die D29, dann im zweiten Kreisverkehr die dritte Ausfahrt auf die Av. J. le Guen und wieder rechts auf die Rue des Architectes; **Platzanzahl:** 5; **Untergrund:** Asphalt; **Ver-/Entsorgung:** ja, gratis; **Strom:** nein; **Preise:** kostenlos; **Max. Stand:** 1 Nacht; **Geöffnet:** ganzjährig; **Kontakt:** Tel. 02 97337002

Parken

P **98 Parkplatz Larmor Plage,** GPS 47.7166, -3.3676. Ruhiger Stellplatz am Fort de Kernével. Mit kleinem Strand und Blick auf das Meer und die ein- und auslaufenden Schiffe; für Wohnmobile über 6 m Länge nicht zu empfehlen. Lage/Anfahrt: Rue de la Brise 5, 56260 Larmor Plage; via C2 nach Osten bis zum Hafen Kernével; Platzanzahl: 5; Untergrund: Asphalt; Ver-/Entsorgung: nein; Toilette; Strom: nein; Preise: kostenlos; Max. Stand: 1 Nacht.; Geöffnet: ganzjährig; Beachten: die Plätze im hinteren Teil sind für das Militär reserviert, die Polizei kontrolliert

P **99 Parkplatz Guidel-Plage 1,** GPS 47.76641, -3.52541. Parkplatz an der D152 und direkt hinter den Dünen eines langen Sandstrands; kein Schatten, aber etwas Windschutz; meist rasch voll. Lage/Anfahrt: 6088 Centre Commercial de Guidel Plage; von der D152 am südlichen Ortsrand rechts (westlich) ab zum Strand; Untergrund: Kies, eben; Ver-/Entsorgung: nein; Strom: nein; Platzanzahl: 7 (früh voll!); Geöffnet: ganzjährig; Max. Stand: 24 Std.; Preise: Übernachtung kostenlos; Sonstiges: Auf der weiteren Strecke in Richtung Fort Bloqué gibt es inzwischen mehrere strandnahe Parkplätze, die sich für einen Tageaufenthalt bestens eignen.

P **100 Parkplatz Guidel-Plage 2,** GPS 47.75666, -3.51524. Alternative zu Parkplatz Guidel-Plage 1. Ein wenig weiter östlich auf der anderen Straßenseite, für 8 Womos, Schotter, Übernachtung kostenlos. Schattenlos, eben, relativ ruhig dank Wall an der Straße, keine Ver-/Entsorgung. Nahe einem herrlichen, bei Surfern beliebten Sandstrand.

P **101 Parkplatz Fort Bloqué,** GPS 47.75037, -3.50615. Ruhiger Platz zwischen Dünen und Feldern nahe der D152 und ca. 400 m vom Sandstrand; kein Schatten; Meerblick. Lage/Anfahrt: Le Fort du Loch; ca. 2,5 km südlich vom Stellplatz Guidel-Plage links (östlich) von der D152 ab zum Parkplatz hinter der Ferienanlage Résidence Le Maeva; Untergrund: Schotter/Sand, recht eben; Ver-/Entsorgung: nein; Strom: nein; Platzanzahl: ca. 15; Geöffnet: ganzjährig; Max. Stand: 24 Std.; Preise: Übernachtung kostenlos; Kontakt: Tel. 02 97029696; Sonstiges: Wer am Tag zum Baden auf einem der Parkplätze direkt am Strand steht, kann hierher zum Übernachten kommen.

P **102 Parkplatz Ploemeur St.-Jude,** GPS 47.72318, -3.48226. Sehr ruhiger, schattenloser Platz hinter den Dünen und ca. 500 m vom Sandstrand; zwischen Ginster und Hecken, die etwas Windschutz bieten; im Sommer oft früh voll. Lage/Anfahrt: südlich des Küstendörfchens Le Fort-Bloqué von der D152 links abbiegen, beim Golfplatz Ploemeur; Untergrund: Sand, etwas Gefälle; Platzanzahl: ca. 9; Ver-/Entsorgung: nein; Strom: nein; Geöffnet: ganzjährig; Max. Stand: 2 Nächte; Preise: kostenlos; Sonstiges: etwas weiter westlich findet man einen kleinen Tagesparkplatz näher am Strand; vom Stellplatz sind es entlang der Stichstraße nur ca. 200 m bis zum Bistrot du Golf; Kontakt: Tel. 02 97328699

P **103 Centre-ville Ploemeur,** GPS 47.73659, -3.43017. Für Wohnmobile reservierte Plätze im Stadtzentrum, relativ ruhig für die Lage. Lage/Anfahrt: 11 Rue du Fort Bloqué, 56270 Ploemeur; Untergrund: Feinschotter; Ver-/ Entsorgung: nein; Strom: nein; Platzanzahl: 8; Geöffnet: ganzjährig; Max. Stand: 48 Std.; Preise: kostenlos

96 Stellplatz Aire Communale de la Côte Rouge, Port Louis

GPS 47.70862, -3.34328

Beliebter und reizvoll gelegener, aber recht lauter und oft sehr voller städtischer Platz an der Küstenstraße mit Meerblick nahe Sandstrand und Leuchtturm. **Lage/Anfahrt:** 7 Avenue de la Côte Rouge; zwischen Port Louis und Riantec an der D781 (Avenue de La Côte Rouge); **Untergrund:** Asphalt, eben; **Platzanzahl:** ca. 20; **Ver-/Entsorgung:** ja, im Preis enthalten; **Strom:** ja, im Preis enthalten; **Geöffnet:** ganzjährig; **Max. Stand:** 2 Nächte; **Preise:** 12 € inkl. Strom und Ver- und Entsorgung; **Kontakt:** Tel. 02 97825959, accueil@ville-portlouis.fr; **Sonstiges:** Wiese mit Picknicktischen, Sandstrand auf der anderen Straßenseite

97 Stellplatz Port Louis – Remparts

GPS 47.70495, -3.35601

Zentral gelegener und doch recht ruhiger, beleuchteter Stellplatz der Kette Camping-Car Park zwischen den Mauern der alten Festung; teils von Hecken gesäumte Plätze; nahe dem Meer. **Lage/Anfahrt:** 4 Rue de la Citadelle; in der Ortsmitte bei der Gendarmerie nach Süden abbiegen; **Platzanzahl:** 28; **Untergrund:** Gras; **Ver-/Entsorgung:** ja, inkl.; **Strom:** ja, inkl.; **Preise:** 13 € für 24 Stunden (Schranke mit Parkscheinautomat; für Wohnmobile über 9 m schwierig); **Geöffnet:** ganzjährig; **Kontakt:** Tel. 01 83646921 (deutschsprachiger Kundenservice), www.campingcarpark.com; **Hinweis:** Direkt daneben befindet sich der Stellplatz Port Louis-Prairie auf dem ehemaligen Gelände des Camping Municipale, der ebenfalls der Kette Camping-Car Park angehört. Preise und Leistungen sind identisch; **Beachten:** Für die Ausfahrt ist der Code auf einer anderen Tastatur einzugeben als für die Einfahrt; **Tipp:** Es gibt einen Tagespass zu 4,50 € (Schiff und Bus) für Exkursionen nach Lorient.

98 Stellplatz Les Quatre Chemins, Belz

GPS 47.66934, -3.17712

Ruhiger kleiner Platz mit schattigen Kiefern, Wiese und Picknicktischen beim Parc de Loisirs. **Lage/Anfahrt:** Rue des Sports; in Les Quatre Vents auf die D16 (Rue des Sports) in Richtung Belz und nach ca. 400 m beim Complex Sportif links; **Untergrund:** Kies, eben; **Ver-/Entsorgung:** nein; **Strom:** nein (nächster Anschluss bei Riantec oder Erdeven); **Platzanzahl:** ca. 5; **Geöffnet:** ganzjährig; **Max. Stand:** keine Begrenzung; **Preise:** Übernachtung kostenlos; **Sonstiges:** Ganz in der Nähe kann man das Museum der Thunfischer besuchen.

99 Stellplatz AirePark Riantec, Kerdurand

GPS 47.71539, -3.32127

Gut ausgestatteter Platz der Kette AirePark in ruhiger Parklandschaft am Ortsrand von Riantec nahe dem Schwimmbad. **Lage/Anfahrt:** Rue du Stade; auf der D781 von Osten kommend im Kreisverkehr kurz nach dem Ortseingang in Richtung Schwimmbad; **Untergrund:** befestigt; **Platzanzahl:** 49; **Ver-/Entsorgung:** inklusive; **Strom:** inklusive; **Geöffnet:** ganzjährig; **Max. Stand:** unbegrenzt; **Preise:** je nach Saison 9,60–11,20 €; **Kontakt:** Tel. 02 98539939, www.aireparkreservation.com/aires-camping-cars/bretagne/morbihan/riantec-aire-de-kerdurand

238br Abb.: sh

LORIENT

Lorient ist der bedeutendste Fischereihafen der Bretagne und der zweitwichtigste in ganz Frankreich. Auch die Sehenswürdigkeiten der Stadt sind überwiegend mit Meer und Hafen verbunden. Da Lorient – wie Brest – im Zweiten Weltkrieg als bedeutender Kriegshafen schwer bombardiert wurde, gibt es nur wenig historische Bausubstanz, dafür aber einige Sehenswürdigkeiten, die es eben dieser Rolle widerspiegeln.

Zu den Hauptattraktionen zählt **Lorient La Base** (www.la-flore.fr/fr/une-journee-la-base/lorient-la-base), ein Komplex aus drei gigantischen Betonklötzen, die die Deutschen zwischen 1941 und 1943 in Rekordzeit errichtet haben. In diesen Bunkern waren bis zu 40 U-Boote untergebracht – wegen ihnen wurde die Stadt bombardiert und letztendlich zerstört. Einige der Anlagen sind zu besichtigen, nicht zuletzt auch das deutsche **U-Boot La Flore S645** (www.la-flore.fr, Tel. 02 97655287; Eintritt ab 8€).

Auch die **Cité de la Voile Éric-Tabarly** (www.citevoile-tabarly.com; Eintritt 13€) verdankt Lorient seiner Funktion als Hafenstadt. Mit Filmvorführungen auf riesigen Leinwänden, interaktiven Bildschirmen, Videos und Ausstellungen taucht man hier in die Welt des Segelsports ein – sehr umfassend dargestellt und sicher nicht nur für Segler interessant!

Und auch auch einen Bummel durch den riesigen **Fischereihafen** und einen Besuch der **Criée** (Fischauktionshalle), in der früh am Morgen rund 60 Arten von Meeresgetier angeboten werden, sollte man sich nicht entgehen lassen. Für Wohnmobilisten hingegen hat die Stadt nicht sehr viel zu bieten – auch keinen Wohnmobilstellplatz oder einen für Wohnmobile besonders zu empfehlenden Parkplatz.

Information

› **Office de Tourisme,** 45 bis Boulevard Cosmao Dumanoir, 56100 Lorient, Tel. 02 97847800, www.visit-lorient-bretagne.de (auch auf Deutsch)

Feste

› Anfang August findet das **Festival Interceltique** statt, zu dem sich hier Kelten aus den verschiedenen europäischen Ländern zu Musik, Tanz, Umzügen und Ausstellungen treffen.

ZUR MEGALITHKÜSTE

(34 km – km 157)

Strecke:

Erdeven (28 km) – Plouharnel (6 km)

Südlich und östlich von Lorient erstreckt sich zwar eine sehr lange und reizvolle Nehrungsküste mit herrlichen Stränden und einer ungewöhnlich intakten Tier- und Pflanzenwelt, doch sie ist nur an Wochenenden zugänglich. Unter der Woche wird hier manchmal scharf geschossen, denn der gesamte Küstenabschnitt zwischen den Mündungen von Blavet und Étel ist militärisches Sperrgebiet. Man kann also unter der Woche getrost einmal auf der „großen Straße“ bleiben und auf der D194 (später D9) in Richtung Beltz und **Erdeven** tuckern.

Zeugnisse der **Megalithkultur** findet man ja überall in der Bretagne recht zahlreich – doch hier begegnet man ihnen zum ersten Mal in einer so massiven Konzentration, dass man es kaum fassen kann. In diesem Bereich zwischen Ria d'Étel und Golfe du Morbihan – von **Kerzerho** bei Erdeven über das legendäre **Carnac** bis zu den Megalithbauten von **Locmariaquer** – erstreckte sich vor 4000 bis 7000 Jahren das Zentrum der Megalithkultur, die sich von hier über weite Teile Westeuropas ausbreitete.

Und wohl nirgends sonst begegnet man diesen wuchtigen Menhiren und imposanten Alignements (Aufreihung von Menhiren) so unmittelbar und überraschend wie bei Erdeven. Man durchquert den unscheinbaren Ort auf der D781, die dann Rue des Menhirs heißt, und plötzlich steht man direkt davor bzw. dazwischen. Tatsächlich ist die Straße mitten durch die **Alignements von Kerzerho**

261br Abb.: sh

hindurch gebaut worden und viele der Menhire sind damals dem Straßenbau zum Opfer gefallen – wer nicht aufpasst, kann aber auch heute noch einen rammen. Die in mehreren Reihen aufgerichteten, bis zu 6 m hohen Felsblöcke sind zweifelsohne beeindruckend und was man sieht, ist doch nur ein kleiner Teil des Ganzen, denn die meisten Monumente verbergen sich in wild wucherndem Gestrüpp. Insgesamt sollen es über 1000 Menhire sein. Hier kann man direkt zwischen den Steinreihen umhergehen und sie berühren, während man in Carnac etwas „ausgesperrt" nur über den Zaun gucken darf. Und während in Carnac zeitweise mehr Menschen als Menhire zu sehen sind, teilt man sich hier das Erlebnis selbst im Sommer manchmal nur mit wenigen Besuchern. Es lohnt sich, zu einer besonders ruhigen Zeit zu kommen (ruhig auch bei düsterem Wetter), um die eigenartige Atmosphäre dieser mächtigen Megalithen zu spüren.

Aber Erdeven hat nicht nur alte Steine, sondern auch herrliche Sandstrände zu bieten – was man leicht übersieht, da die Straße hier nicht direkt entlang der Küste verläuft. Eine gute Möglichkeit für einen Badestopp bietet der strandnahe Stellplatz 101 im Ortsteil Kerhillio. Aber Vorsicht: Nicht zu weit hinausschwimmen und sich an anderen Stränden vorher erkundigen, ob man gefahrlos ins Wasser kann, denn in dieser Gegend gibt es teils gefährliche Strömungen!

Information

› **Office de Tourisme,** 7 Rue Abbé-le-Barh, 56410 Erdeven, Tel. 02 97556460, www.baiedequiberon.bzh/erdeven (auch auf Deutsch)

Parken

P 104 **Alignements von Kerzerho,** GPS 47.63490, -3.14941. Zum Besichtigen der Alignements von Kerzerho kann man direkt daneben an der Straße parken. Außerdem hat Erdeven inzwischen einen großen, perfekt gelegenen und gut ausgestatteten Stellplatz in Strandnähe 101.

Sonstiger Stellplatz

S 105 **Intermarché Plouhinec,** GPS 47.69595, -3.24625. Ein Stellplatz für den Notfall mit 8 bis 10 kostenlosen Plätzen auf Rasengittersteinen; etwas nahe der Straße, Abwasser kann geleert werden, ohne weitere Ver-/Entsorgungsmöglichkeit.

Die beeindruckenden Alignements von Kerzerho

234br Abb.: sh

(101) Stellplatz Erdeven, Kerhillio

GPS 47.61421, -3.15966

Schöner und ruhiger kommunaler Platz ca. 3 km südlich bei Kerhillio, der gleich beim Camping Municipal hinter den Dünen und nur einen Spaziergang vom Strand entfernt liegt (Vorsicht: teils gefährliche Strömungen; in Strandnähe bleiben). **Lage/Anfahrt:** Boulevard de l'Atlantique, von der D781 im Zentrum nach Süden (rechts) abbiegen und in Richtung Kerhillio fahren; dann links auf den Boulevard de l'Atlantique; **Untergrund:** Kies und Wiese, eben; **Ver-/Entsorgung:** bei Übernachtung inkl., sonst ca. 4 € inkl. 2 Std. parken; **Strom:** an jedem Stellplatz; **Platzanzahl:** ca. 50; **Geöffnet:** ganzjährig; **Max. Stand:** keine Begrenzung; **Preise:** je nach Saison 11–13 €/Nacht (mit Kreditkarte); **Kontakt:** Tel. 02 97556462 (Rathaus) oder 02 97556923; **Beachten:** Das Ticket des Automaten an der Einfahrt gut aufbewahren, da darauf der Code für die Ausfahrt steht. Bei Problemen an das Rathaus wenden.

(100) Camping La Croez Villieu★★★★, Erdeven

GPS 47.63233, -3.15908

Sympathischer, kleiner Privatcampingplatz am südlichen Ortsrand von Erdeven, sehr gute Ausstattung: beheizter Pool, Wasserrutsche, Wellnessanlage (Sauna/Dampfbad). **Lage/Anfahrt:** Route de Kerhillo 6; in Erdeven im Kreisverkehr südlich der Kirche von der D781 nach Südwesten auf die Rue de la Plage abbiegen und ihr ca. 1 km nach Süden folgen; **Preise:** Womo mit 2 Pers. inkl. Strom 12–39 €; **Geöffnet:** April–Sept.; **Kontakt:** Tel. 02 97559043, www.la-croez-villieu.com; **Beachten:** An der Rezeption z. T. wenig Platz, um für Anmeldung zu parken

Von den Alignements von Kerzerho sind es auf der D781 kaum mehr als 5 km bis **Plouharnel** und doch gibt es zwischendurch eine Reihe von Abzweigungen zu sehenswerten Dolmen. **Dolmen** sind Tischförmig gebaute Steingräber der Jungsteinzeit und frühen Bronzezeit.

PRESQU'ÎLE DE QUIBERON

(von/bis Plouharnel 40 km – km 197)

In Plouharnel geht es entweder geradeaus stracks nach Carnac oder rechts ab via D768 auf die Presqu'île de Quiberon. Keines von beiden sollte man sich entgehen lassen, aber man sollte sich für beides einen möglichst ruhigen Tag aussuchen. Für Carnac können es auch die frühen Morgenstunden sein, während auf die Halbinsel den ganzen Sommer hindurch fast immer ganze Karawanen von Wohnmobilen strömen. Es lohnt sich aber auch!

Die Halbinsel ist geografisch zweigeteilt: in den „Stiel" bis zur Engstelle bei Fort Penthièvre und in das „dicke Ende" danach. Für Wohnmobile gab es bislang am Stiel zahlreiche Parkplätze hinter den Dünen, die aber inzwischen alle für Wohnmobile gesperrt sind. Auf dem „dicken Ende" sind schon länger fast alle Parkplätze für Wohnmobile ge-

Presqu'île de Quiberon
Muschel-museum Le Galion
Musée de la Chouannerie
Fort de Penthièvre
Avenue de St. Malo
KERHOSTIN
Plage de St. Pierre
PORTIVY
Beg-en-Aud
Avenue de St. Pierre
BAIE DE QUIBERON
Route de Portivy
Rennes
Pointe du Percho
St.-Pierre-Quiberon
KERMAHÉ
KERDAVID
KERGROIX
KERIDENVEL
102 Stellpatz Quiberon-Kerné
104 Privater Stellplatz Fred
Comlec'h und Alignements
Route de Quibron
Segel-schule
KERVIHAN
LE GRAND ROHU
Plage de St. Julien
CD-186
LE PETIT ROHU
KERNAVEST
ST. JULIEN
KERNÉ
Rue de la Gare
Port Kerné
KERHIHUEL
Route Côtière
KERGALLO
Route de Kerné
Rue des 4 Vents
Port Haliguen
CÔTE SAUVAGE
Quiberon
KERMOVAN
R. du Port Haliguen
LE MANÉMEUR
Rue du Port de Pêche
Boulevard de la Teignouse
Plage du Conguel
Route Côtière
Office de Tourisme
Rue de Lille
Bd. A. France
Bd. Chanard
Autofähren nach Belle-Île
Port Maria
Grande Plage
CD-200
Château Turpault
Plage du Goviro
Pointe du Conguel
Beg-er-Lan
0 1000 m
© Reise Know-How 2023

sperrt. Schilder verweisen auf den großen **Stellplatz** bei Kerné (Route du Côte Sauvage) und den Stellplatz von St. Pierre.

Eine kleine Entdeckertour entlang der **Côte Sauvage** (Westküste des „dicken Endes“) sollte man sich keinesfalls entgehen lassen. Dazu biegt man in **Portivy** (kurz nach dem **Fort de Penthièvre)** rechts ab und folgt den kleinen und manchmal nicht leicht zu findenden Schildern „Côte Sauvage“ durch ein Gewirr schmaler Sträßchen, bis man die Küstenstraße entdeckt.

Ganz am Anfang, nahe der Schleife bei der **Pointe du Percho,** passiert man zwei Parkplätze in der Heidelandschaft und hoch über dem Meer, die bislang auch von Wohnmobilen genutzt werden konnten, inzwischen aber leider gesperrt sind (wie alle Parkplätze auf Quiberon). Trotzdem lohnt sich eine Fahrt entlang der Côte Sauvage („Wilde Küste“) noch immer – und für einen kurzen Spaziergang oder zum Fotografieren kann man auf einer ganzen Reihe der Parkplätze nach wie vor anhalten.

Nahe dem südlichen Ende der Côte Sauvage liegt links der große **Wohnmobilstellplatz** mit Servicestation. Kurz danach erreicht man die Stadt **Quiberon,** in der zur Sommerszeit recht viel Gedränge herrscht. Die von der Michelin-Karte als landschaftlich reizvoll markierte Schleife um die Südostspitze herum würden wir daher in der Hauptsaison für größere Wohnmobile nicht empfehlen. Wenn es etwas ruhiger ist, dürfte sich der Versuch jedoch lohnen.

Auf der gut ausgebauten D768 fast schnurgerade nach Norden gelangt man zurück nach Plouharnel.

102 Stellplatz Quiberon-Kerné

GPS 47.49171, -3.13983

Großer, schattenloser Parkplatz. Es handelt sich um den einzigen Parkplatz an der Côte Sauvage, auf dem Wohnmobile stehen und auch über Nacht parken dürfen. Der Platz ist nicht sonderlich schön und man hat wenig Aussicht. **Lage/Anfahrt:** Rue du Stade; an der D186 (Route Côtière) entlang der Côte Sauvage nahe dem südlichen Ende bei Kerné; **Untergrund:** Kies, recht eben; **Ver-/Entsorgung:** Ver-/Entsorgungsstation am Eingang 2 € (für 80 Liter; Bezahlung mit Münzen); **Strom:** nein; **Platzanzahl:** ca. 100; **Geöffnet:** ganzjährig; **Max. Stand:** 3 Nächte (bei Überschreitung 30 €/Nacht); **Preise:** Übernachtung 10 € pro Fahrzeug pro Tag (Parkscheinautomat); **Kontakt:** Tel. 02 97302400; **Beachten:** überfüllte Mülltonnen sind keine Seltenheit und in der Nähe der Ver-/Entsorgungsstation herrscht meist starker Fäkaliengeruch. Beides bei der Platzwahl beachten!

239br Abb.: sh

Information

› **Office de Tourisme,** B.P. 97, 14 Rue du Verdun, 56170 Quiberon, Tel. 02 44845656, www.baiedequiberon.de (auch auf Deutsch)

103 Stellplatz Sables Blancs, Plouharnel

GPS 47.57189, -3.12632

Toller Wohnmobilstellplatz mit Meerblick, schattenlos, Zugang zu allen Dienstleistungen des Campingplatzes. **Lage/Anfahrt:** Route de Quiveron, 56340 Plouharnel, direkt beim Campingplatz Sables Blancs; **Platzanzahl:** 40; **Untergrund:** Wiese; **Ver-/Entsorgung:** ja; **Strom:** ja; **Preise:** ca. 12 €/Fahrz. inkl. Serviceleistungen; **Max. Stand:** unbegrenzt; **Geöffnet:** ganzjährig; Kontakt: www.sablesblancsplouharnel.fr/locations/aire-de-camping-car

104 Privater Stellplatz Fred, Quiberon

GPS 47.50977, -3.14102

Großer, privater Wiesenplatz in sehr schöner Lage mit hohen Bäumen und einer Pferdekoppel; sehr nette Leute! **Lage/Anfahrt:** Route du Prado; D186, nur ca. 150 m nach dem Stellplatz St. Pierre auf der gegenüberliegenden Straßenseite; **Platzanzahl:** ca. 6 Wohnmobile (Juni–Sept evtl. etwas mehr), aber weit mehr Wiesenfläche; **Untergrund:** Gras; **Ver-/Entsorgung:** ja, inkl.; **Strom:** ja, inkl.; **Preise:** 17 € alles inkl.; **Max. Stand:** unbegrenzt; **Geöffnet:** Mai–September; **Kontakt:** Tel. 06 18828393; **Sonstiges:** Dusche, WC, Barbecue

CARNAC

(3 km – km 200)

Von Plouharnel am Nordende der Quiberon-Halbinsel ist es via D781 nur ein Katzensprung nach Carnac, das weltweit zum Inbegriff für die Megalithkultur geworden ist. Und selbst wer Massenattraktionen so wenig mag wie ich, sollte sich dieses einzigartige Kulturdenkmal nicht entgehen lassen – zumal es hier sogar im Sommer genügt, früh am Morgen da zu sein, um den Zauber und die

Tausende teils tonnenschwerer Granitblöcke bilden die Alignements von Carnac

262br Abb.: sh

eigenartige Atmosphäre ganz ungestört zu erleben. Als Wohnmobilist hat man die Gelegenheit, in unmittelbarer Nähe der Menhire zu übernachten und früh am Morgen unterwegs zu sein, ehe die Massen anrücken. Um zu den berühmten **Alignements** zu gelangen, verlässt man die Stadt nach Norden auf der D119 (Rue des Korrigans) und biegt am Stadtrand rechts auf die D196 (Route de Kerlescan), an der man bald einen großen Parkplatz findet, der abends und früh am Morgen erfreulich leer ist. Das dortige **Archéoscope** in einem modernen Rundbau bietet neben Büchern eine mehr atmosphärische als informative Multivisionsshow.

Wer sich für handfestere historische Zusammenhänge interessiert, sollte eher das **Musée de la Préhistoire** (10 Place de la Chapelle, www.museedecarnac.com, Tel. 02 97522204) in der Stadt besuchen. Von April bis September sind die Gitter rund um die Alignements geschlossen. „Hautnahe" Besuche sind dann nur im Rahmen von Führungen möglich, die am **Maison des Mégalithes**

(Tel. 02 97522981; im Sommer reservieren) beginnen.

Ein Großteil der **Menhire, Dolmen** und sonstigen **Megalithattraktionen** erstreckt sich über mehrere Kilometer entlang der Route de Kerlescan (D196) nach Nordosten. Wer sich dafür interessiert, sollte nicht zu früh umkehren und auch einige der Nebenstraßen erkunden. Hier gibt es allerlei zu entdecken. Etwa im Zentrum der Alignements dient eine alte Windmühle heutzutage als **Aussichtsturm.** Die Eisengittertreppe im Inneren ist frei eingehängt und schwankt daher beträchtlich. Doch keine Bange! Passieren wird nichts.

Neben seinen Megalithmonumenten hat Carnac auch herrliche **Sandstrände** zu bieten. Als Wohnmobilist braucht man allerdings gar nicht erst zu suchen: Auf den zahlreichen Parkplätzen an den Stränden herrscht überall Nachtparkverbot. Auch der bisherige Wohnmobilstellplatz im Zentrum existiert nicht mehr und wurde durch einen einfachen Parkplatz 1,5 km nördlich der Stadt ersetzt. Das wenig weiter östlich gelegene Locmariaquer ist da weit wohnmobilfreundlicher und hat ebenfalls imposante Megalithdenkmäler, schöne Landschaften und herrliche Sandstrände zu bieten.

Information

› **Office de Tourisme,** 74 Avenue des Druides, 56342 Carnac, Tel. 02 97521352, www.carnactourismus.de (auf Deutsch)

Die langen Megalithreihen von Carnac sind in der Saison nur mit einer Führung zugänglich

240br Abb.: sh

105 Camping de la Plage★★★★, Trinity-sur-Mer

GPS 47.57572, -3.02890

Schöner und sympathischer Campingplatz mit familiärer Atmosphäre in ruhiger Lage zwischen Ortsrand und Meer. Geniale Oneway-Lösung: von der Rezeption führen nur Oneway-Wege bis zum Ausgang an der gegenüberliegenden Seite, so dass es nie Gegenverkehr gibt! **Lage/Anfahrt:** Rue de Kervourden; von Carnac auf der D119/D186 nach Osten über die Bucht und ca. 500 m danach rechts abbiegen; **Preise:** Womo mit 2 Pers. inkl. Strom 27–60 €; **Geöffnet:** 6.5.–17.9.; **Kontakt:** Tel. 02 97557328, https://de.camping-plage.com

Parken

P 106 Carnac Alignements, GPS 47.59603, -3.07185. Recht großer, aber lang gezogener und ruhiger, schattiger Parkplatz ohne Verbotstafel nahe dem Maison des Mégalithes. Lage/Anfahrt: nördlich der Stadt via D119 (Rue des Korrigans) und am Stadtrand rechts auf die D196 (Route de Kerlescan); Untergrund: Schotter, eben; Ver-/Entsorgung: nein; Strom: nein; Achtung: vor Autoknackern wird gewarnt!

P 107 Parkplatz Menhir Nord Carnac, GPS 47.59534, -3.07802. Großer, kahler Parkplatz zwischen hohen Bäumen rund 1,5 km nördlich des Zentrums, Übernachtung möglich. Lage/Anfahrt: Allée des Alouettes, via D 119 gut 1 km nach Norden und dann gegenüber der Steinreihen (Alignements du Ménec) links in die Allée des Alouettes; Platzanzahl: ca. 40; Untergrund: Asphalt; Ver-/Entsorgung: in der Stadt am Place de Illertissen (GPS 47.58545, -3.08263) EuroRelais 2 €; Strom: nein; Preise: Hauptsaison (15.6.–15.9.) 5 €, außerhalb der Saison kostenlos; Geöffnet: ganzjährig; Kontakt: Tel. 02 97520686, www.ot-carnac.fr/camping-car-baie-de-quiberon

⊡ *Der Tumulus Er-Grah bei Locmariaquer gehört zu den bretonischen Hauptattraktionen der Megalithzeit*

058br Abb.: rh

Carnac verlässt man am besten in Richtung Osten auf der D119a (Avenue des Druides), die dann in die D186 übergeht, um den kurzen, aber schönen Küstenabschnitt bis La Trinité mitzunehmen. La Trinité hat zwar einige schöne Strände, aber leider keinerlei Einrichtungen für Wohnmobile, sodass man am besten um die Bucht herum weiter in Richtung Locmariaquer fährt.

LOCMARIAQUER UND UMGEBUNG

(17 km – km 217)

Man verlässt Trinité in Richtung Osten auf der D781, hält sich dann ca. 3,5 km außerhalb der Stadt in Richtung Südosten und erreicht ca. 8 km von Trinité entfernt schließlich das Städtchen **Locmariaquer,** das ein weiteres Zentrum der Megalithkultur ist und zudem mit einem so sympathischen, strandnahen Stellplatz für Wohnmobile gesegnet, dass man einen Besuch hier keinesfalls versäumen sollte. Wohl nirgends sonst findet man eine so perfekte Kombination aus Megalithmonumenten, Strandurlaub, Spazierwegen und einem lauschigen Stellplatz.

Die große Attraktion des Orts und der weiteren Umgebung ist das Ensemble Mégalithique de Locmariaquer (am Ortseingang rechts auf die C5 fahren und den Schildern folgen; Tel. 02 97573759, www.monuments-nationaux.fr, auch Englisch) – ein wahres „Muss". Sein Grand Menhir Brisé („großer, zerschlagener Hinkelstein") ist mit 20 m Länge und 350 t Gewicht (das sind immerhin rund 100 Wohnmobile!) der größte bekannte Menhir überhaupt. Er muss offensichtlich von Quiberon über etliche Kilometer bis hierher transportiert worden sein und seine Bedeutung (wie die aller Menhire und Steinreihen) ist bis heute nicht wirklich enträtselt. Theorien, die diese Steine als Orientierungspunkte für die Navigation oder als astronomische Peillinien deuten, scheinen eher unwahrscheinlich. Es wird übrigens vermutet, dass der Grand Menhir Brisé bereits vor 5000 Jahren bewusst umgestürzt wurde.

Der **Table de Marchands** („Tisch der Händler") ist ein riesiger, etwa 5500 Jahre alter

059br Abb.: rh

⊡ *Der Dolem des Pierres Plats liegt nur einen Spaziergang vom Stellplatz Locmariaquer entfernt*

171br Abb.: rh

Gangdolmen, der als Begräbnisstätte gedient hat und ursprünglich von einem Erdhügel bedeckt war. Durch einen 6 m langen Gang kann man gebückt die Grabkammer erreichen. Drittes Highlight ist der **Tumulus Er-Grah,** ein jungsteinzeitliches Grab von ursprünglich wohl 170 m Durchmesser, das an ähnliche Gräber in Irland erinnert. Der Zugang ist nur durch das Informationszentrum möglich (Eintritt 6 €).

Nach all diesen eindrucksvollen Monumenten lohnt es sich, nicht gleich kehrtzumachen, sondern der kleinen Straße noch ca. 1,5 km weiter nach Süden zu folgen (am Kreisverkehr rechts via Rue de la Plage, beschildert). Hier kann man einen wirklich traumhaften Stellplatz entdecken, der nur wenige Schritte von einem herrlichen Strand entfernt und nahe dem **Dolmen des Pierres Plats** liegt, einem über 20 m langen Steingrab mit abgewinkeltem Gang und bemerkenswerten Gravuren.

Information

› **Office de Tourisme,** 1 Rue de la Victoire, 56740 Locmariaquer, Tel. 02 97573305, www.baiedequiberon.bzh/locmariaquer (auch auf Deutsch)

106 Aire de Camping Car de la Falaise

GPS 47.55601, -2.94197

Neu angelegter Wohnmobilstellplatz der Kette Aire-Park. Sehr schöne Lage mit direktem Zugang zum Strand. **Lage/Anfahrt:** Rte des Plages, 56740 Locmariaquer; **Platzanzahl:** 41; **Untergrund:** Rasengitter; **Sicherheit:** umzäunt; **Ver-/Entsorgung:** ja, ganz neu; **Strom:** ja; **Preise:** 11–17 €/Fahrz. inkl. Serviceleistungen; **Max. Stand:** unbegrenzt; **Geöffnet:** ganzjährig; **Kontakt:** Tel. 06 45752592, www.aireparkreservation.com/aires-camping-cars/bretagne/morbihan/locmariaquer-camping-la-falaise

Locmariaquer liegt auf der westlichen Landspitze am Ausgang des Golfe du Morbihan.

107 Stellplatz Auray

GPS 47.66598, -2.99006
Kleiner, zentrumsnaher Platz, der sich vor allem für einen Bummel durch die Altstadt empfiehlt. **Lage/ Anfahrt:** Place du Golhères, nahe dem Kulturzentrum Arena; etwas komplizierte Anfahrt; von der D768 am Kreisverkehr östlich auf die Rue Louis Billet, dann gleich wieder rechts auf die Rue Henry Dunant und links in die Straße Place du Golhères; **Untergrund:** Asphalt, kräftiges Gefälle; **Platzanzahl:** ca. 3; **Ver-/ Entsorgung:** ja, Flot-Bleu-Station, gratis; Abwasser nur mit Schlauch oder Eimer; **Strom:** nein; **Geöffnet:** ganzjährig; **Max. Stand:** 24 Std.; **Preise:** Übernachtung gratis; **Beachten:** die übrigen Plätze sind für Busse reserviert, bitte respektieren

169br Abb.: rh

Der gegenüber auf der östlichen Spitze gelegene Ort Arzon ist Luftlinie nur etwa 1 km entfernt – auf der Straße hingegen fast 70 km!

AURAY

(16 km – km 233)

Information

› **Office de Tourisme,** 20 Rue du Lait, 56400 Auray, Tel. 02 44845656, www.baiedequiberon.bzh/auray (auch auf Deutsch)

Ver-/Entsorgung

› **Intermarché,** GPS 47.60419, -2.99652, an der D28 in Richtung Auray; 2 € in Münzen

Für die Weiterreise muss man zunächst zurück in Richtung Nordwesten fahren und dann auf der D28 nordwärts nach **Auray.**

Das Städtchen an der Rivière d'Auray besitzt eine der am besten erhaltenen **mittelalterlichen Altstädte** der Bretagne. Ein Bummel durch das weitgehend autofreie Viertel **Saint-Goustan** lohnt sich auf jeden Fall, ehe man dann die Reise um den Golfe du Morbihan herum fortsetzt.

Parken

P 108 **Parkplatz Locmariaquer,** GPS 47.56783, -2.94375. Kleiner Bereich für 3 Wohnmobile auf einem Asphaltparkplatz im Ort. Eher für Besichtigungen als zum Übernachten. Lage/Anfahrt: D781, an der Ruelle des Venetes; Platzanzahl: 3; Untergrund: Asphalt; Ver-/Entsorgung: nein (am Sportgelände; GPS 47.57221, -2.95268, 2022 Baustelle und nicht zugänglich); Strom: nein; Preise: kostenlos; Geöffnet: ganzjährig

Kreuzgang der Wallfahrtskirche in Sainte-Anne-d'Auray

Strecke:

Larmor-Baden (14 km, S. 164) – **Vannes** (15 km, S. 165) – **Presqu'île de Séné** (ca. 20 km, S. 168) – **Presqu'île de Rhuys: Saint-Colombier – Château de Suscinio – Sarzeau – Le Roaliguen – Saint-Gildas-de-Rhuys – Arzon – Sarzeau – Muzillac – La Roche-Bernard** (112 km, S. 169) – **Piriac-sur-Mer** (33 km, S. 175) – **La Turballe** (6 km, S. 176) – **Saillé** (18 km, S. 178) – **Guérande** (5 km, S. 178) – **Rundfahrt Presqu'île de Guérande: Pouliguen – Pointe du Croisic – La Baule** (24 km, S. 181) – **Saint-André-des-Eaux** (11 km, S. 183) – **Saint-Lyphard** (23 km, S. 185) – **Île de Fédrun** (18 km, S. 185)

Streckenlänge: 299 km

⊡ *Die Salzgärten von Guérande (s. S. 178) bieten einige reizvolle Picknickplätze*

ROUTE 6: VOM GOLFE DU MORBIHAN ZUR PRÈSQU'ÎLE DE GUÉRANDE

065br Abb.: rn

Der Südosten ist die bretonische Urlaubs- und Badeküste par excellence – von den teils noch ruhigen und ursprünglichen Sandstränden am Golfe du Morbihan bis hin zum Trubel der Bademetropole La Baule. Und doch gibt es hier weit mehr als nur Strandvergnügen. Urlaubsatmosphäre ist im Sommer selbst in der Stadt Vannes zu spüren. Unmittelbar vor ihren Toren bietet die Presqu'île de Séné Salzsümpfe und ein Eldorado für Natur- und Vogelfreunde. Die Presqu'île de Rhuys überrascht mit sehenswerten Schlössern, Monumenten der Megalithzeit und herrlichen Sandstränden. Zudem findet man hier noch mehr und noch bessere Einrichtungen für Wohnmobile als in der übrigen Bretagne. Im Südosten werden die Badeorte deutlich belebter und mondäner. Aber auch hier findet man Naturparadiese wie die farbenprächtigen Salzgärten von Guérande, die jeden Fotografen in helle Begeisterung versetzen, und die amphibische Welt der Brière-Sümpfe mit Schilfteichen, einem Labyrinth von Kanälen und einem idyllischen Museumsdörfchen.

LARMOR-BADEN

(14 km – km 14)

Von Auray kann man auf der autobahnartigen N165 in etwa einer Viertelstunde nach Vannes gelangen (ca. 17 km), aber es lohnt sich, auf der D101 via Le Bono und dann via D316 zunächst einen Abstecher in Richtung Südosten nach **Larmor-Baden** zu unternehmen. Das kleine Städtchen an der Nordküste des Golfe du Morbihan ist nicht nur ein charmanter Badeort, sondern auch Ausgangspunkt für eine Bootsfahrt zur **Île de Gavrinis** (locmariaquer.info/f907-gavrinis.htm) mit dem berühmten Grabhügel **Cairn de Gavrinis,** einem gewaltigen Gangdolmen von 50 m Durchmesser und 6 m Höhe. Ein nur etwa 1,50 m hoher Gang führt 14 m tief in den Hügel hinein zur Grabkammer, die von einer einzigen, riesigen Felsplatte abgedeckt ist. Als der Dolmen vor etwa 5500 Jahren angelegt wurde, lag der Meeresspiegel noch etwa 10 m niedriger als jetzt, sodass die heutige Insel Teil des Festlands war. Besonders wegen seiner reichen Gravierungen zählt der Dolmen zu den bedeutendsten Megalithmonumenten der Bretagne. Meist machen die Boote auch noch einen Abstecher zum Inselchen **Er Lanic** mit Resten von zwei *Kromlechs.* Kromlechs sind kreisförmige Steinsetzungen, die in der Jungsteinzeit als Kultstätte geschaffen wurden. Im Juli und August ist es ratsam, telefonisch zu reservieren (bei Cale de Pen Lanic, s. r.).

Für Wohnmobilisten ist diese Exkursion leider etwas problematisch, denn auf dem großen Parkplatz nahe der Ablegestelle dürfen Wohnmobile ausdrücklich nicht stehen. Auf unsere Frage verwies man uns auf einen Parkplatz an der Route d'Auray, der allerdings gut 1 km vom Hafen entfernt ist und nur Platz für drei Fahrzeuge bietet. Es bleibt zu hoffen, dass zukünftig auch am Hafen einige Plätze für Wohnmobile bereitgestellt werden.

Auf der D316 Richtung Nordost geht es an den **Marais de Pen-en-Toul** (Sümpfe) entlang Richtung Vannes. Wenn man gleich nördlich der Stadt im Kreisverkehr auf die D316A abbiegt, findet man wenig weiter den netten privaten **Stellplatz Aire des Îles, Kerilio** (108). Bei Le Moustoir gelangt man auf die D101, der man nach Nordosten folgt. Kurz danach kann man rechts einen Abstecher nach **Arradon** machen, das einen schön und ruhig gelegenen Campingplatz (110) und inzwischen auch einen Camping-Car Park besitzt (109), und den Ausblick von der **Pointe d'Arradon** auf den Golfe du Morbihan genießen.

Information

› **Cale de Pen Lannic,** Rue de Pen Lannic, 56870 Larmor-Baden, Tel. 02 97571938, http://cairndegavrinis.com (auch Engl.)

Parken

P 109 Parkplatz Larmor-Baden, GPS 47.58829, -2.89866. Als Stellplatz ausgewiesene Fläche, vor einem durch 2-m-Schranke abgesperrten Parkplatz am Ortsrand nördlich des Zentrums. Lage/Anfahrt: D316 (Route d'Auray); nahe dem Ortseingang links (zum Hafen ist es gut 1 km in Richtung Südosten); Untergrund: Asphalt, Gefälle; Ver-/Entsorgung: nein; Strom: nein; Platzanzahl: max. 5; Geöffnet: ganzjährig; Max. Stand: unbegrenzt; Preise: kostenlos

(108) Privater Stellplatz Aire des Îles, Kerilio

GPS 47.60601, -2.87281

Großer, sauberer Stellplatz in sehr schöner, schattiger Lage mit hohen Bäumen, angenehmer Atmosphäre, Imbiss, WLAN und guter Ausstattung. **Lage/Anfahrt:** Rue Kerilio; nördlich von Larmor-Baden von der D316 im Kreisverkehr nahe Baden Automobiles nach Südosten auf die D316A (Rue Kerilio) und am Campingplatz vorbeifahren; **Platzanzahl:** ca. 50, teils durch Hecken gegliedert; **Untergrund:** grober Schotter; **Ver-/Entsorgung:** ja, inkl.; **Strom:** ja, inkl.; **Preise:** je nach Saison 10–15 € für 24 Std. alles inkl.; **Max. Stand:** unbegrenzt; **Geöffnet:** ganzjährig; **Kontakt:** Tel. 07 62923456, www.airedesiles.fr; **Sonstiges:** gut gelegen für Spaziergänge und Radtouren; **Tipp:** Der Platz ist nur 800 m von der Ablegestelle für die Île aux Moines und die Île d'Arz sowie für Rundfahrten durch den Golf de Morbihan entfernt; Gäste des Platzes erhalten bis zu 20 % Ermäßigung (vor Ort fragen).

109 Stellplatz Camping-Car Park, Arradon

GPS 47.62485, -2.82714
Großer, gut ausgestatteter, überwiegend schattiger Platz mit großen Parzellen zwischen hohen Bäumen. **Lage/Anfahrt:** Rue de la Mairie, 7 km westlich von Vannes von der D101 auf die D127 nach Süden abbiegen, um Arradon herum bis zur Rue de la Mairie fahren und dort links abbiegen; Beachten: Die Einfahrt ist nicht beim Tennisplatz (nur Ausfahrt), sondern 200 m weiter; **Platzanzahl:** 45 Plätze mit Strom; **Untergrund:** Schotter, meist uneben; **Ver-/Entsorgung:** Trinkwasser, Abwasser, Chemie-WC inkl.; mit freiem WLAN (teils schwache Verbindung); **Strom:** inkl. an jedem Platz; **Preise:** Übernachtung 11–14 € für 24 Std.; 5 Std. inkl. Ver- und Entsorgung 5 €; **Max. Stand:** ab 3 Tagen mit Reservierung; **Geöffnet:** ganzjährig; **Kontakt:** Tel. 01 83646921, www.campingcarpark.com; **Hinweis:** manche Benutzer beschweren sich über Lärm von der nahen Straße, wir hatten keine Probleme damit

110 Camping de Penboch★★★★, Arradon

GPS 47.62209, -2.80103
Abseits der Straßen im Grünen und sehr ruhig gelegener, familiärer Campingplatz. Naturnah und zugleich sehr gut ausgestattet mit beheiztem Freibad, Hallenbad, Wasserrutschbahnen. Parzellen unterschiedlicher Größe und Ausstattung. Der Platz liegt nicht direkt am Meer, aber nur etwa 400 m vom Strand entfernt. Schöne Uferwege; freundliche Rezeption. Direkt beim spirituellen Zentrum Penboch. **Lage/Anfahrt:** 9 Chemin de Penboch, Arradon; von Vannes auf der D101 in Richtung Westen; beim dritten Kreisverkehr in Richtung Süden nach Arradon und den Schildern folgen; **Preise:** Womo mit 2 Pers. inklusive Strom 23–45 € je nach Saison und Parzelle; **Geöffnet:** 8.4.–23.9.; **Kontakt:** Tel. 02 97447129, www.camping-penboch.fr (auch Deutsch)

172br Abb.: rh

VANNES – DAS FERIENZENTRUM AM GOLF

(15 km – km 29)

Auch wer sonst um Städte eher einen Bogen schlägt und auf seiner ganzen Reise allenfalls zwei oder drei besuchen will, sollte Vannes auf die Liste setzen und wenigstens einen ganzen Tag dafür einplanen. Leider gibt es nahe dem Zentrum keinen für Wohnmobile zu empfehlenden Parkplatz, selbst mithilfe des Office de Tourisme war nichts zu finden. Deshalb ist es am besten, sich das Verkehrsgedränge der Innenstadt ganz zu sparen und gleich am Ortseingang rechts zum Golf hin den Stellplatz oder Campingplatz anzusteuern, um von dort per Pendelbus in die Innenstadt zu fahren.

Weite Sandstrände findet man gleich vor den Toren von Vannes auf der Halbinsel Rhuys

Parken

P 110 Quai Bernard Moitessier, GPS 47.6502, -2.7573. Ein für Wohnmobile zugelassener, gebührenpflichtiger Parkplatz südlich des Zentrums und des Hafens, 10 Plätze, max. 7 m; Nachtparkverbot.

Keinesfalls versäumen sollte man die Aussicht von der Festungsmauer der Stadt und einen Bummel durch die **historische Altstadt** mit ihren 170 Fachwerkhäusern. Dort findet man an der Ecke Rue du Bienheureux-Pierre-René-Rogue und Rue Noé das wohl meistfotografierte Paar von Vannes – die bemalten Granitbüsten von Monsieur Vannes und seiner Frau zieren die Fassade eines Geschäfts! Auch ein Besuch der gotischen **Kathedrale St. Peter** lohnt sich (22 Rue des Chanoines, Tel. 02 97471088, www.cathedrale-vannes.fr/index.php/fr). Aber es gibt auch eine ganze Reihe lohnender Museen (nicht nur!) für einen Regentag: etwa das **Historische Museum im Château Gaillard** (Musée d'Histoire de Vannes, 2 Rue Noé, Tel. 02 97016300, www.mairie-vannes.fr/musee-dhistoire-et-darcheologie, auch auf Deutsch) und das **Museum der schönen Künste** (La Cohue-Musée des Beaux Arts, 15 Place Saint Pierre, Tel. 02 97016300, www.mairie-vannes.fr/musee-des-beaux-arts, auch auf Deutsch).

Information

- **Office de Tourisme,** Quai Tabarly, Rive droite du port, 56039 Vannes Cedex, Tel. 02 97472434, www.golfedumorbihan.bzh (auch auf Deutsch)

Parken

- Mit Ausnahme der Stellplätze beim Camping Municipal sind Parkplätze in Vannes nicht für Womos zugelassen.

Reicher Blumenschmuck in den Parkanlagen vor der Stadtmauer

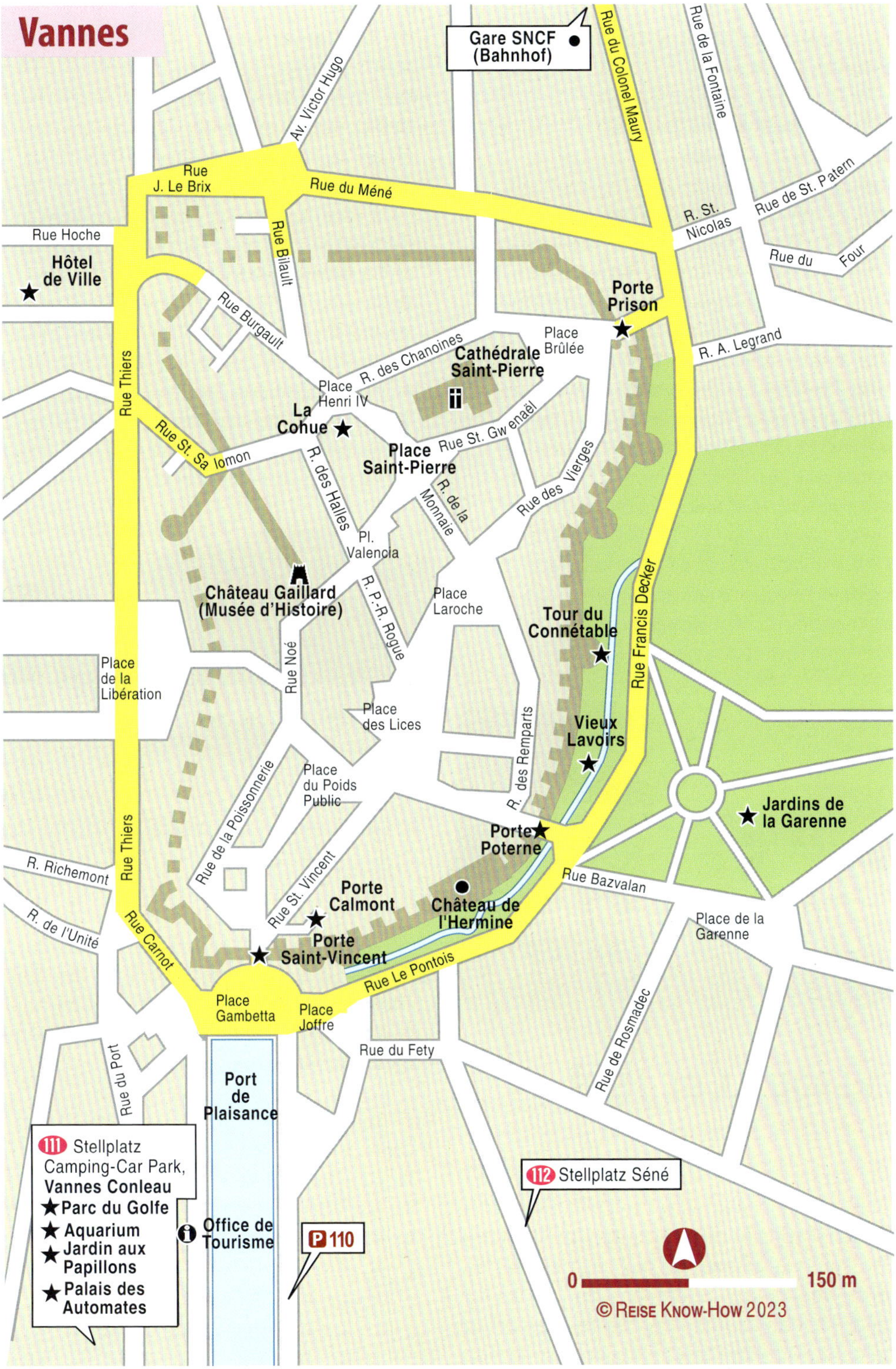
Vannes
Gare SNCF
(Bahnhof)
Rue du Colonel Maury
Rue de la Fontaine
Av. Victor Hugo
Rue J. Le Brix
Rue du Méné
Rue Hoche
Hôtel de Ville
Rue Bilault
R. St. Nicolas
Rue de St. Patern
Rue du Four
Porte Prison
Rue Burgault
Place Brûlée
R. A. Legrand
R. des Chanoines
Cathédrale Saint-Pierre
Place Henri IV
La Cohue
Rue Thiers
Rue St. Salomon
Rue St. Gwenaël
Place Saint-Pierre
R. des Halles
R. de la Monnaie
Rue des Vierges
Pl. Valencia
Château Gaillard
(Musée d'Histoire)
Place Laroche
Tour du Connétable
Rue Francis Decker
R. P.-R. Rogue
Place de la Libération
Rue Noé
Place des Lices
Vieux Lavoirs
R. des Remparts
Place du Poids Public
Rue de la Poissonnerie
Jardins de la Garenne
Porte Poterne
R. Richemont
Rue St. Vincent
Porte Calmont
Château de l'Hermine
Rue Bazvalan
R. de l'Unité
Rue Carnot
Porte Saint-Vincent
Place de la Garenne
Rue Le Pontois
Place Gambetta
Place Joffre
Rue du Fety
Rue du Port
Rue de Rosmadec
Port de Plaisance
111 Stellplatz Camping-Car Park, Vannes Conleau
Parc du Golfe
Aquarium
Jardin aux Papillons
Palais des Automates
Office de Tourisme
P 110
112 Stellplatz Séné
0
150 m
© Reise Know-How 2023

⑪ Stellplatz Camping-Car Park, Vannes Conleau

GPS 47.63325, -2.78009
Parkplätze links vor dem Eingang des Flower Camping; oft recht voll. **Lage/Anfahrt:** Avenue Maréchal Juin 188; von der D101 gleich am westlichen Stadtrand beim Kreisverkehr Giratoire des Îles rechts auf den Boulevard de la Résistance, dem man gut 2 km folgt (geht gegen Ende in die Rue Winston Churchill über); dann beim Giratoire de Raker rechts auf die Avenue Maréchal Juin und dieser ca. 1 km bis zum Golf hinunter folgen; **Untergrund:** Asphalt; **Ver-/Entsorgung:** 5 € (Kreditkarte); **Strom:** 5 € (Kreditkarte); **Platzanzahl:** 33 (alle mit Strom), Schranke; **Geöffnet:** ganzjährig; **Max. Stand:** unbegrenzt; **Preise:** Übernachtung inkl. Service 11–14 € je nach Saison, 5 Std. inkl. Ver-/Entsorgung 5 €; **Kontakt:** Tel. 01 83646921 (deutschsprachiger Kundenservice), www.campingcarpark.com; **Sonstiges:** etwa 10–19.30 Uhr kostenlose Pendelbusse zum Zentrum (ca. 3,5 km).

242br Abb.: sh

⑫ Stellplatz Séné

GPS 47.62719, -2.74146
Großer, sauberer und ruhig gelegener, aber völlig schattenloser Stellplatz an der Zufahrt zur Halbinsel Séné. **Lage/Anfahrt:** Rue de Kerhuilieu; direkt an der D199 ca. 2 km südlich der Stadt; **Platzanzahl:** ca. 50; **Untergrund:** Sand/Schotter, eben; **Ver-/Entsorgung:** ja, 2 € für 70 l Wasser; **Strom:** ja, an jedem Platz; **Preise:** 11–13 €; **Max. Stand:** 24 Std.; **Geöffnet:** ganzjährig; **Kontakt:** Tel. 02 98925352, www.golfedumorbihan.de/fiche/aire-de-camping-car-de-vannes-sene-de; **Beachten:** selbe Einfahrt wie der Campingplatz, dann links; die Einrichtungen des Campingplatzes dürfen nicht genutzt werden

243br Abb.: sh

PRESQU'ÎLE DE SÉNÉ
(20 km – km 49)

Vor allem für Naturfans und Vogelfreunde lohnt sich ein Abstecher auf die Presqu'île de Séné. Von Vannes fährt man dazu via Rue Ferdinand-le-Dressay an der Ostseite des Hafens entlang nach Süden und dann links auf die Rue Jean Jaures nach **Séné.** Der Ort ist bekannt für seine traditionellen Fischerboote (Sinagots) mit zwei Segeln. Am Ortsende rechts in Richtung Bellevue und Port Anna gelangt man in das 410 ha große **Naturschutzgebiet von Séné,** ein Labyrinth von Salzsümpfen und ein erstrangiges Vogelparadies mit markierten Wanderwegen und mehreren Beobachtungsposten.

Information

› **Centre d'Accueil,** Route de Brouel, 56860 Séné, Tel. 02 97669276, www.reservedesene.bzh. Die ausgeschilderte Infostelle des Naturschutzgebietes bietet geführte Touren.

Kapelle an der Pointe de Penvins

Parken

P 111 Séné, GPS 47.6169, -2.7353. Einen kostenlosen, etwas staubigen, aber nachts ruhigen Parkplatz findet man etwas weiter südlich in Séné an der D199 gegenüber der Schule.

P 112 Rue de Montsarrac, GPS 47.59350, -2.71110. Nahe dem Kap, ganz im Südosten und via C3 erreichbar, liegt gleich hinter der Küste ein ruhiger und sympathischer, kostenloser Parkplatz für bis zu 10 Wohnmobile in der Nähe des Jachthafens (maximaler Stand: 48 Stunden; keine Ver- und Entsorgung vorhanden).

176br Abb.: rh

PRESQU'ÎLE DE RHUYS

(112 km - km 161)

Strecke:

Saint-Colombier (21 km) - Château de Suscinio (5 km) - Sarzeau (5 km) - Le Roaliguen (4 km) - Saint-Gildas-de-Rhuys (13 km) - Arzon (9 km) - Sarzeau (12 km) - Muzillac (25 km) - La Roche-Bernard (18 km)

Die etwa 20 km lange, sandige Halbinsel von Rhuys, die den Golfe du Morbihan nach Süden begrenzt, ist ein Feriengebiet par excellence mit vielfältigen Kultur-, Bade- und Freizeitangeboten und einem aufgeweckten Fremdenverkehrsamt, das sehr bewusst

113 Stellplatz Aire Communale Penvins

GPS 47.49738, -2.68602

Einfacher, aber schöner und ruhig gelegener Wiesenplatz am Ortsrand direkt hinter den Dünen und gleich neben dem Camping Grée Penvins; die etwas engen Parzellen sind teils durch Hecken gegliedert; kein Meerblick, dafür Windschutz. **Lage/Anfahrt:** Chemin du Marais; auf der D198 bis zum Campingplatz an der Landspitze und dort rechts abbiegen; **Platzanzahl:** 11; **Untergrund:** Gras, Gefälle; **Ver-/Entsorgung:** nein; eine Station findet man ca. 1 km nördlich nahe dem Friedhof an der D199 am Ortsrand von Penvins; **Strom:** nein; **Preise:** 5,60 € (wird abends kassiert); **Max. Stand:** 48 Std.; **Geöffnet:** ganzjährig; **Kontakt:** Tel. 02 97673396; **Tipp:** schöne Möglichkeiten für Spaziergänge; für ein Picknick mit Meerblick nach beiden Seiten kann man auch auf einem der schmalen Straßenparkplätze nahe der Kapelle Notre Dame de la Côte stehen (der große Parkplatz ist für Wohnmobile gesperrt)

175br Abb.: rh

264br Abb.: sh

auch **Wohnmobilisten** einbezieht. Außerdem ist dies die ideale Region, um endlich einmal die **Fahrräder** vom Gepäckträger zu holen und auf Tour zu gehen (eine sehr hilfreiche Karte für Radler bietet das Touristenbüro), denn während die Bretagne sonst für eine Küstenregion unerwartet viele und heftige Steigungen aufweist, ist hier alles relativ eben. Zudem gibt es reizvolle **Küstenpfade** für Fußtouren und ein herrliches Vogelschutzgebiet. Kein Problem, hier eine ganze Woche auf Entdeckung zu gehen! Allerdings haben das andere auch schon gemerkt, sodass es hier im Sommer stellenweise schon fast so zugeht wie am Mittelmeer.

Man verlässt Vannes in Richtung Osten über die N165 und biegt kurz darauf in Richtung Süden auf die D780 via Noyalo und Le Héro. **Saint-Colombier** mit einer VE-Station lässt man rechts liegen und biegt gleich danach links auf die C4 nach Süden, um das traumhaft gelegene **Château de Suscinio** (Route du Duc Jean V, Tel. 02 97419191, https://suscinio.fr) zu besuchen. Es hat einen großen, schattigen Parkplatz am Wasser, auf dem man eine lauschige Mittagspause machen kann.

Via D198 geht es anschließend wieder nach Nordwesten in Richtung **Sarzeau.**

Von **Sarzeau** via C9 ungefähr 3,5 km nach Süden führt ein weiterer Abstecher zum Weiler **Le Roaliguen** mit einem schönen Stellplatz 114.

Für die Rückfahrt kann man den Weg nach Osten über Saint-Jacques und dann die C5 nach Norden wählen. Von Sarzeau via D198 in Richtung Südwesten geht es anschließend nach **Saint-Gildas-de-Rhuys.** Sein im 6. Jahrhundert gegründetes und im 16./17. Jahrhundert erneuertes Kloster ist vor allem dadurch bekannt, dass dort der glücklose Verführer Abélard im 12. Jahrhundert als Abt „einsaß“ und statt fromme Meditation zu üben, glühende Briefe an seine geliebte Héloïse schrieb.

Information

› **Office de Tourisme,** CS23921, 56039 Vannes, Tel. 02 97536969, www.golfedumorbihan.bzh

Die wuchtigen Türme des reizvoll gelegenen Château de Suscinio

Ver-/Entsorgung

- **Station Saint-Colombier,** GPS 47.54657, -2.72142. 4,50 € für 10 Minuten Frischwasser, Abwasser und Chemie-WC kostenlos

Im Ort schwenkt die D198 wieder nordwärts und passiert außerhalb des Städtchens eine traumhafte Bucht mit dem **Plage de Rohu,** schönen Küstenpfaden und **Stellplätzen.**

114 Stellplatz Le Roaliguen

GPS 47.49986, -2.76677

Netter, schattenloser Wiesenplatz am Ortsrand nahe dem nautischen Zentrum und dem Campingplatz. **Lage/ Anfahrt:** Le Roaliguen; am östlichen Ortsrand; via C9, Rue des Embruns und Rue des Vagues nach Süden, dann links auf die Rue du Raker; **Untergrund:** Gras, eben; **Ver-/Entsorgung:** nicht am Platz, aber ca. 200 m entfernt (GPS 47.49809, -2.76750), rechts an der Ecke zur Pont Neuf, nur Abwasser und WC, gratis; **Strom:** nein; **Platzanzahl:** ca. 20; **Geöffnet:** ganzjährig; **Max. Stand:** 48 Std.; **Preise:** 6,20 €/24 Std. (kostenpflichtig 18–10 Uhr); **Kontakt:** Tel. 02 97418515; **Tipp:** Ein schöner Wanderweg (GR34) führt nach Osten an der Küste entlang bis nach Penvins (ca. 6,5 km einfach).

115 Stellplatz Aire Communale Brilliac, Sarzeau

GPS 47.54140, -2.81756

Einfache, aber gepflegte Stellplätze auf einem beleuchteten Asphaltparkplatz nahe dem Zentrum des kleinen Orts, aber im Normalfall sehr ruhig. **Lage/ Anfahrt:** Rue de Saint Maur; direkt an der Durchgangsstraße; **Platzanzahl:** 6; **Untergrund:** Asphalt; **Ver-/ Entsorgung:** nein; **Strom:** nein; **Preise:** 6,40 € (wird kassiert); **Max. Stand:** 48 Std.; **Geöffnet:** ganzjährig

116 Stellplatz Aire de Kerver, Saint-Gildas-de-Rhuys

GPS 47.52263, -2.85853

Sehr schöner Wiesenplatz mit Kieswegen und einigen hohen Bäumen nahe dem Campingplatz und direkt beim Sandstrand. **Lage/Anfahrt:** Route du Rohu; vom Kreisverkehr zwischen D780 und D198 Ausfahrt nach Südwesten auf die C101 (Allée des Tamaris) und den Schildern folgen; **Untergrund:** Gras/Sand, eben; **Ver-/Entsorgung:** im Preis inkl.; **Strom:** nein; **Platzanzahl:** ca. 30; **Geöffnet:** Mai–September; **Max. Stand:** 48 Std.; **Preise:** 8 € (bezahlen bei der Campingplatz-Rezeption); **Kontakt:** Tel. 02 97452121, www.campingdukerver.com

241br Abb.: sh

117 Stellplatz St. Jacques

GPS 47.489148, -2.799831

Strandnaher Platz beim Campingplatz Tohapi, schöner Sandstrand, aber kein Meerblick vom Platz. **Lage/Anfahrt:** Rue Pratel Vihanim, im Kreisverkehr von der C5 rechts in die Rue Hent Morice, dann links in Richtung Campingplatz und am Campingplatz vorbei; **Untergrund:** Gras, uneben; **Platzanzahl:** ca. 15–20; **Ver-/Entsorgung:** nein; **Strom:** nein; **Geöffnet:** ganzjährig; **Max. Stand:** 48 Std.; **Preise:** ca. 6,20 € für eine Nacht; **Kontakt:** Tel. 02 97418515; **Hinweis:** Die Benutzung der Markise ist verboten. **Weitere Möglichkeit:** Ein ruhiger, kostenloser Parkplatz für 5–6 Wohnmobile (max. 48 Std.) befindet sich auf der Grasfläche vor einer Hecke im hinteren Teil der großen Parkfläche des Supermarkts Proxy und einer Bäckerei (GPS 47.4889, -2.79713).

Kurz darauf stößt man auf einen Kreisverkehr (an der D780) und gelangt von dort über die Rte de Port Navalo (nördlich vom Kreisverkehr) zum sehenswerten und frei zugänglichen Menhir de Kermaillard (GPS 47.53660,-2.84921). Anschließend geht es auf die D780 Richtung Arzon an der westlichen Spitze der Halbinsel. Schon vor Arzon (ca. 2 km nach dem Kreisverkehr) zweigt rechts (nördlich) eine kleine Straße ab, die zur schön restaurierten **Moulin de Pen Castel** (Gezeitenmühle) mit kleinem Parkplatz führt.

066br Abb.: rh

Gleich nach der Abzweigung liegt rechts der D780 ein langer Parkplatz (Vorsicht Schlaglöcher!), von dem aus ein schmaler Fußpfad zum Tumulus de Tumiac (auch Butte de César genannt) führt. Das Ganggrab mit 300 m Durchmesser und 20 m Höhe sieht eher wie ein unscheinbarer Erdhügel aus, bietet aber eine schöne Aussicht. Kurz danach erreicht die D780 das Städtchen **Arzon** an der Westspitze der Halbinsel. In der Umgebung gibt es einige weitere Monumente der Megalithkultur zu entdecken – und außerdem schöne Strände und Stellplätze.

118 Stellplatz Parking Kermor Kerjouanno, Arzon

GPS 47.53895, -2.88057

Relativ ruhiger und offenbar sehr beliebter Parkplatz am Ortsrand; allerdings stehen hier die Wohnmobile während der Saison dicht an dicht wie in Parkbuchten. Kostenloses WLAN. **Lage/Anfahrt:** Avenue de Kerlun; von der D780 beim Kreisverkehr am Ortseingang links; **Untergrund:** Asphalt, eben; **Ver-/Entsorgung:** ja, 2,50 € (die Station befindet sich außerhalb; Bezahlung mit Debitkarte beim Automaten am Eingang zum Stellplatz); **Strom:** ja, aber die Anschlüsse sind knapp und nicht den Plätzen zugeordnet; **Platzanzahl:** ca. 49; **Geöffnet:** ganzjährig; **Max. Stand:** 72 Std. (Juni–Sept.); **Preise:** 24 Std. 11 € (inkl. Wasser); **Kontakt:** Tel. 02 97537559; **Sonstiges:** Ganz in der Nähe (ca. 500 m) liegt der herrliche Plage du Fogeo, daher ist der Platz oft sehr voll.

Für die Rückfahrt kann man die Route durch den Norden der Halbinsel wählen, die auf kleinen Sträßchen durch den Austernhafen **Le Logeo** zu den Landspitzen nördlich von Sarzeau und zum **Vogelschutzgebiet** in den Salzsümpfen an der Küste um Saint-Colom-

⓫ 121 Stellplatz Surzur, Aire Lann Floren

GPS 47.58293, -2.63280

Sehr ruhiger, schön gelegener und gepflegter Platz mit guter Ausstattung in einem Park mit hohen Bäumen. **Lage/Anfahrt:** Allee du Petit Train; Surzur, von der D780 bei Noyalo auf die D195 (Rue de Surzur), die im Ort zur Rue Lann Floren wird, dann auf die östliche Parallelstraße, den Schildern folgen; **Untergrund:** große, geschotterte Buchten, eben, schattig; **Platzanzahl:** ca. 40 (großzügig parzelliert und auch für große Mobile geeignet); **Ver-/Entsorgung:** ja, inkl.; **Strom:** ja, für alle Plätze; **Geöffnet:** ganzjährig; **Max. Stand:** keine Begrenzung; **Preise:** Okt.–April 8,10 € sonst 12,40 € für 24 Std. inkl. Wasser u. Strom, für Ver- und Entsorgung ohne Übernachtung 3 € (zahlbar bei Schranke mit Kreditkarte); **Kontakt:** Tel. 06 31401926, www.etape-camping-cars.fr; **Hinweis:** mit Waschmaschine und Trockner; hilfsbereite Betreiber

244br Abb.: sh

bier führt. Damit – dessen sind wir uns wohl bewusst – sind die Möglichkeiten der Halbinsel lediglich gestreift und nur wesentliche Punkte umrissen. Daneben bleibt Raum für zahlreiche weitere Entdeckungen!

Für die Weiterreise folgt man zunächst wieder der D780 nach Osten, kann dann aber nahe Saint-Colombier rechts auf die D20 abbiegen, die bei **Muzillac** wieder auf die autobahnartige N165 gelangt. Dort kann man einen Abstecher zur **Moulin de Pen Mur** machen, die einen idyllischen Parkplatz am Bach bietet.

119 Stellplatz Theix-Noyalo

GPS 47.60600, -2.67306

Nur ca. 5 km vom Stellplatz Surzur 121 entfernt befindet sich der kostenlose Stellplatz Theix-Noyalo direkt bei einem Sportplatz. Die Plätze sind schattenlos und flach. Ruhige Lage, trotz der D195. **Lage/Anfahrt:** Rte de Surzur 39, 56450 Theix-Noyalo, an der D195; **Platzanzahl:** 4 ausgewiesene Plätze; **Untergrund:** Asphalt; **Ver-/Entsorgung:** ja, kostenlos; **Strom:** nein; **Preise:** kostenlos; **Max. Stand:** unbegrenzt; **Geöffnet:** ganzjährig; **Beachten:** im Herbst 2022 kein Wasser verfügbar

120 Stellplatz Aire La Roche Bernard

GPS 47.519108, -2.3056

Ruhig und hübsch gelegener Stellplatz zwischen Bäumen innerhalb des Camping Municipal Le Patis am Jachthafen; gute Ausstattung mit Dusche, Strom, WLAN. **Lage/Anfahrt:** Chemin du Patis, 56130 La Roche Bernard; von der D765 im Kreisverkehr in der Ortsmitte auf die D774 (Rue St. James) in Richtung Hafen und dann über die kurze Rue du Passage zum Chemin du Patis; hinter der Einfahrt zum Campinplatz gleich rechts; **Platzanzahl:** ca. 15; **Untergrund:** Rasengittersteine; **Ver-/Entsorgung:** ja, eine Station

Die Gezeitenmühle Moulin Pen Mur wurde vor dem Verfall bewahrt

befindet sich außerhalb des Campingplatzes neben dem Eingangstor; **Strom:** ja; **Preise:** 7,50–12 € ohne Strom, zzgl. 4,65 € für Strom (an der Rezeption bezahlen); **Geöffnet:** Mitte März–Mitte Okt.; **Kontakt:** Tel. 02 99906013, www.laroche-bernard.com/camping-le-patis/les-emplacements-pour-camping-car; **Tipp:** Achten Sie darauf, dass Sie auf den speziellen Wohnmobilplatz fahren und bezahlen Sie möglichst gleich bei Ankunft. Manche Nutzer beschweren sich, dass der Campingplatz-Tarif berechnet wurde.

122 Stellplatz Aire Municipale, Herbignac

GPS 47.44043, -2.32935

Ruhig und sehr schön gelegener Parkplatz südlich des Orts zwischen hohen Bäumen beim Teich; mit speziellen Plätzen für Wohnmobile. **Lage/Anfahrt:** Rue du Pre Grasseur, 44410 Herbignac; südlich der Ortschaft im Kreisverkehr von der D774 auf die D33 und ca. 800 m weiter links auf die Rue du Pre Grasseur; **Platzanzahl:** ca. 4; **Untergrund:** Schotter, uneben, stärkeres Gefälle; **Ver-/Entsorgung:** ja; 2 €; **Strom:** ja, 2 €; **Preise:** kostenlos; **Geöffnet:** ganzjährig; **Kontakt:** Tel. 02 40889001; **Hinweis:** der Untergrund kann morastig werden; manchmal stark durch Pkws beansprucht, nicht geeignet für große Wohnmobile, im Herbst 2022 gab es kein Frischwasser und keinen Strom

Parken

P 113 Moulin de Pen Mur Muzillac, GPS 47.56162, -2.49248. Idyllischer, schattiger Waldparkplatz am Bach bei der Mühle. Lage/Anfahrt: Von der D20 fährt man im ersten Kreisverkehr nach der Autobahnunterführung links in die Avenue du Parc und am gleich danach folgenden Kreisverkehr rechts in die Avenue de la Cascade, die recht eng hinunter zur Mühle führt. Sollte diese Engstelle inzwischen Einbahnstraße sein, muss man der ausgeschilderten Strecke weiter entlang der D20 und dann kreuz und quer durchs Zentrum folgen, die in sehr weitem Bogen ebenfalls zur Mühle führt. Untergrund: Asphalt; Ver-/Entsorgung: nein; Strom: nein; Geöffnet: ganzjährig; Beachten: Bei der Mühle handelt es sich nicht um die große Windmühle, die man von der N165 aus sieht, sondern um eine Wassermühle. Weitere ruhige Parkplätze im Wald findet man, wenn man die Straße (Allée de Pen Mur) ein kurzes Stück hinauffährt. Beide Plätze sind nicht als Stellplätze ausgewiesen.

123 Stellplatz Aire du Parc de la Lande

GPS 47.39299, -2.46566

Der Stellplatz befindet sich auf einem alten Fußballplatz in ruhiger Lage und ist relativ eben. **Lage/Anfahrt:** Route de Campzillon, **Platzanzahl:** 30 Plätze; **Untergrund:** Wiese; **Ver-/Entsorgung:** nur Frischwasser; **Strom:** ja, ca. 8 Anschlüsse; **Preise:** 7 €; **Max. Stand:** 72 Std.; **Geöffnet:** ganzjährig; **Kontakt:** www.mesquer-quimiac.fr/aires-de-camping-car

Parken

P 114 Aire de la Bôle de Merquel, GPS 47.41426, -2.46772. Route de la Bôle de Merquel (zwischen Kercabellec und Sorlock), 500 m vom Strand von Sorlock, keine Ver-/Entsorgung, max. 72 Std., 15 Stellplätze; 7 €/ Nacht, www.mesquer-quimiac.fr/aires-de-camping-car

Ver-/Entsorgung

› **Aire de Service de Kerlagadec,** GPS 47.39629, -2.46848, Strom und Wasser kostenlos, keine Übernachtung, www.mesquer-quimiac.fr/aires-de-camping-car

Auf der N165 geht es dann in einem raschen Rutsch bis **La Roche Bernard,** wo man die D774 in Richtung Süden nimmt. Hier hat man verschiedene Möglichkeiten: Entweder man biegt sofort wieder rechts auf die D34 und fährt westwärts nach **Pénestin,** um im letzten Küstenzipfel des Départements Morbihan die Pointe du Halguen und den Plage de la Mine d'Or („Goldminenstrand") zu erkunden, oder man fährt in südöstlicher Richtung zum **Parc Régional de Brière.** Man kann auch der D774 direkt bis **Guérande** folgen (wenn man es eilig hat) oder nach ca. 23 km auf der D774 rechts auf die D52 biegen, um die **Presqu'île de Guérande** zu erkunden (so haben wir es gemacht).

PRESQU'ÎLE DE GUÉRANDE – ZWISCHEN SANDSTRÄNDEN UND SALZSÜMPFEN

So wie am Beginn der Rundreise durch die Bretagne der Mont-Saint-Michel mit seiner Zitadelle im Meer eine enge Verbindung von Land und Meer verkörperte, so kann man nun am Ende der Reise das Gleiche von der Halbinsel von Guérande mit ihren Salzsümpfen und dem Parc La Brière, einem Labyrinth aus Sümpfen, Teichen und Kanälen, sagen. Ouvertüre und Finale der Rundreise nehmen das gleiche Thema auf, das den Reisenden entlang der ganzen bretonischen Küste begleitet und durch seine zahlreichen Variationen fasziniert.

PIRIAC-SUR-MER

(33 km – km 194)

Auf der D52 fährt man durch stille, idyllische Feriengebiete zur Küste und erreicht an der westlichen Spitze der Halbinsel **Piriac-sur-Mer** mit der Pointe du Castelli. Der pittoreske kleine Fischer- und Badeort mit hübschen Häusern aus dem 17. Jh. am Kirchplatz hat das Prädikat „Petite Cité de Caractère" erhalten. Sein malerisches Ortsbild hat im 19. Jh. Schriftsteller wie Émile Zola, Alphonse Daudet und Gustave Flaubert hierher gelockt – und trotz der touristischen Entwicklung hat es seinen ursprünglichen Charakter bis heute bewahrt.

124 Stellplatz Aire de camping-cars Piriac-sur-Mer Le Véridet

GPS 47.37075, -2.55205

Neu angelegter Stellplatz, sehr ruhig und in Meeresnähe, abgegrenzte Stellplätze (bisher sind die Hecken zwischen den Plätzen noch etwas niedrig), Stadtzentrum von Piriac in der Nähe, direkter Zugang zum Strand. **Lage/Anfahrt:** 410 Avenue Louis Clément, 44420 Piriac sur Mer, an der D99; **Platzanzahl:** 44; **Untergrund:** Schotter; **Ver-/Entsorgung:** ja; **Strom:** ja, an jedem Platz; **Preise:** 13,50–15,50 €; **Geöffnet:** ganzjährig; **Kontakt:** AirePark, Tel. 02 98539939, www.aireparkreservation.com/aires-camping-cars/pays-de-la-loire/loire-atlantique/piriac-sur-mer-le-veridet

125 Stellplatz Camping-Car Park Piriac, Brambell

GPS 47.39624, -2.51327

Sehr schön gelegener Platz mit Meerblick und Sandstrand gleich davor. **Lage/Anfahrt:** Avenue du Général de Gaulle, direkt an der D452 (Uferstraße) im Dörfchen Kerdrien; **Untergrund:** Kies, uneben; **Platzanzahl:** 10; **Ver-/Entsorgung:** inkl.; **Strom:** nein; **Geöffnet:** ganzjährig; **Max. Stand:** keine Angaben; **Preise:** 10,50 € pro Nacht, Parken 5 Std. und Serviceleistungen 5,50 €; **Kontakt:** Tel. 01 83646921 (deutschsprachiger Kundenservice), www.campingcarpark.com

245br Abb.: sh

Routenübersicht S. 162

126 Stellplatz Camping-Car Park Piriac, La Tranchée

GPS 47.37825, -2.54170

Ruhiger Platz am Rand einer Wohnsiedlung hinter einer zerfallenden Windmühle, nicht direkt am Meer. **Lage/Anfahrt:** Moulin de la Tranchée, Împasse du Meunier; in Piriac von der Durchgangsstraße (Avenue de l'Océan) in den engen Impasse du Meunier, beschildert; **Untergrund:** Schotter, eben; **Platzanzahl:** 18; **Ver-/Entsorgung:** ja, inkl.; **Strom:** ja, inkl.; **Geöffnet:** ganzjährig; **Max. Stand:** keine Angaben; **Preise:** 12,80 € pro Nacht, Parken 5 Std. und Serviceleistungen 5,50 €; **Kontakt:** Tel. 01 83646921 (deutschsprachiger Kundenservice), www.campingcarpark.com

LA TURBALLE

(6 km – km 200)

Auf der D99 immer entlang der Küste nach Osten geht es über Lérat nach **La Turballe.** Im einstigen Zentrum der Sardinenfischerei hat man rasch gemerkt, dass Touristen die „dickeren Fische" sind. Daher hat man neben den Fischerhafen noch einen Freizeithafen gebaut und anstatt mit feinmaschigen Netzen fischt man nun mit einem breiten touristischen Angebot. So lebt man von den Dünen und den Sandstränden, die das Meer freiwillig anspült, wenigstens ebenso gut, wie einst von den Sardinen, die man mit Mühe aus dem Meer herausziehen musste.

127 Stellplatz Camping-Car Park, Lérat

GPS 47.36785, -2.53264

Teils schattige und ruhige Plätze am Ortsrand zwischen Bäumen und Büschen; oft voll. **Lage/Anfahrt:** Route de Kervin; von der D99 in der Ortsmitte nach Nordosten auf die Route de Kervin; **Untergrund:** teils Asphalt, teils Schotter, eben; **Ver-/Entsorgung:** Flot-Bleu-Station, außerhalb; **Strom:** nein; **Platzanzahl:** 30; **Geöffnet:** ganzjährig; **Max. Stand:** ab 3 Tagen reservieren; **Preise:** Übernachtung 10,50 €, Parken 5 Std. und Serviceleistungen 5,50 €; **Kontakt:** Tel. 01 83646921 (deutschsprachiger Kundenservice), www.campingcarpark.com

246br Abb.: sh

130 Stellplatz Camping-Car Park, La Turballe

GPS 47.35150, -2.50558

Gut ausgestatteter und gepflegter Platz; ruhige Lage am Rand einer Wohnsiedlung, nahe Wald und Wiesen; WLAN inklusive. **Lage/Anfahrt:** Rue du Clos Mora; von der D99 (Boulevard de l'Europe) im Kreisverkehr via Rue de Bellevue nach Norden und dann gleich rechts ab; **Untergrund:** Asphalt, eben; **Ver-/Entsorgung:** ja; **Strom:** Anschlüsse mit 6 A an allen Plätzen; **Platzanzahl:** 23; **Geöffnet:** ganzjährig; **Max. Stand:** unbeschränkt; **Preise:** 13 € für 24 Std., bis 5 Std. Parken mit Ver- und Entsorgung 5,50 €; **Kontakt:** Tel. 01 83646921 (deutschsprachiger Kundenservice), www.campingcarpark.com; **Beachten:** sehr beliebt und oft voll

177br Abb.: rh

Information

- **Office de Tourisme,** Place Charles-de-Gaulle, 44420 La Turballe, Tel. 02 40243444, www.labaule-guerande.com/la-turballe.html (auch auf Deutsch)

128 Stellplatz Camping-Car Park La Turballe, Zentrum

GPS 47.34872, -2.50776

Städtischer Platz in einem Wohngebiet nahe dem Zentrum und nicht sehr weit vom Meer. Einfacher, schattenloser und relativ ruhiger Platz; **Lage/Anfahrt:** Rue Alphonse Daudet; von der D99 im Kreisverkehr in die Rue Du Pinker, dann zweite links; **Untergrund:** Schotter, eben; **Ver-/Entsorgung:** inkl.; **Strom:** nein; **Platzanzahl:** ca. 20; **Geöffnet:** ganzjährig; **Preise:** Übernachtung 10,50 € (Schranke mit Debitkarte), Parken 5 Std. und Serviceleistungen 5,50 €; **Kontakt:** Tel. 01 83646921 (deutschsprachiger Kundenservice), www.campingcarpark.com

129 Stellplatz Camping-Car Park La Turballe, Grande Falaise

GPS 47.33102, -2.49938

Relativ ruhige und schattige Plätze am Ortsrand beim Camping Municipal zwischen Meer und Salzbecken; **Lage/Anfahrt:** Boulevard de la Grande Falaise; im südlichen Ortsteil; nach rechts (Westen) von der D99 abbiegen und immer nahe dem Meer halten; ausgeschildert; **Untergrund:** Schotter; **Ver-/Entsorgung:** VE-Station, gratis; **Strom:** ja; **Platzanzahl:** 20; **Geöffnet:** ganzjährig; **Preise:** Übernachtung 13 € inkl. Ver-/Entsorgung (Schranke mit Debitkarte), Parken 5 Std. und Serviceleistungen 5,50 €; **Kontakt:** Tel. 01 83646921 (deutschsprachiger Kundenservice), www.campingcarpark.com

Von La Turballe kann man entweder gleich via D99 nach Guérande fahren oder auf der D92 mitten durch die Salzsümpfe und Salinenbecken. Beides sollte man sich keinesfalls entgehen lassen – und da man die Strecke durch die *marais salants* problemlos zweimal fahren kann, ohne dass es langweilig wird, lässt sich auch eine herrliche Rundfahrt daraus machen. Allerdings sollte man sich zeitig Gedanken machen, wo man übernachten will, denn die Stellplätze entlang der Küste sind zum Teil recht klein und selbst die etwas größeren können früh voll sein!

DURCH DIE SALZGÄRTEN NACH SAILLÉ

(18 km – km 218)

Für die schmale Straße **Route des Marais** durch das Gewirr der vielfarbigen Salzbecken sollte man sich viel Zeit lassen, langsam fahren und – wo es geht – immer wieder anhalten, um die bizarren Kleinformen (Salzgebilde, Trockenrisse, Pflanzen und grafische Strukturen) dieser amphibischen Landschaft zu entdecken, ihre Flora und Fauna zu beobachten oder einem *paludier* (Salzgewinner) bei der Arbeit zuzusehen. Und natürlich, um zu fotografieren!

Auf jeden Fall anhalten sollte man auch in **Pradel,** wo der Verband der Salzproduzenten ein modernes **Ausstellungs- und Informationszentrum** mit dem Namen **Terre de Sel** geschaffen hat, das nicht nur über die Salzgewinnung, sondern auch über das ungewöhnliche Ökosystem der *marais* sowie über die Gezeiten und ihre Wirkung informiert. In der Saison werden in Zusammenarbeit mit dem Vogelschutzbund von hier aus auch ornithologische Führungen angeboten.

Das Dörfchen **Saillé** an der D92 und der D774 wurde auf einer Insel inmitten der Salzsümpfe angelegt. Es ist die „Hauptstadt der Salzgewinnung". In einer alten Kapelle informiert dort das **Maison des Paludiers** (18 Rue des prés Garnier, 44350 Guérande, Tel. 09 53077406, http://maisondespaludiers.fr) mit einstündigen Führungen über die Arbeit und das Leben der Salzarbeiter *(paludiers).* Außerdem werden 1½-stündige Führungen durch eine Saline angeboten.

Auf der D774 kann man anschließend entweder nach Süden zur sehr touristischen und im Sommer überfüllten Halbinsel von **La Baule** und **Batz-sur-Mer** fahren oder nach Norden ins Salzstädtchen **Guérande,** das unbedingt sehenswert ist – aber im Sommer natürlich auch recht trubelig.

Information

› **Terre de Sel,** 44353 Pradel, Tel. 02 40620880, www.terredesel.com (auch auf Engl.)

Einkaufen

› Das „Sel de Guérande" ist in ganz Frankreich und darüber hinaus ein Qualitätsbegriff und wird gern mit höheren Preisen bezahlt. Es ist weder gewaschen noch raffiniert und daher naturgrau und etwas gröber als gewohnt. Nur die berühmte Kategorie „Fleur de Sel" („Blume des Salzes", s. S. 180) ist weiß und fein. Meist wird man direkt zwischen den Salinen Stände von Produzenten entdecken, die hier direkt verkaufen. Sonst kann man sich in Guérande an die Vereinigung der Produzenten wenden: **Salines & Saveurs,** 5 Place de la Psalette (gegenüber vom Hauptportal der Kirche), 44350 Guérande, Tel. 02 40014423. Online bestellen kann man u. a. unter: www.lepaludier.com. Empfehlenswert ist der Stand der netten Dame, die das Salz direkt neben ihrer Saline verkauft (GPS 47.30687, -2.45589). Sie ist zudem eine wahre Goldgrube für Informationen über die Methoden der Salzgewinnung.

GUÉRANDE

(5 km – km 223)

Information

› **Office de Tourisme,** 1 Place du Marché au Bois, 44353 Guérande, Tel. 02 40243444, www.labaule-guerande.com/guerande.html

Die geometrischen Muster der Salinen von Guérande begeistern nicht nur Fotografen

131 Stellplatz Guérande

GPS 47.33362, -2.42018

Rund 1 km nordöstlich des Zentrums an der Peripherie gelegener Parkplatz; die Straße ist nicht weit, aber der Lärm hält sich in Grenzen; ins Zentrum braucht man zu Fuß etwa 15 Minuten. **Lage/Anfahrt:** von Süden kommend auf der D99 (Route Bleue) beim Kreisverkehr an der D51 in Richtung Zentrum und dann gleich wieder rechts; **Untergrund:** teils Asphalt, teils Gras, eben; **Ver-/Entsorgung:** ja, kostenlos; **Strom:** nein; **Platzanzahl:** ca. 10 auf Asphalt; 30 Plätze (zeitweise gesperrt) auf Wiese; **Geöffnet:** ganzjährig; **Max. Stand:** 48 Std.; **Preise:** kostenlos; **Kontakt:** Tel. 02 40156040

247br Abb.: sh

Parken

P 115 Parking le Gaudinet, GPS 47.32862, -2.43280. Für einen Stadtbummel scheint uns der an der Ringstraße nordwestlich der Altstadt bei der Abzweigung der Rue du Bouton d'Or am günstigsten – wenn man einen Platz findet.

P 116 Place du Marhallé, GPS 47.32636, -2.42746. Südöstlich an der Ringstraße, in der Hauptsaison gebührenpflichtig.

Das am Rande der Salzgärten gelegene, malerische Städtchen, dessen bretonischer Name so viel wie „weißes Land" bedeutet, ist allemal einen Besuch wert. Nur einen Katzensprung von den belebten Badestränden von La Baule bietet es den Reiz einer mittelalterlichen Stadt mit Befestigungen und komplett erhaltener Ringmauer. Obwohl es entlang der Ringstraße um die Altstadt eine

263br Abb.: sh

Fleur de Sel – die „Blume des Salzes"

Wer in der Gegend von Guérande unterwegs ist, wird zwangsläufig auf den Begriff „Fleur de Sel" („Blume des Salzes") stoßen und sich vielleicht fragen, was das wohl sein mag. Im Vergleich mit dem „normalen" groben Salz von Guérande ist es etwas feiner, viel weißer und deutlich teurer. Warum?

Das grobe Meersalz wird auf dem Tonboden der Salzbecken geerntet, sobald es auskristallisiert. Durch den Kontakt mit dem Ton erhält es eine eher graue Farbe – aber auch seinen Reichtum an Spurenelementen. Das Fleur de Sel hingegen kann nur bei bestimmten Wetterbedingungen geerntet werden, bei denen eine dünne Salzschicht an der Oberfläche der konzentrierten Sole auskristallisiert: die „Blüte". Diese feine Kruste wird mit einem speziellen Schieber vorsichtig abgezogen.

Da es nicht mit dem Ton in Berührung kommt, ist dieses Salz makellos weiß und zudem etwas feiner. Da es aber mit mehr Aufwand verbunden ist und nur in geringen Mengen erzeugt werden kann, ist es auch entsprechend teurer. Außerdem ist es etwas weicher und feuchter und daher für die Salzmühle nicht geeignet. Sowohl die Salzblume als auch das grobe Salz von Guérande werden weder gemahlen noch gewaschen oder mit sonstigen Mitteln künstlich gebleicht. Es handelt sich um reines Natursalz, das von Chefköchen weltweit geschätzt wird.

ganze Reihe von Parkplätzen gibt, wird man in der Saison evtl. suchen müssen, ehe man sein Wohnmobil abstellen kann. Aber die Mühe lohnt sich, denn wenn man die gut erhaltene **Stadtmauer** aus dem 15. Jahrhundert mit sechs Türmen und vier Toren durchquert hat, findet man sich inmitten malerischer Pflasterstraßen, enger Winkelgässchen und romantischer, alter Häuser wieder. Keine Frage, dass das Bild der schön restaurierten Altstadt heute mehr vom Tourismus als vom Salz geprägt ist, aber wer es versteht, (saisonal oder tageszeitlich) etwas außerhalb der „Rushhour" zu kommen, der wird seinen Stadtbummel fraglos genießen und sich gern auch einen Kaffee oder ein gemütliches Essen gönnen. Außerdem kann man die **Stiftskirche Saint-Aubin** (12.–16. Jahrhundert) besuchen.

Saint-Aubin im Zentrum der mittelalterlichen Gassen von Guérande

RUNDFAHRT ZUR POINTE DU CROISIC

(24 km – km 247)

Strecke:
Le Pouliguen (9 km) – Pointe du Croisic (9 km) – La Baule (6 km)

Wer eine etwas mondäne Strandatmosphäre schnuppern möchte und gelegentliche Staus nicht scheut (oder außerhalb der Saison reist), der kann auf der Halbinsel (bzw. „Fast-Insel") südlich der Salzgärten den Wohnmobilplatz westlich von **Le Pouliguen** (zwischen La Baule und Batz-sur-Mer) ansteuern. Wenn nicht zu viel Trubel herrscht, kann es durchaus auch sehr reizvoll sein, auf der Küstenstraße D45 eine Runde über die Halbinsel zu drehen.

Allerdings muss man von der Westspitze bei **Le Croisic** wieder ganz zurückfahren, denn eine Verbindung über die Bucht nach Norden gibt es nicht (und in Le Croisic können die engen Sträßchen etwas labyrinthisch sein).

Wer die Zeit hat, sollte sich auch einen Spaziergang auf dem **Zöllnerpfad** (Sentier des Douaniers, s. S. 78) zwischen Le Pouliguen und Batz-sur-Mer nicht entgehen lassen.

Information

- **Office de Tourisme,** 8 Place de la Victoire, 44500 La Baule, Tel. 02 40243444, https://de.labaule-guerande.com (auch auf Deutsch)
- **Office de Tourisme,** 25 Rue de la Plage, 44740 Batz-sur-Mer, Tel. 02 40239236, www.ot-batzsurmer.fr (auch auf Deutsch)

Essen

- **Crêperie Barapom de Pornichet,** 128 Blvd. des Océanides, 44380 Pornichet, Tel. 02 40613570, www.barapom.com. Direkt an der Uferstraße sitzt

Am Hafen von Le Croisic

man hier auf einer Terrasse mit Blick auf Strand und Sonnenuntergang. Die leckeren Crêpes und Galettes werden im Wrap-Stil serviert, aus frischen Zutaten zubereitet und sind zudem preiswert. Der Empfang und der Service passen rundum. Parken: Die Franzosen parken ungeniert auf dem Mittelstreifen. Wir haben mit unserem Wohnmobil in der Nebensaison in der nächsten Parallelstraße landeinwärts problemlos einen Platz gefunden.

Parken

P 117 Parkplatz Vigie Le Croisic, GPS 47.28926, -2.53741. Sehr schön gelegener, aber durch die nahe Straße eher lauter Parkplatz speziell für Wohnmobile. Von einigen Plätzen sehr schöner Meerblick. Lage/Anfahrt: Avenue de la Pierre Longue, 44490 Le Croisic; direkt an der Küstenstraße D45 nahe dem Golfplatz; Platzanzahl: 9 (recht eng); Untergrund: Asphalt, Schotter, kaum Gefälle; Ver-/Entsorgung: ja, aber kein Frischwasser; Strom: nein; Preise: am Tag kostenlos, 10 €/Übernachtung mit Parkschein vom Automat; Max. Stand: 48 Std.; Geöffnet: ganzjährig; Kontakt: Tel. 02 40231367, www.tourisme-lecroisic.fr/de/camping-car; Hinweis: sehr schöne Küste; ein Spaziergang lohnt sich.

132 Stellplatz La Govelle, Batz sur Mer

GPS 47.26751, -2.45407

Sehr kleiner und meist voll belegter, relativ ruhiger Parkplatz unmittelbar südlich der Altstadt nahe dem Strand und mit Meerblick; mit Toiletten. **Lage/Anfahrt:** Rue de Ker Jacot; an der Route de la Govelle 22, Abzweigung Rue de Ker Jacot (D45, auch Boulevard de l'Atlantique); von der N171 bei Kermoisan (unmittelbar östlich der Eimündung der D774) via Rue du Manerick nach Süden, an deren Ende links auf die D45 (Route de la Govelle); **Untergrund:** Kies, uneben; **Ver-/Entsorgung:** EuroRelais Junior, Jetons zu 2 € (erhältl. im über 3 km entfernten Office de Tourisme von Batz-sur-Mer, s. S. 181); **Strom:** 2 € für 1 Std.; **Platzanzahl:** 7; **Geöffnet:** ganzjährig; **Max. Stand:** 48 Std.; **Preise:** März–Juni/Sept./Okt. 7,80 €, Juli/Aug. 9,80 €, sonst gratis; **Kontakt:** Tel. 02 40239199, https://de.ot-batzsurmer.fr/stellplatz-von-la-govelle.html

133 Stellplatz La Baule, Hafen

GPS 47.28222, -2.42471

Relativ ruhig gelegener Platz zwischen dem Stadion und dem Bootshafen, allerdings steht ein Womo hinter dem anderen wie im Verkehrsstau. **Lage/Anfahrt:** von der N171 unmittelbar östlich der Brücke, die La Baule und Le Pouliguen verbindet, nach Norden abbiegen, gut beschildert; **Untergrund:** Asphalt, eben; **Platzanzahl:** 22; **Ver-/Entsorgung:** ja; **Strom:** ja; **Geöffnet:** ganzjährig; **Max. Stand:** keine Angaben; **Preise:** 24 Std. inklusive Strom und Ver- und Entsorgung 13,70–16,20 € (zu bezahlen mit Kreditkarte an der Einfahrt), Parken 5 Std. und Serviceleistungen 5,50 €; **Kontakt:** Tel. 01 83646921 (deutschsprachiger Kundenservice), www.campingcarpark.com; **Achtung:** Für größere Fahrzeuge ist die Zufahrt kein Problem – das Wenden am anderen Ende eventuell schon.

134 Stellplatz Aire Municipale Camping Clein, Le Pouliguen

GPS 47.27206, -2.43293

Relativ ruhiger städtischer Stellplatz mit Bäumen beim Camping Clein in einem Wohngebiet. **Lage/Anfahrt:** 49 Avenue de l'Ocean, 44510 Le Pouliguen; **Untergrund:** Rasengitter, eben; **Platzanzahl:** ca. 26 (sehr eng parzelliert); **Ver-/Entsorgung:** ja; **Strom:** ja, inklusive, aber nicht an jedem Stellplatz; **Geöffnet:** ganzjährig; **Max. Stand:** 72 Std.; **Preise:** 12,60 € für 24 Std. (elektr. Schranke); **Kontakt:** Tel. 02 40424399, www.aireparkreservation.com/aires-camping-cars/pays-de-la-loire/loire-atlantique/le-pouliguen-aire-de-camping-cars-le-clein

Dolmen, wie der bei Kerbourg (s. S. 184), sind typisch für die Bretagne

135 Camping Bel Air★★★★, Pornichet

GPS 47.24979, -2.32142

Moderner, jugendlicher und sehr gut ausgestatteter Campingplatz nicht direkt am Meer, aber sehr ruhig und nur etwa 300 m vom Sandstrand. Mit Restaurant, großem Frei- und Hallenbad, Aquapark, Tennisplatz u. v. m. **Lage/Anfahrt:** Avenue de Bonne Source; von der Uferstraße D292 (Av. de la Bonne Source) etwa 2 km südlich des großen Kreisverkehrs am Hafen in die Av. de la Villes Chevissens; **Preise:** Womo mit 2 Pers. inkl. Strom 33–60 €; **Geöffnet:** ganzjährig; **Kontakt:** Tel. 02 40611078, www.belairpornichet.fr (auch Englisch); **Hinweis:** Normale Stellplätze haben etwa 80 m²; wer so stehen will wie auf manchen Wohnmobil-Stellplätzen, kann zu einem günstigeren Preis (ab 15 €) eine Parkfläche von 35 m² („Box") mieten.

248br Abb.: sh

PARC RÉGIONAL DE LA GRANDE BRIÈRE

070br Abb.: rh

Wer nach all den Küstenlandschaften einmal dem Meer den Rücken kehren und eine Wasserwelt ganz anderer Art kennenlernen will, hat hier am Ende der Reise eine fantastische Gelegenheit dazu. Die Sumpfgebiete von **La Grande Brière** (bretonisch *Ar Briwer*) schützt ein fast 50 km² großer Naturpark mit ausgedehnten amphibischen Landschaften, durchzogen von einem Netz stiller Kanäle. Welch ein Kontrast zum nur wenige Kilometer entfernten Küstentrubel von La Baule!

SAINT-ANDRÉ-DES-EAUX
(11 km – km 258)

Für eine **Rundfahrt** verlässt man bei **Brais** die N171 und fährt via D392 durch den Ort bis zur D47, der man links in Richtung **Saint-André-des-Eaux** folgt. Von hier kann man in Richtung Norden über das kleine Sträßchen

069br Abb.: rh

„Route de la Chaussée-Neuve“ (D127) einen Abstecher nach **La Chaussée-Neuve** machen (4 km einfach).

Dabei handelt es sich um den alten Hafen, in dem einst der Torf zum Abtransport auf die Boote verladen wurde. Von dort hat man einen schönen Blick auf die Landschaft, während sonst Bruch- und Schilfwälder meist den Blick versperren. Man kann sich im Stocherkahn durch die faszinierende Welt der Kanäle fahren lassen oder ein Boot mieten und auf eigene Faust losziehen. Die Straße nach La Chaussée-Neuve ist allerdings eine Sackgasse, sodass man anschließend auf dem gleichen Weg zurück nach Saint André-des-Eaux fahren muss.

Man folgt der D47 weiter nach Nordwesten und dann zunehmend nach Norden. Nachdem die Straße schließlich etwas nordöstlich schwenkt, erreicht man eine Kreuzung, bei der es rechts nach **Bréca** geht, das ebenfalls einen schönen Blick auf die Sümpfe bietet. Von hier aus werden auch Bootsfahrten auf den Kanälen angeboten. Links ab geht es nach **Kerhinet,** das man keinesfalls verpassen sollte. Überall innerhalb des Parks stößt man auf schmucke, traditionelle Häuser mit Reetdächern und üppigen Hortensien, aber nirgends sind sie so schön wie in Kerhinet: Hier wurde ein ganzes **Museumsdorf** alter Häuser erhalten und sehr geschmackvoll restauriert. Absolut kein Kitsch und wenn nicht zu viel Trubel herrscht, geradezu idyllisch! Außerdem gibt es einen wunderschönen, großen Wiesenparkplatz mit schattigen Bäumen und Picknickgelegenheiten.

Im Anschluss biegt man nun von der D47 ab und fährt nach Westen in Richtung **Kerbourg,** wo ein gut erhaltener **Dolmen** und eine kleine **Windmühle** zu sehen sind.

Kahn-Exkursionen/Bootsverleih

› **Anthony Mahé,** Port de la Chaussée-Neuve, 44117 Saint-André-des-Éaux, Tel. 06 10783423, http://decouvrir-la-briere.fr, hat eine Station direkt am alten Hafen.

SAINT-LYPHARD

(23 km – km 281)

Kurz danach biegt man rechts auf die D51 in Richtung **Saint-Lyphard.** Dort dient der Kirchturm als Ausguck und eröffnet einen **Panoramablick** über das flache Sumpfland bis zur Loire-Mündung.

Information

› **Office de Tourisme,** Place de l'Église, 44410 Saint-Lyphard, Tel. 02 40243444, https://de.labaule-guerande.com (auch auf Deutsch)

136 Camping Fleur de Brière

GPS 47.39670, -2.2999

Sehr schöner, familienfreundlicher und zudem günstiger Campingplatz mit Schwimmbad (15.6.–15.9.). **Lage/Anfahrt:** Route d'Herbignac, 44410 Saint Lyphard, gegenüber von Saint-Lyphard am Complex Sportif rechts von der D47 ab und noch ca. 100 m parallel zur Straße nach Norden; **Platzanzahl:** 15; **Untergrund:** Wiese; **Ver-/Entsorgung:** ja; **Strom:** ja; **Preise:** 10–14 €; **Geöffnet:** März–November; **Kontakt:** Tel. 06 87107616, www.campingfleurdebriere.com/fr

Wenige Kilometer weiter folgt **Les Fossés-Blancs** mit einem Naturlehrpfad durch die amphibische Wasserwelt.

Ein Abstecher via D33 nach Westen führt kurz vor Herbignac zu den imposanten Ruinen des **Château de Ranrouët.** Die Rundstrecke führt jedoch weiter über **La Chapelle-des-Marais** (mit einer Touristeninformation gleich am Kreisverkehr) und dann über die D50 nach Südosten.

◁ Im alten Hafen von Chaussée-Neuve legen heute nur noch Touristenkähne ab

▷ Ein idyllischer Rastplatz im Sumpfland der Île de Fédrun

ÎLE DE FÉDRUN

(18 km – km 299)

Ein Abstecher nach **Île de Fédrun** lohnt sich sehr. Das Dörfchen, das sich auf einem von Sumpfwiesen und Kanälen umgebenen Inselchen befindet und über zwei Brücken zu erreichen ist, hat viel von seiner traditionellen Atmosphäre bewahrt. Auch von hier aus sind romantische Exkursionen in den alten Stocherkähnen möglich.

Einen weiteren Stopp lohnt **Rozé** mit dem 24 m hohen **Aussichtsturm.** Von hier hat man einen tollen Blick über das Sumpfgebiet der Brière (GPS 47.3601, -2.18628, www.saint-nazaire-tourisme.de/entdecken/natur-entdecken/regionaler-naturpark-briere). Ein etwa 800 m langer Fußweg führt am Kanal entlang zum **Réserve Pierre Constant** mit einem Naturlehrpfad und einem Beobachtungsposten.

› **Réserve Pierre Constant,** Kerhinet: Village de Kerhinet, Saint-Lyphard, Tel. 02 40243444, www.parc-naturel-briere.com

Wenig weiter stößt man bei **Montoir-de-Bretagne** wieder auf die N171 und kann entweder in Richtung Westen die Runde schließen oder in Richtung Osten zur Loire-Mündung fahren und die Bretagne verlassen.

071br Abb.: rh

Granville
Paimpol
Lannion
Fréhel
Dinard
Portsall
Morlaix
Guingamp
Pontorson
Brest
Huelgoat
Saint-Brieuc
Dinan
Douarnenez
Rostrenen
Rennes
Gaël
Quimper
Pontivy
Audierne
Quimperlé
Josselin
Penmarch
Lorient
La Gacilly
Vangne
Arzon
Quiberon
La Turballe
Saint-Nazaire
Nantes
Fréhel
Saint-Briac-sur-Mer
Saint-Servant
Matignon
Saint-Suliac
Saint-Denoual
Plancoët
Dinan
Plaintel
Jugon-les-Lacs
Montcontour
Gouray
L'Hermitage-Lorge
Broons
Plouguenast
Saint-Jouan-de-l'Isle
Montauban-de-Bretagne
Merdrignac
Bédée
Loudéac
Plémet
Saint-Méen-le-Grand
Gaël
Montfort-sur-Meu
La Trinité-Porhoët
Mauron
Rohan
Bréhan
Guilliers
Paimpont
Josselin
Campénéac
Ploërmel
Guer
Locminé
Maure-de-Bretagne
Saint-Jean-Brévelay
Colpo
Sérent
Malestroit
Carentoir
Pipriac
La Gacilly
Pleucadeuc
Grand-Champ
Elven
Saint-Gravé
Rochefort-en-Terre
Vannes
Questembert
Redon
Avessac
Theix
Lauzach
Presqu'île de Séné
Larmor-Baden
Rieux

217br Abb.: rh

ROUTE 7: DAS BINNENLAND ZWISCHEN VANNES UND DINAN

Wer die Küste hinter sich lässt und ins Innere der Halbinsel vordringt, kann eine ganz andere, aber nicht minder faszinierende Bretagne kennenlernen: prachtvoll erhaltene, mittelalterliche Städte und Burgen, urige Wälder, in denen Merlin und die Fee Viviane gelebt haben sollen, und reizvolle Landschaften entlang des versunkenen Vallée de la Rance, die man am besten vom Wasser aus erkundet. Allerdings darf man keine „Ferienlandschaft pur" erwarten, das Binnenland ist so durchwachsen wie ein guter Räucherspeck. Auf malerisch mittelalterliche Stadtkerne folgen oft weite Gewerbezonen in den Vororten; aus märchenhaften Wäldern gelangt man plötzlich auf monotone Flächen der Agrarindustrie und schmale, gewundene Sträßchen wechseln mit breiten Schnellstraßen. Das mag gelegentlich ernüchternd wirken, mangelt aber zumindest nicht an Kontrasten. Und wie an der Küste, so sind auch im Binnenland Wohnmobilisten fast überall willkommen und werden gut versorgt. Campingplätze sind hier zwar etwas dünner gesät, aber viele Gemeinden haben gute Stellplätze eingerichtet, die oft zu den schönsten des ganzen Landes zählen und entweder sehr preisgünstig oder sogar kostenlos sind.

Strecke:
Questembert (29 km, S. 188) – **Rochefort-en-Terre** (11 km, S. 189) – **Malestroit** (22 km, S. 193) – **Josselin** (25 km, S. 195) – **Poërmel** (13 km, S. 196) – **Campénéac** (9 km, S. 197) – **Paimpont** (14 km, S. 199) – **Saint-Méen-le-Grand** (20 km, S. 201) – **Dinan** (40 km, S. 203) – **Ufer der Rance** (34 km, S. 205)

Abstecher:
La Gacilly (42 km, S. 191), **Tréhorenteuc** (14 km, S. 198), **Artussage** (11 km, S. 200)

Streckenlänge:
217 km ohne Abstecher
284 km mit allen Abstechern

VON VANNES BIS ROCHEFORT-EN-TERRE

Nachdem man am Golf du Morbihan reichlich Sonne getankt und Badeurlaub genossen hat, empfiehlt sich eine Reise durch das Landesinnere der Halbinsel, um die Bretagne von einer ganz anderen Seite kennenzulernen und ihre vielfältigen Kontraste zu entdecken. Dazu verlässt man Vannes auf der N165 in Richtung Osten und zweigt bei Theix auf die D7 ab. Alternativ kann man der N165 auch weiter folgen und östlich von La Trinité Surzur bei Kerault auf die D140 nach Norden biegen. Schon das kleine Örtchen **Berric** (ca. 22 km von Vannes) überrascht mit einem sehr schön gelegenen, kommunalen Stellplatz an einem kleinen Angelteich.

137 Aire Municipale, Berric

GPS 47.63427, -2.52799

Ausgesprochen schön gelegener und reizvoller Platz westlich der Ortschaft an einem kleinen Angelteich; mit Grillplatz, WC und Dusche. **Lage/Anfahrt:** Rue du Grand Pont; C3 westlich des Orts Sees; ca. 7 km südwestlich von Questembert via D7; **Platzanzahl:** ca. 10; **Untergrund:** Asphalt, parzelliert, recht eben; **Ver-/Entsorgung:** Jetons zu 2 €; **Strom:** Jetons zu 2 €; **Preise:** April–Sept. 5 € (Gemeindemitarbeiter kassiert); **Max. Stand:** unbegrenzt; **Geöffnet:** ganzjährig; **Kontakt:** Tel. 02 97670137

QUESTEMBERT

(29 km – km 29)

Nur etwa 7 km nach Berric erreicht man das kleine Verwaltungsstädtchen Questembert mit seiner hervorragend erhaltenen **Markthalle** aus dem 16. Jh., die 1675 restauriert wurde und eine Fläche von rund 1200 m² umfasst.

Information

› **Office de Tourisme Pays de Questembert,** 13 Rue des Halles, 56230 Questembert, Tel. 02 97265600, www.rochefortenterre-tourisme.bzh

Sehenswertes

› **Les Halles.** Die 1552 erbaute Markthalle mit 84 Säulen ist zu jeder Zeit einen Besuch wert – besonders aber an Markttagen (ganzjährig Montagvormittag und Fischmarkt am Mittwoch ab 17 Uhr).

Aktivitäten

› **Voie Verte.** Der beliebte Rad- und Wanderweg beginnt nördlich der Stadt bei der Pferderennbahn (Parkplatz GPS 47.6889, -2.4442) und führt entlang einer alten Bahntrasse 87 km über Malestroit, Ploërmel und Mauron bis nach Médréac.

138 Aire Municipale, Questembert

GPS 47.66298, -2.46896

Unweit des Zentrums und doch sehr schön und ruhig gelegener, schattiger Platz an dem kleinen See Etang de Célac. **Lage/Anfahrt:** Rue de Célac; westlich des Orts via D5 und D1C am Westufer des Sees; **Platzanzahl:** 27; **Untergrund:** teils Asphalt (parzelliert, recht eben), teils Gras; **Ver-/Entsorgung:** kostenlos; **Strom:** kostenlos; **Preise:** Mai–Sept. 7,60 €, sonst 5,60 €; **Max. Stand:** unbegrenzt; **Geöffnet:** ganzjährig; **Kontakt:** Tel. 02 97261138, www.aireparkreservation.com/aires-camping-cars/bretagne/morbihan/questembert-aire-de-celac; **Hinweis:** Märkte gibt es in Questembert Mo. vormittags und Mi. nachmittags

139 Aire Municipale, La Vraie Croix

GPS 47.68920, -2.53690

Ausgewiesene Wohnmobilplätze auf einem ruhig gelegenen Parkplatz mit WC und Waschbecken. **Lage/Anfahrt:** Rue de la Fontaine, La Vraie Croix; ca. 6 km NW von Questembert; **Platzanzahl:** ca. 10; **Untergrund:** Asphalt, parzelliert, eben; **Ver-/Entsorgung:** kostenlos; **Preise:** kostenlos; **Max. Stand:** 48 Std.; **Geöffnet:** ganzjährig; **Kontakt:** Tel. 02 97670137

▷ *Rochefort-en-Terre ist eine der am besten erhaltenen mittelalterlichen Städte Frankreichs*

ROCHEFORT-EN-TERRE

(11 km – km 40)

Über die D777 nach Nordwesten gelangt man in das 12 km entfernte Städtchen Rochefort-en-Terre, das als *Petite Cité de caractère* zu den schönsten und am **besten erhaltenen mittelalterlichen Städten** in ganz Frankreich zählt. Zwischen seinen steingrauen Mauern, die im Sommer durch reichen Blumenschmuck belebt werden, fühlt man sich um vier Jahrhunderte zurückversetzt. Seine engen Pflastergassen wurden nicht für Wohnmobile geschaffen. Im Sommer ist das Zentrum daher ganz für den Verkehr gesperrt und muss auf der D777A nördlich umfahren werden.

Ein großer Besucherparkplatz mit einem ruhig gelegenen Stellplatz für Wohnmobile befindet sich östlich der Stadt und nur wenige Schritte vom historischen Zentrum entfernt. Von dort aus kann man zeitig am Morgen oder am Abend, wenn die Tagesbesucher verschwunden sind, einen zauberhaften Bummel durch die Pflastergassen unternehmen. Neben dem Ensemble historischer Gebäude zählen das **Schloss** und die **Kirche Notre Dame de la Tronchaye** zu den Hauptattraktionen.

Information

› **Office de Tourisme,** 3 Place des Halles, 56220 Rochefort-en-Terre, Tel. 02 97265600, www.rochefortenterre-tourisme.bzh (bietet auch Stadtführungen)

Essen & Trinken

› **Le Café Breton,** 8 Rue du Porche (Hauptstraße), Tel. 02 97433260, tgl. 9–21 Uhr. Das seit 1818 bestehende Café gehörte einst dem amerikanischen Künstler M. Klots, der es eingerichtet und ausgestaltet hat. Heute ist es eine Crêperie mit historischem Ambiente und solidem Preis-Leistungs-Verhältnis (Menü mit Getränk 15–21 €).

Veranstaltungen

› **Mittelalterfest,** am Wochenende Mitte August

› **Weihnachtsbeleuchtung,** ab dem letzten Wochenende im November bis Weihnachten tgl. ab 17.30 Uhr

179br Abb.: rh

265br Abb.: sh

142 Aire Municipale, Rochefort-en-Terre

GPS 47.69979, -2.33351

Ruhig und sehr schön gelegener, schattiger Parkplatz östlich des Orts auf mehreren Terrassen zwischen einigen hohen Bäumen. Nur etwa 100 m vom Ort entfernt. Die unterste Terrasse ist eine Wiesenfläche neben dem Fußballplatz und direkt am Waldrand. **Lage/Anfahrt:** Rue du Souvenir; unmittelbar östlich der Ortschaft; nördlich der D21; entweder von Malansac oder von Questembert via D774 den Ort umfahren in Richtung La Gacilly; **Platzanzahl:** 30–40; **Untergrund:** meist Asphalt, recht eben; **Ver-/Entsorgung:** nächste Möglichkeit Camping Au Gré des Vents 141 oder Aire Municipale Malansac 140; **Strom:** nein; **Preise:** 5 €/24 Std. (Parkscheinautomat); **Geöffnet:** ganzjährig; **Kontakt:** Tel. 02 97433281; **Hinweis:** die Ortsdurchfahrt ist eng und für Womos nicht zu empfehlen, im Sommer ganz gesperrt

Umgebung

› **Parc de Préhistoire** (Urzeitpark), La Croix Neuve, 56220 Malansac (3 km östlich von Rochefort via D21 und D134), www.prehistoire.com, Tel. 02 97433417, Eintritt 15,50 €, Kinder 10 €, Juli–Aug. tgl. 10–19.30 Uhr, April–Juni tgl. 11–19 Uhr, Sept. Di.–So. 13–19 Uhr, Okt. Sa., So. 13–18 Uhr, sonst nur für Gruppen auf Anmeldung (letzter Einlass stets 2 Std. früher!). Der 1988 von Albert Ross gegründete Themenpark demonstriert mit seinen inzwischen 36 Szenen sehr anschaulich und lebendig die Urgeschichte von der Epoche der Saurier über die der prähistorischen Säugetiere bis zu den Urmenschen. Außerdem werden Techniken zum Bearbeiten von Feuerstein und zum Feuermachen demonstriert.

140 Aire Municipale, Malansac

GPS 47.67805, -2.29939

Kleiner, zentrumsnah und doch recht ruhig und nett gelegener Platz in einem Wohngebiet mit Bäumen, Grünflächen, Bouleplatz und Picknicktischen. **Lage/Anfahrt:** Rue St Fiacre; ca. 5 km südöstlich von Rochefort via D21; nahe dem Zentrum wenig westlich der D21; **Platzanzahl:** 7; **Untergrund:** Asphalt, parzelliert, recht eben; **Ver-/Entsorgung:** gratis (kein Schlauchanschluss); **Preise:** kostenlos; **Geöffnet:** ganzjährig; **Kontakt:** Tel. 02 97662114

141 Camping Au Gré des Vents★★★, Rochefort-en-Terre

GPS 47.69554, -2.34813

Sehr sympathischer und angenehmer Privatcampingplatz abseits der Straßen im Grünen und sehr ruhig gelegen nahe dem See Etang du Moulin Neuf. Naturnah und gut ausgestattet, mit Hallenbad, Spielplatz, einem kleinen Laden mit regionalen Produkten, Bar etc. **Lage/Anfahrt:** südwestlich von Rochefort-en-Terre; unweit der D774; **Preise:** Womo mit 2 Pers. inkl. Strom ab 34 € je nach Saison; **Geöffnet:** 5.4.–21.9.; **Kontakt:** Tel. 02 97433752, www.campingaugredesvents.com (auch Engl.); **Hinweis:** zu Fuß nur 5 Min. von Rochefort-en-Terre.

▷ *Blumengeschmückte Gässchen in La Gacilly*

⓮ Aire de Camping-Car de Rochefort-en-Terre

GPS 47.69587, -2.34717

Neu angelegter, gepflegter, aber bisher recht steriler Wohnmobilstellplatz der Kette AirePark. Die Stadt ist zu Fuß bequem erreichbar. **Lage/Anfahrt:** 2 Chemin du Bogeais, 56220 Rochefort-en-Terre, von der D774 in die Chemin du Bogeais abbiegen, der Stellplatz befindet sich wenige Meter weiter auf der linken Seite, Vorsicht: sehr steile Zufahrt; **Platzanzahl:** 32; **Untergrund:** Schotter; **Ver-/Entsorgung:** ja, im Preis inbegriffen; **Strom:** ja, im Preis inbegriffen; **Preise:** 13,20 €; **Geöffnet:** ganzjährig; **Kontakt:** Tel. 02 98537585, www.aireparkreservation.com/aires-camping-cars/bretagne/morbihan/rochefort-en-terre

ABSTECHER LA GACILLY

(21 km einfach; via D138 und D777)

Das kleine Städtchen wurde durch den hier geborenen Yves Rocher bekannt, der einst Bürgermeister des Ortes war. Es steht auch heute ganz im Zeichen seines großen Kosmetikhauses, das über 1000 Mitarbeiter beschäftigt. In seinem Aufwind wurden Dutzen-

Naturkosmetik dank Hämorrhoiden

Der am 7. April 1930 in La Gacilly als Sohn eines einfachen Hutmachers geborene ***Yves Rocher*** *verlor im Alter von 14 Jahren seinen Vater und musste seiner Mutter helfen, den kleinen Textilladen zu betreiben. Von klein auf hatten ihn Pflanzen interessiert und er war begeistert vom Herbarium eines seiner Verwandten. Als er unter Hämorrhoiden litt, behandelte ihn eine Heilerin mit einer Salbe, die Scharbockskraut enthielt. Er übernahm das Rezept und begann, auf dem Dachboden des Elternhauses die Pomade selbst herzustellen und im Direktversand zu vertreiben. So wurde er zum Pionier der Pflanzenkosmetik und des Versandhandels. 1969 eröffnete er sein erstes Geschäft in Paris. Zeitlebens beschränkte er sich auf pflanzliche Zutaten und lehnte künstliche Inhaltsstoffe ab. Aus seinem Dachbodenlabor entstand eine weltbekannte Marke mit Milliardenumsätzen. Sein Unternehmen beschäftigte bis zu 15.000 Mitarbeiter. Von 1962 bis 2008 war er Bürgermeister seiner Heimatgemeinde, in der er zahlreiche Arbeitsplätze schuf und den Tourismus förderte. Er starb 2009.*

de von Kunsthandwerkern angelockt, deren Werke in rund 30 Ateliers und Galerien zu sehen sind.

Information

- **Office de Tourisme,** Le Bout du Pont, 56200 La Gacilly, Tel. 02 99082175, https://lagacilly-malestroit-monteneuf-tourisme.com

Sehenswertes

- **La Maison Yves Rocher,** Le Moulin, Le Bout du Pont, Tel. 02 99083736, www.maisonyvesrocher.fr, Öffnungszeiten Museum: Di.–Fr. 14–18, Sa./So. 10–12 und 14–18 Uhr, Eintritt 7,50 €, Führung ca. 45 Min. Die Anlage umfasst eine Ausstellung über die Geschichte des Hauses Yves Rocher, eine Abteilung, die über pflanzliche Kosmetik und ihre Stärken informiert (mit Boutique), und ein Restaurant, in dem man stilvoll und entspannt speisen kann.
- **Stadtrundgang.** Besonders im Frühjahr und Frühsommer lohnt sich auch ein Rundgang durch das Städtchen mit üppiger Blumenpracht, kleinen Gassen und zahlreichen Galerien.

Malestroit ist ein pittoreskes Städtchen am Kanal zwischen Nantes und Brest

Veranstaltungen

- **Festival Photo Peuples et Nature.** Juni–September, kostenlos. Die größte Foto-Freilichtausstellung Frankreichs lockt Tausende von Besuchern in die Straßen und Parks der Stadt.

144 Rives Nature – Cottages & Camping, Sixt-sur-Aff

GPS 47.76371, -2.12518

Recht ungewöhnliche und exklusive „Freiluft-Hostellerie" mit 12 Plätzen für Wohnmobile, Cottages und allerlei besonderen Unterkünften, auf dem Sie Ihr Wohnmobil ausnahmsweise auch einmal gegen einen Zirkuswagen eintauschen können. Komfortable Ausstattung mit Wellness-, Sport- und Freizeitangeboten, guter Gastronomie und mehr. **Lage/Anfahrt:** Le Clos Sérot, Route de La Gacilly; östlich der Ortschaft an der D777; **Preise:** Womo mit 2 Pers. inkl. Strom 31–36 € je nach Saison; **Geöffnet:** ganzjährig; **Kontakt:** 35550 Sixt-sur-Aff, Tel. 02 99081059, www.rives-nature.com

Sonstiger Stellplatz

S 118 La Gacilly, GPS 47.7594, -2.13078. Dieser Stellplatz bietet eine kostenlose, aber wenig attraktive Übernachtungsmöglichkeit. Ver-/Entsorgung: ja, kostenlos; Strom: nein.

VON ROCHEFORT-EN-TERRE BIS JOSSELIN

Von Rochefort-en-Terre führt die D774 ca. 7 km zu dem Städtchen **Pleucadeuc,** das außer ein paar Einkaufsmöglichkeiten nicht viel zu bieten hat, und danach weitere 7 km bis Malestroit. Für eine schönere Strecke biegt man in Pleucadeuc nach Osten auf die D149, um anschließend auf der D764 dem Flüsschen Oust durch sein reizvolles Tal nach Norden zu folgen (insgesamt 22 km bis Malestroit).

MALESTROIT

(22 km – km 62)

Das kleine Städtchen mit kaum 2500 Einwohnern ist eine weitere *Petite Cité de Caractère* mit gut erhaltenem Ortskern und prachtvollen Häusern aus Gotik und Renaissance. Zusätzlichen Charme verleiht dem Ort seine wasserreiche Lage am Kanal Nantes-Brest und dem Flüsschen Oust mit Brücken, hübschen Ufern und einer kleinen Insel. Zudem hat es gleich zwei schöne Wohnmobilstellplätze und einen Campingplatz direkt am Wasser.

Besonders reizvoll ist die **Altstadt um die Place du Bouffay** mit den südlich davon gelegenen Straßen Froment und Aux Anglais sowie der **Kirche Saint-Gilles,** in der außergewöhnliche Wandmalereien entdeckt wurden.

Information

- **Office de Tourisme,** 6 Place du Bouffay, 56140 Malestroit, Tel. 02 99082175, www.broceliande-vacances.com, https://lagacilly-malestroit-monteneuf-tourisme.com

Aktivitäten

- **Voie Verte.** Der beliebte Rad- und Wanderweg beginnt bei Questembert und führt entlang einer alten Bahntrasse 87 km über Malestroit bis nach Médréac. Beschreibungen verschiedenster Rundstrecken zu Fuß oder per Fahrrad findet man im Tourismusbüro und auf seiner Website.
- **Kanu/Kajak.** Der Ort bietet vielfältige Möglichkeiten auf dem Flüsschen Oust oder auf dem ruhigen Wasser des Kanals. Eine Kanuvermietung hat die Base Nautique beim Camping Municipal Les Rives de l'Oust 147, 15.7.–15.8., Tel. 06 04096567 und 02 97752986, www.broceliande-vacances.com/offres/club-de-canoe-kayak-de-malestroit-malestroit-fr-2279910

Ver- und Entsorgung

- **Aire de service à Malestroit,** GPS 47.80899, -2.37612. Sehr praktisches Terminal, kostenlos.

145 Aire de l'Écluse, Malestroit

GPS 47.81331, -2.38337

Gepflegter, sehr schön gelegener, schattiger und sehr ruhiger Platz am Ortsrand und doch nicht weit vom Zentrum zwischen dem Ufer des Kanals Nantes–Brest und den Wiesen; ganz im Grünen und gesäumt von Bäumen und Büschen; Toiletten; kommunales WLAN. **Lage/Anfahrt:** Chemin l'Ecluse; vom Zentrum via D10 (Place du Dr J. Queinnic) nach Norden und in der Linkskurve geradeaus in den Chemin de l'Écluse; **Platzanzahl:** ca. 20; **Untergrund:** teils Feinschotter, teils Gras, eben; **Ver-/Entsorgung:** eine kostenlose Station befindet sich ca. 250 m entfernt an der Rue de Narvik (GPS 47.80902, -2.37605); **Preise:** kostenlos; **Max. Stand:** 48 Std.; **Geöffnet:** ganzjährig; **Kontakt:** Tel. 02 97751175, www.broceliande-vacances.com/preparer-vacances/ou-dormir/camping-car; **Tipp:** Schöne Möglichkeiten für Spaziergänge, Radtouren und Paddeltouren.

146 Aire Municipale, Montertelot

GPS 47.8829, -2.42374

Einfacher, großer Wiesenplatz am Ortsrand nahe dem Sportplatz, dem Kanal und dem Radweg entlang des Kanals. Wenig Schatten, nur einzelne Bäume. Naturnah und relativ ruhig, aber die ca. 700 m entfernte N166 ist etwas zu hören. **Lage/Anfahrt:** 14 Rue du Casset; etwa 12 km nördlich von Malestroit; vom Zentrum des Orts am Kanal entlang nach Norden; **Platzanzahl:** ca. 30–40; **Untergrund:** Gras, etwas holprig;

Vorsicht bei Regen; **Ver-/Entsorgung:** nein; Toiletten und Wasser gibt es am Bootshafen, aber keine VE-Station; **Preise:** kostenlos; **Geöffnet:** ganzjährig; **Kontakt:** Tel. 02 97749239, www.broceliande-vacances.com/offres/aire-de-stationnement-de-montertelot-montertelot-fr-2601265; **Tipp:** Schöne Möglichkeiten für Spaziergänge, Radtouren und Paddeltouren.

147 Camping Municipal Les Rives de l'Oust, Malestroit★★

GPS 47.80720, -2.37876

Ruhiger, schön gelegener und preisgünstiger städtischer Campingplatz mit hohen Bäumen direkt am Wasser und nur wenige Schritte vom historischen Zentrum entfernt. Mit kostenlosem WLAN, Spielplatz, Brotverkauf und Kanuvermietung. **Lage/Anfahrt:** Rue des Tanneurs; nahe dem Zentrum und kurz östlich der Brücke von der D754 nach Süden abbiegen; **Preise:** Womo mit 2 Pers. inkl. Strom 14–18 € je nach Saison; **Geöffnet:** 1.4.–15.9.; **Kontakt:** Tel. 02 97751333 und 06 83698817, www.campingmalestroit.com

Die direkte Route führt von Malestroit weiter via D764 und D4 nach **Josselin** (ca. 24 km), das man sich nicht entgehen lassen sollte, wenn man etwas für historische Städte und prachtvolle Schlösser übrig hat.

Wer unterwegs auch eine der für das Landesinnere typischen Heide- und Moorlandschaften kennenlernen will, macht einen Abstecher nach **Sérent** (ca. 10 km westlich via D10). Nahe **Lizio** (nur 5 km nördlich von Sérent via D151) findet man das Écomusée des Vieux Metiers.

Sehenswertes

› **Tourbières de Kerfontaine,** Sérent. Moor- und Heidelandschaft etwa 4 km südöstlich an der D151; Parkplatz bei GPS 47.8089, -2.4759. Ein (nicht sehr gut ausgebauter) Pfad erschließt das Torfmoor und seine seltene Flora. Gummistiefel nicht vergessen!

› **Écomusée des Vieux Métiers,** Bob Huet, Lizio, ca. 4 km nordöstlich von Lizio an der D174 (GPS 47.8792, -2.4912), Tel. 02 97749301, www.ecomuseelizio.com, Juli–Mitte Sept. tgl. 10–12 und 14–19 Uhr, sonst tgl. 14–18 Uhr. Museen dieser Art, die das traditionelle Leben der Menschen thematisieren, sind nicht gerade eine Rarität. Aber nur wenige sind so reichhaltig ausgestattet wie dieses und wer etwas Französisch versteht, wird begeistert sein von der ebenso sachkundigen wie unterhaltsamen Führung durch Alain Guillard.

Schmucke Fassaden am Marktplatz von Josselin

184br Abb.: rh

JOSSELIN

(25 km – km 87)

Diese **imposante mittelalterliche Stadt** an einer hoch aufragenden Bergflanke über dem Flüsschen Oust sollte man keinesfalls links liegen lassen. Wer die Stadt von Süden erreicht, ist unweigerlich beeindruckt von ihren gewaltigen und schier endlosen Mauern rings um das prachtvolle Schloss. Aber auch ein Bummel durch die mittelalterlichen Straßen lohnt sich allemal. Und Wohnmobilisten finden sogar einen recht zentral gelegenen und dennoch ruhigen Park- und Stellplatz für die Besichtigung vor (außer samstags von 9 bis 14 Uhr, da dann Markt ist). Allerdings: Auf sein Navi sollte man sich hier nicht blind verlassen, denn es könnte einen durch enge und verwinkelte Pflastergassen lotsen!

Information

› **Office de Tourisme,** 1 Rue Georges Le Berd, 56120 Josselin, www.broceliande-vacances.com, Tel. 02 97223643. Organisiert im Juli und August zweistündige Stadtführungen mit historischen Inszenierungen.

Sehenswertes

› **Château de Josselin,** Place de la Congrégation, Tel. 02 97223645, www.chateaudejosselin.com/en/homepage (auch auf Englisch), Apr.–Juni/Sep./Okt. 14–18 Uhr und Juli/Aug. 10–18 Uhr, Nov.–März geschl., Eintritt 10,80–14,80 € (geführte Tour), Führungen 50 Min; April–Juni und Sept./Okt. Eingang durch das Puppenmuseum in der Rue des Trente. Das gewaltige Schloss ist neben dem historischen Ensemble der Altstadt mit ihren prachtvollen Fachwerkhäusern die Hauptattraktion des Ortes. Es zeigt zwei verschiedene Gesichter: Von der Flussseite präsentiert es sich als mächtige, mittelalterliche

148 Aire Municipale, Josselin

GPS 47.95632, -2.54973

Ein großer, von Bäumen gesäumter Parkplatz nur wenige Schritte vom historischen Zentrum, aber doch nahe dem Ortsrand und erfreulich ruhig. **Lage/Anfahrt:** Place Saint Martin; von Norden ab der N24 via D724 nach Westen und dann Rue des Sorciers nach Süden; aus den anderen Richtungen via Rue Beaumanoir (D129 von Osten beziehungsweise D778 von Westen) nahe dem Zentrum auf die Rue Saint Martin nach Norden; **Achtung:** Folgt man dem Navi, wird man evtl. durch enge Gassen gelotst; **Platzanzahl:** ca. 40; **Untergrund:** Asphalt, weitgehend eben; **Ver-/Entsorgung:** nordöstlich des Parkplatzes, rechts der Kirche; AS-Säule für Wasser und Strom, 3 €/100 Liter Wasser; **Strom:** nein; **Preise:** kostenlos; **Max. Stand:** 7 Tage; **Geöffnet:** ganzjährig; **Beachten:** Samstags von 9 bis 14 Uhr Parkverbot, da dann der Markt stattfindet; **Kontakt:** Tel. 02 97222417, www.josselin.com/decouvrir/comment-venir

185br Abb.: rh

183br Abb.: rh

Prachtvolle Fachwerkhäuser schmücken die Straßen und den Markt von Josselin

Festung aus dem 14. Jh. mit drei gewaltigen Rundtürmen, auf der Stadtseite und vom Innenhof her bezaubert seine reich verzierte Renaissance-Fassade.

Veranstaltungen

- **Mittelalterfest,** am 14. Juli in geraden Jahren
- **Festiv'été,** Juli/Aug. Mi., kostenlose Konzerte und Aufführungen in den Straßen der Stadt

149 Stellplatz Rue Glatinier

GPS 47.95274, -2.55495
Sehr schöner und kostenloser Wohnmobilstellplatz in toller Lage. **Lage/Anfahrt:** 6065 Rue Glatinier, 56120 Josselin, direkt am Kanal, ca. 500 m vom Zentrum; **Platzanzahl:** ca. 30; **Untergrund:** Wiese; **Ver-/Entsorgung:** nein; **Strom:** nein; **Preise:** kostenlos; **Geöffnet:** ganzjährig; **Kontakt:** Tel. 02 97222417, www.josselin.com/decouvrir/comment-venir

VON JOSSELIN BIS DINAN

POËRMEL

(13 km – km 100)

Man verlässt Josselin entweder nach Norden zur N24, der man nach Osten folgt, oder nach Osten auf der D129, die einen ebenfalls zur N24 bringt. Nach etwa 14 km erreicht man die Stadt Poërmel, die keine größeren Attraktionen zu bieten hat.

Information

- **Office de Tourisme,** 5 Rue du Val, BP 106, 56800 Ploërmel, Tel. 02 97223643, www.broceliande-vacances.com. Organisiert im Juli/August zweistündige Stadtführungen mit historischen Inszenierungen.

Einkaufen

- **Le Hangar,** 15 Rue du Pardon, Tel. 02 97222020, www.lehangarparmorgane.fr. Der einstige Lokschuppen aus dem 19. Jh. am Ortsausgang in Richtung Taupont beherbergt in reizvollem Ambiente ein Geschäft für Produkte der Region (besonders Biskuits) und Spezialitäten anderer Gegenden sowie eine Teestube und ein Restaurant.

Parken

P 119 Aire Municipale Ploërmel, GPS 47.93305, -2.39548. Bei einem kleinen Park gelegener, kleiner Parkplatz, auf dem vier längere Buchten für Wohnmobile reserviert sind. Bei unserem Besuch war wenig Verkehr, aber Straßenlärm ist möglich. Eher für eine Stadtbesichtigung als zum Übernachten. Lage/Anfahrt: Boulevard Laennec; unmittelbar nördlich des Zentrums; von der D724 nach Norden auf die Rue du Vai und nach 300 m rechts in den Boulevard Laennec; Platzanzahl: 4; Untergrund: Asphalt, viel Gefälle; Ver-/Entsorgung: nein; Preise: kostenlos; Max. Stand: 7 Tage; Geöffnet: ganzjährig; Kontakt: Tel. 02 97740270; Hinweis: kostenlose Ver-/Entsorgung ca. 1,3 km entfernt (GPS 47.93387, -2.40731). Übernachten ist dort auch möglich, jedoch sehr laut.

CAMPÉNÉAC

(9 km - km 109)

Entlang der D724 führt die Route weiter nach Osten in das Städtchen Campénéac, das als **„Pforte zum Wald von Brocéliande"** gilt. Der ruhige und überaus sympathische kleine Ort hat einen idyllischen Stellplatz eingerichtet, von dem man sonst nur träumen kann, und auch sonst allerlei kleine Überraschungen parat.

Information

› **Mairie de Campénéac,** 10 Place de la Mairie, 56800 Campénéac, Tel. 02 97934039, www.campeneac.fr (auch auf Englisch)

Sehenswertes

› **Chateau de Trécesson,** 3 km nordöstlich via D312, Tel. 02 99078423, https://tourisme-broceliande.bzh/de/lieu/chateau-de-trecesson. Das prachtvolle Schloss aus rotem Stein, das sich malerisch im Wasser spiegelt, kann zwar nicht besichtigt werden, ist aber sehr fotogen und einen Abstecher durchaus wert.

Einkaufen

› **Ziegenkäse der Abbaye d'en Bas,** 9 L'Abbaye d'en Bas, 56800 Campénéac, Tel. 02 97934650, https://chevre.bio, GPS 47.96035, -2.31993, Mo.-Fr. 9-12 und 17.15-18.30 Uhr. Während die Bretagne sonst für ihren Käse nicht eben berühmt ist (und wir selbst vom Camembert öfters enttäuscht waren), gibt es hier einen Bio-Ziegenkäse, der sich wirklich sehen (bzw. genießen!) lassen kann. In dem Weiler 2 km westlich von Campénéac produzieren Maryvonne und Eric seit 1991 verschiedene Arten von Ziegenkäse (von „fromage blanc", Quark, bis zu lang gereiftem und sehr würzigem Hartkäse). Sie können ihn direkt ab Erzeuger kaufen oder auf den Märkten von Ploërmel (Fr. Vormittag) oder Vannes (Sa. Vormittag).

› **Abbaye La Joie Notre Dame,** La Ville Aubert, 56800 Campénéac, Tel. 02 97934207, Di.-So. 14.45-17 Uhr, jeden ersten Fr. im Monat geschlossen. Neben ausgezeichneten Biskuits, Lebkuchen und Pralinen aus eigener Produktion bietet der Klosterladen auch Produkte anderer Klöster an.

Das Chateau de Trécesson nahe Campénéac kann nur von außen besichtigt werden

266br Abb.: sh

187br Abb.: rh

150 Aire Municipale, Campénéac

GPS 47.95676, -2.29012

Wunderschön und absolut ruhig gelegener Wiesenplatz etwas außerhalb des Orts direkt an einem See auf dem Gelände eines ehemaligen Campingplatzes. Man hat die Wahl zwischen schattigen Plätzen unter hohen Bäumen oder auf der Sonnenwiese. Die Sanitäranlagen sind im Winter geschlossen. **Lage/Anfahrt:** Rue de l'Étang; von der D724 nahe Ortsmitte nach Süden auf die Rue de l'Étang; **Platzanzahl:** 20–30 (auch sehr große Fahrzeuge); **Untergrund:** Gras, Gefälle; Vorsicht bei Nässe; **Ver-/Entsorgung:** eine Station (4 € in Jetons für Wasser) befindet sich 350 m entfernt im Ort nahe der Kirche an der Rue de la Fontaine (GPS 47.95678, -2.29366); **Preise:** kostenlos; **Max. Stand:** unbegrenzt; **Geöffnet:** ganzjährig; **Kontakt:** Tel. 02 97934039; **Hinweis:** Zudem macht es das sympathische Städtchen leicht, sich für so viel Gastfreundschaft zu bedanken: Es hat eine sehr gute Bäckerei mit freundlicher Bedienung direkt an der Durchgangsstraße (30 Rue Nationale) und einen hervorragenden Ziegenkäse (s. S. 197).

ABSTECHER TRÉHORENTEUC

(7 km einfach)

Via D134 und D141 etwa 7 km nördlich von Campénéac liegt das kaum über 100 Einwohner zählende Städtchen mit dem eigenartigen Namen Tréhorenteuc, eine weitere „Pforte zum Wald von Brocéliande".

In der Stadt Tréhorenteuc findet sich der Ausgangspunkt für einen Spaziergang durch das **Val sans Retour** („Tal ohne Wiederkehr"), das eng mit den Sagen der Artuslegende verknüpft ist.

Information

› **Office de Tourisme,** 1 Place Abbé Gillard, 56430 Tréhorenteuc, Tel. 02 97223643, www.broceliande-vacances.com. Organisiert im Sommer geführte Wanderungen zu Themen der Artuslegende.

Sehenswertes

› **Gralskirche,** 1 Place Abbé Gillard, März–Nov. tgl. 10–17 Uhr, Führungen Mi. 9 Uhr, 3 €. Die Kirche neben dem Office de Tourisme bietet einen guten Einstieg in die Legenden des Waldes von Brocéliande. Durch die Bemühungen des Priesters Henri Gillard ab 1942 restauriert, vereint sie christliche und heidnische Symbole, zeigt neben der Jungfrau Maria die Fee Morgane (in durchaus sinnlicher Gestalt) und verbindet das Evangelium mit dem Mythos des Grals.

Aktivitäten

› **Val sans Retour.** Fast schon ein Muss ist ein Rundgang (1 km oder 4 km) durch das „Tal ohne Wiederkehr" voller Geheimnisse und Legenden. Hier befindet sich das Reich der Fee Morgana, der Halbschwester von König Artus, die von Merlin in die Magie eingeweiht wurde. Hier hat Morgana ihren untreuen Liebhaber in Stein verwandelt und einen

Bann über den Wald geworfen, der alle Ritter, die in ihn eindrangen, gefangen hielt. Nur Lancelot, der Ritter mit reinem Herzen, ist dem Bann entgangen und hat alle Ritter befreit. Auch Merlin selbst ist hier den Reizen der Fee Viviane erlegen und für immer in ihrem Reich gefangen geblieben – also auch für ihn ein Wald „ohne Wiederkehr". Auf einem Rundgang kommt man am Arbre d'Or vorbei, dem **Goldenen Baum,** der ganz mit Blattgold überzogen ist und an den großen Brand von 1990 erinnert. **Parkplatz** bei GPS 48.00476, -2.28819.

PAIMPONT

(14 km – km 123)

Von Campénéac via D312 und D40 nach Nordosten gelangt man nach Paimpont, mitten im **Herzen des Waldes von Brocéliande** und am Ufer eines malerischen, von hohen Bäumen gesäumten Sees. Die teils noch **urwüchsigen Wälder** mit flechtenbehangenen Bäumen, Torfmooren, Heideflächen und stillen Seen umfassten einst große Teile des bretonischen Binnenlands. Die meisten von ihnen sind der intensiven Agrarindustrie zum Opfer gefallen – und auch die mythischen Wälder von Brocéliande selbst sind bedroht. Der ursprüngliche Mischwald wurde vielerorts durch profitablere Kiefernwälder ersetzt, ein Teil ist militärisches Sperrgebiet und 1990 hat ein Waldbrand weite Flächen zerstört (die sich allerdings inzwischen wieder gut regeneriert haben).

Information

› **Office de Tourisme de Brocéliande,** 1 Place du Roi Saint Judicaël, 35380 Paimpont, Tel. 02 99078423, www.tourisme-broceliande.bzh, www.broceliande-vacances.com. Hier finden Sie alle Informationen und Broschüren, um unterwegs auf Ihren Wanderungen stets über die einzelnen Orte und ihre Legenden informiert zu sein.

Sehenswertes

› **Paimpont** selbst lohnt einen Rundgang. Der Ort geht auf ein Kloster zurück, von dem heute noch ein großes Gebäude aus dem 17. Jh. und die Klosterkirche aus dem 13. Jh. erhalten sind.

› **Das Tor der Geheimnisse** (La Porte des Secrets), 1 Place du roi St Judicaël, in den historischen Gebäuden der Abtei; Eintrittskarten im Office de Tourisme, Eintritt 8 €, April–Okt. tgl., sonst Mi.–So., Beginn alle 20 Min. 7.7.–2.9. 9.40–18 Uhr, sonst 9.40–11.40 und 14–16 Uhr, behindertengerecht. Der Erlebnisparcours durch die sechs verschiedenen Welten (u. a. die Höhle der Korrigane, der Waldraum und die Schmiede) bietet die Möglichkeit, mit allen Sinnen in das mythische Universum von Brocéliande einzutauchen.

Aktivitäten

› **Etang de Paimpont.** Entlang des Ufers des Abteisees von Paimpoint gibt es einen reizvollen Rundweg, der am Parkplatz der Abteikirche beginnt und durch eine Torfmoorlandschaft mit seltenen Pflanzen führt. Der erste Teil (1 Std. hin und zurück) ist leicht zugänglich (auch mit Kinderwagen). Der Rundweg (4 km, 1,5 Std.; Okt.–März geschlossen) erfordert festes Schuhwerk.

188br Abb.: rh

⊡ *Der Goldene Baum im „Wald ohne Wiederkehr" erinnert an den großen Brand von 1990*

151 Aire de Paimpont

GPS 48.02333, -2.17131

Schön und ruhig gelegener Wiesenplatz mit einigen hohen Bäumen etwas außerhalb des Orts beim Camping Municipal. Mit kostenlosem WLAN und Sanitäranlagen. **Lage/Anfahrt:** Rue de l' Enchanteur Merlin; via D773 nach Norden und bei der Salle Polyvalente rechts ab; **Platzanzahl:** 50–70 (auch sehr große Fahrzeuge); **Untergrund:** Gras, holprig; Vorsicht bei Nässe; **Ver-/Entsorgung:** EuroRelais, im Preis enthalten; sonst 3 €; **Preise:** Übernachtung 6 € inkl. Ver- und Entsorgung; **Max. Stand:** unbegrenzt; **Geöffnet:** ganzjährig; **Kontakt**: Tel. 02 99078423

ABSTECHER IN DIE WÄLDER DER ARTUSSAGE

(16 km; 11 km zusätzlich zur direkten Route)

Von Paimpont kann man auf der D773 weiter nach Norden fahren (ca. 20 km bis Saint Meen-le-Grand), es lohnt sich jedoch, einen Abstecher via D71 und D31 nach Nordosten einzufügen, um die Wälder und Wandermöglichkeiten sowie die mythologischen Stätten zu erkunden (rund 11 km zusätzlich). Entlang dieser kleinen Straßen kann man die zauberhaften **Moos- und Moorwälder von Brocéliande** kennenlernen, in denen man tatsächlich manchmal den Eindruck hat, dass hier Feen, Zauberer und Korrigane (Kobolde) zu Hause sein könnten. Teilweise sieht man aber auch Spuren weit weniger zauberhafter, intensiver Forstwirtschaft.

Wer nach seinen Exkursionen durch die Wälder einen schönen Übernachtungsplatz sucht, fährt vom **Château de Comper** (s. r.) auf der D2 ca. 9 km nach Westen bis **Mauron**, wo er am Etang de la Folie (See der Verrücktheit) einen traumhaften Stellplatz 152 findet.

Sehenswertes

› **Merlins Grab.** An der kleinen Verbindungsstraße zwischen D71 und D31 passiert man einen Wanderparkplatz (GPS 48.07785, -2.11891), von dem ein kurzer Weg nach wenigen Metern zum Grab des großen Zauberers führt. Zwei Schieferplatten und eine Stechpalme markieren die Stelle. Tatsächlich handelt es sich um eine megalithische Grabstätte. Das einst zwölf Meter lange Galeriegrab (Allée couverte) aus roten Schieferplatten wurde im 19. Jh. bis auf die beiden Steinplatten zerstört. Für manche verkörpern sie die beiden Liebenden Merlin und Viviane, die

267br Abb.: sh

152 Aire Municipale Etang de la Folie, Mauron

GPS 48.08028, -2.27732

Ein Platz wie aus dem Bilderbuch: Ruhig und traumhaft schön am Ufer eines Sees gelegener Wiesenplatz zwischen hohen Bäumen am Rande des Forêt de Brocéliande. Außerhalb des Orts mit guter VE-Station, Sanitäranlagen, Picknicktischen und Spielplatz. **Lage/ Anfahrt:** La Gare, 56430 Mauron; von der D2 am östlichen Ortsrand nach SW auf die kleine Asphaltstraße „La Gare" biegen; **Platzanzahl:** 8 (auch sehr große Fahrzeuge); **Untergrund:** Asphalt, etwas Gefälle; **Ver-/ Entsorgung:** eine Station befindet sich an der Zufahrt, kostenlos; **Preise:** Übernachtung kostenlos; **Max. Stand:** unbegrenzt; **Geöffnet:** ganzjährig; **Kontakt**: Tel. 02 97226024; **Besonderheiten:** Rundweg um den See, Angel- und Bademöglichkeiten; der Ort liegt außerdem an der Voie Verte (s. S. 188), die vielfältige Möglichkeiten für Wanderungen und Radtouren bietet.

190br Abb.: rh

bis in alle Ewigkeit durch einen Zauber verbunden bleiben. Etwa 150 m weiter nordöstlich liegt der **Jungbrunnen** (Fontaine de Jouvenance), de facto ein eher unscheinbares Wasserloch. Weitere Spaziermöglichkeiten bietet ein 4 km langer, mit einem Eichenblatt markierter Rundweg. Tatsächlich sind viele der mythisch-märchenhaften Stätten bei näherem Hinsehen eher etwas ernüchternd – ebenso wie die teils stark bewirtschafteten und von schnurgeraden Forstwegen durchzogenen „Feenwälder". Aber wer sich dadurch nicht entmutigen lässt, kann auf seinen Spaziergängen auch wirklich „zauber"hafte Mooswälder, Heideflächen und Torfmoore entdecken.

› **Château de Comper,** 56430 Concoret, Tel. 02 97227996, www.broceliande-centre-arthurien.com, 2.4.–5.11., während der Schulferien tgl. 11–18 Uhr, außerhalb der Schulferien nur am Wochenende, unter der Woche nach vorheriger Reservierung möglich, Eintritt 8–9 €. Das Schloss 1,5 km östlich der D773 am Übergang von D31 zur D2 (GPS 48.0804, -2.27712) befindet sich in einer passend romantischen Waldlandschaft am Ufer des Sees der Fee Viviane. Das Zentrum der Arturischen Sagenwelt hat hier eine Ausstellung eingerichtet, die dem Besucher Helden und Legenden von Brocéliande näherbringen soll. Uns schienen die Ausstellungen etwas verstaubt und nicht sehr gelungen. Der Spaziergang durch den Park und die alten Bäume haben uns mehr beeindruckt. Außerdem gibt es den ganzen Sommer über ein vielfältiges Programm von Veranstaltungen, Märkten und Vorführungen zu mittelalterlichen Themen.

SAINT-MÉEN-LE-GRAND

(20 km – km 143)

Von Mauron über die D166 rund 14 km nach Norden erreicht man Saint-Méen-le-Grand, eine weniger attraktive Stadt, die außer einem Wohnmobilstellplatz und dem Museum zu Ehren des hier geborenen Radsportlers Louison Bobet nicht viel zu bieten hat.

Das Grab des großen Zauberers Merlin

Information

- **Office de Tourisme du Pays de Saint-Méen-le-Grand,** 5 Rue de Gaël, 35290 Saint-Méen-le-Grand, Tel. 02 99095804, www.pays-stmeenmontauban-tourisme.com

Sehenswertes

- **Tous à vélo avec Louison Bobet,** 5 Rue de Gaël (beim Office de Tourisme und dem Wohnmobilstellplatz), Tel. 02 99095804, http://bobet-tousavelo.fr, Juli/August Mo.-Sa. 9-12.30 und 14-17 sowie So. 14-17 Uhr, sonst Di.-Sa. 9.30-12 und 14-17 Uhr sowie So. 14-17 Uhr, Eintritt 5 €. Für passionierte Radsportler. Der in Saint-Méen geborene Louison Bobet (1925-1983) gewann dreimal nacheinander die Tour de France und 1954 den Weltmeistertitel. Das Museum dokumentiert seine Erfolgsgeschichte.

Einkaufen

- **Cerfs de Haute Brocéliande,** 630 Les Gretais, 35360 Boisgervilly (ca. 10 km östlich von Saint-Méen), www.cerfsdebroceliande.com, Tel. 02 99064217. Wer sich selbst oder seinen Freunden in der Heimat als besondere Spezialität ein Stück Hirsch aus Brocéliande mitbringen will, findet hier eine große Auswahl an Frischfleisch, Rauchfleisch und Konserven - ohne Antibiotika und Industriefutter.

153 Aire Municipale, Saint-Meen-le-Grand

GPS 48.18561, -2.19216

Relativ ruhiger Stadtplatz beim Office de Tourisme und Tous à vélo avec Louison Bobet. **Lage/Anfahrt:** 5 Rue de Gaël; von der D166 (Rue de Gaël) am südlichen Ortseingang nach Osten (rechts) abbiegen; **Platzanzahl:** 10; **Untergrund:** Asphalt, eben; **Ver-/Entsorgung:** VE-Station ca. 300 m entfernt beim Parkplatz am Stadion (GPS 48.18753, -2.19750); auch dort gibt es für Wohnmobile reservierte Parkplätze; **Preise:** Übernachtung kostenlos; **Max. Stand:** unbegrenzt; **Geöffnet:** ganzjährig; **Kontakt:** Tel. 02 99096061; **Besonderheiten:** In Sichtweite des Stellplatzes befindet sich ein kleiner Tierpark.

SAINT-MÉEN-LE-GRAND BIS DINAN

Die weitere Strecke von Saint-Méen bis Dinan führt durch überwiegend landwirtschaftliche Gebiete mit einigen kleinen Städten und hat dem Reisenden außer zweier wenig attraktiver Wohnmobilstellplätze nicht viel zu bieten.

154 Aire Privée, Kergoet/Caulnes

GPS 48.27325, -2.18595

Für Wohnmobile reservierte Parkplätze nahe einer Tankstelle mit Imbiss, etwas abseits der Lastwagen - aber auch nicht ganz ruhig; daher eher für die Durchreise. **Lage/Anfahrt:** Saint-Jouan-de-l'Isle; D46 ca. 2,5 km südwestlich von Caulnes auf der anderen Seite der N12; **Platzanzahl:** max. 8; **Untergrund:** Asphalt, eben; **Ver-/Entsorgung:** kostenlos; **Strom:** 2 €; **Preise:** kostenlos; **Max. Stand:** 24 Std.; **Geöffnet:** ganzjährig

155 Aire Municipale, Caulnes

GPS 48.28661, -2.15561

Netter kleiner Platz bei einem Brunnen und einem überdachten, historischen Waschplatz; leider etwas nahe an der Straße und der Bahnlinie und daher nicht ganz ruhig; eher für ein Picknick als zum Übernachten; Toilette. **Lage/Anfahrt:** Rue Fontaine; südlich des Zentrums unmittelbar westlich der Durchgangsstraße D766 (Rue de la Gare); **Platzanzahl:** 4; **Untergrund:** Schotter, eben; **Ver-/Entsorgung:** Flot-Bleut-Station (2 € in Münzen für Wasser), kein Bodeneinlass für Abwasser; **Strom:** an der Säule 2 € für 1 Std.; **Preise:** kostenlos; **Geöffnet:** ganzjährig; **Kontakt:** Tel. 02 96887030; **Beachten:** VE-Station war 2022 in sehr schlechtem Zustand, kein Wasser

▷ *Das am Ufer der Rance gelegene Städtchen Dinan besitzt eine der schönsten und am besten erhaltenen Altstädte der Bretagne*

DINAN

(40 km – km 183)

Hoch über dem tief eingeschnittenen Tal der Rance gelegen, ist Dinan eine der größten Städte entlang dieser Route – und eine der schönsten der ganzen Bretagne. Nicht ganz so bekannt wie Mont Saint Michel – aber fast ebenso stark besucht. Die einst mächtige und reiche mittelalterliche Handelsstadt mit ihrer gut erhaltenen, 2,7 km langen Stadtmauer, dem stolzen Schloss, zahllosen prachtvollen Fachwerk- und Patrizierhäusern und der imposanten Basilique de Saint Sauveur lohnt einen ausgedehnten Rundgang, für den man einen ganzen Tag einplanen sollte – und festes Schuhwerk, denn die Pflastergassen sind teils steil und holprig.

Zu den Höhepunkten eines Rundgangs durch die Altstadt zählen der **Place Du Guesclin** mit Patrizierhäusern aus dem 18. und 19. Jh. sowie einer Reiterstatue von Du Guesclin, der 1357 auf diesem Platz sein Duell gegen einen die Stadt belagernden Engländer siegreich bestanden hat. Außerdem ist das Viertel um die **Places des Merciers et des Cordeliers** mit ihren Fachwerkhäusern aus Mittelalter und Renaissance und dem Ancien Couvent des Cordelies sehenswert. Ein besonderes Schmuckstück ist auch die **Rue du Jerzual,** die nach Nordosten zum kleinen Hafen an der Rance hinunterführt. Entlang der steilen Pflasterstraße wohnten im 15. und 16. Jh. reiche Händler, Handwerker und Bürger, heute ist sie gesäumt von zahlreichen Boutiquen und Galerien mit Kunsthandwerk und Souvenirs. Wer bis ganz hinunter flaniert, kann auf dem alten Treidelweg, unter dem Viadukt hindurch und über eine gotische Steinbrücke einen sehr schönen Spaziergang entlang des Hafens und des Ufers der Rance unternehmen.

Den Überblick über das Ensemble genießt man vom **Uhrturm** (Tour de l'Horologe) mit der Stadtuhr von 1498. Der Ausblick von ganz oben ist ähnlich atemberaubend wie der Aufstieg über die 160 Stufen. Nicht erschrecken: Jede Viertelstunde erklingt sehr lautstark die Turmglocke!

Die **Basilika de Saint Sauveur** an der Place Saint Sauveur ist zwischen dem 12. und dem 16. Jh. entstanden und zählt zu den Meisterwerken romanischer Baukunst in der Bretagne. Ihr Innenraum ist auf der rechten Seite im romanischen Stil gehalten, der linke Teil, der Chor und das Querschiff dagegen wurden im gotischen Flamboyant-Stil gestaltet. Im linken Flügel des Querschiffs wurde das Herz des bedeutenden bretonischen Heerführers Du Guesclin beigesetzt.

Das **Schloss** präsentiert sich als elegantes und harmonisches Ensemble mit zwei mächtigen Türmen. Es zeigt Ausstellungen über die Kriegskunst und das Alltagsleben im Mittelalter. In dem prachtvollen Fachwerkhaus **Maison de la Harpe** von 1559 werden Ausstellungen zur Geschichte der keltischen Harfe geboten sowie Vorführungen und Konzerte.

Information

› **Office de Tourisme Dinan Cap Fréhel,** 9 Rue du Château, BP 65261, 22105 Dinan Cedex, Tel. 08 25950122 (15 Cent/Min. + Gebühr), www.dinan-capfrehel.com (auch Deutsch), Mo.–Sa. 9.30–12.30 und 14–18 Uhr (1.11.–31.3. Mo. vorm. geschlossen, außer Schulferien), Juli/Aug. Mo.–Sa. 9.30–19 und So. 10–12.30 und 14.30–18 Uhr.

268br Abb.: sh

⑮⑦ Aire Communale, Dinan

GPS 48.45374, -2.03691

Relativ ruhiger Parkplatz nahe dem Fluss unterhalb des Viadukts, nicht weit von historischem Zentrum und altem Hafen entfernt. Teils Asphaltparkplatz, den man sich mit Pkws teilt. Weiter unten folgt eine riesige, von Bäumen und Büschen gesäumte Wiesenfläche direkt am Ufer der Rance. Der Bereich auf der Wiese wird über Winter geschlossen. **Lage/Anfahrt:** Rue du Port; von der D795 südlich des Viadukts nach Osten auf die D2 (Rue du Port); **Platzanzahl:** 30 auf Asphalt, ca. 100 auf Wiese; **Untergrund:** Asphalt mit Gefälle oder holprige Wiese; **Ver-/Entsorgung:** nein, nächste Möglichkeit auf dem Aire Route de la Brancherie (s.u.); **Preise:** 21–9 Uhr kostenlos, sonst Parkschein vom Automat; **Max. Stand:** 72 Std.; **Geöffnet:** ganzjährig; **Kontakt:** Tel. 02 96392243; **Beachten:** nach Regen sehr morastig

April–Okt. Stadtführungen für 5 €. Im Office de Tourisme befindet sich auch eine informative Ausstellung zur Architektur der Stadt.

Sehenswertes

- **Schloss,** Tel. 06 09170328, Mai–Sept. tgl. 10.30–19 Uhr, Okt. –Dez. und April Di.–So. 13.30–18.30 Uhr, Eintritt 6,50 € inkl. Führung
- **Maison de la Harpe,** 6 Rue de l'Horloge, Tel. 02 96873669, www.harpe-celtique.fr, Juni–Sept. und in den Schulferien (außer Weihnachten) Mo.–Fr. 14–17.30 Uhr, Eintritt 2 €

Essen

- **Le Cantorbery,** 6 Rue Sainte Claire, Tel. 02 96390252, geöffnet tgl. 12–14 und 19–21 Uhr außer Di./Mi., geschl. 12.11.–2.12. und 24.2.–10.3., Menu 16–44 €. Besichtigen und Essen zugleich! In einem Stadthaus aus dem 17. Jh. bietet das traditionelle Restaurant einerseits historisches Ambiente mit Steinmauern, Eichenbalken, Holztischen und Kaminfeuer und zugleich eine ausgezeichnete Küche mit Meeresfrüchten (Schwertfisch-Tatar, Seebarsch mit Krebssauce) und Grillgerichten, die direkt über dem Kaminfeuer zubereitet werden.

Aktivitäten

- **Exkursionen auf der Rance** (s. S. 207)
- **Wandern:** vielfältige Angebote rund um Dinan finden Sie auf www.dinan-capfrehel.com/de/balades-et-randonnees

Veranstaltungen

- **Renc'arts sous les Remparts,** Mitte Juli–Mitte August Mi. Straßentheater, Konzerte, Aufführungen, Geschichtenerzähler.
- **Trödelmarkt,** Place Saint Sauveur, Mi. im Sommer
- **Kunstmarkt,** Place Saint Sauveur, Juli–Aug. Do.
- **Fête des Remparts** (Stadtmauerfest), 3. Juliwochenende in geraden Jahren, Tel. 02 96879494, www.fete-remparts-dinan.com. Großes Mittelalterfest mit rund 800 kostümierten Einheimischen.

⑮⑥ Aire Route de la Brancherie

GPS 48.44203, -2.04236

Asphaltierter Parkplatz in einem Wohngebiet bei der Tennishalle. Nicht besonders schön, aber nachts relativ ruhig und gut gelegen für eine Besichtigung der Stadt, die man sich nicht entgehen lassen sollte (ca.

20 Min. zu Fuß). **Lage/Anfahrt:** Rte de la Brancherie; ca. 1,5 km südlich des Orts an der D12; **Platzanzahl:** ca. 10; **Untergrund:** Asphalt, teilweise etwas Gefälle; **Ver-/Entsorgung:** ja, kostenlos; **Strom:** nein; **Preise:** kostenlos; **Max. Stand:** 48 Std.; **Geöffnet:** ganzjährig; **Kontakt:** Tel. 02 96392243; **Sonstiges:** samstags Markt direkt am Platz, VE-Station dann geschlossen

159 Camping International de la Hallerais★★★★, Taden bei Dinan

GPS 48.47146, -2.02283

Großer, sehr gepflegter und angenehmer städtischer Campingplatz in ruhiger Lage mit viel Grün, sauberen Sanitäranlagen, großen Parzellen und freundlichem Empfang. Beheiztes Freibad, Restaurant, Minimarkt und Grillplätze, kostenloses WLAN nur im Büro. **Lage/Anfahrt:** 4 Rue de la Robardais; auf der N176 bis zur Ausfahrt Taden und dann via 12 den Schildern folgen; Achtung: von Süden kommend nicht blind dem Navi vertrauen, da es Sie durch die engen Straßen im Hafen von Dinan lotsen könnte; **Preise:** Womo mit 2 Pers. inkl. Strom 20–26 €; **Geöffnet:** Mitte März–Mitte November; **Kontakt:** Tel. 02 96391593, www.camping-lahallerais.com (auch Deutsch)

249br Abb.: sh

158 Stellplatz Hallerais, Taden

GPS 48.47269, -2.02203

Ruhiger kleiner Parkplatz nahe dem Campingplatz 159. **Lage/Anfahrt:** Rue de la Robardais 2; am Campingplatz vorbei und gleich danach links; **Platzanzahl:** 8; **Untergrund:** Asphalt, eben; **Ver-/Entsorgung:** Flot-Bleu-Station, kein Schlauchanschluss; **Preise:** kostenlos; **Max. Stand:** 24 Std.; **Geöffnet:** ganzjährig; **Kontakt:** Tel. 02 96876350

ENTLANG DES UFERS DER RANCE

(34 km – km 217)

Die Schönheiten am Ufer der Rance erschließen sich nicht so leicht, denn es gibt keine Straße, die dem Ufer folgt. Man muss daher etwas suchen und auch hie und da weniger reizvolle Strecken mit Agrarindustrie und Begegnungen mit Riesentraktoren in Kauf nehmen. Wer es sich einfacher machen und auch Abschnitte entdecken will, die dem landgebundenen Besucher verschlossen bleiben, der entscheidet sich für eine Schiffsexkursion auf der Rance (s. S. 207).

Um das **Ostufer der Rance** zu erkunden, überquert man das Tal auf dem hohen Viadukt bei Lanvallay, folgt der D795 und biegt ca. 4,5 km nach dem Viadukt nordwärts auf die D29. Eine weitere Möglichkeit, die Rance zu überqueren, bietet die Brücke der D57 nahe Vicomte sur Rance. Kurz nach der Ortschaft Vicomte liegt links ein Waldparkplatz für die **Moulin de Prat,** eine Gezeitenmühle aus dem 15./16. Jahrhundert. Wenig weiter kann man erneut nach links in Richtung **Mordreuc** abbiegen, um von der **Cale de Mordreuc** die Aussicht auf das Tal zu genießen.

In **Pleudihen,** wo man wieder auf die D29 gelangt, gibt es ein **Musée de la Pomme et du Cidre** (Apfel- und Cidre-Museum). Bei **La Ville-Es-Nonais** überqueren gleich zwei Brü-

193br Abb.: as ©PlanetEarthPictures - stock.adobe.com

cken die Engstelle der Rance (die der D366 und die der N176) und bieten weite Ausblicke auf das Tal. Via D407 und D7 erreicht man das pittoreske Fischerdörfchen **Saint Suliac** direkt am Ufer der Rance, das mit dem Parkplatz Aire Municipale Saint Suliac eine Übernachtungsmöglichkeit bietet. Wohnmobilstellplatz besitzt. Auf der Weiterfahrt via D117 entdeckt man links die **Moulin du Beauchet,** eine weitere Gezeitenmühle, die allerdings außer Betrieb und nicht zu besichtigen ist. Ein letzter Abstecher führt von Saint Jouan des Guerets via C2 nach **Quelmer** mit dem **Château de Bos** aus dem 18. Jh. (nicht zu besichtigen) und dem Aussichtspunkt **La Passagère,** wo früher ein Fährboot die Rance überquerte. Auf der N137 nach Norden gelangt man wenig weiter auf die Küstenstraße nahe Saint-Malo (s. Route 1, s. S. 51).

Information

› **Office de Tourisme Dinan Cap Fréhel,** 9 Rue du Château, BP 65261, 22105 Dinan Cedex, Tel. 08 25950122 (15 Cent/Min. + Gebühr), www.dinan-capfrehel.com (auch Deutsch)

Sehenswertes

› **Maison de la Rance,** Quai Talard, Port de Dinan/Lanvallay (am Ostufer der Rance bei Lanvallay), Tel. 02 96870040, Juli/Aug. tgl. 10–19 Uhr, sonst Mo.–Sa. 14–18 Uhr, Dez.–März geschl., Eintritt 2,50 €, Familienkarte 4 €. Interessante, interaktive Ausstellungen über die Natur und die wechselvolle Geschichte dieses Flusses.

› **Moulin de Prat,** 22 Rue de la Mairie, 22690 La Vicomté-sur-Rance (Postanschrift), http://lavicomtesurrance.free.fr, Tel. 02 96832141, Juli/Aug. 10–12 und 15–19 Uhr, Mai/Juni/Sept. Sa./So. und Feiertage 14.30–18 Uhr, sonst an Sonn- und Feiertagen 14.30–18 Uhr, Eintritt 4 €, behindertengerecht. Vom 600 m entfernten Parkplatz (GPS 48.49505, -1.97369) verkehren im Sommer regelmäßig Pferdewagen. Die Mühle wurde von der Gemeinde restauriert und ist die einzige funktionsfähige Gezeitenmühle, die man besichtigen kann.

› **Musée de la Pomme et du Cidre,** La Ville Hervy, 22690 Pleudihen, www.museeducidre.fr, Tel. 02

Die Ufer der Rance erkundet man am besten vom Wasser aus

96832078, Juli/Aug. Mo. 14–19 Uhr, Mi.–Sa. 10–12.30 und 14–19 Uhr, April–Juni/Sept. Mo.–Sa. 14–18.30 Uhr, Okt.–März und So. geschl., Eintritt 5 €. Auf diesem traditionellen Hof erfährt man mehr über Äpfel, ihre Sorten, Ernte und Verarbeitung, als man sich merken kann – und natürlich auch über die Herstellung des traditionellen Bio-Cidre, der mit Gold- und Silbermedaillen ausgezeichnet wurde. Mit Verkostung und Direktverkauf.

Aktivitäten

› Sehr schöne **Wanderungen und Spaziergänge** direkt am Ufer der Rance kann man von der Moulin de Prat aus unternehmen (s. l.). Pfade führen südlich bis Dinan und nach Norden bis Lyvet le Port. Unterwegs kann man Reiher und andere Wasservögel beobachten – und wenn man viel Glück hat, sogar einen der Seehunde, die in der Gezeitenmündung ihr Domizil haben.

Exkursionen auf der Rance

Schiffsausflüge auf der Rance erschließen die von der Landseite nicht gut zugänglichen Ufer des gestauten Flüsschens zwischen Dinan und der Staumauer nahe Dinard. Angeboten werden u. a. folgende Exkursionen:

› **Bateau Restaurant le Maltess:** Abfahrten zwischen April und Oktober vom Port du Lyvet in Saint-Samson-sur-Rance bis zum Hafen von Dinan. 21/2-stündige Fahrt inklusive einem Essen, das an Bord aus Produkten der Region zubereitet wird, und musikalischer Unterhaltung. Es geht vorbei an Uferlandschaften, einer Gezeitenmühle und den Mauern von Dinan. Info: Tel. 02 96392841, www.lemaltess.com; Preise: inkl. einem von fünf Menüs 49–95 € pro Person.

› **Vedette Jaman V:** Zwischen April und Oktober bis zu vier Fahrten täglich ab Dinan. Während der einstündigen Tour entdeckt man nicht nur Landschaften, Bauwerke und erlebt eine Schleusenfahrt, sondern erfährt auch viel über die Geschichte und Kultur der Region. Info: Jaman V, 6 Rue du Quai, Port de Dinan, 22100 Dinan, www.vedettejamaniv.com, Tel. 02 96392841; Preise: 13,50 €, Kinder bis 15 J. 5,50 €.

› **Compagnie Corsaire,** Gare Maritime de la Bourse, 35400 Saint-Malo, Tel. 08 25138100. Fahrten zwischen Dinan, Dinard und Saint Malo; 35/21,70 € hin und zurück, 29,50/18 € einfach.

Parken

P 120 Aire Municipale Saint Suliac, GPS 48.57034, -1.96569. Einfacher Wiesenplatz am Ortseingang direkt neben der D7, der trotzdem nachts recht ruhig ist. Lage/Anfahrt: Route de Chateauneuf; via D7; Platzanzahl: 10; Untergrund: Gras, Gefälle; Ver-/Entsorgung: nein; Preise: kostenlos; Max. Stand: 24 Std.; Geöffnet: ganzjährig

160 Aire Municipale, Pleslin-Trigavou

GPS 48.53678, -2.05017

Großer, von Hecken und Bäumen gesäumter Asphaltparkplatz in einem Wohngebiet nahe dem alten Bahnhof. Durch die Nähe der Straße etwas Verkehrsgeräusche. **Lage/Anfahrt:** Plesin, Rue Leon Pepin (ca. 6,5 km westlich der Rance via D366); unmittelbar nördlich der Durchgangsstraße D366; **Platzanzahl:** 15; **Untergrund:** Asphalt, eben; **Ver-/Entsorgung:** kostenlos; **Preise:** kostenlos; **Geöffnet:** ganzjährig; **Kontakt:** Tel. 02 96278003; **Tipp:** Der Platz ist vor allem für Radfahrer interessant, die eine Tour auf dem Radweg (Voie Verte) entlang der alten Bahntrasse machen wollen.

194br Abb.: rh

Der Aire Municipale Saint Suliac

218br Abb.: rh

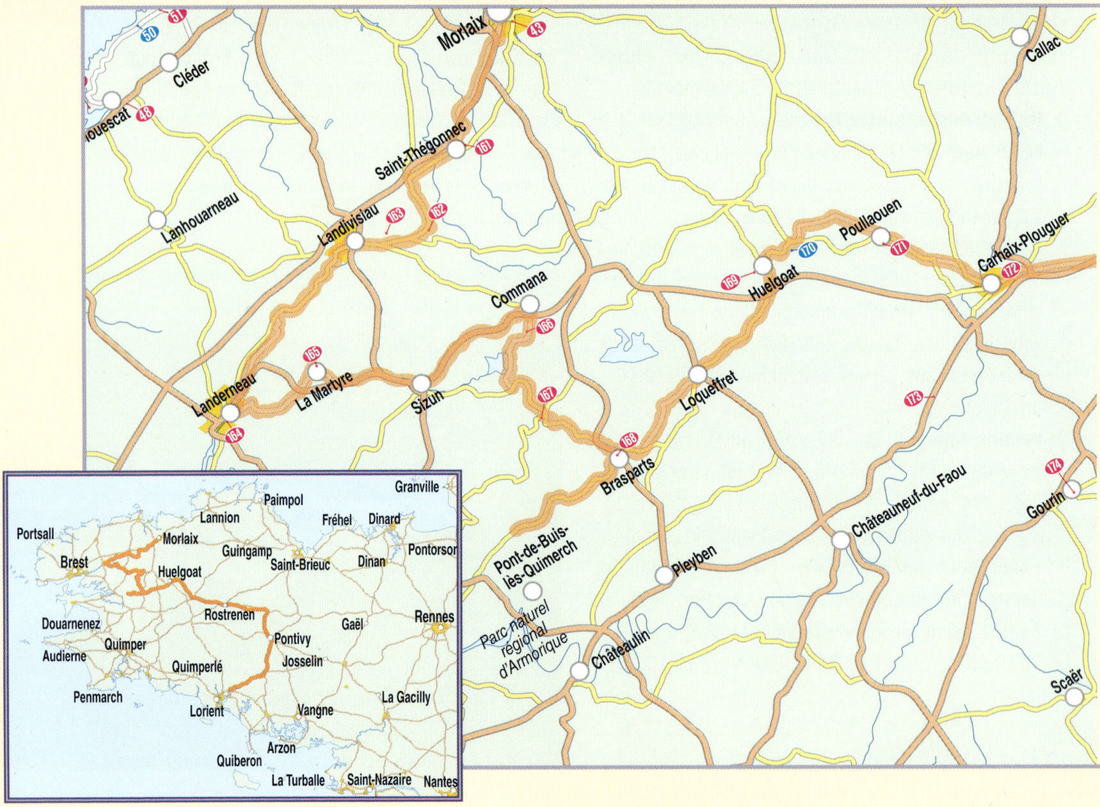

Morlaix
Cléder
ouescat
Callac
Saint-Thégonnec
Lanhouarneau
Landivisiau
Poullaouen
Carhaix-Plouguer
Commana
Huelgoat
Landerneau
La Martyre
Sizun
Loqueffret
Brasparts
Châteauneuf-du-Faou
Gourin
Pont-de-Buis-lès-Quimerch
Pleyben
Parc naturel régional d'Armorique
Châteaulin
Scaër
Granville
Paimpol
Lannion
Fréhel
Dinard
Portsall
Morlaix
Brest
Guingamp
Saint-Brieuc
Dinan
Pontorson
Huelgoat
Rostrenen
Rennes
Douarnenez
Gaël
Pontivy
Audierne
Quimper
Josselin
Quimperlé
Penmarch
Lorient
Vangne
La Gacilly
Arzon
Quiberon
La Turballe
Saint-Nazaire
Nantes

ROUTE 8: DAS BINNENLAND ZWISCHEN MORLAIX UND LORIENT

Nachdem einen die tief eingeschnittene Bucht von Morlaix bereits ins Landesinnere geführt hat, kann man die Gelegenheit nutzen, um auf einer Exkursion durch das Binnenland der Bretagne eine ganz andere Seite der Halbinsel kennenzulernen. Und auch sonst ist einen Abstecher zu den kleinen Städten südwestlich von Morlaix empfehlenswert, die durch ihre **Enclos paroissiaux** weltberühmt geworden sind. Diese „umfriedeten Pfarrbezirke" mit ihrem Reichtum an kunstvollen Skulpturen und Steinmetzarbeiten faszinieren selbst Besucher, die sonst für Kirchen und alte Steine wenig zu begeistern sind.

Weiter nach Süden führt diese Route in den **Parc Naturel Régional d'Armorique** und quer durch die **Monts d'Arrée** mit den höchsten Bergen der Bretagne. Hier erstrecken sich nebelverhangene Wälder und Moorlandschaften, die an Irland oder die schottischen Highlands erinnern. Herzstück ist das Städtchen **Huelgoat** mit seinen Felslabyrinthen, Grotten und Wanderwegen.

Wieder nach Osten schwenkend, durchreist man um **Mur de Bretagne** eine grüne Landschaft aus Wäldern und Seen, die ebenfalls bei Wanderern sehr beliebt ist, und durchquert anschließend südwärts die grünen Hügel und Talauen entlang des Flüsschens Blavet zwischen **Pontivy** und **Baud**.

☒ *Üppige Reliefs und Skulpturen zieren die Enclos paroissiaux*

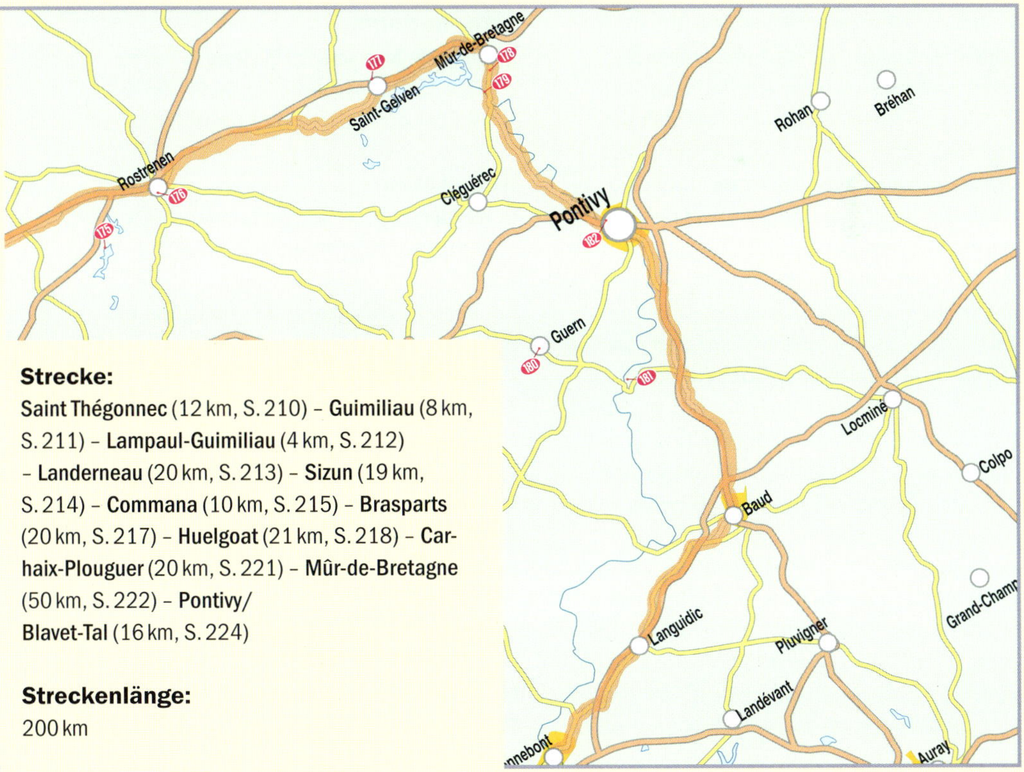

Strecke:
Saint Thégonnec (12 km, S. 210) – **Guimiliau** (8 km, S. 211) – **Lampaul-Guimiliau** (4 km, S. 212) – **Landerneau** (20 km, S. 213) – **Sizun** (19 km, S. 214) – **Commana** (10 km, S. 215) – **Brasparts** (20 km, S. 217) – **Huelgoat** (21 km, S. 218) – **Carhaix-Plouguer** (20 km, S. 221) – **Mûr-de-Bretagne** (50 km, S. 222) – **Pontivy/ Blavet-Tal** (16 km, S. 224)

Streckenlänge:
200 km

RUNDFAHRT DURCH DAS LAND DER ENCLOS PAROISSIAUX

SAINT THÉGONNEC
(12 km - km 12)

Von Morlaix bringt einen die N12 in Richtung Südwesten rasch in das Städtchen Saint Thégonnec, das einen fulminanten Auftakt für die Entdeckung der Enclos Paroissiaux bietet. Der umfriedete Pfarrbezirk ist im 16. und 17. Jh. über zwei Jahrhunderte hinweg in wechselnden Baustilen errichtet worden und gilt als eines der schönsten Beispiele dieser typisch bretonischen Architektur. Hauptattraktion des kleinen Ortes ist natürlich die **Kirche Notre-Dame** (tgl. 9–18 Uhr, im Sommer bis 19 Uhr) mit ihrem berühmten **Enclos Paroissial.** Man betritt ihn durch das Triumphtor von 1587 im Stil der Renaissance. Der 1610 erbaute Kalvarienberg (*calvaire*) zeigt neun verschiedene Passionsszenen und den hl. Thégonnec, der einen Wolf vor seinen Wagen spannt. Das 1667–1682 erbaute **Beinhaus** (*ossuaire*; Mitte April–Anf. Okt. tgl. 9–18, Juni–Aug. bis 19 Uhr) mit korinthischen Säulen gilt als eines der schönsten und monumentalsten der Bretagne.

Was ist ein Enclos Paroissial?

*Der Enclos Paroissial (umfriedeter Pfarrbezirk) ist eine Besonderheit der Bretagne und entstand im 16. und 17. Jh. vor allem im nördlichen Teil des Départements Finistère. Ihr Entstehen verdanken diese reich verzierten Anlagen dem blühenden Tuchhandel der damaligen Zeit, durch den selbst kleine Orte beträchtlichen Reichtum erwarben. Und gerade die kleinen Orte waren es, die miteinander um den prachtvollsten Pfarrbezirk konkurrierten. In größeren Städten wie Morlaix findet man sie nicht. Das sakrale Ensemble wird von einer hohen Steinmauer umfasst (daher „enclos" = eingeschlossen, umfriedet). Man betritt es durch ein reich geschmücktes Triumphtor („porte triomphale"). Seine Schwelle bildet gewöhnlich eine senkrecht eingelassene Steinplatte, die den Toten Schutz vor Dämonen und ewiger Verdammnis bieten soll. Weiter besteht das Ensemble aus dem Beinhaus („ossuaire"), das erforderlich wurde, da der Platz für Bestattungen in der Kirche und auf dem Friedhof knapp wurde, und dem **„Calvaire"** (Kalvarienberg), einem viereckigen oder runden Sockel mit umlaufenden Figurenfriesen, über dem sich ein Kreuz mit plastischen Figuren und der Darstellung des Leidensweges erhebt. Die Kirche selbst zeichnet sich i. d. R. durch eine reich geschmückte Eingangshalle aus, die sich gewöhnlich an der Südseite befindet, da diese in der Bretagne den besten Wetterschutz genießt. Trotz ihrer Reichhaltigkeit und Komplexität bilden die einzelnen Elemente der Anlage stets ein harmonisch abgestimmtes Ensemble.*

Information

› **Office de Tourisme,** 13 Place de la Mairie, 29410 Saint Thégonnec, Tel. 02 98796780, www.baiedemorlaix.bzh (auch auf Deutsch)

Aktivitäten

› **Wandern:** Der Ort liegt am Fernwanderweg GR380 und besitzt drei markierte Rundwege.

161 Aire Municipale, St. Thégonnec

GPS 48.52212, -3.94576

Nett angelegter Platz mit einzelnen, durch Hecken abgeteilte Buchten, teils mit Picknicktischen; durch die nahe Hauptstraße aber leider nicht ganz ruhig. **Lage/Anfahrt:** Place Park An Illiz; von der D712 nahe dem Zentrum und der Kirche nach Norden abbiegen (ca. 70 m); **Platzanzahl:** 16; **Untergrund:** Schotter, ziemlich uneben; **Ver-/Entsorgung:** mit kostenlosen Jetons, die man in den Geschäften bekommt; **Preise:** kostenlos; **Geöffnet:** ganzjährig; **Kontakt:** Tel. 02 98794300; **Tipp:** Der Platz befindet sich nicht weit von der Kirche mit ihrem sehr sehenswerten Enclos Paroissial.

195br Abb.: rh

GUIMILIAU
(8 km – km 20)

Über die D712 nach Westen und dann ab Kermat auf der D31 nach Süden ist man rasch in **Guimiliau** mit einem weiteren berühmten Enclos Paroissial und einem ruhigen Wohnmobilplatz, der nur einen Spaziergang von der Kirche entfernt liegt.

Falls Sie nur Zeit für einen einzigen **Enclos Paroissial** haben, so würden wir Ihnen diesen empfehlen. Er ist einer der prachtvollsten der Bretagne und zudem besonders reizvoll gelegen. Geht man die teils gepflasterte Dorfstraße mit ihren Straßencafés entlang, so erblickt man an ihrem Ende zunächst das Triumphtor und im Näherkommen erschließen sich die weiteren Elemente nach und nach, sodass ein Höhepunkt dem anderen folgt. Der 1581–1588 errichtete **Calvaire** zeigt über 200 einzelne Personen und zahlreiche Szenen, die feiner ausgearbeitet sind als in Saint Thégonnec. Die reich verzierte Kirche ist Anfang des 17. Jh. im spätgotischen Stil mit Elementen der Renaissance neu errichtet worden und besitzt eine besonders prachtvolle Eingangshalle.

Information

› **Office de Tourisme,** 53 Rue du Calvaire, 29400 Guimiliau, Tel. 02 98683333, www.guimiliau.fr

Sehenswertes

› **Centre d'Interprétation des Enclos Paroissiaux,** 53 Rue du Calvaire (direkt neben der Kirche), Tel. 02 98683333, www.ciap-enclos.fr, tgl. 9–19 Uhr, kostenlos. Das Zentrum bietet einen unersetzlichen Einstieg und reichhaltige Informationen zum Verständnis der Architektur, Geschichte und Bedeutung der Pfarrbezirke. Man sollte es unbedingt besuchen, bevor(!) man die Pfarrbezirke selbst besichtigt.

Essen und Trinken

› **Restaurant/Crêperie Ar Chupen,** 43 Rue du Calvaire, 29400 Guimiliau, Tel. 02 98687363, Juli–Sept. tgl. außer Mo.abend, Okt.–Juni So.–Fr. Mittagessen und Sa. Abendessen, Menü 11–19 €. Das kleine und auf den ersten Blick eher unscheinbare Lokal hat nicht nur eine erstklassige Lage mit Tischen im Freien fast direkt vor der malerischen

Der Enclos Paroissial von Guimiliau ist einer der prachtvollsten der Bretagne

Kirche. Noch besser ist die von vielen Guides prämierte Küche mit ihren ausgezeichneten Crêpes und Galettes nach Art des Hauses. Und eine Spezialität, die man sonst nicht oder höchst selten findet, sind die auf unterschiedliche Art zubereiteten Artischocken (nur in der Saison). Da das kleine Lokal von Urlaubern und Einheimischen sehr geschätzt wird, sollte man selbst außerhalb der Hauptsaison einen Tisch reservieren.

162 Aire Municipale, Guimiliau

GPS 48.48666, -3.9969

Der relativ große und meist ruhige Parkplatz am Ortsrand bei der Salle Polyvalente ist von hohen Bäumen gesäumt und liegt nicht weit von der sehenswerten Kirche entfernt. Auch für große Fahrzeuge geeignet. **Lage/Anfahrt:** Rue des Bruyeres; von Westen kommend nahe der Kirche nach Süden in die Rue des Bruyeres; auf der D31 von Süden kommend im Kreisverkehr nach Westen in die Rue des Bruyeres; **Platzanzahl:** ca. 15; **Untergrund:** Schotter, leichtes Gefälle; **Ver-/Entsorgung:** kostenlos, kein Strom; **Preise:** kostenlos; **Max. Stand:** 48 Std.; **Geöffnet:** ganzjährig; **Kontakt:** Tel. 02 98683333

LAMPAUL-GUIMILIAU

(4 km – km 24)

Nur einen Katzensprung weiter westlich liegt das Städtchen Lampaul-Guimiliau, das ebenfalls einen sehenswerten **Enclos Paroissial** besitzt, der sich zwar nicht ganz mit den beiden bisherigen messen kann, aber durchaus seinen eigenen Reiz besitzt. Zudem ist die 1553 errichtete **Kirche** besonders harmonisch proportioniert.

Information

› **Office de Tourisme,** 6 Place du Villers, 29400 Lampaul-Guimiliau, Tel. 02 98687667, www.mairie-lampaul-guimiliau.fr

Sehenswertes

› **Maison de Patrimoine,** 6 Place du Villers, Tel. 02 98687667, geöffnet Juli/Aug., kostenlos, kleines Heimatmuseum in einem hübschen alten Steinbau

Veranstaltungen

› **Grand Pardon de Sainte Anne,** am Sonntag nach dem 15. August

196br Abb.: rh

163 Aire Municipale, Lampaul-Guimiliau

GPS 48.49417, -4.03816

Sehr schön im Grünen gelegener und von hohen Bäumen gesäumter, großer Parkplatz mit Blick auf die Kirche, völlig ruhig am Rand eines großen Parks und doch nur einen Spaziergang von der sehenswerten Kirche und der nächsten Bäckerei entfernt. Auch für große Fahrzeuge geeignet. **Lage/Anfahrt:** Route de Morlaix; nahe der Kirche von der D11 geradeaus nach Osten in die D111 und 50 m danach in Richtung Norden auf die Route de Morlaix; **Platzanzahl:** ca. 30; **Untergrund:** Schotter, ziemlich eben, selbst bei Regen nicht morastig; **Ver-/Entsorgung:** kostenlos, kein Strom; **Preise:** kostenlos; **Geöffnet:** ganzjährig; **Kontakt**: Tel. 02 98687667; **Tipp:** Der sehenswerte Enclos Paroissial ist nur einen Spaziergang entfernt.

197br Abb.: rh

LANDERNEAU

(20 km – km 44)

Auf der D11 nach Landivisiau, das touristisch weniger attraktiv ist, und dann auf der D712 durch das Elorn-Tal gelangt man in die Handelsstadt Landerneau – die „Stadt am und über dem Wasser“, wie sie wegen ihrer **einzigartigen bewohnten Brücke** auch genannt wird. Ihrer Lage an der Gezeitenbuch des Flüsschens Élorn verdankt sie ihren bedeutenden Hafen. Dieser sorgte für regen Seehandel und brachte der Stadt Reichtum. Bis heute ist die Stadt ein wichtiges Markt- und Geschäftszentrum. Hier wurde ein Mann geboren, dessen Namen man in jeder größeren Stadt Frankreichs begegnet: **Édouard Leclerc.** Er eröffnete in Landerneau 1949 in seiner Küche einen ersten Lebensmittelladen, in dem er zunächst nicht mehr als nur eine Sorte Biskuits verkaufte. Aber das offenbar mit Erfolg, denn seither folgten auf diesen Laden Hunderte von Super- und Hypermärkten im ganzen Land.

Information

› **Office de Tourisme du Pays de Landerneau-Daoulas,** 16 Place du Général De Gaulle, 29800 Landerneau, Tel. 02 98851309, www.tourisme-landerneau-daoulas.fr, Juli/Aug. tgl. geöffnet, sonst Di.–Sa.

Sehenswertes

› **Pont de Rohan.** Die 1510 erbaute Brücke ist eine der letzten „bewohnten Brücken“ Europas. Den schönsten Blick auf die pittoresken Häuser aus dem 16.–19. Jh. mit vorkragenden Stockwerken und Schieferfassaden genießt man etwas stromaufwärts am rechten Ufer vor dem Rathaus.

› **Fonds Hélène & Édouard Leclerc pour la Culture,** Aux Capucins, www.fonds-culturel-leclerc.fr, Tel. 02 29624778, Juni–Aug. tgl. 10–19 Uhr, Sept.–Nov. tgl. 10–18 Uhr, Eintritt 9 €. Spiritualität und Kommerz, Bildung und Braukunst, Kultur und Haftanstalt – die alten Mauern haben vielen Herren gedient. 1636 als Kapuzinerkloster errichtet, wurde der Bau nach der Revolution zunächst als Gefängnis, dann als Knabenschule genutzt. 1894 hat Charles le Bos hier eine Brauerei eingerichtet und 1964 E. Leclerc seinen ersten Supermarkt. Seit 2012 befinden sich auf den einstigen Verkaufsflächen die Räume des 1973 gegründeten Fonds Hélène & Édouard Leclerc pour la Culture. Mehrmals jährlich wechselnde Ausstellungen zeigen Werke von Picasso, Chagall, Giacometti, Miró und anderen weltberühmten Meistern.

164 Stellplatz Landerneau

GPS 48.44621, -4.25788

Sehr schöner, kommunaler Stellplatz in ruhiger, parkähnlicher Lage, sehr sauber und angenehm, ca. 300 m zum Zentrum. **Lage/Anfahrt:** Rue du Calvaire, parallel zur Route de Quimper (D29) nahe den Sporthallen; **Untergrund:** fester Schotter, eben, parzelliert durch individuelle Buchten von ca. 60–100 m² zwischen Bäumen und Büschen; **Ver-/Entsorgung:** ja, davor (Wasser, WC u. Abwasser 3 €, mit Kreditkar-

Die Kirche von Lampaul-Guimiliau

te); **Strom:** ja, an allen Plätzen, aber zum Teil im Buschwerk versteckt; **Platzanzahl:** ca. 30; **Geöffnet:** ganzjährig, 24 Std./Tag mit elektronischer Schranke; **Max. Stand:** 3 Nächte; **Preise:** 8 €/Nacht inkl. Strom (bezahlbar mit Debitkarte); **Beachten:** Beim Bezahlen erhält man einen 8-stelligen Code, der an der Schranke eingegeben werden muss. Nicht verlieren, denn man braucht ihn auch für die Ausfahrt; **Kontakt:** Tel. 02 98854300; **Tipp:** Die Plätze vorn zwischen den Bäumen sind zwar schöner, aber die im hinteren Teil sind ruhiger.

165 Stellplatz Martyre

GPS 48.44895, -4.15694
Kommunaler Stellplatz am Ortsrand an der wenig befahrenen Durchgangsstraße und beim Maison du Plateau. **Lage/Anfahrt:** Route de Ploudiry, am östlichen Ortsrand von La Martyre (D35) südöstlich von Landivisiau; **Untergrund:** fester Schotter, eben, am Waldrand; **Ver-/Entsorgung:** ja (gratis), kein Abwasserschacht; **Strom:** ja, gratis; **Platzanzahl:** max. 5; **Geöffnet:** ganzjährig, 24 Std./Tag; **Max. Stand:** keine Begrenzung; **Preise:** kostenlos; **Kontakt:** Tel. 02 98251319; **Beachten:** Bei Veranstaltungen im Maison du Plateau ist der Platz nicht benutzbar.

211br Abb.: rh

DIE MONTS D'ARRÉE – HOCHLAND, HEIDE UND TORFMOORE

Als Herzstück des **Parc Naturel Régional d'Armorique** ziehen sich die 330 Millionen Jahre alten **Monts d'Arrée** von Ost nach West durch das Innere von Finistère. Mit ihren Heidelandschaften, Torfmooren und schroffen Felsen erinnern sie an Irland oder das schottische Hochland. Vom Trubel der Küste und Touristenstädte ist hier nichts zu spüren. Hier scheint die Zeit stehengeblieben zu sein. Zahlreiche Seen und ein Netz von Wanderwegen machen sie zu einem Paradies für Naturfreunde und Erholungsuchende.

Information

- **Monts d'Arrée Communauté,** 12 Route de Plonévez du Faou, 29530 Loqueffret, Tel. 02 98264399, www.lesmontsdarree.bzh
- **Parc Naturel Régional d'Armorique,** Maison du Parc, 15 Place aux Foires, BP 2, 29590 Le Faou, Tel. 02 98819008, www.pnr-armorique.fr

SIZUN

(19 km – km 63)

Man verlässt Landerneau auf der Rue de la Fosse Aux Loups nach Südosten, biegt dann auf die D87 nach Nordosten und fährt bis zu dem kleinen Ort **La Martyre,** der einen etwas versteckt liegenden, aber durchaus sehenswerten Enclos Paroissial besitzt – und zudem einen (eher bescheidenen) Wohnmobilstellplatz 165.

Im Ort biegt man auf die D35 nach Südosten, um auf die D764 zu gelangen, der man weiter bis nach **Sizun** folgt.

Das ruhige, kleine Städtchen besitzt ebenfalls einen sehr sehenswerten Enclos Paroissial mit einem besonders eindrucksvollen Triumphtor von 1885–1888, aber eigenartigerweise ohne den üblichen Calvaire. Dafür hat man hier das Kruzifix oben auf den Bogen des Triumphtors gesetzt.

Sizun befindet sich am Eingang des Parc Naturel Régional d'Armorique mit den wasserreichen Monts d'Arrée, denen es seine zweite Attraktion verdankt: das **Maison de la Rivière.**

Information

› **Office de Tourisme,** 3 Rue de l'Argoat, 29450 Sizun, Tel. 02 98688840, www.mairie-sizun.fr

Sehenswertes

› **Maison de la Rivière,** Moulin Vergraon, am westlichen Ortsrand nahe der D18, Tel. 06 89336284, www.maison-de-la-riviere.com, Mo.–Fr. 10–12 und 14–17.30 Uhr, Eintritt 5 €. Das in einer alten Mühle untergebrachte Museum informiert über die Bedeutung des Wassers, über die Fische der Region und über das Angeln. Der kleine Lehrpfad am Fluss entlang ist kostenlos, gut zugänglich und hat einen Picknickplatz.

Essen & Trinken

› **Crêperie de l'Argoat,** 5 Rue de l'Argoat, Tel. 02 98688150; geöffnet im Sommer tgl. außer Mo., sonst Di.–Do. abends geschl. Das eher unscheinbare, funktional ausgestattete Lokal bietet zwar gute und reich belegte Crêpes, doch sein Highlight ist der Couscous Royal am Freitag – kein Wunder, denn die freundliche Wirtin ist eine Marokkanerin, die als Geologin nach Sizun gekommen und hier hängengeblieben ist.

Aktivitäten

› Das Maison de la Rivière (s. o.) organisiert **geführte Wanderungen** in die Monts d'Arrée, zum Lac du Drennec und in das Torfmoor Mougau sowie Kurse im **Fliegenfischen.**

198br Abb.: rh

COMMANA

(10 km – km 73)

Über die D764 nach Osten erreicht man rasch das auf einem grünen Hügel gelegene Landstädtchen Commana mit seiner sehenswerten **Eglise Saint Derrien,** einem weiteren **Enclos Paroissial** und einigen Überraschungen. Bereits 4 km ehe man den Ort erreicht,

Die Kirche von Sizun besitzt einen sehenswerten Enclos Paroissial mit einem eindrucksvollen Triumphtor

Felsen, Moore und Heidelandschaften in den Monts d'Arrée – hier ein Hinweisschild im Parc Naturel Régional d'Armorique

passiert man das nördlich der Straße gelegene **Ecomusée des Moints d'Arrée,** das auf jeden Fall einen Stopp lohnt. Und auf der Weiterfahrt nach Süden passiert man das **Galeriegrab von Mougau-Bihan** (*Allée couverte*) und den Ausgangspunkt zu einer Wanderung durch das **Torfmoor von Mougau.** Recht viel für so ein unscheinbares Städtchen! Und einen Stellplatz hat es obendrein.

Information

› **Mairie de Commana,** 7 Place de l'Église, 29450 Commana, Tel. 02 98780013, www.commana.fr

Sehenswertes

› **Enclos Paroissial** aus dem 16. Jh. mit gleich zwei **Calvaires** und die **Eglise Saint Derrien** mit einem 57 m hohen Turm, einem prachtvollen Renaissance-Portal und dem Sainte-Anne-Altar, der zu den schönsten der Bretagne zählt.

› **Ecomusée des Moints d'Arrée,** Moulins de Kerouat, 29450 Commana, Tel. 02 98688776, Juli/Aug. tgl. 11–19 Uhr, sonst Mo.–Fr. 11–18 und So. 14–18 Uhr, Nov.–Feb. geschl., Eintritt 4,50 €. Das kleine Museumsdorf umfasst auf einem Gelände von 12 ha insgesamt 15 Bauwerke aus der Zeit von 1610 bis 1910, darunter zwei Wassermühlen, zwei Backhäuser und ein Wohnhaus mit vorkragendem Geschoss, die zusammen mit ihrer Ausstattung ein gutes Bild vom Leben in vergangenen Zeiten vermitteln. **Beachten: In der Saison 2023 wegen Bauarbeiten leider geschlossen.**

› **Galeriegrab von Mougau-Bihan** („Allée couverte"). Etwa 2 km südlich von Commana befindet sich dieses 14 m lange Galeriegrab in einer reizvollen und erfrischend untouristischen Landschaft.

199br Abb.: rh

Wandern

› **Tourbière du Mougau,** 2 km südlich von Commana nahe dem Galeriegrab (s. o.). Durch das Torfmoor wurde ein 6 km langer Lehrpfad mit Bohlenstegen und Brücken angelegt. Er beginnt nahe dem Galeriegrab. Beste Zeit ist April–Oktober, zu anderen Zeiten kann der Wasserstand zu hoch sein.

› **Lac du Drennec** (ca. 3 km südlich von Commana). Um den See gibt es einen 7 km langen, gut ausgebauten Rundweg. Unterwegs passiert man einige alte Häuser sowie Picknickstellen und Badeplätze.

166 Stellplatz Mougau, Commana

GPS 48.39960, -3.96739

Absolut ruhiger, windgeschützter und wenig bekannter Platz zwischen hohen Erdwällen und Bäumen nahe der Allée Couverte Mougau-Bihan. **Lage/Anfahrt:** Mougau Bihan; Straße knapp 2 km südwestlich von Commana; **Platzanzahl:** ca. 10; **Untergrund:** Schotter und Gras, wenig Gefälle; **Ver-/Entsorgung:** die nächste Ver-/Entsorgungsstation findet man 2 km nördlich; **Preise:** kostenlos; **Geöffnet:** ganzjährig; **Tipp:** Der Platz befindet sich bei einer fotogenen Allée Couverte und nahe dem Ausgangspunkt des Lehrpfades durch das Torfmoor Tourbière du Mougau.

Ver-/Entsorgung

› **Ver-/Entsorgungsstation Commana,** GPS 48.41631, -3.96138. Kleiner Platz bei den Recycling-Containern am nördlichen Ortsrand mit weiter Aussicht. Eigentlich nur eine VE-Station, doch auf der angrenzenden, etwas unebenen, aber sehr ruhigen Wiese stehen gelegentlich auch 2–3 Wohnmobile, um den Ausblick zu genießen. Lage/Anfahrt: Croix de Kéradennec; von der D11 (Rue de Landivisiau) am nördlichen Ortsrand nach Norden in die Straße Croix de Kéradennec; Platzanzahl: ca. 3; Untergrund: Gras, Gefälle; Ver-/Entsorgung: kostenlos; Preise: kostenlos; Geöffnet: ganzjährig; Kontakt: Tel. 02 98780013

BRASPARTS UND UMGEBUNG
(20 km – km 93)

Über kleine Sträßchen fährt man von Commana südwärts nahe dem **Stausee Drennec** vorbei und durch eine zunehmend bergige, teils bewaldete, teils heideartige Landschaft. In dem Weiler **Saint Cadou** gelangt man auf die D30, der man nach Osten und dann wieder nach Süden folgt, um das reizvolle Dörfchen **Saint Rivoal** zu erreichen. Der abgeschiedene Ort, in dem die Zeit stillzustehen scheint, hat einen einfachen, idyllisch gelegenen Stellplatz. Nach Westen über die D42 und dann via D342 kann man einen Abstecher zum **Tierpark Menez-Meur** unternehmen (ca. 10 km einfach auf kurvenreicher Straße).

Via D30 und D785 nach Süden erreicht man etwa 8 km hinter Saint Rivoal das von Bergen, Mooren und Wäldern umgebene Städtchen **Brasparts.**

Information

› **Bureau touristique,** Place des Monts d'Arrée, 29110 Brasparts, Tel. 02 98814706, www.lesmontsdarree.bzh

200br Abb.: rh

Die Ruine Saint-Pierre de Quimerch lohnt einen Abstecher

Auch Commana mit seiner sehenswerten Eglise Saint Derrien besitzt einen prachtvollen Enclos Paroissial

Sehenswertes

› **Ecomusée des Monts d'Arrée,** St. Rivoal, Tel. 02 98688776, www.ecomusee-monts-arree.fr, Juli/Aug. tgl. 11–13 und 14–19 Uhr, Mai–Sept. Mo.–Fr. 11–13 und 14–18, So. 14–18 Uhr, Eintritt frei. Das Maison Cornec aus dem Jahr 1702 mit seinem typischen, vorkragenden Obergeschoss wurde im Stil der Zeit erhalten und zeigt das Leben einer Bauernfamilie im 18. Jh.

› **Domaine de Menez-Meur,** 29460 Hanvec, GPS 48.34297, -4.04932, Tel. 02 98688171, https://menez-meur.pnr-armorique.fr, Mi./Sa./So. 13–17.30 Uhr, März–Mai und Okt./Nov. Mi./Sa./So. 13–18 Uhr, Juni/Juli/Aug./Sept. Mi./Sa./So. 11–19 Uhr, in den frz. Schulferien tgl. 11–19 Uhr, Eintritt 6 €, Kinder 4 €. Auf dem 620 ha großen Gelände im Herzen der Monts d'Arrée können Sie auf mehreren verschiedenen Rundwegen zwischen 2,5 und 8 km Länge verschiedenste Haus- und Wildtiere der Bretagne kennenlernen – u. a. Hirsche, Wildschweine und im 2020 neu eröffneten Freigehege sogar Wölfe.

› **Ruine Saint-Pierre de Quimerch,** 1304 Le Vieux Bourg, 29590 Pont-de-Buis-lès-Quimerch, ca. 10 km westlich von Brasparts via D21. Beim Anblick dieser malerischen Kirchenruine mitten auf der grünen Wiese fühlt man sich schlagartig nach Irland versetzt. Gut erhalten ist lediglich das Beinhaus, das bis zu Beginn das 20. Jh. zeitweise als Wohnhaus diente. Andere Teile des Enclos wurden abgetragen und auf den neuen Friedhof versetzt.

› Und für alle, die noch nicht genug haben: Auch Brasparts besitzt einen sehenswerten **Enclos Paroissial.**

Einkaufen

› **Terres d'Arrée Bro an Are,** Saint Rivoal, Tel. 02 98814910, www.bro-an-are.jimdofree.com, Juli/August tgl. 10.30–13 und 14–19, sonst Di. 16.30–19 und Fr. 15–19 Uhr. Hier bieten rund 20 Erzeuger der Region ihre Produkte zum Direktverkauf.

167 Stellplatz St. Rivoal

GPS 48.34950, -3.99893

Absolut ruhiger, naturnaher und einsam gelegener Platz, nur wenige Meter vom kleinen Ecomusèe und dem hübschen Dorf enfernt. **Lage/Anfahrt:** Route de Faou; ca. 200 m westlich der Ortschaft via D42; **Platzanzahl:** ca. 15–20; **Untergrund:** Schotter und Gras, deutliches Gefälle; **Ver-/Entsorgung:** Station, auch Strom; **Preise:** kostenlos oder Spende; **Max. Stand:** 72 Std.; **Geöffnet:** ganzjährig; **Kontakt:** Tel. 02 98814054

168 Aire Municipale, Brasparts

GPS 48.30311, -3.95618

Ein zentrumsnah und doch sehr ruhig gelegener Platz bei einem kleinen Park mit Picknicktisch und schönem Blick auf die Wälder. Da er durch eine Häuserzeile von der Straße getrennt ist, sind kaum Fahrzeuge zu hören. **Lage/Anfahrt:** westlich der Durchgangsstraße D785 etwa 100 m nördlich des Zentrums; **Platzanzahl:** ca. 10; **Untergrund:** Asphalt, Gefälle; **Ver-/Entsorgung:** kostenlos; **Preise:** kostenlos; **Geöffnet:** ganzjährig; **Kontakt:** Tel. 02 98814706; **Tipp:** Sehenswert ist die via D21 ca. 10 km westlich gelegene Ruine der Kirche Saint-Pierre de Quimerch.

Gleich hinter der alten Mühle von Huelgoat beginnt ein faszinierendes Felsenlabyrinth

HUELGOAT

(21 km – km 114)

Über die D14 nach Osten gelangt man nach einer schönen Fahrt in das von fantastischen Wäldern umgebene Städtchen Huelgoat (*An Uhelgoad* = Hochwald) am Ufer eines kleinen Sees und im Herzen des Parc Naturel Régional d'Armorique. Hier findet man fantastischen Felsenlabyrinthe, geheimnisvolle Grotten, dichte, von Moos überwachsene Wälder, reizvolle Rad- und Wanderwege, eine alte Mühle und viele märchenhafte Orte mit fantasievollen Namen. Und zudem bietet der Ort einen hübschen Stellplatz sowie einen netten Campingplatz inmitten des Wandergebiets.

Information

› **Bureau touristique,** 25 Place A. Briand, 29690 Huelgoat, Tel. 02 98997232, www.lesmontsdarree.bzh, www.montsdarreetourisme.bzh

Wandern

› **Le Chaos.** Die gigantischen Block-Labyrinthe und Felsgebilde in der Umgebung von Huelgoat sollte man sich keinesfalls entgehen lassen. Sie sind durch die besondere Art der Verwitterung des Granits entstanden und dadurch, dass das reichlich vorhandene Wasser die großen Blöcke freigespült hat. Für Besucher mit weniger Zeit gibt es einen kleinen Rundweg, der im Felsenchaos bei der alten Mühle beginnt und über die Grotte du Diable (Teufelsgrotte) zur Roche Tremblante führt, einem über 100 Tonnen schweren Wackelstein. Die große Rundstrecke, die alle Felsgebilde einschließt, erfordert etwa 3 Stunden.

› **Le Gouffre.** Der Parkplatz zum Erkunden dieser beeindruckenden Felsenklamm liegt ca. 1 km östlich des Orts an der D769A (GPS 48.36517, -3.73180).

Umgebung

› **Locmaria-Berrien,** ca. 6 km östlich via D769. Malerisches kleines Städtchen mit pittoresken Häusern und einer hübschen Kirche.

› **Poullaouen,** an der D769 nach Carhaix. Ebenfalls ein hübsches und für die Region charakteristisches Städtchen, das einen kleinen Bummel lohnt und zudem einen schönen Stellplatz besitzt.

169 Stellplatz Huelgoat

GPS 48.36095, -3.75611

Großer Platz am Ortsrand im Grünen beim Campingplatz; etwas nahe der wenig befahrenen Straße. Sehr beliebt und daher oft schon früh voll. **Lage/Anfahrt:** Route du Fao, nördlich der Rue du Géneral de Gaulle, etwas westlich der Stadt; entlang der Straße am See-Südufer, kurz nach Ortsende rechts; **Untergrund:** geschottert, eben; **Ver-/Entsorgung:** Station nahe der Einfahrt (5 €); **Strom:** nur an der VE-Station; **Platzanzahl:** ca. 40; **Geöffnet:** ganzjährig; **Max. Stand:** unbegrenzt; **Preise:** kostenlos; **Kontakt:** Tel. 02 98997155; **Tipp:** Das Felsenlabyrinth „Chaos du Moulin" am Ostende des Sees (via D14, dann die kleine Straße rechts zum Parkplatz) sollte man sich keinesfalls entgehen lassen!

170 Camping La Rivière d'Argent**, Huelgoat

GPS 48.36272, -3.71591

Einfacher, sehr naturnaher und ausgesprochen sympathischer kleiner Privat-Campingplatz direkt an dem kleinen Flüsschen und inmitten der wundervollen Wälder um Huelgoat. Beheiztes Hallenbad. WLAN nur nahe der Rezeption. Relativ große, einfache Stellplätze auf Grasflächen zwischen den Bäumen. Gerade wegen der eher einfachen Anlage (im Stil der ursprünglichen Camping-Idee) und wegen seiner familiären Atmosphäre ist er einer unserer Lieblingsplätze. Und die sympathischen Besitzer bemühen sich, dieses Konzept weiter zu pflegen. **Lage/Anfahrt:** La Coudraie, 29690 Huelgoat; an der D769 ca. 2,5 km östlich von Huelogat; **Preise:** Womo mit 2 Pers. inkl. Strom 20–25 €; **Geöffnet:**

201br Abb.: rh

Anfang April–Ende September; **Kontakt:** www.larivieredargent.com, Tel. 02 98997250; **Tipp:** Der Platz liegt ideal, um zu Fuß auf reizvollen Wanderwegen das Tal des „Silberflusses", die Wälder und Naturphänomene von Huelgoat zu entdecken – oder mit dem Fahrzeug in weiterem Umkreis die Monts d'Arrée.

171 Aire Municipale, Poullaounen

GPS 48.33680, -3.64049

Ausgesprochen schön angelegter, sehr ruhig gelegener und gepflegter Platz ganz im Grünen hinter dem Stadion, gesäumt von Bäumen und an einem kaum befahrenen Sträßchen. **Lage/Anfahrt:** Chemin de Petit Train; südlich der Ortschaft via D236 und nach dem Sportplatz links (nach Osten) abbiegen; **Platzanzahl:** ca. 7 (auch große Fahrzeuge); **Untergrund:** Feinschotter-Parkbuchten auf einer Wiesenfläche; **Ver-/Entsorgung:** kostenlos; gegenüber auf dem Asphaltparkplatz bei dem Gebäude links der Zufahrt (GPS 48.33687, -3.64079); **Preise:** kostenlos; **Geöffnet:** ganzjährig

⊼ *Die Mooswälder und Blockmeere bei Huelgoat (s. S. 218) locken zu Spaziergängen und Wanderungen*

GUERLÉDAN-ARGOAT

Hinter Poullaouen verlässt man die Monts d'Arrée und fährt durch die Region Guerlédan-Argoat mit etwas größeren, aber touristisch weniger interessanten Städten. Dafür ist diese Gegend reich an grünen Hügeln und Wäldern, an Seen, Kanälen, Schluchten und Heideland – eine Region für Naturliebhaber und Erholungsuchende. Hier im wasserreichen Herzen der Bretagne entspringen die meisten ihrer Flüsse – und entsprechend vielfältig sind die Möglichkeiten zum Baden, Angeln, Segeln und Kanufahren. Und auch für Biker: Allein um den Lac de Guerlédan warten 300 km markierte Pisten auf Mountainbiker.

Information

› www.lacdeguerledan.com

Armor und Argoat

Man mag sich fragen, was die Bezeichnung „Argoat" wohl bedeutet, der man hier im Landesinneren der Bretagne immer wieder begegnet. Der keltische Begriff setzt sich zusammen aus „ar" (der) und „koad" (Wald) und bezeichnet schlichtweg das Landesinnere – im Gegensatz zu „Armor" – aus „ar" (das) und „mor" (Meer).

CARHAIX-PLOUGUER

(20 km – km 134)

Die kleine Stadt mit etwa 7000 Einwohnern (immerhin die zweitgrößte seit Morlaix) bietet Gelegenheit, ausstehende Einkäufe zu erledigen. Sie hat einige schöne historische Häuser (beispielsweise an der Rue Brizeux) und eine Kirche mit imposantem Glockenturm aus dem 16. Jahrhundert (von dem bei einem Sturm 1987 zentnerschwere Blöcke heruntergestürzt sind) – ist aber, was die Sehenswürdigkeiten angeht, sicher kein Schwergewicht.

Hingegen ist das Städtchen in ganz Frankreich und darüber hinaus für sein **Festival les Vieilles Charrues** (s. u.) bekannt.

In der Stadt und einigen umliegenden Orten findet man eine Reihe von Wohnmobilstellplätzen, die zwar gut ausgestattet sind, sich aber sonst mit denen der bisherigen Strecke kaum messen können und über ein Prädikat „passabel" kaum hinausreichen (außer dem von Glomel 175).

Information

› **Office de Tourisme,** 8 Place d'Aiguillon à Carhaix, 29270 Carhaix-Plouguer, Tel. 02 98930442, www.carhaixpohertourisme.bzh

Veranstaltungen

› **Festival les Vieilles Charrues,** www.vieillescharrues.asso.fr, jedes Jahr am 3. Wochenende im Juli. Das 1992 von einigen Jugendlichen der Stadt ins Leben gerufene Open-Air-Musikfestival hat sich zu einem der erfolgreichsten in Frankreich entwickelt. Jedes Jahr zieht es zahlreiche Stars aus Frankreich und aller Welt an – und fast 300.000 Besucher (bei nur 7000 Einwohnern!). Das breite Musikspektrum umfasst auch bretonische Musik (die stets für Stimmung sorgt), die Tickets sind relativ günstig – und schnell ausverkauft!

Umgebung

› **La Vallée des Saints,** ungefähr 12 km nördlich bei dem Weiler Quénéquillec nahe Carnoët, Tel. 02 96916226, www.lavalleedessaints.com, ständig geöffnet, Eintritt frei, Boutique April–September 10–18.30 Uhr, sonst 10–17.30 Uhr, Parken für Wohnmobile 6 €, hier darf man auch übernachten. Das 2009 begonnene Projekt hat zum Ziel, nicht weniger als 1000 Riesenskulpturen aus bretonischem Granit zu errichten. Ende des Jahres 2023 sollen 184 Heilige fertiggestellt sein, bis 2028 sollen es 250 Skulpturen werden. Außerdem wird jedes Jahr am zweiten Sonntag im August ein großes Fest veranstaltet, bei dem die neuen Statuen eingeweiht werden.

172 Aire Municipale, Carhaix-Plouguer

GPS 48.27834, -3.57229

Nicht besonders schöner und durch die Lage an zwei Straßen meist auch lauter Parkplatz in der Stadt; für Stadtbesuche in Ordnung, aber zum Übernachten weniger empfehlenswert. **Lage/Anfahrt:** Parking Champ de Foire, Rue de Bazeilles; von der D764 (Route de Brest) nach Osten auf die Rue de l'Eglise (D54) und ungefähr 250 m weiter beim Kreisverkehr geradeaus in die Rue de Bazeilles; **Platzanzahl:** ca. 10 (kleine Parkbuchten); **Untergrund:** Asphalt mit Gefälle; **Ver-/Entsorgung:** kostenlos; **Strom:** zwei Steckdosen; **Preise:** kostenlos; **Geöffnet:** ganzjährig; **Kontakt:** Tel. 02 98930442

173 Aire Municipale, Cléden-Poher

GPS 48.23674, -3.67159

Großer, relativ ruhiger, aber nicht besonders schöner Parkplatz zwischen hohen Bäumen bei der Salle Polyvalente. **Lage/Anfahrt:** Route du Stade; von Norden via D217 und dann C1 (Route de Loch Vaten) in die Stadt und dann beim Restaurant Caro rechts (westlich) in die Rue du Stade; ca. 10 km südwestlich von Carhaix-Plouguer; **Platzanzahl:** ca. 10 (kleine Parkbuchten); **Untergrund:** Asphalt mit Gefälle; **Ver-/Entsorgung:** kostenlos (kein Schlauchanschluss); **Strom:** kostenlos (vier Steckdosen); **Preise:** kostenlos, Spenden wilkommen; **Geöffnet:** ganzjährig; **Kontakt:** Tel. 02 98934090

174 Aire Municipale, Gourin

GPS 48.14134, -3.60082

Relativ ruhiger Parkplatz nahe dem Zentrum beim Intermarché; für eine Übernachtung okay. **Lage/ Anfahrt:** Place du General de Gaulle; vom Zentrum via D1 (Rue de la Liberation) nach Osten und ca. 200 m weiter nach Norden in die Straße Place Du General de Gaulle; ca. 19 km südlich von Carhaix-Plouguer; **Platzanzahl:** ca. 5–10; **Untergrund:** Asphalt, eben; **Ver-/Entsorgung:** Entsorgung kostenlos, Wasser 2 € für 10 Min. (Debitkarte); **Strom:** vier Steckdosen an der VE-Säule 2 €/55 Min. (erst schwarzen Knopf drücken, dann Steckdose auswählen); **Preise:** kostenlos; **Max. Stand:** 7 Tage; **Geöffnet:** ganzjährig; **Kontakt:** Tel. 02 97234037

175 Aire Municipale, Glomel

GPS 48.22047, -3.38942

Schöner, großer und sehr ruhiger Asphaltparkplatz am See mit Badestrand. Etwas zwischen den Bäumen – aber mit Seeblick. Keine markierten Parkbuchten, liegt neben dem Campingplatz. **Lage/Anfahrt:** Etang du Corong; südlich der Ortschaft via Rue du Lac; ca. 20 km südöstlich von Carhaix-Plouguer; **Platzanzahl:** 20–25; **Untergrund:** Asphalt, nahezu eben; **Ver-/Entsorgung:** Entsorgung kostenlos, Wasser 2 € (mit Debitkarte); **Strom:** Steckdose an der Ver-/Entsorgungs-Säule 2 €/55 Min. (Debitkarte); **Preise:** kostenlos; **Max. Stand:** 7 Tage; **Geöffnet:** ganzjährig; **Kontakt:** Tel. 02 96296051; **Hinweis:** Auf dem Parkplatz direkt am Ufer gibt es keine Verbotstafeln, sodass man am Tag sicher auch dort parken kann.

176 Aire Municipale, Rostrenen

GPS 48.23316, -3.32011

Eigentlich ein nett angelegter Stellplatz mit Buchten zwischen Grünstreifen und vor Bäumen am Rande der Stadt – aber direkt an der Hauptstraße gelegen und daher für eine Übernachtung kaum geeignet; es sind einige Picknicktische vorhanden. **Lage/Anfahrt:** Rue Rose le Hénaff; nahe Cité Charles Ollivrin und direkt an der D790 südlich des Zentrums in Richtung Quimperlé; ungefähr 21 km östlich von Carhaix-Plouguer; **Platzanzahl:** 7; **Untergrund:** Feinkies, eben; **Ver-/Entsorgung:** EuroJunior, Entsorgung kostenlos, Wasser 2 € (Jetons); **Strom:** 2 €/55 Min. (Jetons, Steckdose nur an der Ver-/Entsorgungs-Säule); **Preise:** kostenlos; **Max. Stand:** unbegrenzt; **Geöffnet:** ganzjährig; **Kontakt:** Tel. 02 96290272

MÛR-DE-BRETAGNE

(50 km – km 184)

Von Carhaix erreicht man via N164 in Richtung Osten rasch die nächste größere Stadt: Mûr-de-Bretagne. Etwa 10 km vorher passiert man den Ort Saint Gelven, der einen Stellplatz bietet, auf dem man ruhiger übernachtet als auf dem von Mûr.

Mûr-de-Bretagne hat seinen Besuchern als Stadt keine großen Highlights zu bieten, doch der **Lac de Guerlédan** westlich der Stadt mit dem **Forêt de Quénécan** und dem Heideland von Le Gouvello machen die Region zu einem Paradies für Naturliebhaber und Erholungssuchende.

Der Stausee Lac de Guerlédan mit seinen umliegenden Wäldern und Heidelandschaften ist ein beliebtes Erholungsgebiet. Man kann ihn auf einer Straße umrunden (ca. 45 km), die einige Sehenswürdigkeiten (s. r.) erschließt, aber nicht dem Ufer folgt. Wanderwege umrunden ihn näher am Wasser – aber auch nicht immer direkt am Ufer. Es gibt einige schöne Badestellen (beispielsweise bei Beau-Rivage) und vielfältige Wassersportgelegenheiten.

Information

› **Office de Tourisme,** Place de l'Église, 22530 Mûr-de-Bretagne, Tel. 02 96285141, www.lacdeguerledan.com, www.centrebretagne.com

Sehenswertes

- **Zisterzienserabtei Bon Repos,** Tel. 02 96248220, www.bon-repos.com, Juli–Aug. tgl. 10–19, April–Juni und Sept./Okt. So.–Fr. 10–12 und 14–18 Uhr, Eintritt 6 €. Von der 1184 gegründeten Abtei an einer Schleuse des Kanals Nantes–Brest sind Ruinen aus dem 14.–17. Jh. zu sehen. Teile der Anlage wurden seit 1986 restauriert und zeigen wechselnde Ausstellungen.
- **Gorges du Daoulas.** Nur etwa 1 km nördlich der Abtei führt die D44 Rue du Viaduc durch die Daoulas-Schlucht.
- **Les Forges des Salles,** Tel. 07 83147063, www.lesforgesdessalles.fr, Juli/Aug. Führungen tgl. 14.30, 15.45 und 17.15 Uhr, April–Juni und Sept. an Wochenenden, 6 €. Die in einem bewaldeten Tal gelegene Stahlhütte aus dem 18. und 19. Jh. wurde nach ihrer Schließung 1880 im damaligen Zustand erhalten und restauriert.

Veranstaltungen

- **Fête du Lac** (Seefest), 15. August, mit Fest-noz, Flohmarkt und Aktivitäten
- **Foire Biozone,** 2. Wochenende im September, größte Bio-Messe der Bretagne

Aktivitäten

- **Base Départementale de Plein Air de Guerlédan,** 106 Rue du Lac, 22530 Mûr-de-Bretagne, Tel. 02 96671222, www.base-plein-air-guerledan.com. Die Base bietet verschiedene Arten von Wassersport, Boots- und Fahrradvermietung sowie Klettern und andere Sportarten.
- **Rundweg um den Stausee:** ca. 11 km; Ausgangspunkt Stellplatz St. Aignan 179

177 Stellplatz Saint Gelven

GPS 48.22450, -3.09595

Einfacher, ruhiger Parkplatz am Ortsrand; die VE-Station folgt knappe 100 m weiter. **Lage/Anfahrt:** Rue de l'École 4; von der D95 nahe dem südlichen Ortsrand nach rechts in die Rue de l'École; **Platzanzahl:** 8; **Untergrund:** Feinschotter, nahezu eben; **Ver-/Entsorgung:** kostenlos (100 m weiter bei GPS 48.22529, -W3.09532); **Preise:** kostenlos; **Geöffnet:** ganzjährig

178 Aire Municipale, Mûr de Bretagne

GPS 48.19814, -2.98974

Großer Asphaltparkplatz am Bahnhof, der aber nahe der Straße liegt und nicht besonders schön ist. **Lage/Anfahrt:** Rue de la Gare; von der D35 südlich des Zentrums nach Westen auf den Parkplatz beim Bahnhof und gegenüber der Festhalle; **Platzanzahl:** 8 (auch größere Fahrzeuge); **Untergrund:** Asphalt, nahezu eben; **Ver-/Entsorgung:** kostenlos; **Preise:** kostenlos; **Max. Stand:** 48 Std.; **Geöffnet:** ganzjährig; **Hinweis:** Evtl. interessant für Radtouren auf der Voie Verte entlang des Kanals Brest–Nantes.

179 Aire Municipale, Saint Aignan

GPS 48.18292, -3.01292

Ein schöner Platz in ruhiger und grüner Umgebung zwischen Wald und Stausee bei der kleinen Kirche; mit WC und Picknicktisch, aber ohne Strom. Ideal für Wanderungen zum und am Stausee. **Lage/Anfahrt:** bei der Kirche; von der D18 bzw. D35 westlich des Bachs nach Norden auf die D31, der man ca. 800 m bis zur Kirche folgt; **Platzanzahl:** 8; **Untergrund:** Asphalt, nahezu eben; **Ver-/Entsorgung:** kostenlos; **Preise:** kostenlos; **Geöffnet:** ganzjährig

202br Abb.: rh

PONTIVY UND DAS BLAVET-TAL

(16 km – km 200)

Auf der D156 durch das Tal des Flüsschens Blavet erreicht man Pontivy, mit 14.000 Einwohnern eine der größten Städte und ein wichtiges Zentrum der Region. Die unter Napoléon als militärische Basis ausgebaute Stadt trug eine Zeit lang den Namen Napoléonville und in der Altstadt sind bis heute Anlagen aus dieser Zeit zu sehen. Außerdem verfügt die Stadt über einen reizvollen Stellplatz etwas außerhalb beim Strandbad.

Information

› **Office de Tourisme de Pontivy Communauté,** 2 Quai Niémen (an Bord des Schiffes Duchesse Anne), Tel. 02 97250410, www.tourisme-pontivycommunaute.com

Sehenswertes

› **Altstadt.** Das Office de Tourisme bietet in der Saison Stadtführungen, die 11/2 Stunden dauern und auch durch das Viertel „Napoléonville" mit seiner Militärarchitektur führen.

› **Schloss der Familie Rohan.** Das im 15. und 16. Jh. errichtete Schloss musste 2014 wegen einstürzender Mauern geschlossen werden. Aufgrund von Renovierungsarbeiten ist das Schloss noch nicht vollständig wiedereröffnet. Während der Schulferien gibt es Führungen ab 5 € (Reservierung unter www.tourisme-pontivycommunaute.com oder Tel. 02 97250410). Ein Rundgang um das Bauwerk ist jederzeit kostenlos möglich und lohnt sich allemal!

Umgebung

› **Guern** (13 km südwestlich). Der kleine Ort besitzt die sehenswerte Kapelle de Quelven aus dem 15. Jh. mit einem 70 m hohen Turm – und einen ruhigen Wohnmobilstellplatz.

› **Village de Poul-Fetan,** 56310 Quistinic, Tel. 02 97395174, www.poul-fetan.bzh, Juli–Aug. 10.15–19.30 Uhr, April–Juni und Sept. 10.15.–19 Uhr, Eintritt 11,50 €. Absolut sehenswert: Ein historisches bretonisches Dorf mit alten Steinhäusern und Reetdächern, in dem Sie das Leben vergangener Jahrhunderte hautnah entdecken können. Hier wird das Vieh gefüttert und Butter gestoßen, Hanf gesponnen und verwoben, Reetdächer werden neu gedeckt und Handwerker zeigen ihre Vorführungen und verkaufen ihre Produkte. Mitarbeiter in historischen Kostümen führen durch den Ort und erläutern alle Details. Planen Sie 4–5 Stunden für den Besuch; ein Restaurant ist vorhanden.

Einkaufen

› **Biscuiterie Joubard,** 37 Rue Colbert, Tel. 02 97254561, im Freizeitpark 2 km südlich des Zen-

182 Aire La Plage, Pontivy

GPS 48.074461, -2.9781

Ein schöner Platz am Ortsrand in ruhiger, schattiger und grüner Umgebung direkt am Wasser und beim Strandbad. **Lage/Anfahrt:** Rue de la Cascade; von der D764 (Rue Edgar Quinet) am nordwestlichen Ortsende nach Osten auf die Rue de la Cascade; **Platzanzahl:** ca. 10; **Untergrund:** Schotter und Gras; **Ver-/Entsorgung:** kostenlos (Station ein wenig weiter westlich an der Straße); **Preise:** kostenlos; **Geöffnet:** ganzjährig; **Kontakt:** Tel. 02 97250033; **Tipp:** Für Stadtbesuche kann man einen Spaziergang machen (knapp 1 km einfach) oder von der nahen Haltestelle einen Bus nehmen. Der Platz liegt am Radweg entlang des Flüsschens Blavet.

204br Abb.: rh

trums, Mo.-Sa. 9-12 und 14-19 Uhr (Sa. nur bis 18.30 Uhr). Hersteller mit Direktverkauf bretonischer Galettes und anderer Backwaren.

Parken

P 121 Aire Municipale Pontivy, GPS 48.06791, -2.96943. Die ebenfalls reizvoll am Flüsschen gelegene, aber weniger ruhige Aire Municipale für ca. 10 Fahrzeuge (mit kostenloser VE) befindet sich an der Rue de la Fontaine, die westlich der Brücke von der D764 nach Süden führt. Übernachtung möglich.

180 Stellplatz Guern

GPS 48.02862, -3.09228

Unscheinbarer Platz in relativ ruhiger Lage zwischen Wohnhäusern und Wiesen nahe dem Ortsrand. **Lage/Anfahrt:** Rue de la Vallee (D1); unmittelbar westlich dieser Straße nahe dem südlichen Ortsrand; **Platzanzahl:** ca. 10; **Untergrund:** Schotter; **Ver-/Entsorgung:** kostenlos; **Preise:** kostenlos; **Geöffnet:** ganzjährig

Blick auf Pontivy

181 Aire Pluméliau, Saint Nicolas

GPS 47.98243, -3.04176

Ein schöner und sehr ruhiger Platz außerhalb der Ortschaft beim Kanuzentrum am Fluss, der aber für hohe Wohnmobile nicht zugänglich ist. **Lage/Anfahrt:** Allée du Vieux Blavet; beim Kanuzentrum; auf der D1 bis zur Ostseite der Brücke und dann dem截Uferssträßchen (Prom. des Estivants) nach Norden folgen; **Platzanzahl:** ca. 12; **Untergrund:** Asphalt und Schotter; **Ver-/Entsorgung:** kostenlos; **Preise:** kostenlos; **Max. Stand:** 72 Std.; **Geöffnet:** ganzjährig; **Kontakt:** Tel. 02 97518028; **Hinweis:** Kanuverleih, Rad- und Spazierwege; **Achtung:** Die Eisenbahnbrücke an der Zufahrt hat eine Durchfahrtshöhe von nur 3 m!

Rund 24 km südlich von Pontivy erreicht man die kleine Stadt **Baud,** die als Ausgangspunkt für einen Besuch des historischen Dorfs **Village de Poul-Fetan** (s. S. 224) dienen kann, aber sonst nicht viel zu bieten hat. Von dort sind es noch 30 km Richtung Südwesten, ehe man bei Hennebont nahe Lorient wieder auf die Küstenroute (Route 5, s. S. 150) stößt.

075br Abb.: rh

006br Abb.: rh

ANHANG

50
CRÊPE
FILET DE POULET
NOIR DE BRETAGNE
"LABEL ROUGE"
CURRY ET
ANANAS.
MENU
CRÊPE
LA CH'TI"
MAROILLES ET
CRÊME.
ancv

WOMO-WÖRTERLISTE DEUTSCH – FRANZÖSISCH

A

Abblendlicht	*feux de croisement*
abdichten	*étanchéifier*
Ablassschraube	*écrou de vidange/ bouchon du carter*
abschleppen	*remorquer*
Abschleppseil	*câble de remorquage*
Anlasser	*démarreur*
Antenne	*antenne*
Antriebswelle	*arbre de transmission*
Antriebsräder	*roues motrices*
Armaturenbrett	*tableau de bord*
Auffahrt	*bretelle d'accès*
Auspuff	*tuyau d'échappement*
Außenspiegel	*rétroviseur extérieur*
austauschen	*changer*
Autoschlüssel	*clé de voiture*

B

Batterie (laden)	*(charger la) batterie*
befahrbar	*praticable/ carrossable*
Benzin	*essence*
Benzinpumpe	*pompe à essence*
beschädigt	*en panne/abimé*
Blech	*tôle*
Blinker	*clignotant*
Bremsbelag	*plaquette de frein*
Bremse	*frein*
Bremsflüssigkeit	*liquide de frein*

C, D

Chemietoilette	*WC chimique*
defekt	*en panne*
dicht	*étanche*
Dichtung	*joint*
Diesel	*diesel, gasoil*
Differenzial	*différentiel*
Druck	*pression*

E

Einbahnstraße	*rue à sens unique*
Einspritzanlage	*système à injection*
Einspritzpumpe	*pompe à injection*
Einstellschraube	*vis de réglage/ du ralenti*
Einstellung	*réglage*
entleeren	*vider, vidanger*
Ersatzrad	*roue de secours*
Ersatzteil	*pièce de rechange*

F

Fahrtrichtung	*sens de la marche*
Felge	*jante*
Feder	*ressort*
Fernlicht	*feux de route/phares*
Feuerlöscher	*extincteur*
Frostschutz	*antigel*
Flüssigkeit	*liquide*
Führerschein	*permis de conduire*
Fühler	*capteur/sonde*

G

Gang	*vitesse*
Garantie	*garantie*
Gaspedal	*accélérateur*
Gebläse	*ventilateur*
gebrochen	*cassé*
Gebühr	*taxe*
Gelenk	*joint, charnière*
Geschwindigkeit	*vitesse*
gesperrt	*fermé, barré*
Getriebe	*boîte de vitesses*
Gewinde	*filetage*
Gewicht	*poids*
Glühbirne	*ampoule*
Glühkerze	*bougie de préchauffage*
Gurt	*ceinture*
Grauwasser	*eaux usées*

H

Handbremse	*frein à main*
Hebebühne	*plate-forme élévatrice/ pont élévateur*
Hebel	*levier*
Heizung	*chauffage*

Hinterachse	*essieu arrière*
Hupe	*klaxon*

K

Kabel	*câble*
(Benzin-)Kanister	*bidon (d'essence)*
Kardanwelle	*arbre à cardan*
Karosserie	*carrosserie*
Keilriemen	*courroie trapézoïdale*
Klimaanlage	*climatisation*
Kfz-Kennzeichen	*plaque d'immatriculation*
Kolben	*piston*
Kugellager	*roulement à billes*
Kühler	*radiateur*
Kühlwasser	*eau de refroidissement*
Kühlschrank	*frigidaire, frigo*
Kupplung	*embrayage*
Kurzschluss	*court circuit*

L

Ladedruck	*pression de l'alimentation*
Ladung	*chargement*
Lager	*coussinet*
Leck	*fuite*
Leerlauf	*point mort/ralenti*
Lenkung	*direction*
Lenkrad	*volant*
Lenkradschloss	*serrure antivol*
Lichtmaschine	*générateur/dynamo*
Luftfilter	*filtre à air*
Lüftung	*ventilation*

M

Massekabel	*câble de masse*
Messstab	*jauge*
Motor	*moteur*
Motoröl	*huile de moteur*
Mutter	*boulon/écrou*

N

Nabe	*moyeu*
niedrig	*bas*
Nockenwelle	*arbre à cames*
Notrufsäule	*borne de détresse*

O

Oktanzahl	*indice d'octane*
Öl	*huile*
Ölfilter	*filtre à huile*
Ölverlust	*perte d'huile*
Ölwanne	*cuvette à huile/carter*
Ölwechsel	*vidange*

P

Panne	*panne*
Parkplatz	*place de parking/ parking*
Parkscheinautomat	*horodateur*
Plattfuß	*pneu dégonflé*
Profil	*profil du pneu*
Propangas	*GPL (gaz propane liquide)*
Prüflampe	*lampe de contrôle/ voyant lumineux/ lampe témoin*
Pumpe	*pompe*

R

Rad	*roue*
Radkappe	*enjoliveur*
Radkreuz	*clé en croix*
Radmutter	*boulon*
Radwechsel	*changement de roue*
Rahmen	*châssis*
Rastplatz	*aire de repos*
Reflektor	*réflecteur*
Regelung	*réglage*
Reifen	*pneu*
Reifendruck	*pression des pneus*
Reifenpanne	*crevaison*
Relais	*relais*
reparieren	*réparer*
Reserverad	*roue de secours*
Rohr	*tuyau*
Rücklicht	*feu arrière*
Rückspiegel	*rétroviseur*
Rückwärtsgang	*marche arrière*

S

Schalter	*interrupteur*
Scheibenbremse	*frein à disque*
Scheibenwischer	*essuie-glace*
Scheinwerfer	*phares*
Schlauch	*chambre à air*
Schlüssel	*clé*
Schneeketten	*chaînes à neige*
Schraube	*vis*
Schraubenschlüssel	*clé*
Schraubenzieher	*tournevis*
Sicherung	*fusible*
Starthilfekabel	*câble de démarrage*
Stecker	*prise mâle/fiche*
Steckdose	*prise femelle*
Stoßstange	*pare-chocs*
Stoßdämpfer	*amortisseur*
Straße	*rue/route*
Strom	*courant électrique*

T

Tank	*réservoir*
tanken	*prendre de l'essence*
Tankstelle	*station d'essence/ station service*
Tempolimit	*limitation de vitesse*
Trommelbremse	*frein à tambour*
Turbolader	*chargeur turbo*

U

Überbrückungskabel	*câble*
undicht	*non étanche*
Umwälzpumpe	*pompe de circulation*
Unfall	*accident*
Unterdruck	*dépression*
Unterlegscheibe	*rondelle*

V

Ventil	*valve*
Ventilator	*ventilateur*
Ver-/Entsorgung	*eau/vidange*
Vergaser	*carburateur*
Versicherung	*assurance*
Verschleiß	*usage*
Verteiler	*distributeur*
volltanken	*faire le plein*
Vorderachse	*essieu avant*

W

Wagenheber	*cric*
Warnblinker	*feu de détresse*
Wartung	*entretien*
Wassertank	*réservoir d'eau*
Werkstatt	*garage/atelier automobile*
Werkzeug	*outil*
Windschutzscheibe	*pare-brise*
Wohnmobil	*camping-car*
Wohnmobilstellplatz	*aire (de camping-car), aire naturelle*

Z

Zahnrad	*pignon/roue dentée*
Zahnriemen	*courroie crantée*
Zündfunke	*étincelle d'allumage*
Zündkabel	*câble d'allumage*
Zündkerze	*bougie*
Zündschlüssel	*clé de contact*
Zündspule	*bobine d'allumage*
Zündung	*allumage*
Zündverteiler	*distributeur d'allumage*
Zylinder	*cylindre*
Zylinderkopf	*culasse/ tête de cylindre*

DIE WICHTIGSTEN SÄTZE FÜR WOHNMOBILISTEN

AUF DEM CAMPINGPLATZ

Haben Sie noch einen Stellplatz frei?	*Est-ce que vous avez un emplacement libre?*
Kann ich hier parken?	*Est-ce que je peux me garer ici?*
Wir brauchen einen ... ... Stromanschluss. ... Wasseranschluss. ... Anschluss an die Kanalisation.	*Il nous faut ...* *... un branchement électrique.* *... un branchement d'eau.* *... un branchement d'égout.*
Was kostet ein Stellplatz pro Tag?	*Combien coûte l'emplacement par jour?*
Wo sind bitte die Toiletten?	*Où sont les toilettes?*
Wann wird nachts das Tor geschlossen?	*Quand est-ce que l'entrée sera fermée pour la nuit?*
Gibt es auf dem Campingplatz ... ... einen Supermarkt? ... ein Restaurant?	*Est-ce qu'il y a sur le camping ...* *... un supermarché?* *... un restaurant?*
Machen Sie bitte die Rechnung fertig?	*Pourriez-vous préparer la facture s'il vous plaît?*
Wir reisen morgen früh ab.	*On partira demain matin.*

IN DER WERKSTATT

Gibt es hier eine Werkstatt?	*Est-ce qu'il y a un garage ici?*
Können Sie mich abschleppen?	*Est-ce que vous pouvez me remorquer?*
Ich habe ein Problem mit ...	*J'ai un problème de ...*
Können Sie sofort reparieren?	*Pouvez-vous réparer tout de suite?*
Wie lange dauert die Reparatur?	*La réparation durera combien de temps?*
Was kostet die Reparatur?	*Combien coûte la réparation?*

IM NOTFALL

Rufen Sie bitte schnell ... ... die Polizei. ... einen Krankenwagen. ... die Feuerwehr.	*S'il vous plaît appelez vite ...* *... la police/les gendarmes.* *... une ambulance.* *... les pompiers.*

REGISTER

A

B

C

D

E

F

G

H

I, J

K

L

M

N

O

P

Liebe Leserin, lieber Leser,

ein unabhängiger Verlag für unabhängig Reisende – das sind wir, der Reise Know-How Verlag aus Bielefeld, eines der letzten Familienunternehmen in der Branche. Obwohl wir zu den größten Reiseführerverlagen Deutschlands gehören, ist der familiäre Umgang miteinander in allen Bereichen des Verlagslebens zu spüren: In der Geschäftsführung in zweiter Generation, in einer wertschätzenden Arbeitsatmosphäre, in der Nähe zu unseren frei arbeitenden Autorinnen und Autoren, im engen Austausch mit unseren Leserinnen und Lesern – und auch in der Zusammenarbeit mit Druckereien in Deutschland, in denen wir ausschließlich und regional unsere Bücher produzieren. Die sollen schließlich erst mit Ihnen auf große Reise gehen.

Alles, was wir in unsere Bücher und Landkarten stecken, soll Ihnen eines ermöglichen: Auf Ihre ganz eigene, individuelle Weise die Welt zu entdecken. Wir wünschen Ihnen viel Freude und unvergessliche Erlebnisse mit diesem Wohnmobil-Tourguide.

Es grüßen herzlich
Peter Rump & Wayan Rump

DIE AUTOREN

269br Abb.: sh

Jennifer und Stefan Höh, beide 1988 geboren, lieben das gemeinsame Reisen und Entdecken. Jennifer ist Sozialarbeiterin mit der Zusatzqualifikation zur Erlebnis- und Umweltpädagogin. Das Reisen mit dem Camper und dem Wohnmobil entdeckte sie durch ihren Ehemann Stefan. Stefan Höh ist mit und in Wohnmobilen aufgewachsen. Bei der ersten Reise im Alter von kaum zwei Jahren war sein „Bett" noch ein Pappkarton. Auch seine weitere Kindheit über war er mehrmals pro Jahr mit den Eltern im Wohnmobil unterwegs. Danach hat er eine Lehre als Lkw-Mechatroniker gemacht und verschiedene Fahrzeuge (meist T3 Syncro-Busse) selbst ausgebaut, in denen er zusammen mit seiner Frau ausgedehnte Reisen in Europa unternahm – überwiegend in Skandinavien, aber auch nach Portugal und Kroatien, in die Karpaten und ins Baltikum. 2020 sind sie gemeinsam auf eine Langzeitreise gestartet (www.unserhoehenweg.com). Nachdem sie sich im ersten Jahr coronabedingt auf Europa konzentrierten, erkundeten sie im Folgejahr Nordamerika.

Beide wirkten bereits bei der letzten Aktualisierung an den Reise Know-How Tourguides „Bretagne" und „Kroatien" sowie beim „Wohnmobil-Handbuch" mit und übernahmen 2023 die Titel von Stefans Vater Rainer Höh beim Reise Know-How Verlag.

IMPRESSUM

Rainer, Jennifer und Stefan Höh

Die schönsten Routen durch die BRETAGNE

6., neu bearbeitete und aktualisierte Auflage 2023

ISBN 978-3-8317-3692-8

Printed in Germany

Druck und Bindung: mediaprint solutions GmbH, Paderborn

Herausgeber: Klaus Werner
Layout: amundo media GmbH (Inhalt), Wayan Rump (Umschlag)
Lektorat: amundo media GmbH
Routenkarten: world mapping project,
Ortspläne: amundo media GmbH, der Verlag
Kontakt: Osnabrücker Str. 79, 33649 Bielefeld, info@reise-know-how.de
Anzeigenvertrieb: KV Kommunalverlag GmbH & Co. KG, Alte Landstraße 23, 85521 Ottobrunn, Tel. 089 928096-0, info@kommunal-verlag.de

Bildnachweis: Umschlagvorderseite: ©Martin, stock.adobe.com | Umschlagrückseite: Stefan Höh (oben), © Tilio & Paolo, stock.adobe.com (unten)
Soweit ihre Namen nicht vollständig am Bild vermerkt sind, stehen die Kürzel an den Abbildungen für die folgenden Fotografen, Firmen und Einrichtungen. Stefan Höh: sh | Rainer Höh: rh | stock.adobe.com: as

ROUTENATLAS

080br Abb.: rh

ZEICHENERKLÄRUNG ZUM ROUTENATLAS

E11
Europastraßennummern
European road numbers
Numérotation des routes européennes
Número de carretera intereuropea
Номер автодороги европейской классификации

A7 N86 D2
Straßennummern in Frankreich
Road numbers in France
Numérotation des routes européenne en France
Número de carretera francesa
Номера автодороги Франции

Autobahn mit Anschlussstelle / in Bau
Motorway with junction / under construction
Autoroute avec échangeur / en construction
Autopista con conexión / en construcción
Автобан с примыканием / строящаяся

Schnellstraße mit Anschlussstelle / in Bau
Expressway with junction / under construction
Voie rapide avec échangeur / en construction
Autovía con conexión / en construcción
Скоростная автомагистраль с примыканием / строящаяся

Fernstraße
Major road
Route à grande circulation
Carretera nacional
Автострада

Nebenstraße
Secondary road
Route secondaire
Carretera secundaria
Основной проезд

Sonstige Straße / im Ort
Other road / in town
Autre route / dans la ville
Otra carretera / en la ciudad
Прочий проезд / в населенном пункте

Fahrweg / Fußweg
Track / Path
Voie étroite / Sentier
Pista sin asfaltar / Senda
Проезд / Пешеходная тропа

4 4
Entfernung in Kilometern
Distance in kilometers
Kilométrage
Distancia en kilómetros
Расстояние в километрах

Eisenbahn / Tunnel
Railway / tunnel
Voie ferrée / Tunnel
Vía férrea / Túnel
Железная дорога / Туннель

Fähre / saisonal
Ferry / seasonal
Transbordeur / temporaire
Transbordador / estacional
Паром / сезонный

Regionengrenze / Départementsgrenze
Region boundary / Départements boundary
Frontière régionale / Frontière départementale
Limite administrativo / Limite departamento
Региональная граница / Граница департамента

Fluss / Damm, Wehr
River / Dam, weir
Rivière / Barrage, digue
Río / Presa
Река / Дамба, груб

Kanal
Channel
Canal
Canal
Канал

Sumpf / Sand und Düne
Swamp / Sand and dune
Marais / Sable et dune
Pantano / Arena y duna
Болото / Песок и дюна

330 119
Ménez Hom
Berg (Höhe in m) / Höhenpunkt (Höhe in m)
Mountain (height in m) / Altitude (height in m)
Mont (altitude en mètres) / Sommet (altitude en mètres)
Montaña (altitud en metros) / Cima (altitud en metros)
Вершина (высота в метрах) / Всотная отметка (высота в метрах)

Besiedeltes Gebiet
Populated area
Zone habitée
Zona poblada
Заселенная область

Nationalpark / Naturreservat
National park / Nature reserve
Parc national / Réserve naturelle
Parque nacional / Reserva natural
Национальный парк / Природный заповедник

Sperrgebiet
Restricted area
Zone interdite
Zona prohibida
Запретная зона

Ankerplatz / Hafen
Anchorage / Harbour
Mouillage / Port
Fondeadero / Puerto
Якорная стоянка / Порт

Flughafen / Flugplatz
Airport / Airfield
Aéroport / Aérodrome
Aeropuerto / Aeródromo
Аэропорт / Аэродром

Jachthafen /Strand
Marina / Beach
Port de plaisance /Plage
Puerto deportivo / Playa
Стоянка для яхт / Пляж

UNESCO Welterbe
UNESCO world heritage
Patrimoine mondial de l'UNESCO
Patrimonio de la Humanidad (UNESCO)
Мировое наследие ЮНЕСКО

Leuchtturm
Lighthouse
Phare
Faro
Маяк

Zoo
Zoo
Zoo
Zoo
Зоопарк

Golfplatz
Golf course
Terrain de golf
Campo de golf
Площадка для гольфа

Höhle
Cave
Grotte
Cueva
Пещера

Aussichtspunkt
Viewpoint
Point de vue
Mirador
Пункт обзора

Windmühle / Wassermühle
Windmill / Watermill
Moulin à vent / Moulin à eau
Molino de viento / Molino de agua
Ветряная мельница / Водяная мельница

Burg, Schloss, Fort / Ruine sehenswert
Castle, palace, fort / ruin of interest
Château, fort / ruines exceptionnels
Castillo, fuerte / ruina de interés turístico
Замок, Форт / Руины достопримечательные

Kloster / Ruine sehenswert
Monastery / ruin of interest
Cloître / ruines exceptionnels
Monasterio / ruina de interés turístico
Монастырь / Руины достопримечательные

Kirche / Ruine sehenswert
Church / ruin of interest
Église / ruines exceptionnel
Iglesia / ruina de interés turístico
Церковь / Руины достопримечательные

Museum sehenswert
Museum of interest
Musée exceptionnel
Museo de interés turístico
Музей достопримечательный

Archäologischer Fundort
Archeological site
Site archéologique
Yacimiento arqueológico
Археологический памятник

Sonstige Sehenswürdigkeit
Other point of interest
Autre curiosité
Otro lugar de interés turístico
Прочий достопримечательность

Atomkraftwerk
Nuclear power plant
Central nucléaire
Central nuclear
Атомная электростанция

> 300 m
150 - 300 m
75 - 150 m
0 - 75 m
0 - 200 m
200 - 500 m
> 500 m

Der in diesem Buch abgedruckte Routenatlas beruht auf dem Faltplan **„Bretagne"** 1:200.000 aus dem world mapping project™, herausgegeben vom Reise Know-How Verlag.

ÜBERSICHT DER STELL- UND CAMPINGPLÄTZE

Die GPS-Koordinaten der Stellplätze können als Waypoint-Liste unter www.reise-know-how.de kostenlos heruntergeladen werden (siehe auch S. 9).

ROUTE 1

ROUTE 2

ROUTE 3

ROUTE 4

ROUTE 5

ROUTE 6

ROUTE 7

ROUTE 8

Begegnung der Kapitäne zu Wasser und zu Land am Parkplatz von Le Faou 67

049br Abb.: rh

Zugspitze, Foto: Aneta Niemitz

D
4°40′
4°30′
Brest
Saint-Brieuc
Dinan
Rennes
Quimper
Pontivy
Lorient
Vannes
Nantes
Côte des Légendes
Plateau d'Amand ar Ross
Phare de l'Île Vierge
L'Île Vierge
La Grève Blanche
St-Michel
Grève du Vougot
Curnic
Guissény
Île Stagadon
Kélerdut
Iliz Koz
Chanal de l'Aber Wrac'h
St-Cava
Lanrivan
la Martyre
Dunes
Presqu'île Ste-Marguerite
Baie des Anges
Plouguerneau
102
Roches de Portsall
Corn Carhai
L'Aber-Wrac'h
Aber
Kerdélant
Île du Bec
Tumulus
Île Carne
Dunes de Corn-ar-Garo
Landéda
56
Château de Kerouartz
le Grouanec
Prat-ar-Coum
Lannilis
103
Wrac'h
Porsguen
Morgan
58
Lampaul-Ploudalmézeau
St-Pabu
Aber
Trémazan
104
Portsall
Benoît
Prat Torchen
Loc-Brévalaire
Roches d'Argenton
St-Samson
Menhir
57
Pointe de Landunvez
Kersaint
Ploudalmézeau
Tréglonou
Tariec
St-Jean Balanant
St-Gonvel
Île d'Iock
Landunvez
Le Four
ROUTE 3
Plouguin
Argenton
St-Jaoua
Kerdalaes
Plouvien
Padénoc
Kergastel
Menhir de Kervignen
Kéroustat
Porspoder
Larret
Plourin
Coat-Méal
Bourg-Blanc
Menhirs
Jardin du Château de Kergroadez
Tréouergat
Narret
Île Melon
Ancien Manoir de Bel-Air
Guipronvel
Melon
Lanildut
Lanner
Rocher du Crapaud
Brélès
Kergroades
les Trois Curés
Kergoat
Plab
252

E
F
4°20′
1 cm = 2,2 km
© Reise Know-How 2023
Côte du Léon
Phare de l'Île de Batz
Le Ru
Jardin Georges Delaselle
Pointe de Perharidy
Île de Sieck
Santec
Dossen
Moguériec
Parc de Loisirs
Théven Kerbrat
le Camp Louis
Manoir de Tronjoly
Kérouzéré
Manoir de Kerlan
Plage des Chardons Bleus
Pointe de Pontusval
Chapelle Pol
Ménéham
Brignogan-Plages
Menhir
Plage du Lividic
Plage de Porc-meur et de Pors-Guen
Porz ar Stréat
Guervihan
Plouescat
Keriden
Cléder
Sibiril
Plougoulm
La Digue
Croazou
Plounéour-Trez
Baie de Kernic
Grève de Goulven
Lanhir
Kerlouan
Cleuz Meur
ROUTE 3
Kerlissien
Lanveur
Manoir de Creac'h Ingar
Kerenma
Goulven
Treguelc'Hier
Tréflez
Lochrist
Plounévez-Lochrist
Tréflaouénan
Château de Maillé
Château de Kergonadéac
Ste-Catherine
Mespaul
Trézilidé
Plouider
Mengleus
Berven
St-Frégant
Pont-du-Châtel
St-Vougay
Plouzévédé
Kernouës
Lanhouarneau
Château de Kerjean
St-Laurent
Plouvorn
Lambader
Kernilis
Lesneven
le Folgoët
Basilica
St-Méen
St-Derrien
Plougar
Plougourvest
Brévalaire
Lanarvily
Trégarantec
Locmélar
Guervenguy
Ploudaniel
le Drennec
Locmaria
Calvaire
Manoir de Trebodennic
Kergoff
ROUTE 8
Bodilis
Kergongar
Plounéventer
St-Servais
Kerangueven
Keraïber
Trémaouézan
Landivisiau
Lanneuffret
Guernévez
Plabennec
Keramoal
Enclos Paroissial
Kerfaven
Lampaul-Guimiliau
St-Thonan
Ploudérn
Tumulus
Kersaint-Plabennec
St-Eloi
Loc-Equiner
246
253

3°50′
J
3°40′
K
Brest
Saint-Brieuc
Dinan
Rennes
Quimper
Pontivy
Lorient
Vannes
Nantes
Côte
Station de Ornithologique
Île à Aganton
200
Île Milliau
Trébeurden
Pointe de Bihit
Île-de-Batz
Chapelle Ste-Anne
Jardin exotique et botanique
Pointe de Bloscon
Roscoff
Jardin exotique
Côte de Bruyères
Baie de Lannion
Baie de Morlaix
Pointe de Diben
Pointe Primel
Primel-Trégastel
Pointe Run Glas
Pointe de Séhar
Pointe de Locquirec
Locquirec
Kerestat
le Diben
Plougasnou
Le Prajou
Reserve Ornithologique
Troguérot
St-Pol-de-Léon
Île Callot
Château du Taureau
St-Samson
St-Jean-du-Doigt
Fontaine
Corvez
Route submersible
Terenez
Château de Kernévez
Cairn du Barnenez
Kernéléhen
Guimaëc
Notre-Dame de la Joie
Lieue de Grève
St-Michel-en-Grève
Carantec
ROUTE 3
Rade de Morlaix
Kermouster
Kergreïz
St-Efflam
Plestin-les-Grèves
Kernitron
Lanmeur
Kerinec
Kerlaudy
Plouézoc'h
Château de Lesmaës
Plouénan
Henvic
Pen ar Guer
le Dourduff
Locquénolé
Bois-de-la-Roche
Plouégat-Guérand
Pont Éon
Église
Keranroux
Château de Kervézec
Ploujean
Trémél
Penzé
Taulé
Garlan
Lanleya
Château de Kermerzit
Usel
St-Nicolas
Croix-Neuve
St-Martin-des-Champs
Morlaix
Château de Penhoat
Croas ar Born
la Chapelle-du-Mur
Plouégat-Moysan
Tromorgant
Plouigneau
le Ponthou
Ste-Sève
St-Fiacre
ROUTE 8
Guiclan
Château de Lesquiffiou
St-Eutrope
St-Eloi
Douron
Coatilezec
la Croix-de-Pierre
Locmenven
Plourin-lès-Morlaix
Botsorhel
Enclos Paroissial
Kermat
Penvern
le Fumé
St-Thégonnec
Plougonven
Manoir de Mezédern
Pleyber-Christ
Kerguélen
Quélern
Keranguéven
Christ
Guimiliau
Kervenézec
Lannéanou
245
254

K
L
3°30′
1 cm = 2,2 km
© Reise Know-How 2023
Les Sept Îles (Réserve naturelle)
Île Plate
Île aux Moines
Île Bono
Granit Rose
Île Renote
Aquarium
Pointe de Squéouel
Île Tomé
Trégastel-Plage
Ploumanach
Rochers
Perros-Guirec
Trévou-Tréguignec
Pointe du Château
Maison de Plougrescant
Château Meur
Pointe du Château
Anse de Pors Scaff
le Roudour
Buguélès
Île Loaven
Plougrescant
St-Gonery
Port-Blanc
Jardin du Pellinec
48°50′
la Roche Jaune
Kerbors
Ste-Anne
la Clarté
Landrellec
Golf de St-Samson
Trégastel
Trélévern
Parc de Rosmapamon
Kergall
Kerallo
Penvénan
Jardin du Kastellic
Kerautret
Île Grande
L'Atelier
Was Wenn
St-Quay-Perros
Louannec
Plouguiel
Jardins de Kerdalo
Trédarzec
Menhir
Planétarium
Penvern
St-Uzec
Guéradur
Station de Télécom. Spatiale
Mabiliès
ROUTE 2
St-Nicolas
Tréguier
Château de Kerduel
Kermaria-Sulard
Camlez
Minihy-Tréguier
Pleumeur-Bodou
Coatréven
Le Cruguil
Pouldouran
Trézény
Lochrist
Langoat
Porz Mabo
Jardin botanique Lepage
le Rusquet
Troguéry
Beg-Léguer
Lannion
Lanmérin
Hengoat
Servel
la Roche-Derrien
Léguer
Château de la Roche Jagu
Loguivy-lès-Lannion
St-Marc
Quemperven
Pommerit-Jaudy
Locquémeau
Château de Kerivon
le Yaudet
Rospez
Ty Poas
Kéravilin
Ploulec'h
Keranroux
Ploëzal
Buhulien
Lanvézéac
Kerjean
Huellan
Château de Coat Frec
Mantallot
Trédrez-Locquémeau
Ploubezre
Caouënnec-Lanvézéac
Confort
Kerrot
Runan
ROUTE 3
Berhet
St-Michel-en-Grève
Kerfons
Château de Tonquédec
Trévoazan
Ploumilliau
la Lande
Kerel
Prat
Cavan
Coatascorn
Ploëzec
le Clandy
Manoir de Kerauzern
Château de Kergrist
Tonquédec
48°40′
Trieux
Tréduder
Kerauzern
Barderou
Lanneven
Trézelan
Brélidy
Kéraudy
Kernalégan
Run
Plouzélambre
Kervern
Pluzunet
Bégard
Landebaëron
les Sept Saints
Château de Rosanbo
Loc
Kermoroc'h
Lanvellec
l'Armorique
Guenézan
Botlézan
Parc de Loisirs
St-Laurent
Plufur
Plouaret
le Vieux Poirier
le Vieux-Marché
St-Éloi
Lez Elaouën
Trégrom
Pédernec
Kermarc
St-Nicolas
Trinité
la Gare
Notre-Dame de Lorette
Maudez
St-Carré
la Gare
Plouisy
Pavédir
Keranfloc'h
Kerléo
St-Hervé
Ménez Bré
Plounérin
Louargat
Keramanac'h
Plounévez-Moëdec
Kermadec
Pen an Coat Bleiz
Grâces
Locmaria
Tréglamus
Ar-Réchou
Guic
Château de Kérano
Moulin de Traou Hi
Belle-Isle-en-Terre
Kervoénou
St-Maudez
le Danouët
Guernalin
Kerviou
Guerlesquin
Kerroué
Loguivy-Plougras
Loc-Envel
Coadout
Château
Gurunhuel
Plougras
Moustéru
Croix-Joncourt
le Dresnay
Kergalaon
Calvaire
Kerambellec
St-Jean
Kermoyec Vraz
Beffou
48°30′
Pen-lan-Steunou
Kergouan
Croaz ar Rouz
Coat Forn
Quenéquélen
248
255

Île de Bréhat
Paimpol
Côte du Goëlo
Lézardrieux
Pontrieux
Plouha
St-Quay-Portrieux
Binic
Pordic
Plérin
St-Brieuc
Guingamp
Châtelaudren
Lanvollon
ROUTE 2
247
256

1 cm = 2,2 km
© Reise Know-How 2023
Saint-Brieuc
Brest
Dinan
Rennes
Quimper
Pontivy
Lorient
Vannes
Nantes
250
257
Côte de Penthièvre
Baie de Sant-Brieuc
Rohein
Le Verdelet
Pointe de Pléneuf
60
Cap d'Erquy
61
St-Michel
Erquy
59
les Hôpitaux
Sables-d'Or-les-Pins
Plurien
Fréhel
Ste-Aide
D34A
D34
D786
Plage de Caroual
le Dréneuf
64
ROUTE 1
Grève des Vallées
la Ville Berneuf
La Couture
Château de Bienassis
les Tertres Charbonnet
Plévenon
Pléboulle
Montbran
St-Laurent
St-Jean
St-Samson
Ruca
Hénanbihen
le Val-André
Dahouët
Pléneuf-Val-André
D17
D17A
D786
St-Guillaume
St-Jacques-le-Majeur
la Bouillie
120
le Poirier
St-Alban
la Cotentin
Herbarius
98
les Rigaudais
Hénansal
St-Gueltas
St-Denoual
le Fais
D13
D14
D768
D791
Colombier
Planguenoual
Morieux
la Ville Gontier
St-Aaron
Quintenic
Landébia
Boudehen
Coëtmieux
Andel
la Doberie
St-Aubin
102
108
Manoir de Vaumadeuc
de Pordic
des Rosaires
les Rosaires
Martin Plage
Pointe du Roselier
Martin-Plage
le Roselier
St-Laurent-de-la-Mer
Pointe des Guetts
55
St-Maurice
Réserve Naturelle
Maison de la Baie
de la baie de St-Brieuc
Colombier
la Granville
Bonabri
Hillion
St-Ilan
Licantois
Langueux
Yffiniac
Trégueux
St-René
D34
D80
D712
D28
de St-Quay

Saint-Brieuc
Dinan
Brest
Rennes
Quimper
Pontivy
Lorient
Vannes
Nantes
Côte d'Emeraude
249
57
Cap Fréhel
la Fauconnière Réserve
Anse de Sévignès
Fort la Latte
Plévenon
la Motte
D16
Pointe de St-Cast
Baie de la Frêaye
Trécelin
la Ville Norme
St-Cast-le-Guildo
Pointe de la Garde
Notre Dame
Île Ébihens
St-Germain
D13
D19
St-Jacut-de-la-Mer
Matignon
l'Hôpital
Ste-Brigitte
D786
D794
St-Gallery
N.-D.-du-Guildo
le Guildo
St-Pôtan
D19
Arguenon
Tregon
D768
Créhen
St-Lormel
la Rougerais
Château de Largentaye
D794
Pluduno
Plancoët
Nazareth
Château de la Touche à la Vache
St-Symphorien
Bourseul
Plorec-sur-Arguenon
Plévén
D792
la Giendrotais
Corseul
258
Pointe du Meinga
Rochers Sculptés
la Guimorais
Château de Lupin
Rothéneuf
Île de Cézembre
D201
St-Malo
St-Ideuc
Château du Plessis Bertrand
la Beuglais
Passage du Décollé
Pointe du Décollé
Grotte des Sirènes
Saint-Lunaire
Île Harbour
Dinard
St-Servan-sur-Mer
Fort
51
St-Sauveur
Paramé
D301
Tour Solidor
55
D137
Château de la Chipaudière
D2
St-Méloir-des-Ondes
Saint-Briac-sur-Mer
D786
Grand Aquarium
la Saudrais
D114
Lancieux
D603
Usine Marémotrice
Château-Malo
ROUTE 1
D4
la Richardais
Plage du Rougeret
la Ville aux Monniers
D168
D266
Montmarin
Château du Bos
St-Jouan-des-Guérets
la Mettrie
Dinard-Pleurtuit-St-Malo
Pleurtuit
Trégondé
205
St-Père
Fort de Château
Ploubalay
la Roichais
Rance
le Minihic-sur-Rance
D74
la Ville Asselin
St-Suliac
Menhir
Châteauneuf-d'Ille-et-Vilaine
Tréméreuc
Trébéfour
la Ville-ès-Nonais
La Rochardais
D766
Langrolay-sur-Rance
St-Cadreuc
D2
Pleslin-Trigavou
Frémur
Plessix-Balisson
E401
D137
D336
la Rorgerais
Port St-Hubert
D28
Trigavou
D29
Plouër-sur-Rance
Languenan
D28
Château du Bois de la Motte
N176
Pleudihen-sur-Rance
ROUTE 7
St-Samson-sur-Rance
Château de la Bellière
Trélat
D44
D57
D794
Château de la Garaye
Taden
la Vicomté-sur-Rance
D795
St-Hélen

1 cm = 2,2 km
© Reise Know-How 2023
Grande Île
Île Longue
Les Huguenans
Îles Chausey
Coudeville-sur-Mer
Parc. de Loisirs
Hudimesnil
Bréville-sur-Mer
Longueville
Donville-les-Bains
Anctoville-sur-Boscq
Granville
Yquelon
la Maison Brûlée
Malicorne
Pointe du Roc
48°50'
St-Planchers
St-Pair-sur-Mer
St-Aubin-des-Préaux
Kairon Plage
Kairon-Plage
St-Pierre-Langers
Mare de Bouillon
Thar
Jullouville
Edenville
Bouillon
le Bourgeais
Carolles Plage
St-Michel-des-Loups
Le Pignon Butor
Carolles
Angey
Cabane Vauban
Champeaux
St-Jean-le-Thomas
Pointe de Champeaux
La Pierre de Herpin
Dragey-Ronthon
Pointe du Grouin
Île des Landes
Basse Cancale
le Verger
Baie
Bec d'Andaine
St-Jouan
Pointe de la Chaîne
Cancale
St-Coulomb
du Mont-Saint-Michel
48°40'
Vauléraut
le Mont-Sant-Michel
les Portes Rouges
St-Benoît-des-Ondes
Polders
Vildé-la-Marine
Palluel
la Gouesnière
Hirel
Le Vivier-sur-Mer
Cherrueix
le Han
Beauvoir
la-Fresnais
Roz-sur-Couesnon
St-Marcan
les Gasniers
ROUTE 1
St-Broladre
Moidrey
Châteauneuf
Marais de Dol
St-Georges-de-Gréhaigne
St-Guinoux
Mont-Dol
Lillemer
Châteauneuf-d'Ille-et-Vilaine
Mont-Rouault
Pontorson
la Ville Boulay
Baguer-Pican
Sains
Ville Cherel
Dol-de-Bretagne
la Guinguette
Roz-Landrieux
Pleine-Fougères
Boucey
Menhir de Champ-Dolent
Baguer-Morvan
Plerguer
Miniac-Morvan
Museum
la Boussac
Vieux-Viel
la Barre
St-Léonard
Epiniac
Sougéal
le Vieux Bourg
Abbaye
Villejoie
Trans-la-Forêt
48°30'
Landal
le Tronchet
Tressé
Broualan
Base de Loisirs
la Fontenelle
259

244
260
Rocher du Crapaud
Grève de Gouérou
Lampaul-Plouarzel
Porspaul
Île Ségal
Kerescar
Phare de Trézien
Ruscumunoc
Trézien
Pointe de Corsen
Kerhornou
Grève de Porsmoguer
Illien
Plage des Blancs Sablons
Grande Vinotière
Le Conquet
Lochrist
Plage des Porsliogan
St-Mathieu
Abbatiale
Pointe de St-Mathieu
Les Vieux Moines
Chenal du Four
Brélès
Perros
Erragounan
Plouarzel
ROUTE 3
Ploumoguer
Lamber
Menhir de Kerloas
Kerlazou
Trébabu
Locmaria-Plouzané
Porsmilin
Trez Hir
Anse de Bertheaume
Trégana
Île Bertheaume
Plougonvelin
Pointe de Creac'h-Meur
Pointe du Petit Minou
Fort du Dellec
Fort du Mengant
Pointe du Diable
Kergroades
Lanrivoare
Lanvenec
Aber Ildut
Milizac
St-Renan
Trégorff
Plouzané
la Trinité
Ste-Anne-du-Portzic
Kerarmazé
Les Trois Curés
Kergoat
Gouesnou
Kerviniou
Guilers
Bohars
Restic
Penfeld
Lambézellec
Kergaradec
Bellevue
Tourbihan
Jardin du Conservatoire botanique
La Cavale Blanche
Arsenal
St-Marc
Océanopolis
Recouvrance
St-Pierre-Quilbignon
Brest
Le Quatre-Pompes
La Maison Blanche
Keraliou
Traouidan
Rade de Brest
Ste-Christine
St-Adrien
Goulet de Brest
Pointe des Espagnols
Pointe de l'armorique
Kerdéniel
Pointe de Kerdéniel
ROUTE 4
Pointe des Capucins
Roscanvel
Lanvernazal
Fort (Camp militaire)
Base Navale sous-marine
Île Longue
Quélern
Anse de Camaret
Rostellec
Anse de Fret
Lanvéoc
Pointe du Toulinguet
Camaret-sur-Mer
Tour Vauban
Le Fret
Base Aéronavale
Alignements de Lagatjar
Presqu'île de
Fort (Camp militaire)
Pointe de Penhir
les Tas de Pois
Gaoulac'h
Château de Dinan Rochers
Crozon
Petites Grottes
Pointe de Dinan
Morgat
Plage de l'Aber
Grandes Grottes
Beg ar Gador
Île de l'Aber
la Palud
Sant-Hernot
Pointe de St-Hernot
Rostudel
Cap de la Chèvre
Baie de
Naturel
200
Pointe du Millier
Pointe de Luguénés
Pointe de Beuzec
Réserve du Cap Sizun
Menhirs
Pointe de Penharn
Pointe de Brézellec
Pors-Piron
Beuzec-Cap-Sizun
Kermeur
Saint-Brieuc
Brest
Dinan
Rennes
Quimper
Pontivy
Lorient
Vannes
Nantes

245
1 cm = 2,2 km
© Reise Know-How 2023
Tumulus
Kersaint-Plabennec
St-Thonan
Quillien
St-Eloi
Ploudiry
Loc-Eguiner
Enclos Paroissial
la Roche-Maurice
Landerneau
St-Divy
Guipavas
Bronnennou
Locmélar
St-Sauveur
Enclos Paroissial
la Martyre
Pencran
Kerglouaren
le Queff
Seiter
la Forest-Landerneau
Château de la Joyeuse Garde
le Relecq-Kerhuon
ROUTE 8
Loc-Ildut
Danouédel
Lilyvon
Parc de Lann-Rohou
Tréflévénez
Maison de la Rivière
Sizun
Bodivy
Élorn
St-Jean
Le Dreff
Dirinon
St-Urbain
le Tréhou
Pont A. Louppe
Plougastel-Daoulas
Calvaire
Loperhet
Irvillac
Calvaire
Groaz Guerniel
Abbaye
Daoulas
Forsquilly
St-Éloy
Létiez
St-Cadou
Maison du Parc
Parc Animalier
la Maison du Parc
Pen-ar-Hoat-ar-Gorré
St-Adrien
St-Tréméur
Bréleis
Porsguen
Rostiviec
Ste-Guénolé
Keramenez
Daoulas
Gorréquer
Goasven
Bodévintin
Parc de Loisirs
Les Venez
Hôpital-Camfrout
ROUTE 4
Hanvec
Goaquer
Pointe du Bindy
Logonna-Daoulas
Kérascoët
Boudourec
Île de Tibidy
Lanvoy
le Faou
Rumengol
Kervez
Vieux Quimerc'h
Véridy
Anse de Poulmic
le Loch
la Forêt
Landévennec
Jardin de l'ancienne Abbaye
Forêt de Landévennec
Quimerch
Calvaire
Lopérec
Église
Penn ar Rouzic
Marros
Rosnoën
Pont-de-Buis-lès-Quimerch
Tal ar Groaz
Argol
Kerivin
Trégarvan
Toul ar Gloët
Aulne
Logonna-Quimerch
St- Ségal
Kiliégou
Telgruc-sur-Mer
Penquer
Ménez Hom
Manoir Guerveur
Dinéault
St-Sébastien
Port-Launay
Pointe du Bellec
Porslous
Lézargol
St-Nic
Ste-Marie du Ménez Hom
Châteaulin
Vieux- Bourg de Lothey
Pentrez-Plage
St-Côme
Plomodiern
Toulhoat
St-Coulitz
Lothey
Lieue de Grève
Pointe de Talagrip
Douarnenez
Ty Job
Ploéven
Cast
Trévoallec
Plage de St-Anne-la-Palud
Kerhant
Lanzent
Ste-Anne la Palud
Plonévez-Porzay
Plage de Kervel
Kergaradec
Notre-Dame
Pointe de Leydé
Kervel
Manoir du Moëllien
Kergoat
Calvaire
St-Venec
Menhirs
St-Jean
Île Tristan
Anse d'Ar-Vechen
Douarnenez
La Bonne Nouvelle
St-Ronan
Quéménéven
Quillouarn
Tréboul
Port-Musée
Locronan
St-Thélau
Kerlaz
Landrévarzec
Barré
Ploaré
Poullan-sur-Mer
Plogonnec
Lezmel
St-Albin
Chapelle de Quilinen
Kerfinidan
261
254
Regional
d'Armorique
Monts
Vallée
Crozon

246
262
253
Guimiliau
Créac'h-ar Bleiz
Los-Eguiner-St-Thégonnec
Kerargant
Plounéour-Ménez
Abbaye du Relec
Botlovan
Quillidiec
Commana
215
Moulins de Kerouat
Mougau Bihan
166
Allée Couverte
Roc'h Trédudon
Roc Trévezel
384
386
Kervénézec
le Cloître-St-Thégonnec
Kergorre
Kermeur
Kervezec
le Mengleus
le Briou
Bouillard
Le Relec
Rochers du Cragou
268
Lannéanou
Créac'h-Pluen
Kersauz
Scrignac
Hellès
la Croix Rouge
Quefforc'h
Quénéguen
Kernon
Kernevez
Trédudon le Moine
Quinoualch
Berrien
Liorzou
la Feuillée
Kerbérou
Botmeur
Elorn
Reserve Naturelle du Venec
Kernévez
St-Michel de Brasparts
Centrale Nucléaire de Brennilis
Brennilis
Allée Couverte
Kermorvan
Goassalee
Forêt de Huelgoat
Huelgoat
218
169
Grotte du Diable
Les Arbres du monde au Huelgoat
Roche Cintrée
170
St-Ambroise
Lémezec
le Liorzou
le Guilly
la Mine
Locmaria-Berrien
Poullaouen
171
Kerbizien
St-Rivoal
167
Ferme St-Michel
Réservoir de St Michel
Plouénez
Manoir du Rusquec
248
Couzanet
ROUTE 8
Loqueffret
St-Herbot
Ste-Marguerite
Plouyé
Trémélec
le Moënnec
Brasparts
217
168
Lannédern
202
Quistillic St-Clair
Pennhuil
Elez
Rhun
Coat Cod
Pénity-St-Laurent
Collorec
Carhaix-Pl
Plounévez
Kergloff
Pont Keryau
130
le Cloître-Pleyben
177
Leign ar Ménez
Kernabat
Plonévez-du-Faou
Aulne
Ty Guen
la Villeneuve
Lannac'h
Port-de-Ca
Botaval
173
Pleyben
Loc-Gwénolé
Nenvez
Landeleau
129
Cléden-Poher
Kerdiané
St-Hernin
Ty Blaise
Stêr ar Golven
Lescuz
Kermerrien
Châteauneuf-du-Faou
Moulin Neuf
Belle-Vue
Pont-Coblant
Lennon
Spézet
Kerlaviou
Notre-Dame du Crann
Gouézec
Roc Toullaëron
326
St-Thois
Penn-Ar-Stank
St-Goazec
Guernéach
Roche du Feu
281
Château de Trévarez
Cudel
Notre-Dame des Trois Fontaines
Croas Brenn
Laz
Croaz an Teurec
290
174
Bever
Gourin
Dunfos
Roudouallec
240
Quelennec
Caéro
Kergréac'h
Kervennec
Penanvern
Bouthi
Trégourez
Leuhan
Keruscun
Kerbiquet
St-Méen
Ty Louët
Isole
Kerjégou
St-Paul
Kerscoff
Villeneuve
Kergoat
Montagnes Noires
Monts d'Arrée
Finistère
Canal de l'Aulne
N164
D785
D36
D764
D42
D14
D769
D54
D41
D1
D15
D6
D51
D72
D117
D17
D301
D27
D48
D21
D11
D18
D31
D111
D30
D264
D148
D9
Saint-Brieuc
Brest
Dinan
Rennes
Quimper
Pontivy
Lorient
Vannes
Nantes

247
1 cm = 2,2 km
© Reise Know-How 2023
Côtes-D'armor
Plougonver
Quenéquélen
Pen-lan-Steunou
Kerambuan
Bellevue
Bourbriac
Pengalet
Treusvern
Lousoat Huellan
la Chapelle-Neuve
la Croix Kermen
Pont-Melvez
le Golloth
Guerduel
Logoray
Lohuec
Bolazec
Fontaine
Calanhel
Pestivien
Calvaire
Bulat-Pestivien
St-Houarneau
Cosquer-Jehan
Kerdaniel
Plourac'h
Les Mais
St-Tréfin
Kerbalen
St-Norgant
Kerbouzard
Callac
Trefflay
Magoar
Lestrédiec
Burthulet
Maël-Pestivien
Kerscouarc'h
Plusquellec
St-Servais
Kerien
Trévénec
Le Lein
Coat Maël
Kermorvan
le Bourgneuf
Kerbernès
Kersolec
Lesquern
Landujen
Peumerit-Quintin
Kerhello
St-Gildas
Carnoët
Duault
Châț. de Rosviliou
Etang de Kerné Uhel
le Guiaudet
Coat Cléven
Croas-Tasset
Calvaire
Blerem-ar-Salle
Gorges du Corong
Lanrivain
Lochrist
St-Nicodème
St-Antoine
le Guellec
la Boissière-Buis
48°20′
Trémargat
Gorges de Toul-Goulic
Locarn
St-Nicolas-du-Pélem
Le Frostel
Trébrivan
Kergrist-Moëlou
Quinquis Saliou
Kristivel
Petit Paris
Treffrin
Kerguémarec
Plounévez-Quintin
Kergoff
Pont Gaulois
St-Coudan
Kergonan
Maël-Carhaix
Kerbiquet
Plouguer
la Croix Neuve
Lustruyen
Nothéret
Quilliou Guéguen
Keroguiou
St-Lubin
ROUTE 8
Kernabat
Quéhélen
Kermabjeffroy
St-Eloy
Treveller
Kervoulidic
Lansalaün
Coët Parked
Notre-Dame de Folgoat
Lanhellen
Paule
Kerauffret
Pennoën
Glomel
Rostrenen
Plouguernével
Gouarec
Plévin
Trémez
St-Erwan
Kéringamp
Tohou
St-Jean
Étang du Corong
Ste-Christine
Plélauff
Lande de Gouarec
Motreff
Château de Coat-Couraval
Restelouet
Canal de Nantes à Brest
St-Michel
Bonen
Moustoir
Guermeur
Étang de Crazius
Château de Trégarantec
Tréogan
Conveau
St-Roch
Trégornan
St-Hervé
Mellionnec
la Trinité-Langonnet
Kerybet
48°10′
St-Nicolas
Lescouët-Gouarec
la Madeleine
Croas Loas
Plouray
Locuon
Silfiac
Ninijou
Kerguzul
Coët Roc'h
Botcars
Penhoët Braz
Roz
St-Thépault
Kerroch
Langoëlan
Bouthiry
Moustriziac
Lestrévédan
Langonnet
Abbaye de Langonnet
Toubahado
St-Méen
St-Germain
Kerpourhant
Jardins de Kerusten
St-Houarno
St-Germain
St-Maur
St-Tugdual
Moulin du Pont
St-Guen
le Saint
Botven
Kergoat
Ploërdut
Crénenan
263
256
4
5
6
Aulne
Hyère
Ellé
D54
D28
D11
D787
D33
D24
D31
D8
D154
D49
D23
D3
D790
D764
D5
D769
D121
D109
D1
D178
D18
N164

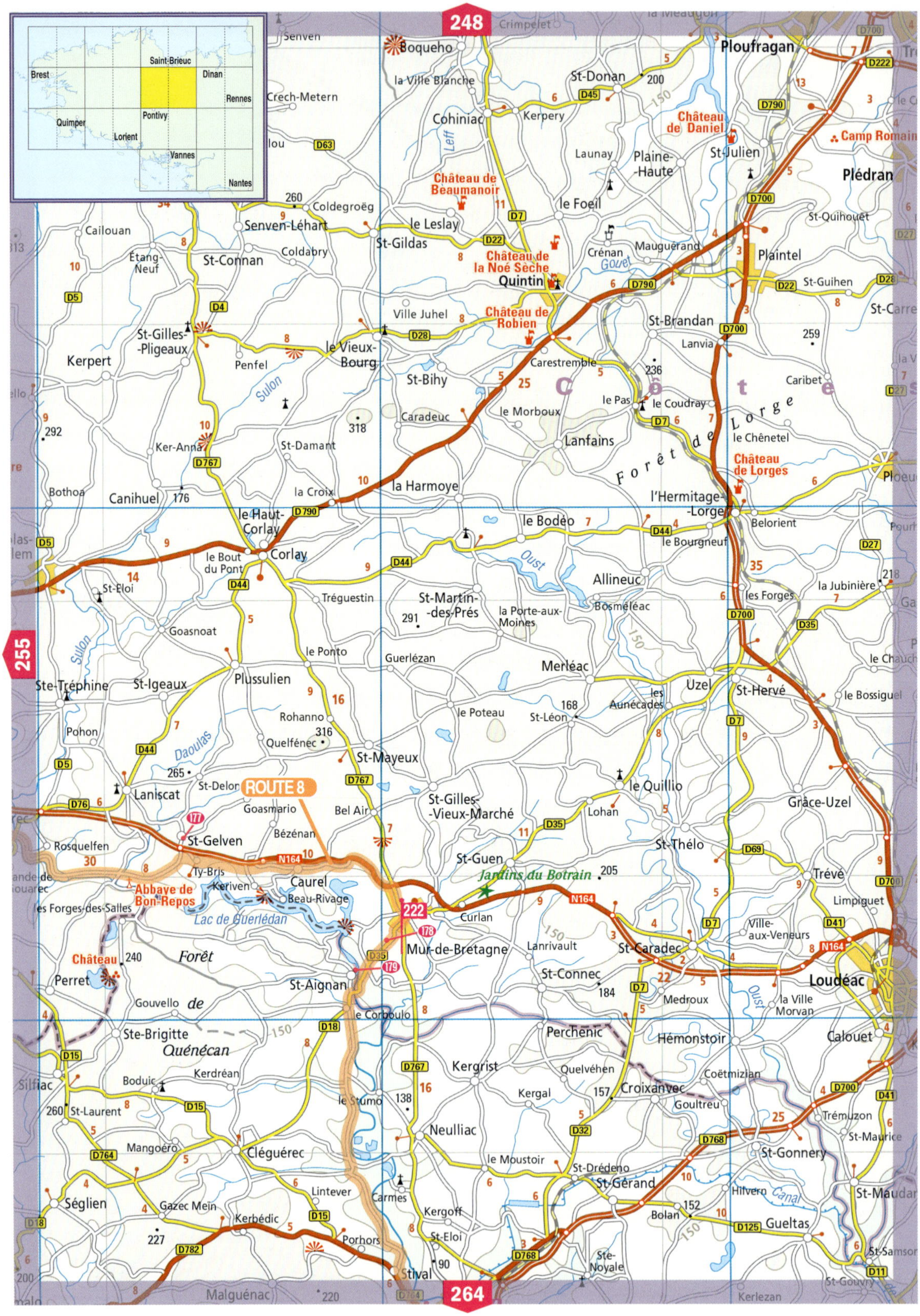

248
264
255
Saint-Brieuc
Brest
Dinan
Rennes
Quimper
Pontivy
Lorient
Vannes
Nantes
Senven
Boqueho
Crimpelet
Ploufragan
la Ville Blanche
St-Donan
Crech-Metern
Cohiniac
Kerpery
Château de Daniel
Camp Romain
St-Julien
Plaine-Haute
Launay
Plédran
Château de Beaumanoir
le Foeil
Coldegroëg
Senven-Léhart
le Leslay
St-Gildas
St-Quihouët
Cailouan
Étang-Neuf
St-Connan
Coldabry
Château de la Noé Sèche
Crénan
Mauguérand
Plaintel
Quintin
St-Guihen
Ville Juhel
Château de Robien
St-Carreuc
St-Brandan
St-Gilles-Pligeaux
Kerpert
Penfel
le Vieux-Bourg
Lanvia
St-Bihy
Carestremble
Caribet
Côte
le Pas
le Coudray
Caradeuc
le Morboux
Forêt de Lorge
le Chênetel
Lanfains
Ker-Anna
St-Damant
Château de Lorges
Bothoa
Canihuel
la Croix
la Harmoye
l'Hermitage-Lorge
le Haut-Corlay
le Bodéo
Belorient
le Bout du Pont
Corlay
le Bourgneuf
St-Eloi
Allineuc
la Jubinière
Tréguestin
St-Martin-des-Prés
les Forges
Bosméléac
la Porte-aux-Moines
Goasnoat
le Ponto
Guerlézan
Merléac
Ste-Tréphine
St-Igeaux
Plussulien
Uzel
St-Hervé
le Bossiguel
les Aunécades
le Poteau
St-Léon
Rohanno
Pohon
Quelfénec
St-Mayeux
St-Delon
ROUTE 8
le Quillio
Laniscat
Goasmario
Bel Air
St-Gilles-Vieux-Marché
Grâce-Uzel
Lohan
Bézénan
St-Gelven
Rosquelfen
St-Guen
St-Thélo
Trévé
Jardins du Botrain
Ty-Bris
Keriven
Caurel
Beau-Rivage
Abbaye de Bon-Repos
les Forges-des-Salles
Lac de Guerlédan
Curlan
Limpiguet
Ville-aux-Veneurs
Château
Perret
Forêt de Quénécan
Mur-de-Bretagne
Lanrivault
St-Caradec
Loudéac
St-Aignan
St-Connec
Gouvello
Medroux
la Ville Morvan
le Corboulo
Ste-Brigitte
Perchenic
Hémonstoir
Calouet
Kerdréan
Quelvéhen
Coëtmizian
Silfiac
Boduic
Kergrist
Croixanvec
Goultreu
St-Laurent
le Stumo
Kergal
Trémuzon
St-Maurice
Mangoëro
Cléguérec
Neulliac
St-Gonnery
le Moustoir
St-Drédeno
St-Gérand
Séglien
Lintever
Carmes
Hilvern
Canal
Gazec Meïn
Kerbédic
Kergoff
Bolan
Gueltas
St-Maudan
Porhors
St-Eloi
Ste-Noyale
St-Samson
Stival
St-Gouvry
Malguénac
Kerlezan

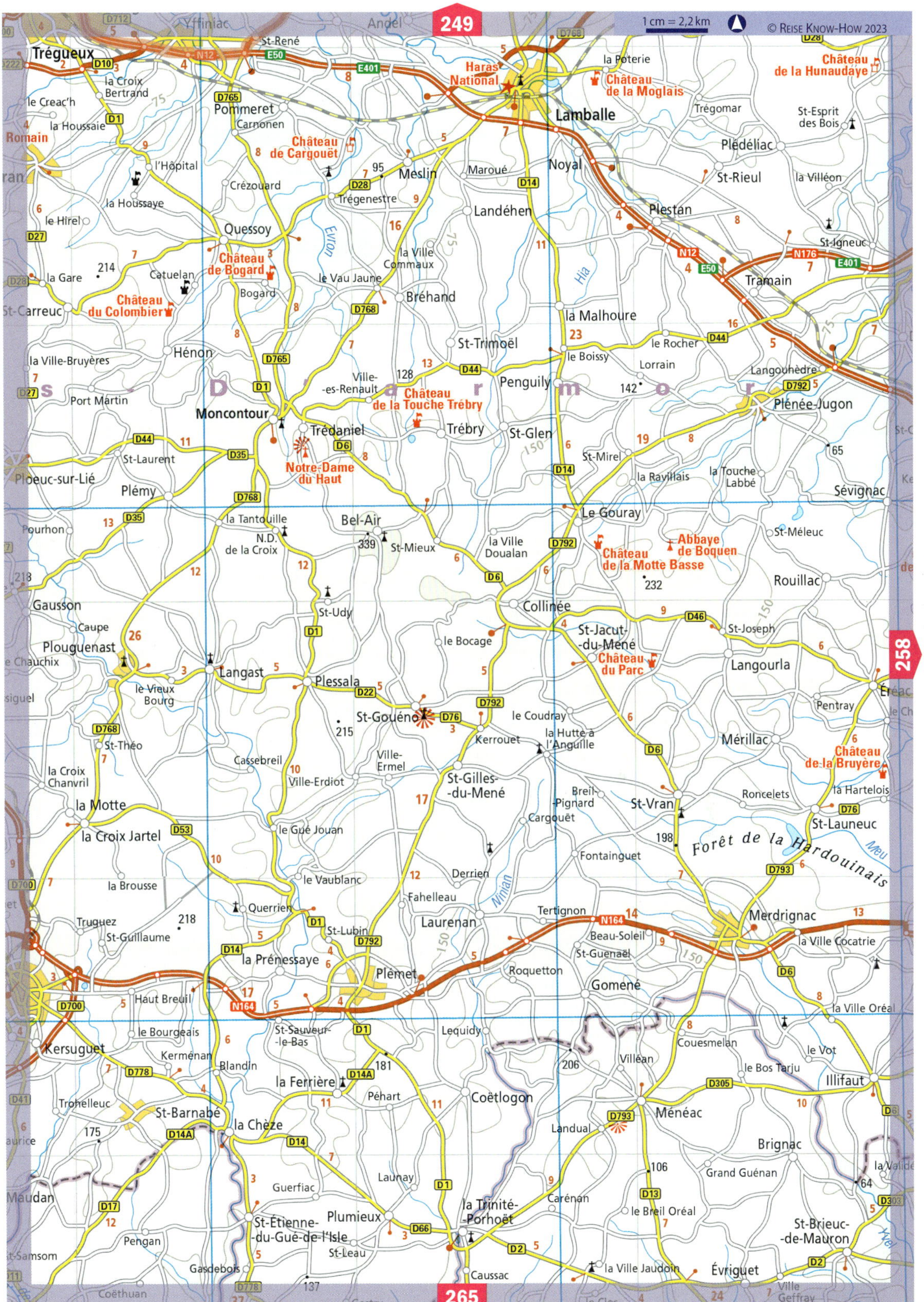
249
1 cm = 2,2 km
© Reise Know-How 2023
Trégueux
St-René
Yffiniac
Andel
la Croix Bertrand
le Creac'h
la Houssaie
Romain
Pommeret
Carnonen
Château de Cargouët
Haras National
Lamballe
la Poterie
Château de la Moglais
Château de la Hunaudaye
Trégomar
St-Esprit des Bois
Plédéliac
St-Rieul
la Villéon
Noyal
Maroué
Meslin
Trégenestre
Crézouard
l'Hôpital
la Houssaye
le Hirel
Quessoy
Landéhen
Plestan
St-Igneuc
Tramain
Château de Bogard
Catuelan
la Gare
Bogard
le Vau Jaune
la Ville Commaux
Bréhand
Château du Colombier
St-Carreuc
Hia
Evron
la Malhoure
le Rocher
Lorrain
le Boissy
Langouhèdre
Plénée-Jugon
St-Trimoël
Hénon
la Ville-Bruyères
Port Martin
Moncontour
Ville-es-Renault
Château de la Touche Trébry
Trébry
Penguily
St-Glen
St-Mirel
la Ravillais
la Touche Labbé
Sévignac
Trédaniel
Notre-Dame du Haut
St-Laurent
Ploeuc-sur-Lié
Plémy
la Tantouille
N.D. de la Croix
Bel-Air
St-Mieux
la Ville Doualan
Le Gouray
Château de la Motte Basse
Abbaye de Boquen
St-Méleuc
Pourhon
Rouillac
Gausson
Caupe
Plouguenast
St-Udy
le Bocage
Collinée
St-Jacut-du-Mené
Château du Parc
St-Joseph
Langourla
Langast
le Vieux Bourg
Plessala
St-Gouéno
le Coudray
Kerrouet
la Hutte à l'Anguille
Pentray
Éréac
St-Théo
Cassebreil
Ville-Erdiot
Ville-Ermel
St-Gilles-du-Mené
Mérillac
Château de la Bruyère
la Croix Chanvril
la Motte
la Croix Jartel
le Gué Jouan
Breil-Pignard
Cargouët
St-Vran
Roncelets
la Hartelois
St-Launeuc
Forêt de la Hardouinais
Meu
Fontainguet
la Brousse
le Vaublanc
Derrien
Fahelleau
Ninian
Querrien
Truguez
St-Guillaume
St-Lubin
Laurenan
Tertignon
Beau-Soleil
St-Guenaël
Merdrignac
la Ville Cocatrie
la Prénessaye
Plémet
Roquetton
Gomené
Haut Breuil
la Ville Oréal
St-Sauveur-le-Bas
Lequidy
Couesmelan
le Vot
Villéan
le Bos Tarju
Kersuguet
le Bourgeais
Kerménan
Blandin
la Ferrière
Péhart
Coëtlogon
Méneac
Illifaut
Trohelleuc
St-Barnabé
la Chèze
Landual
Brignac
Grand Guénan
la Valide
Guerfiac
Launay
Maudan
St-Étienne-du-Gué-de-l'Isle
Plumieux
la Trinité-Porhoët
Carénan
le Breil Oréal
St-Brieuc-de-Mauron
Pengan
St-Leau
Gasdebois
Caussac
la Ville Jaudoin
Évriguet
Ville Geffray
Coëthuan
Gastry
le Clos
265
258

250
Brest
Saint-Brieuc
Dinan
Rennes
Quimper
Pontivy
Lorient
Vannes
Nantes
Château Montafilan
Corseul
Temple du Ht-Beherel
Château de la Garaye
Taden
Château de la Conninais
Manoir de la Grand' Cour
Quévert
Aucaleuc
St-Maudez
Vildé-Guingalan
Plélan-le-Petit
la Landec
Lanvallay
Dinan
Léhon
St-James
St-Piat
St-Solen
St-Hélen
Château de Coëtquen
Château de la Chesnaie
la Vicomte-sur-Rance
Rance
Trélivan
le Boculé
Château de Chalonge
Bobital
Lescouët-Jugon
Jugon-les-Lacs
la Ville Hervé
Trébédan
St-Carné
Calorguen
Manoir de la Ferronnais
les Champs-Géraux
Plesder
le Hinglé
Trévron
Château de Beaumanoir
Brusvily
Dolo
Quesny
Languédias
Rosette
le Creux
la Rabine
Guinefort
Évran
le Vieux Bourg
Église
St-André-des-Eaux
Mégrit
Château
Plumaudan
Trévern
Veau-Ruset
Trédias
St-Cado
Trémeur
Yvignac-la-Tour
St-Juvat
le Quiou
St-Judoce
Château de Hac
Tréfumel
Kerbras
la Croix Guessant
St-Maden
St-Thual
Château de Tour
les Champs Queneux
Broons
ROUTE 7
la Chauvihais
Barrage de Rophémel
Lantran
Château de Limoëlan
le Fief-aux-Ecoliers
Guenroc
Etang de Néal
Château de Beaumont
Château de Caradeuc
Longaulnay
les Alleux
Cambel
Caulnes
Guitté
la Reculais
Bécherel
Recouvrance
Château de Couëlan
Pont-du-Breil
Miniac-sous-Bécherel
257
Eréac
le Châtelier
St-Jouan-de-l'Isle
la Chapelle-Blanche
Médréac
Irodouër
Lanrelas
Plumaugat
Quédillac
Landujan
Train touristique
la Hatterie
Quénéleuc
St-Régent
la Prévostaie
St-M'Hervon
les Treize Chênes
Lannelou
Château de Montauban
la Chapelle-du-Lou
le Lou-du-Lac
le Jardret
St-Méen-le-Grand
Chemin de fer
le Crouais
Trémorel
Ancienne Abbaye
Montauban-de-Bretagne
Loscouët-sur-Meu
Billiaie
Garun
Bédée
St-Onen-la-Chapelle
Boisgervilly
St-Uniac
la Nouaye
le Lancras
la Poterais
Montfort-sur-Meu
Donjon
St-Maugan
Muel
Gaël
Meu
Iffendic
Quilhac
Lesné
Bléruais
St-Gonlay
le Bouillon
Talensac
la Validée
le Pont Ruelland
le Domaine de Trémelin
Base de Loisirs
le Louya
le Coudray Mathuau
St-Léry
St-Malon-sur-Mel
la Croix
Tombeau de Merlin
Mauron
le Breh
266

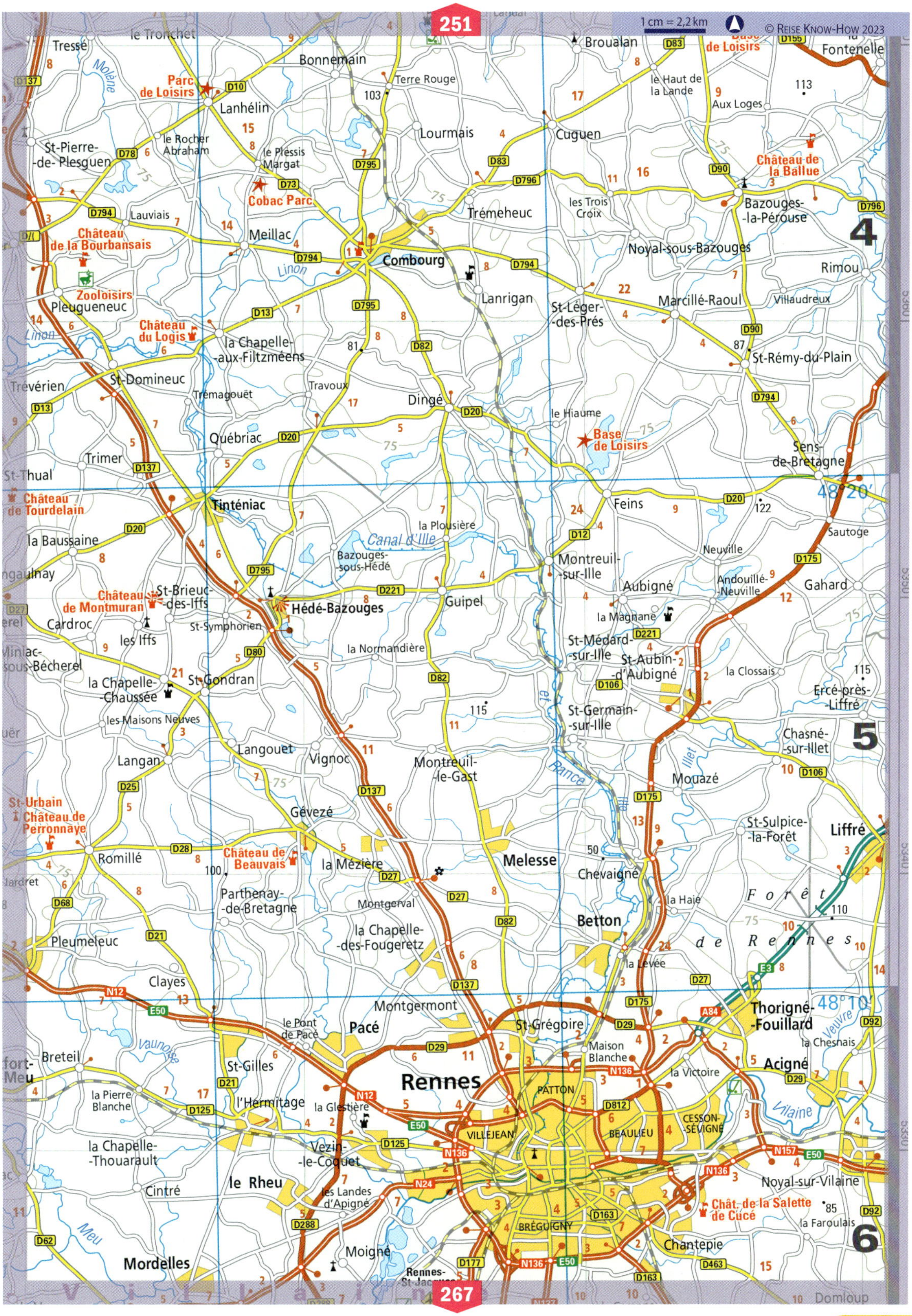

251
1 cm = 2,2 km
© Reise Know-How 2023
Tressé
le Tronchet
Bonnemain
Terre Rouge
Broualan
le Haut de la Lande
de Loisirs
Fontenelle
Aux Loges
Parc de Loisirs
Lanhélin
Lourmais
Cuguen
St-Pierre-de-Plesguen
le Rocher Abraham
le Plessis Margat
Château de la Ballue
Bazouges-la-Pérouse
Cobac Parc
Trémeheuc
les Trois Croix
Noyal-sous-Bazouges
Lauviais
Château de la Bourbansais
Meillac
Combourg
Linon
Rimou
Zooloisirs
Pleugueneuc
Lanrigan
St-Léger-des-Prés
Marcillé-Raoul
Villaudreux
Château du Logis
la Chapelle-aux-Filtzméens
St-Rémy-du-Plain
Trévérien
St-Domineuc
Trémagouët
Travoux
Dingé
le Hiaume
Base de Loisirs
Québriac
Trimer
Sens-de-Bretagne
St-Thual
Château de Tourdelain
Tinténiac
Feins
48°20′
la Baussaine
la Plousière
Canal d'Ille
Sautoge
Bazouges-sous-Hédé
Montreuil-sur-Ille
Neuville
Andouillé-Neuville
Gahard
Château de Montmuran
St-Brieuc-des-Iffs
Hédé-Bazouges
Guipel
Aubigné
la Magnane
Cardroc
les Iffs
St-Symphorien
la Normandière
St-Médard-sur-Ille
St-Aubin-d'Aubigné
Minilac-sous-Bécherel
la Chapelle-Chaussée
St-Gondran
la Clossais
Ercé-près-Liffré
les Maisons Neuves
St-Germain-sur-Ille
Langouet
Vignoc
Montreuil-le-Gast
Chasné-sur-Illet
Langan
Illet
Mouazé
Flume
St-Urbain
Château de Perronnaye
Gévezé
St-Sulpice-la-Forêt
Liffré
Romillé
Château de Beauvais
la Mézière
Melesse
Chevaigné
Parthenay-de-Bretagne
Montgerval
la Haie
Forêt de Rennes
la Chapelle-des-Fougeretz
Betton
Pleumeleuc
Clayes
la Levée
Montgermont
Thorigné-Fouillard
48°10′
le Pont de Pacé
Pacé
St-Grégoire
Maison Blanche
la Chesnais
Breteil
Vaunoise
St-Gilles
Rennes
Patton
la Victoire
Acigné
la Pierre Blanche
l'Hermitage
la Glestière
Villejean
Beaulieu
Cesson-Sévigné
Vilaine
la Chapelle-Thouarault
Vezin-le-Coquet
Noyal-sur-Vilaine
Cintré
le Rheu
les Landes d'Apigné
Château de la Salette
Château de Cucé
la Faroulais
Meu
Bréquigny
Chantepie
Mordelles
Moigné
Rennes-St-Jacques
Domloup
267

252
Pointe de Brézellec
Pointe du Van
St-They
Phare de la Vieille
Baie des Trépassés
125
Lescoff
Pointe du Raz
Raz de Sein
Pont des Chats
Kermeur
D7
D607
D43
Cléden-Cap-Sizun
76
Goulien
Beuzec-Cap-Sizun
Moulin-Castel
Quatre-Vents
D43
D307
Confort-M
Plogoff
56
Penneac'h
D784
Anse du Loch
Primelin
ROUTE 4
Toulemonde
St-Tugen
Esquibien
Aquarium
128
D765
Goyen
Audierne
77
101
Pont-Croix
Mahalon
D2
Étang de Poulguidou
Trebeuzec
Plouhinec
D784
50
le Pouldu
Pointe de Lervily
Plage de Kersigny
Plage de Mesperleuc
la Trinité
Plozévet
Keristenvet
Baie d'Audierne
Plage
St-Guén
Phare d' Eck
Pointe de Pe
A T L A N T
4°40'
D
4°30'
E
Brest
Saint-Brieuc
Dinan
Rennes
Quimper
Pontivy
Lorient
Vannes
Nantes

253
1 cm = 2,2 km
© Reise Know-How 2023
Poullan-sur-Mer
Kerfinidan
le Juch
Plaisance
le Croëzou
Ty-Ru
Quiriou
Kerflous
Guengat
Stang ar Guell
Kerscao
Kernilis
Site du Stangala
Pouldergat
Fort
Ploneis
Quellenec
Lestonan
Guiler-sur-Goyen
Gourlizon
Goyen
Quimper
FEUNTEUN
PENHARS
LOCMARIA
Ergué-Gabéric
Kérandoaré
Landudec
Kerlaéron
Kerstridic
Plogastel-St-Germain
Château du Hilgoy
Pluguffan
Quimper-Pluguffan
Château de Lanniron
Kerveyen
St-Germain
Pont-l'Abbé
Notre-Dame des-Graces
Baie de Kerogan
l'Arbre-du-Chapon
Lababan
Pouldreuzic
ROUTE 4
Odet
Peumérit
St-Joseph
Menhir
St-Cadou
St-Evarzec
Penhors
Plomelin
Moulin-du-Pont
Tréogat
Château de Lanvern
Stang ar Bacol
Site des Vire-Court
Boutiguéry
Parc de Boutiguéry
Ty Glas
Prajou
Plovan
Ploneour-Lanvern
St-Roch
Gouesnach
la Forêt Fouesnant
Étang de Kergalan
Chapelle de Languidou
Languivoa
Château le Pérennou
Calvaire
Pleuven
Etang de Trunvel Réserve
Tréméoc
Château du Cheffontaines
St-Anne
Fouesnant
Étang de Trunvel
Tréguennec
Manoir de Trevilit
Barrage du Moulin Neuf
le Croissant
Combrit
Clohars-Fouesnant
Kereón
Parc botanique de Cornouaille
Bénodet
ROUTE 5
Kerbascol
Étang de St-Vio
St-Jean-Trolimon
Notre-Dame de Tréminou
Pont-l'Abbé
Ste-Marine
Pont Henvez
le Letty
Perguet
La Mer Blanche
262
Notre-Dame de Tronoën (Calvaire)
Beuzec
Plage de Kermor
le Sillon
Manoir de Kérazan
Plage de Maracana
Pointe de la Torche
Plomeur
Château de Kernuz
Île-Tudy
Anse de Bénodet
Mousterlin
Pointe de Mousterlin
Plage de Pors-Can
Loctudy
St-Guénolé
Pont-Croix
Menhir
Dolmen
Plobannalec-Lesconil
Lodonnec
Manoir de Kerhoas
Penmarc'h
Treffiagat
Pointe de St-Qual
St-Pierre
Kerity
Eglise
Guilvinec
Lechiagat
Lesconil
Palue du Cosquer
Île aux Moutons
I Q U E
St-Nicolas
Îles de Glénan
4°20′
F
4°10′
G

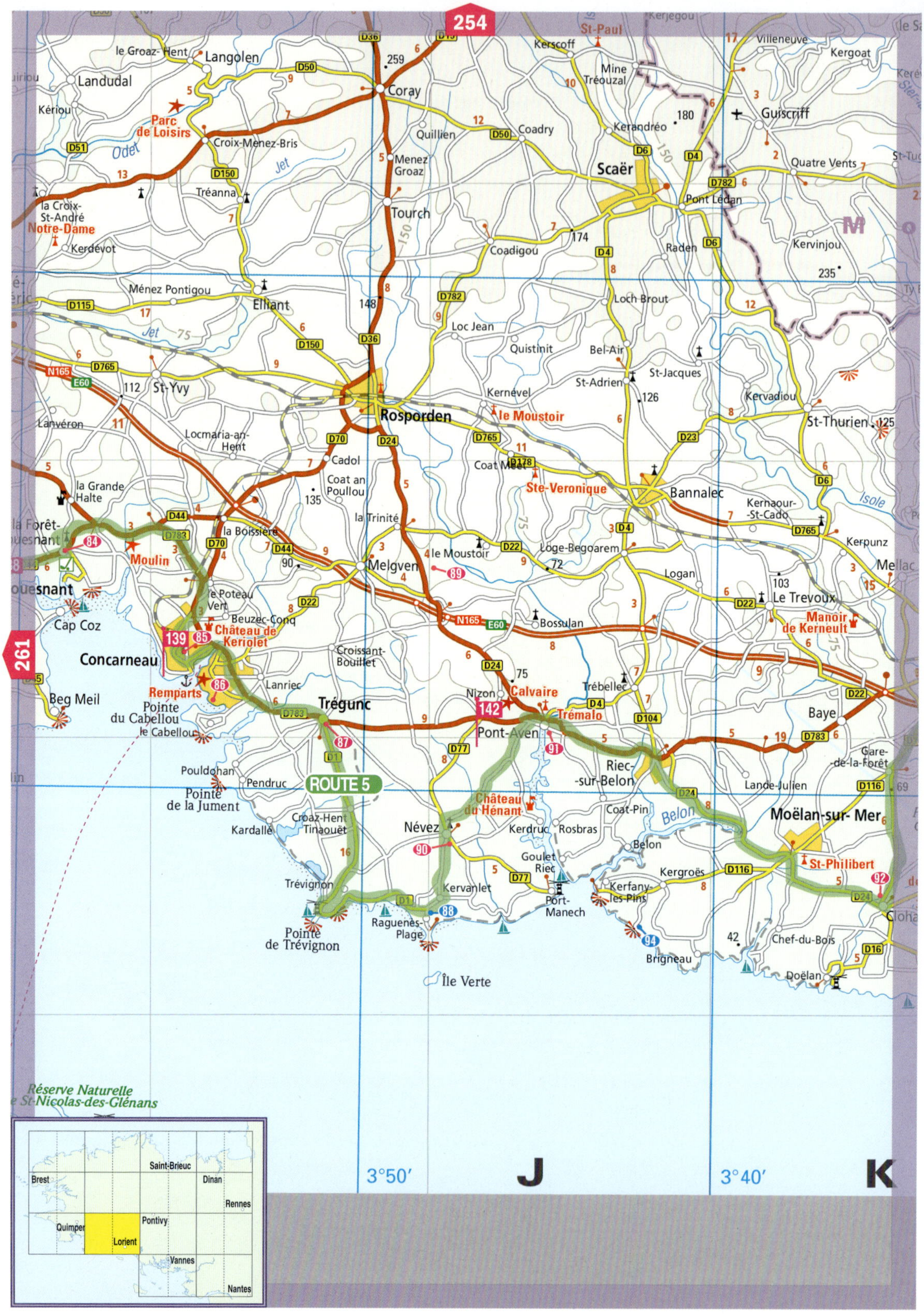

254
261
Langolen
le Groaz-Hent
Landudal
Kériou
Coray
Parc de Loisirs
Croix-Menez-Bris
Odet
Jet
Quillien
Coadry
Menez Groaz
Tourch
Tréanna
la Croix-St-André
Notre-Dame
Kerdévot
Ménez Pontigou
Elliant
Coadigou
St-Paul
Kerscoff
Mine Tréouzal
Kerandréo
Scaër
Pont Ledan
Raden
Villeneuve
Kergoat
Guiscriff
Quatre Vents
Kervinjou
Loch Brout
Loc Jean
Quistinit
Bel-Air
St-Adrien
St-Jacques
Kervadiou
St-Thurien
St-Yvy
Lanvéron
Locmaria-an-Hent
Rosporden
Kernével
le Moustoir
Cadol
Coat an Poullou
Coat Meur
Ste-Veronique
Bannalec
Kernaour-St-Cado
Kerpunz
Mellac
la Grande Halte
la Forêt-Fouesnant
la Boissière
la Trinité
Moulin
Melgven
Loge-Begoarem
Logan
Le Trevoux
Manoir de Kerneult
Fouesnant
Cap Coz
le Poteau Vert
Beuzec-Conq
Château de Keriolet
Bossulan
Concarneau
Remparts
Croissant-Bouillet
Lanriec
Trégunc
Nizon
Calvaire
Trébellec
Trémalo
Beg Meil
Pointe du Cabellou
le Cabellou
Pont-Aven
Baye
Riec-sur-Belon
Gare-de-la-Forêt
Pouldohan
Pendruc
ROUTE 5
Pointe de la Jument
Château du Hénant
Coat-Pin
Lande-Julien
Moëlan-sur-Mer
Kardallé
Croaz-Hent Tinaouët
Névez
Kerdruc
Rosbras
Belon
Goulet Riec
Kergroës
St-Philibert
Trévignon
Kervanlet
Port-Manech
Kerfany-les-Pins
Pointe de Trévignon
Raguenès-Plage
Brigneau
Chef-du-Bois
Doëlan
Île Verte
Réserve Naturelle de St-Nicolas-des-Glénans
3°50′
J
3°40′
K
Brest
Saint-Brieuc
Dinan
Rennes
Quimper
Pontivy
Lorient
Vannes
Nantes

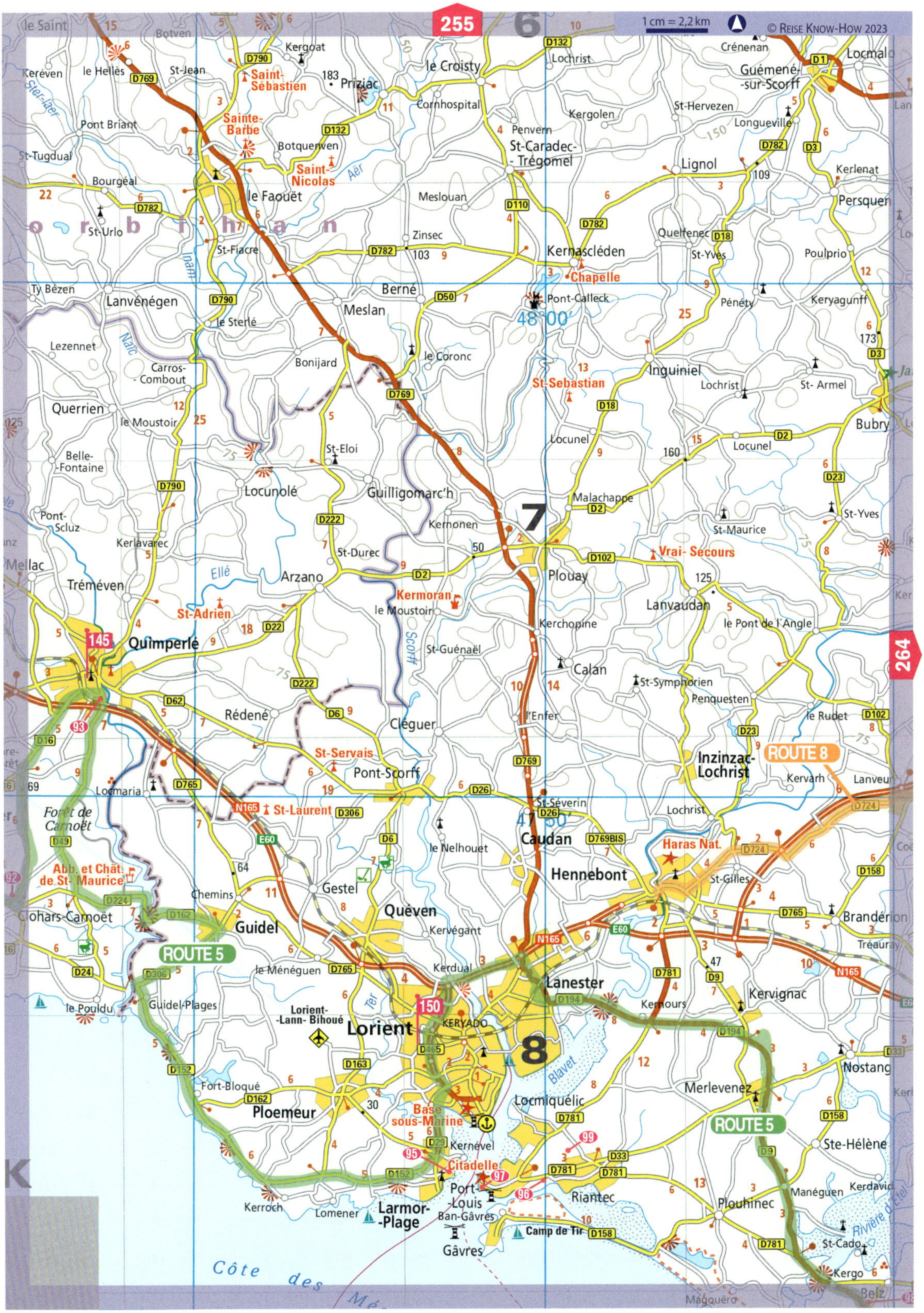
255
6
1 cm = 2,2 km
© Reise Know-How 2023
le Saint
Botven
Kergoat
le Croisty
Lochrist
Crénenan
Locmalo
Guémené-sur-Scorff
Kereven
le Hellès
St-Jean
Saint-Sébastien
Priziac
Cornhospital
Kergolen
St-Hervezen
Longueville
Pont Briant
Sainte-Barbe
Botquenven
Penvern
St-Caradec-Trégomel
Lignol
Kerlenat
St-Tugdual
Bourgéal
Saint-Nicolas
le Faouët
Meslouan
Persquen
St-Urlo
Morbihan
Zinsec
Quelfenec
St-Fiacre
Kernascléden
St-Yves
Poulprio
Chapelle
Ty Bézen
Lanvénégen
Berné
Pont-Calleck
Pénéty
Keryagunff
le Sterlé
Meslan
48°00'
Lezennet
le Coronc
Inguiniel
Carros-Combout
Bonijard
St-Sebastian
Lochrist
St-Armel
Querrien
le Moustoir
Bubry
Locunel
Belle-Fontaine
St-Eloi
Locunel
Locunolé
Guilligomarc'h
Malachappe
St-Yves
Pont-Scluz
Kernonen
St-Maurice
Kerlavarec
7
Vrai-Secours
Mellac
St-Durec
Plouay
Tréméven
Arzano
Kermoran
Lanvaudan
St-Adrien
le Moustoir
le Pont de l'Angle
Quimperlé
Kerchopine
St-Guénaël
Calan
264
St-Symphorien
Penquesten
Rédené
Cléguer
l'Enfer
le Rudet
St-Servais
Route 8
Inzinzac-Lochrist
Lochrist
Pont-Scorff
Kervarh
Lanveur
Forêt de Carnoët
Locmaria
St-Laurent
St-Séverin
47°50'
Caudan
Haras Nat.
le Nelhouet
Abb. et Chât. de St-Maurice
Hennebont
St-Gilles
Chemins
Gestel
Clohars-Carnoët
Quéven
Brandérion
Guidel
Kervégant
Tréauray
Route 5
le Méneguen
Kerdual
Lanester
le Pouldu
Guidel-Plages
Lorient-Lann-Bihoué
Lorient
Keryado
8
Kerrous
Kervignac
Nostang
Blavet
Fort-Bloqué
Ploemeur
Locmiquélic
Merlevenez
Base sous-Marine
Route 5
Kernével
Citadelle
Ste-Hélène
Port-Louis
Riantec
Plouhinec
Manéguen
Kerdavid
Kerroch
Lomener
Larmor-Plage
Ban-Gâvres
Camp de Tir
St-Cado
Rivière d'Étel
Gâvres
Kergo
Côte des Mé
Magouëro
Belz

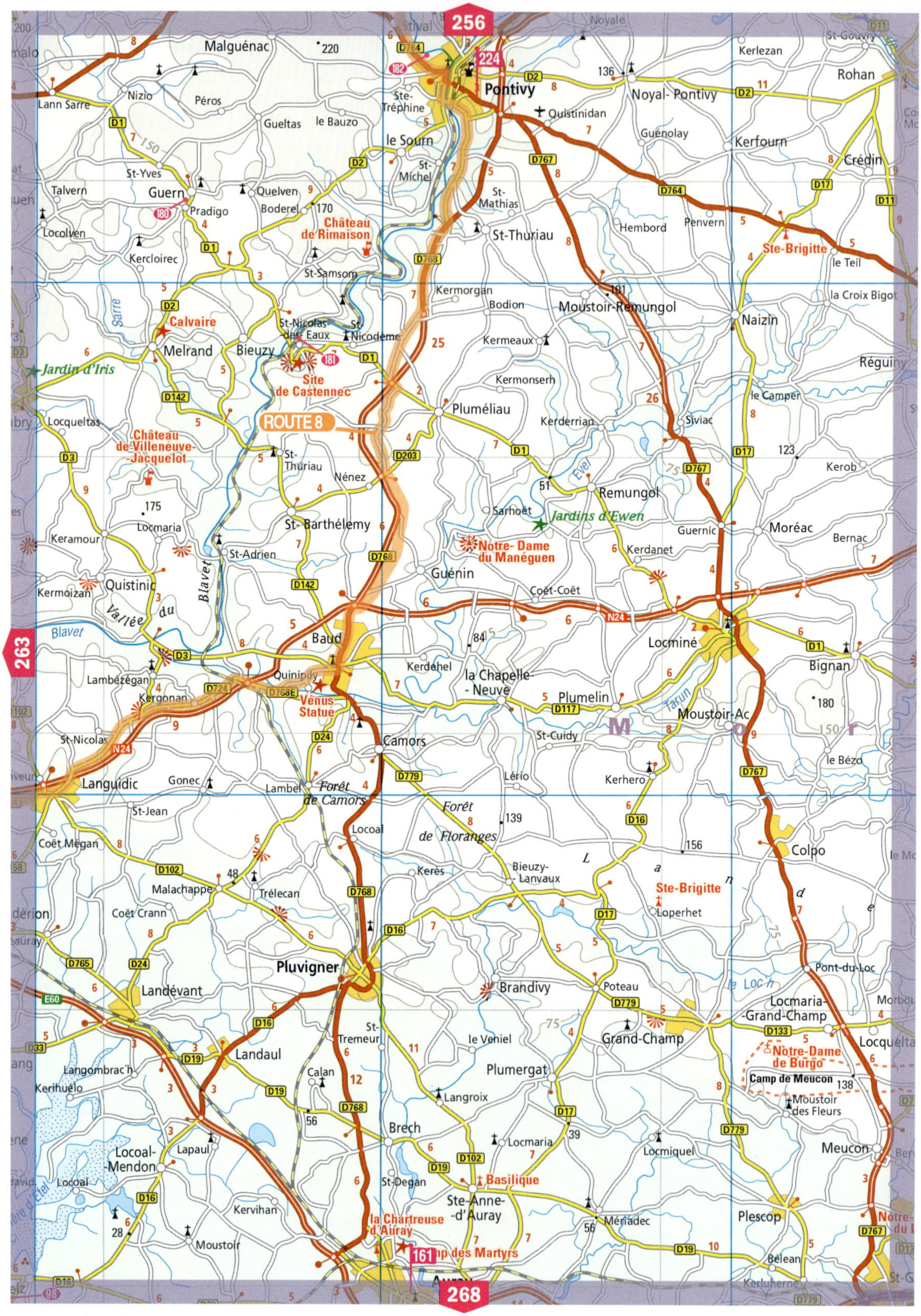

256
268
263
Pontivy
Malguénac
Noyal-Pontivy
Rohan
Kerfourn
Crédin
Guern
Le Sourn
St-Thuriau
Ste-Brigitte
Château de Rimaison
Calvaire
Melrand
Bieuzy
Site de Castennec
Jardin d'Iris
Moustoir-Remungol
Naizin
Réguiny
Pluméliau
ROUTE 8
Château de Villeneuve-Jacquelot
St-Barthélemy
Remungol
Jardins d'Ewen
Moréac
Notre-Dame du Manéguen
Guénin
Quistinic
Vallée du Blavet
Baud
Locminé
Bignan
Vénus Statue
Quinipily
la Chapelle-Neuve
Plumelin
Moustoir-Ac
Camors
Languidic
Forêt de Camors
Forêt de Floranges
Colpo
Lande
Pluvigner
Brandivy
Landévant
Grand-Champ
Locmaria-Grand-Champ
Notre-Dame de Burgo
Camp de Meucon
Landaul
Plumergat
Brech
Meucon
Locoal-Mendon
Ste-Anne-d'Auray
Basilique
Plescop
la Chartreuse d'Auray
Auray

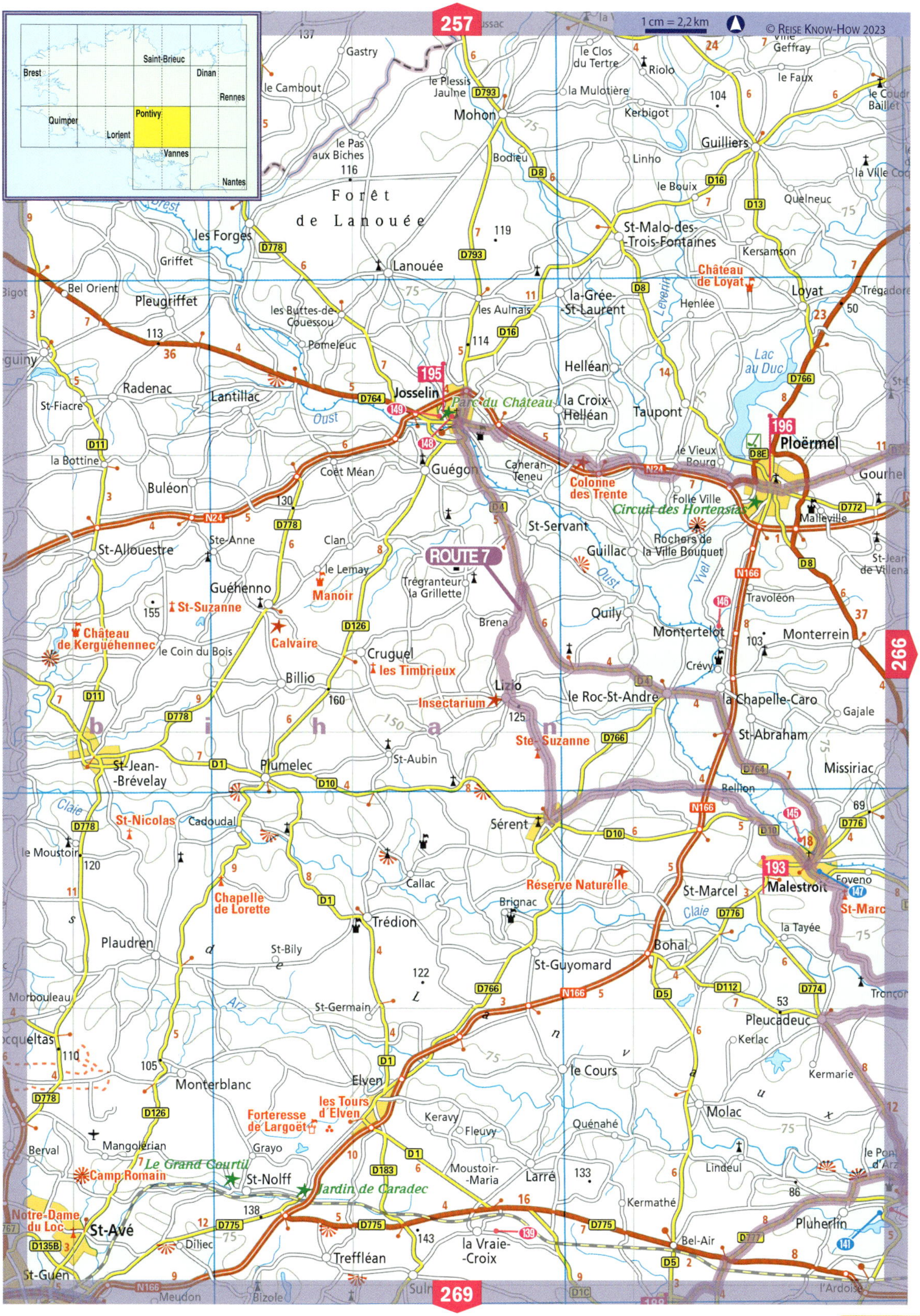
257
266
269
1 cm = 2,2 km
© Reise Know-How 2023
Brest
Saint-Brieuc
Dinan
Rennes
Quimper
Pontivy
Lorient
Vannes
Nantes
Gastry
le Cambout
le Plessis Jaulne
Mohon
le Clos du Tertre
Riolo
la Mulotière
Kerbigot
Guilliers
le Faux
le Coudr Baillet
le Pas aux Biches
Bodieu
Linho
le Bouix
la Ville Coq
Quelneuc
Forêt de Lanouée
les Forges
Griffet
Lanouée
St-Malo-des-Trois-Fontaines
Kersamson
Château de Loyat
Loyat
Trégadore
Bel Orient
Pleugriffet
les Buttes-de-Couessou
les Aulnais
la-Grée-St-Laurent
Henlée
Pomeleuc
Helléan
Lac au Duc
Radenac
Lantillac
Josselin
Parc du Château
la Croix-Helléan
Taupont
Ploërmel
St-Fiacre
Oust
la Bottine
Coët Méan
Guégon
Caheran-Teneu
Colonne des Trente
le Vieux Bourg
Folle Ville
Circuit des Hortensias
Gourhel
Malleville
Buléon
St-Servant
Rochers de la Ville Bouquet
Guillac
St-Allouestre
Ste-Anne
Clan
ROUTE 7
le Lemay
Trégranteur la Grillette
Travoléon
St-Jean de Villena
Guéhenno
Manoir
St-Suzanne
Château de Kerguéhennec
Calvaire
Brena
Quily
Montertelot
Monterrein
le Coin du Bois
Cruguel
les Timbrieux
Crévy
Billio
Lizio
Insectarium
le Roc-St-André
la Chapelle-Caro
Gajale
Ste-Suzanne
St-Abraham
St-Jean-Brévelay
Plumelec
St-Aubin
Missiriac
Bellion
Claie
St-Nicolas
Cadoudal
Sérent
le Moustoir
Réserve Naturelle
St-Marcel
Malestroit
Foveno
St-Marc
Chapelle de Lorette
Callac
Brignac
Trédion
la Tayée
Plaudren
St-Bily
St-Guyomard
Bohal
Morbouleau
St-Germain
Arz
Pleucadeuc
Kerlac
Tronçon
Monterblanc
Elven
le Cours
Kermarie
Forteresse de Largoët
les Tours d'Elven
Keravy
Fleuvy
Quénahé
Molac
Mangolérian
Grayo
Berval
le Pont d'Arz
Le Grand Courtil
Camp Romain
St-Nolff
Jardin de Caradec
Moustoir-Maria
Larré
Lindeul
Kermathé
Notre-Dame du Loc
St-Avé
Diliec
Treffléan
la Vraie-Croix
Bel-Air
Pluherlin
St-Guen
Meudon
Bizole
l'Ardoise

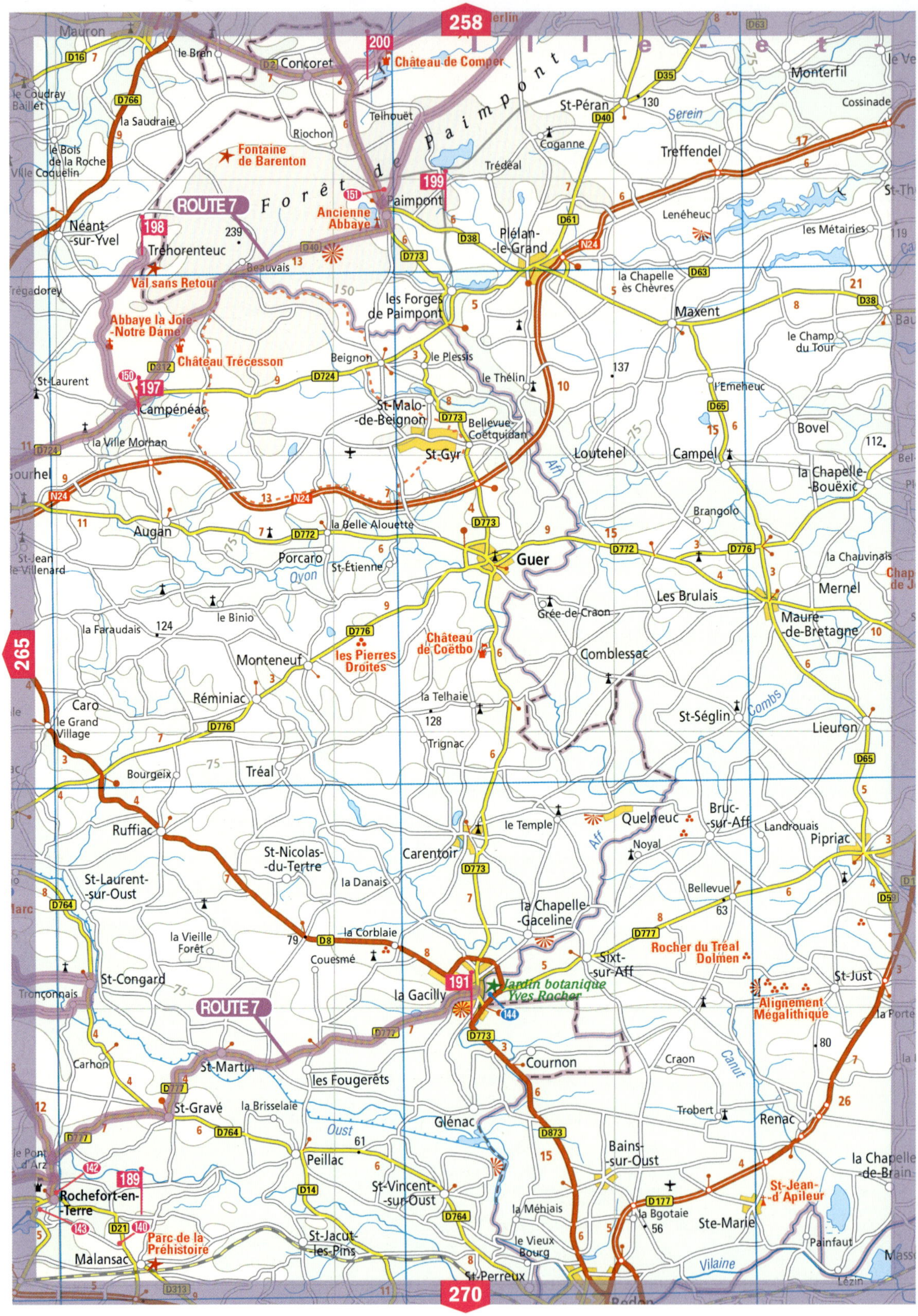

258
270
265
Forêt de Paimpont
Château de Comper
Fontaine de Barenton
Ancienne Abbaye
Val sans Retour
Abbaye la Joie-Notre Dame
Château Trécesson
ROUTE 7
Mauron
le Bran
Concoret
le Coudray Baillet
la Saudraie
Riochon
Telhouët
le Bois de la Roche
Ville Coquelin
Paimpont
Tréhorenteuc
Néant-sur-Yvel
Beauvais
Trégadorey
les Forges de Paimpont
Beignon
le Plessis
St-Laurent
Campénéac
la Ville Morhan
St-Malo-de-Beignon
Bellevue-Coëtquidan
St-Gyr
le Thélin
Loutehel
Campel
Bovel
la Chapelle-Bouëxic
Brangolo
Augan
la Belle Alouette
Porcaro
St-Étienne
Oyon
Guer
St-Jean le Villenard
la Faraudais
le Binio
Grée-de-Craon
Les Brulais
Mernel
la Chauvinais
Maure-de-Bretagne
Comblessac
Château de Coëtbo
les Pierres Droites
Monteneuf
Réminiac
Caro
le Grand Village
la Telhaie
Trignac
St-Séglin
Combs
Lieuron
Bourgeix
Tréal
Ruffiac
St-Nicolas-du-Tertre
Carentoir
le Temple
Quelneuc
Noyal
Bruc-sur-Aff
Landrouais
Pipriac
St-Laurent-sur-Oust
la Danais
la Chapelle-Gaceline
Bellevue
la Vieille Forêt
la Corblaie
Couesmé
St-Congard
Tronçonnais
la Gacilly
Jardin botanique Yves Rocher
Sixt-sur-Aff
Rocher du Tréal Dolmen
Alignement Mégalithique
St-Just
la Porte
Carhon
St-Martin
les Fougerêts
Cournon
Craon
Canut
St-Gravé
la Brisselaie
Glénac
Trobert
Renac
Oust
Peillac
Bains-sur-Oust
la Chapelle-de-Brain
le Pont d'Arz
Rochefort-en-Terre
St-Vincent-sur-Oust
la Méhiais
la Bgotaie
Ste-Marie
St-Jean-d'Apileur
Parc de la Préhistoire
Malansac
St-Jacut-les-Pins
le Vieux Bourg
Painfaut
Vilaine
St-Perreux
Lézin
Redon
St-Péran
Coganne
Trédéal
Plélan-le-Grand
Monterfil
Cossinade
Serein
Treffendel
Lenéheuc
les Métairies
la Chapelle ès Chèvres
Maxent
le Champ du Tour
l'Emeheuc
Aff
N24
D773
D772
D776
D764
D777
D873
D177
D65
D38
D724
D61
D40
D35
D63
D14
D21

271

264
Belz
Kerdonnerch
Etel
Erdeven
Manoir de Kercadio
St-Laurent
Ploemel
Locmaria
Align. de Kerzerho
Dolmen de Crucuno
Kergouët
Ste-Barbe
Coëtatouz
Dolmen de Runesto
Alignements de Carnac
Sainte-Anne
Saint-Michel
Tumulus de Kercado
Tumulus Saint-Michel
le Galion
Plouharnel
Carnac
St-Colomban
Carnac-Plage
Sables Blancs
Grande Plage
la Trinité-sur-Mer
Crach
ROUTE 5
Ste-Avoye
Ploeren
Plougoumelen
Notre-Dame de Bequerel
Bono
Baden
le Moustoir
Conleau
Kerguen
Arradon
ROUTE 6
Pointe d'Arradon
Cadouarn
Kercado
Guern
Kerdaniel
Port Blanc
le Trech Bourg
Pennéro
Île-d'Arz
Rivière d'Auray
Kerouarch
Tumulus
St-Philibert
Larmor-Baden
Kergonan
Île aux Moines
Gréavo
Dolmen de Mane-Lud
Dolmen Grand
Locmariaquer
Cairn de Gavrinis
Île Gavrinis
Penhap
Golfe du Morbihan
Réserve ornithologique
Dolmen des Marchand
Kerners
le Ruaud
Pointe de Kerpenhir
Port-Navalo
Port du Crouesty
Arzon
Tumulus de Tumiac
le Net
Brillac
Sarzeau
Pointe du Petit Mont
Kerdouin
Plage de Goh'velin
St-Gildas-de-Rhuys
Presqu'île
Pointe du Grand Mont
le Rohalig
Kerfontaine
Pointe de St-Jacques
Theviec
Penthièvre
Kerhostin
Portivy
du Percho
St-Pierre-Quiberon
Baie de Quiberon
Côte des Mégalithes
Côte Sauvage
Kerniscob
Port-Haliguen
Quiberon
Port-Maria
Pointe du Conguel
Ilot de Toul Braz
La Teignouse
Plateau de la R
Port Donnant
Houat
Île-d'Houat
Île aux Chevaux
Île de Hœdic
Pointe du Vieux Chateau
Hœdic
Dolmen
Les Grands Cardinaux
Rade du Palais
Pointe de Taillefer
Citadelle
le Palais
Plage de Bordardoué
Plage des Grands Sables
Samzun
Bangor
Pointe de Kerdonis
Saint-Brieuc
Brest
Dinan
Rennes
Pontivy
Quimper
Lorient
Vannes
Nantes

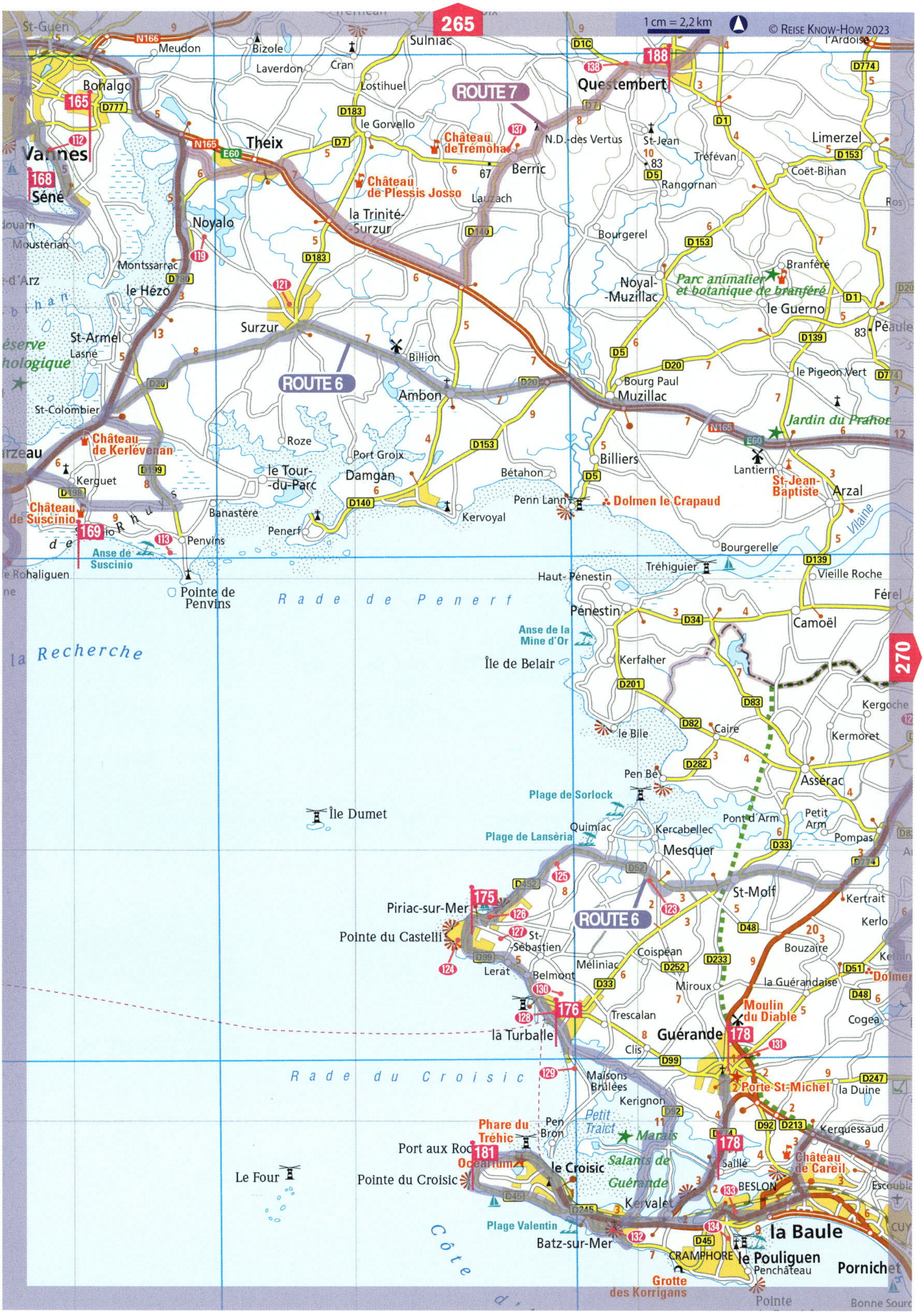
265
1 cm = 2,2 km
© Reise Know-How 2023
Vannes
Séné
Bohalgo
Meudon
Bizole
Laverdon
Cran
Sulniac
Lostihuel
le Gorvello
Theix
Questembert
ROUTE 7
Château de Trémohar
N.D.-des Vertus
St-Jean
Berric
Limerzel
Tréfévan
Coët-Bihan
Rangornan
Château de Plessis Josso
Lauzach
Noyalo
la Trinité-Surzur
Moustérian
Bourgerel
Montsarrac
le Hézo
Noyal-Muzillac
Parc animalier et botanique de Branféré
Branféré
le Guerno
St-Armel
Lasné
Surzur
Billion
ROUTE 6
Ambon
Bourg Paul
Muzillac
le Pigeon Vert
St-Colombier
Jardin du Prahor
Château de Kerlévenan
Roze
Port Groix
Billiers
Lantiern
St-Jean-Baptiste
Arzal
Kerguet
le Tour-du-Parc
Damgan
Bétahon
Penn Lann
Dolmen le Crapaud
Château de Suscinio
Banastère
Kervoyal
Penerf
Vilaine
Penvins
Anse de Suscinio
Bourgerelle
Rohaliguen
Pointe de Penvins
Rade de Penerf
Haut-Pénestin
Tréhiguier
Vieille Roche
Férel
Pénestin
Camoël
la Recherche
Anse de la Mine d'Or
Île de Belair
Kerfalher
270
Kergoche
Caire
le Bile
Kermoret
Pen Bé
Assérac
Plage de Sorlock
Île Dumet
Quimiac
Pont d'Arm
Petit Arm
Kercabellec
Plage de Lansèria
Pompas
Mesquer
St-Molf
Kertrait
Piriac-sur-Mer
Kerlo
Pointe du Castelli
St-Sébastien
Bouzaire
Coispéan
Méliniac
Lerat
Belmont
Miroux
la Guérandaise
Trescalan
Moulin du Diable
Cogea
la Turballe
Clis
Guérande
Rade du Croisic
Maisons Brûlées
Porte-St-Michel
la Duine
Kerignon
Pen Bron
Petit Traict
Marais
Phare du Tréhic
Kerquessaud
Port aux Rocs
Océarium
Salants de Guérande
Saillé
Château de Careil
Le Four
Pointe du Croisic
le Croisic
BESLON
Kervalet
Plage Valentin
Côte
la Baule
Batz-sur-Mer
CRAMPHORE
le Pouliguen
Penchâteau
Pornichet
Grotte des Korrigans
Pointe
Bonne Source

266
269
Redon
St-Gorgon
St-Eutrope
St-Jean-
-la-Poterie
La Dilletterie
Allaire
Caden
Avessac
la Provotaie
la Déroute
la Ville
en Pierre
la Hunaudière
St-Nicolas-
-de-Redon
le Broussais
le Poteau
Vert
Bas Tesdan
le Bois Alin
le Val
Rieux
Bocquereux
Bellion
Béganne
Trefin
Trévolo
Fégréac
Bellevue
Vilaine
Château
de Léhélec
Brécéan
la Grée Ruault
le Petit
Bézo
Cran
Ville-Berthe
Péaule
le Château
Bringuin
Ste-Anne
Théhillac
Barrisset
Canal de Nantes à Brest
le Clandre
Marongle
le Pibot
St-Cry
la Martinais
Sévérac
Marzan
Nivillac
Izernac
St-Dolay
la Réserve
la Bauce
St-Clair
Guenrouet
Loisirs
Pont
la Roche-
-Bernard
Ville
Marguerite
St-Marie
Belle-Étoile
la Gouarais
St-Gildas-
-des-Bois
le Clos Neuf
la Clavelaie
Burin
la Croix
de Haut
la Ville
Perotin
la Ville
en Bois
Pont
d'Orzon
Brivé
Férel
les Mortiers
le Clos
la Béchetais
Missillac
Rendreux
Drefféac
Ste-Anne-
-sur-Brivet
la Ville
Rio
l'Angle
Bertho
Perno
la Gravelais
Quilly
Herbignac
la Chapelle-
-des-Marais
ROUTE 6
Branducas
Balasson
la Crandelais
les Quatre
Chemins
Chât.
de Ranrouet
Mayun
Ste-Reine-
-de-Bretagne
Menhir
le Fuseau de la Madeleine
Pontchâteau
Bocquehand
Montmignac
Campbon
Hoscas
Camérun
Bosselas
Caillaudin
Cambeniac
Crossac
Parc Naturel
Régional
de Grande
Brière
Pays de la ...
Arbourg
St-Lyphard
Île de Mazin
les Rivières
la Lande
St-Roch
Clas
Île de Pendille
St-Joachim
la Guesne
Besné
la Morandais
la Davelais
le Rocher
le Tillon
Île de Fédrun
Maisson du Parc
Île d'Errand
Revin
Hélé
la Chapelle-
-Launay
Kerhinet
Grande
Brière
Île d'Aignac
le Rio
de Canzac
le Gros-
-Chêne
Prinquiau
la Touche
Basse
Dolmen
Kergonan
St-Malo-
-de-Guersac
Ancienne Abbaye
de Blanche Couronne
Parc
Animalier
la Sencie
Maca
la Chaussée
Neuve
Montoir
-de-Bretagne
Donges
Gazot
Bilac
Parc de loisirs
St-André-
-des-Eaux
Bert
Trignac
Camais
la Mégretais
la Fontaine
le Marais
d'Ust
Bellevue
Lavau-
-sur-Loire
Brais
St-Nazaire
Paimbœuf
Loire
Escoublac
le Point
du Jour
Méan
Penhoët
Corsept
l'Immaculée
Pont
de St-Nazaire
les Quatre
Vents
Ville-ès-
Martin
Port et Base
sous-marine
la Pordais
Dolmen
Musée de
la Marine
la Grand-
-Ville
Mulotais
St-Viaud
Grande-Gavy
St-Sébastien
St-Brevin-
N165
E60
N171
D773
D775
D100
D2
D34
D114

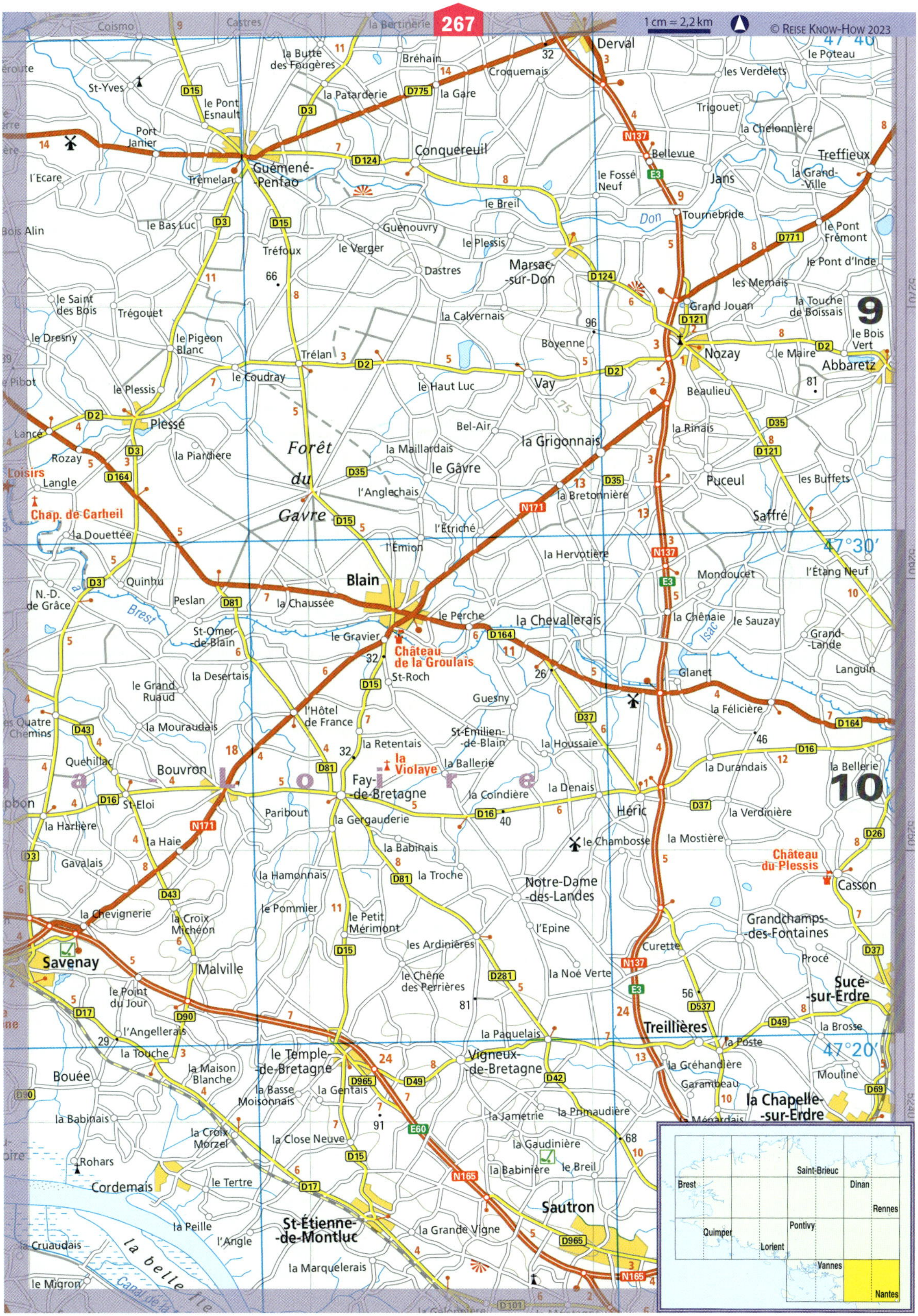
267
1 cm = 2,2 km
© Reise Know-How 2023
Derval
Bréhain
la Butte des Fougères
St-Yves
le Pont Esnault
la Patarderie
la Gare
Croquemais
les Verdelets
le Poteau
Trigouet
la Chelonnière
Treffieux
la Grand-Ville
Port Janier
Guémené-Penfao
Trémelan
l'Ecare
Conquereuil
Bellevue
le Fossé Neuf
Jans
le Breil
Tournebride
Bois Alin
le Bas Luc
Guénouvry
Tréfoux
le Verger
le Plessis
Marsac-sur-Don
Dastres
Don
le Pont Frémont
le Pont d'Inde
les Mernais
Grand Jouan
la Touche de Boissais
le Saint des Bois
Trégouet
la Calvernais
Boyenne
Nozay
le Maire
le Bois Vert
Abbaretz
le Dresny
le Pigeon Blanc
Trélan
le Coudray
le Haut Luc
Vay
Beaulieu
le Plessis
Plessé
Lancé
Rozay
Loisirs
Langle
Chap. de Carheil
la Piardière
Forêt du Gavre
la Maillardais
le Gâvre
l'Anglechais
la Grigonnais
la Rinais
la Bretonnière
Puceul
les Buffets
Saffré
l'Etriché
l'Émion
la Douettée
la Hervotière
47°30'
Mondoucet
l'Étang Neuf
Quinhu
N.-D. de Grâce
Peslan
Brest
Blain
la Chaussée
le Perche
la Chevallerais
la Chênaie
le Sauzay
Grand-Lande
Isac
St-Omer-de-Blain
le Gravier
Château de la Groulais
Glanet
Languin
la Desertais
St-Roch
le Grand Ruaud
l'Hôtel de France
Guesny
la Félicière
les Quatre Chemins
la Mouraudais
St-Émilien-de-Blain
la Retentais
la Houssaie
Quehillac
Bouvron
la Violaye
la Ballerie
la Durandais
la Bellerie
Fay-de-Bretagne
la Coindière
la Denais
Héric
St-Eloi
Paribout
la Gergauderie
la Verdinière
la Harlière
la Haie
la Babinais
le Chambosse
la Mostière
Gavalais
Château du Plessis
la Hamonnais
la Troche
Notre-Dame-des-Landes
Casson
le Pommier
le Petit Mérimont
la Chevignerie
la Croix Michéon
l'Epine
Grandchamps-des-Fontaines
Savenay
les Ardinières
Curette
Procé
Malville
le Chêne des Perrières
la Noé Verte
Sucé-sur-Erdre
le Point du Jour
l'Angellerais
la Touche
la Paquelais
Treillières
la Brosse
la Poste
47°20'
le Temple-de-Bretagne
Vigneux-de-Bretagne
la Gréhandière
Bouée
la Maison Blanche
Mouline
la Basse Moisonnais
la Gentais
Garambeau
la Chapelle-sur-Erdre
la Babinais
la Jametrie
la Primaudière
la Croix Morzel
la Close Neuve
la Gaudinière
Rohars
le Tertre
la Babinière
le Breil
Cordemais
Sautron
la Peille
l'Angle
St-Étienne-de-Montluc
la Grande Vigne
Cruaudais
la belle île
la Marquelerais
le Migron
Canal de la
Brest
Saint-Brieuc
Dinan
Rennes
Quimper
Pontivy
Lorient
Vannes
Nantes

Routenübersicht

Route 1	141 km	Route 5	233 km	**S. 344** Seitenzahl des Blattes im Routenatlas
Route 2	205 km	Route 6	299 km	
Route 3	285 km	Route 7	217 km	
Route 4	386 km	Route 8	200 km	(Alle Kilometerangaben ohne Abstecher)